Strategy and the Business Landscape

제3판

신경영환경과 전략경영

– 실천적 경영전략 이론과 기법 –

Pankaj Ghemawat 지음 • 최 순 규 옮김

PEARSON

SukJung 도서출판 석 정

Strategy and the Business Landscape

Pankaj Ghemawat 원저

최 순 규 옮김

Authorized Translation from the English language edition, entitled STRATEGY AND THE BUSINESS LANDSCAPE, 3rd Edition by GHEMAWAT, PANKAJ E, published by Pearson Education, Inc, publishing as Prentice Hall, Copyright © 2010

Prentice Hall
is an imprint of

PEARSON

차 례

제1장 전략의 기원

제2장 사업조망을 통한 경영환경의 분석

저자 서문

『신경영환경과 전략경영』 제3판은 최신 전략이론들을 반영하기 위해서 많은 내용들을 개정하였으며, 저자가 과거 10년간 수행한 연구에 기초하여 글로벌 전략에 대한 새로운 장을 추가하였다. 또한 최근의 경제적 환경을 고려하여 대부분 장들에서 경제침체가 경영전략에 미치는 영향을 새롭게 논의하였다. 그러나 이 개정판은 여전히 이전 판 저서들과 많은 내용을 공유하고 있으며, 특히 이론과 실무 간에 적절한 균형을 유지하면서 동시에 독자들이 이해하기 쉽도록 전략이론과 기법들을 설명하기 위하여 많은 노력을 경주하였다.

본 저서의 첫 번째 목적은 현대적인 경영전략 이론들을 알기 쉬우면서도 체계적으로 설명함으로써 최근의 경영전략에 대한 연구성과들이 실무에 어떠한 통찰력을 제공해 주는지를 이해할 수 있도록 도움을 주는 것이다. 본 저서에서는 특히 경제적 가치의 창출과 획득을 강조하는 가치중심적 관점을 채택하고 있다. 이러한 관점은 각 장에서 소개되는 정치한 전략 이론들을 기업경영의 관점에서 일관성 있게 통합하여 이해할 수 있도록 기여할 것이다.

두 번째 목적은 경영자 및 장래에 경영자가 되고자 하는 독자들에게 전략경영에 대한 명쾌하면서도 유용한 소개서 및 지침서가 되는 것이다. 이들 위하여 실무적 관점에서 복잡한 이론들과 학문적 연구결과들을 이 저서에 얼마나 상세히 설명할지를 결정하였다. 아울러 기업 경영사례 및 경영컨설팅 실무로부터의 통찰력들을 적절히 포함시킴으로써, 독자들이 보다 명확히 현대 기업들이 당면한 제반 문제들을 이해하고 그에 대한 전략적 대응방안을 모색하는데 도움을 주고자 하였다.

끝으로 학문적 기반이 부족한 독자들도 본 저서의 내용을 쉽게 이해할 수 있도록, 일관성 있고 통일된 관점을 가지고 경영전략 이론들을 설명하고 풍부한 경영사례들을 제시하였으며, 중요한 이론들에 대해서는 그 내용을 보다 심도 있게 살펴보는 도표와 그림들도 다수 포함하였다. 이 저서는 또한 글로벌 전략에 대한 새로운 장이 추가되었음에도 불구하고 대부분 다른 경영전략 교재나 일반 경영학 교재들보다 분량이 적어서 독자들이 읽는데 부담이 적을 것이다.

『신경영환경과 전략경영』 초판에는 하버드대학 경영사례들을 다수 포함시켜 독자들이 본 저서에서 논의한 개념들을 실무적으로 명확히 이해하는데 도움을 주고자 하였다. 하지만 경영학 강의에 사례 활용이 확대되는 추세에 비추어 볼 때, 독자에게 적절한 사례를 스스로 선택할 수 있는 기회를 제공하는 것이 더 바람직하다고 판단되었다. 따라서 제2판부터는 사례를 포함시키지 않았으며 제3판에서도 계속에서 그러한 정책을 유지하였다. 그 대신 본 저서에는 각 장에서 활용하기 적합한 경영사례들을 제안하는 목록이 포함되어 있다.

본 저서는 여러분들의 도움이 없었다면 빛을 보지 못했을 것이다. 무엇보다도 이 저서의 장들을 공동 저술한 Bruno Cassiman, David J. Collis, 그리고 Jan W. Rivkin에게 감사한다. 또한 하버드 경영대학과 바르셀로나 IESE 경영대학에 근무하는 다른 전직 그리고 현직 동료 교수들은 본 저서의 장들을 검토하고 훌륭한 논평을 해 주었다. 그에 대해서 특히 Bharat Anand, Adam Brandenburger, Estelle Cantillon, Ramon Casadesus-Masanell, Giovanni Gavetti, Tarun Khanna, Cynthia Montgomery Felix Oberholzer-Gee, Gary Pisano, Joan Ricart I. Costa, Jordan Siegel, John Wells, 그리고 Dennis Yao에게 감사한다. 그리고 컨설팅회사인 부즈 앨런 해밀턴, 보스턴 건설팅, 마라콘/트린섬, 맥킨지, 모니터 그룹 등은 본 저서를 저술하는데 필요한 유용한 자료와 정보를 제공해 주었다. 아울러 본 개정판 및 이전 판 저서에 논평을 해 준 여러분들에게 감사드린다.

또한 본 저서가 출판될 수 있도록 많은 심려를 기울여 준 Pearson Prentice Hall의 편집팀, 연구조교인 Beulah D' Souza, 행정적 지원을 해 준 Susana Minguell, 그리고 원고 교정에 도움을 준 Jordi Oll에게 감사드린다.

끝으로 본 저서가 출판될 수 있었던 보다 근본적 이유는 수많은 학자들이 그 동안 유용한 경영전략이론을 개발하기 위해서 부단한 노력을 기울여 왔기 때문이다. 또한 저자가 과거 25년간 연구와 강의를 통하여 교류했던 모든 학생들과 실무자들도 본 저서를 집필하는데 중요한 지식과 정보를 제공해 주었다. 짧은 감사의 글로 이들에게 감사하는 마음을 충분히 전달하지 못함을 안타깝게 생각한다.

바르셀로나에서

저자 소개

판카즈 게마와트는 하버드대학 학부과정에서 응용수학을 전공했으며, 동대학에서 경영경제학 박사학위를 받았다. 그는 졸업 후 맥킨지앤컴퍼니에서 근무를 한 후 하버드 경영대학에서 전임교수로서 25년간 재직했다. 그는 하버드 경영대학에서 1991년에 정년보장을 받았는데, 이는 이 대학의 역사상 가장 젊은 나이에 정년보장을 받은 기록이었다. 2006년부터 게마와트는 바르셀로나 IESE 경영대학에서 글로벌전략 분야의 Anselmo Rubiralta 석좌교수로서 재직하고 있다.

그는 우수 경영학 도서상을 수상한 『Redefining Global Strategy』를 저술하였으며, 다른 저서로서 『Commitment』와 『Games Businesses Play』 등이 있다. 게마와트는 또한 다수의 교육용 경영

사례들을 작성하였는데 이들은 전세계적으로 많은 판매가 이루어지고 있다. 그는 학문적 봉사로서 2003년부터 2009년까지 경영학 분야의 가장 저명한 학술지인 『Management Science』의 경영전략 담당 편집장을 역임했으며, AACSB가 주관하는 경영교육 국제화 위원회에 참여했다.

게마와트는 최근 『Harvard Business Review』에 게재한 논문의 공헌을 인정받아 맥킨지 우수논문상을 수상하였고, IESE-Eundacion BBVA가 수여하는 우수 연구자상을 수상했다. 또한 경영분야의 국제적인 저명학회인 Academy of Management로부터 올해의 교육자로 선정된 회원에게 수여하는 Irwin 상을 수상하였다. 게마와트는 또한 연구업적이 탁월한 학자들만을 회원으로 받아들이는 Strategic Management Society와 Academy of International Business의 종신회원이다.

저자에 대한 보다 상세한 정보는 www.ghemawat.org에 게시되어 있다.

역자 서문

역자가 이 원서를 번역하게 된 이유는 한 마디로 다른 전략경영 교재들과 다르다는 것이다. 여러 학자들이 그간 전략경영에 대한 교재를 저술하였지만, 대부분 이론과 실무 간의 높은 장벽을 뛰어넘지 못하였다. 어떤 저자들은 경영전략이론에 깊은 지식을 가졌지만 쉬운 용어와 사례로서 최신 전략이론들을 설명하지 못하여, 실무 경영자의 관점에서 보기에 매우 난해한 교재를 저술하였다. 반대로 실무 경영자와 학생들이 이해하기 쉽도록 쓰여진 전략경영 교재들은 심오한 경영전략이론들을 매우 전형화된 방식으로 기술했기 때문에, 내용은 읽기 쉬워도 현대적 전략이론들이 실무에 주는 통찰력이 무엇인가를 이해하기 어려웠다. 그 결과 전략경영은 학문적 발전이 가장 빠르게 이루어지고 있는 경영학 분야임에도 불구하고, 최신 전략이론들을 기업 실무자들에게 제대로 전달해 주지 못하는 한계를 가지고 있어 왔다.

현재 전략경영과 국제경영 분야에서 가장 주목을 받고 있는 대표적인 석학인 게마와트는 이 저서를 통해서 그러한 한계를 극복하고자 시도하고 있다. 하버드 경영대학에서 가장 젊은 나이로 정년보장을 받은 기록을 보유하고 있는 그는 다양한 경영전략이론에 대해서 깊은 지식을 가지고 있는 탁월한 학자이다. 그는 또한 다수의 교육용 경영사례 작성과 다년간의 하버드 MBA 교육, 그리고 경영컨설팅 경험을 통해서 기업 실무에도 깊은 조예가 있다. 더욱이 게마와트는 인도 출신의 학자이기 때문에 서구세계의 편향된 관점에 얽매이지 않고 보다 보편적 관점에서 제3세계 기업들에게도 적용될 수 있는 경영전략이론과 방법을 제시할 수 있는 조건을 갖추고 있다. 이 저서는 한 마디로 저자의 그러한 탁월한 학문적 지식과 풍부한 실무적 경험이 성공적으로 결합된 간결하면서도 명쾌한 전략경영에 대한 지침서라고 할 수 있다.

이 번역서는 다른 일반적인 전략경영 교재들과 비교해서 분량이 절반도 되지 않는다. 이는 업무에 바쁜 경영자들이 이 책을 통해서 실무에 필요한 경영전략이론과 기법들을 빠른 시간에 쉽게 파악할 수 있도록 도움을 줄 것이다. 또한 학부 전략경영 과목, MBA 전략경영 과목, 또는 경영자 교육에서 이 번역서를 교재로 사용하는 경우 전체 내용을 빠르면 약 7-8주에 끝낼 수 있기 때문에, 강의와 더불어 다양한 경영사례와 경영전략 관련 논문들을 부교재로 함께 활용할 수 있는 여유를 가질 것이다. 하버드 대학에서 오랜 기간 MBA 과목을 강의해 온 게마와트는 고급 전략경영 과목에서 이 정도 분량의 교재와 다른 강의자료들(경영사례, 논문, 특강 등)을 결합하는 것이 가장 이상적이라는 경험적 판단을 제시하고 있다고 볼 수 있다.

하지만 이 번역서의 분량이 적다고 해서 결코 내용이 부족하거나 부실한 것은 아니다. 각 장의 내용을 살펴보면 게마와트가 정치한 경영전략이론과 현실적인 실무적 요구를 어떻게 조화시킬 것인가에 대해서 부단한 고심을 했음이 역력히 드러난다. 그는 자신의 해박한 이론적 지식과 실무에 대한 깊은 이해를 바탕으로 오늘날 기업들이 당면한 전략적 문제들을 해결하는데 도움을 줄 수 있는 유용한 경영전략이론들과 기법들을 파악하고, 이를 실무적인 관점에서 설명함과 아울러 해당 이론이나 기법이 적용된 실제 사례들을 제시함으로써, 현대적 경영전략이론들과 기법들이 어떻게 실제경영에 적용될 수 있는가를 독자들에게 일깨워 주려고 노력하였다. 따라서 비록 이 번역서가 분량은 적지만 중요한 현대적 경영전략이론들과 기법들을 거의 다 망라하고 있기 때문에, 독자는 이 책을 일독함으로써 현대적인 전략경영에 대해서 깊은 지식과 이해를 얻을 수 있을 것이다. 아울러, 이 번역서의 뒷부분에서는 각 장의 내용을 이해하는데 유용한 하버드대학의 경영사례들이 제시되어 있다. 따라서 이 번역서를 강의교재로 사용하는 경우 이를 참조하여 적절한 국내외 사례를 선택하는 것이 용이할 것이다.

끝으로 이 책의 번역이 완료될 수 있도록 많은 도움을 베풀어 주신 도서출판 석정 사장님과 담당 직원들에게 깊은 감사의 마음을 전한다. 아울러, 미국 보스톤에서 안식년을 지내고 있음에도 불구하고 이 책을 번역하느라 밤늦도록 씨름하는 동안, 이를 잘 이해하고 격려해 준 가족들에게 사랑을 전한다.

2011년 2월 보스톤에서

CHAPTER

1

전략의 기원

어떤 경작지에서 곡물 생산을 증대시키고자 하지만 분석결과 토양에 탄산칼륨이 결핍된 것으로 나타난다면, 탄산칼륨을 바로 전략적(또는 제한적) 요인이라고 볼 수 있다.

– 체스터 버나드(Chester I. Barnard)

"전략"이라는 용어는 … 서로 배치되는 의사결정들이 가지는 상호연관성 및 이들 의사결정들이 서로에게 미치는 영향에 초점을 두고 있다.

– 토마스 셸링(Thomas C. Schelling)

전략이란 기업의 기본적인 장기적 목적 및 목표들, 그리고 그러한 목적들을 수행하기 위한 행동방침의 선택 및 자원의 배분으로서 정의될 수 있다.

– 알프레드 챈들러(Alfred D. Chandler, JR.)

본 장에서는 1970년대 중반부터 시작된 경영전략 이론의 대한 역사를 살펴본다. 이러한 역사적 고찰은 세 가지 차원에서 유용하다.

- 위에 인용한 여러 문구들과 같이 **전략(strategy)**이 무엇인가를 정의하고 재정의하려는 시도는 과거 몇 세기를 통해서 지속되었다.[1] 따라서 전략에 대한 기존의 정의들을 무시하고 새로운 정의를 임의적으로 내리고자 하는 것은 바람직하지 않다. 전략적 사고와 행위들을 역사적으로 고찰함으로써 우리는 경영전략을 공부하는데 있어서 자의적인 접근을 하는 위험을 피할 수 있다.
- 역사적 고찰은 학자, 경영자 그리고 컨설턴트 등과 같은 이 분야의 참가자들이 어떻게 전략의 개념을 상정하고 실행하여 왔는가를 일깨워 준다. 이를 통하여 우리는 외관상으로 매우 혼란스러워 보이는 개념들이 어떠한 패턴으로 서로 연결되어 있는가를 파악할 수 있다. 이러한 패턴은 이 교재의 여러 장들에서 환경과 상호진화(coevolution), 특정한 전략적 패러다임의 개발 확산, 패러다임 변화, 이전 아이디어들의 재도입 등과 같은 양상으로 분명히 나타난다.
- 보다 중요한 점은 1980년대 중반부터 학자들 간에 널리 받아들여진 경로의존성(path-dependence, 과거의 의사결정이나 발생한 사건이 향후의 의사결정이나 사건의 방향을 결정짓는다는 의미)의 개념이 제시하듯이, 전략이론의 역사를 고찰함으로써 장래에 전략분야가 어떻게 진화할지를 보다 정확히 예측가능하다.

본 장에서는 전략적 사고의 기원에 대해서 간략하게 논의한다. 우선 역사적 배경으로서 군사적으로 형성된 전략적 개념을 살펴본 후, 1960년대와 1970년대에 학자들과 컨설턴트들에 의해서 개발되어 널리 유행하였던 포트폴리오 모델(portfolio planning) 등과 같은 초기의 전략적 분석방법들을 설명한다. 본 장의 끝부분에서는 1970년대 중반에 들어와 제기된 이들 분석방법들에 대한 비판을 살펴보고 결론을 제시한다. 특히 포트폴리오 모델에 기초한 두 가지 개념인 환경매력도와 경쟁포지션은 제2장과 제3장에서 설명하는 바와 같이 그 후 여러 학자들의 연구에 의해 발전되었으며, 또한 제6장과 제7장에서 제시하는 바와 같이 기업 전략 및 글로벌 전략의 관점에서 재해석되었다. 한편 제4장과 제5장에서는 전략적 사고의 동태성을 강조함으로써 포트폴리오 모델이 가진 다른 문제점들을 고찰한다.

역사적 배경

'전략'이란 용어는 고대 그리스 시대까지 거슬러간다. 당시 그리스인들은 최고 행정관이나 총사령관을 지칭하는 용어로서 strategos라는 단어를 사용했는데 이로부터 전략을 지칭하는 단어인 strategy가 생겨났다. 그 후 2,000년간 전략이란 개념은 주로 군사적인 측면에서 발전하였다. 그에 대한 대표적인 예로는 19세기 전반 칼 폰 클로이제비츠(Carl von Clausewitz)가 제안한 전략의 개념을 들 수 있다. 그는 "전술(tactics)"이란 전투에 있어서의 전투력 운용에 관한 규범인 반면, 전략(strategy)은 전쟁목적을 달성하기 위한 전투의 운영에 관한 규범이라고 주장하였다.[2] 그렇지만 전략 개념이 경영 분야에 도입된 것은 19세기 후반 산업혁명 시기부터였으며, 20세기에 들어서야 비로소 본격적인 발전을 하였다.[3]

17세기 중반부터 18세기 중반을 거쳐 발생한 제1차 산업혁명 시기에는 전략적 사고나 행위가 거의 도입되지 못했다. 그 이유는 비록 이 시기에 기업 간에 치열한 경쟁이 전개되었지만 어떤 기업도 시장여건을 바꿀 수 있을 정도의 영향력을 가지지 못했기 때문이다. 대부분 기업들은 영세하였으며, 최소한의 고정자산 투자만을 유지하였다. 이 시기의 혼돈적인 시장 때문에 아담 스미스(Adam Smith)와 같은 경제학자는 시장의 원리를 개인기업의 영향력을 넘어서는 "보이지 않는 손(invisiable hand)"에 입각하여 설명하였다. 그러한 상황에서 기업들은 본장의 서두에서 인용한 문구들이 제시하는 의미의 전략적 경영을 필요로 하지 않았다.

19세기 후반 미국에서 제2차 산업혁명이 시작되어 시장여건이 변화되면서, 경쟁환경에 영향을 미치는 수단으로서 전략의 중요성이 인식되게 되었다. 미국의 주요 철도들이 1850년경에 건설완료되면서 최초로 전국적인 대중적 시장이 형성될 수 있었다. 동시에 자본조달 및 대출이 용이해졌기 때문에, 기업들은 생산에서 규모의 경제를 달성하고 유통에서 범위의 경제를 달성하기 위해서 대규모 투자를 단행하였다. 그 결과 자본집약적 산업들에서는 저명한 경영사학자인 알프레드 챈들러(Alfred D. Chandler, JR.)가 지적한 바와 같이 아담 스미스의 "보이지 않는 손"이 전문경영자들의 "보이는 손(visible hand)"으로 대체되는 현상이 나타났다. 19세기 말에 이르러서는 수직적으로 통합된 새로운 유형의 기업들이 초기에는 미국에서 그 후에는 유럽에서 등장하였다. 이들 기업들은 생산과 유통, 그리고 이들 기능을 통합조정하는 경영관리층(management hierarchy)에 많은 투자를 하는 특징을 가졌다. 시간이 지나면서 이들 거대기업들은 자신의 산업에서 경영환경을 변화시켰으며, 심지어 다른 산업의 변화에도 영향을 미쳤다.[4]

명확한 전략적 사고의 필요성을 처음 언급한 것은 대기업의 최고경영자들이었다. 예를 들어 1923년부터 1946년까지 GM(General Motors)의 최고경영자였던 알프레드 슬론(Alfred P. Sloan)은 경쟁기업인 포드(Ford Motors)의 강점과 약점을 분석하여 성공적인 전략을 개발하였고, 은퇴 후 이를 저서로 출간하였다.[5] 뉴저지벨(New Jersey Bell)의 사장을 역임한 체스터 바나드(Chester I. Barnard)는 1930년대에 출판된 저서에서 경영자들이 "전략적 요인들"에 많은 주의를 기울일 필요가 있으며, 그러한 요인들은 "개인적 또는 조직적 행동"에 의존함을 강조하였다.[6]

제2차 세계대전은 군사 분야뿐 아니라 경영 분야에서도 새로운 전략적 사고를 자극하였다. 전쟁으로 인해 제한된 자원을 각 분야에 어떻게 최적으로 배분할 것인가가 중요한 문제로 대두되었던 것이다. 이를 해결하기 위해 새로운 경영과학 기법들(예, 선형계획법)이 개발되었고, 그 영향으로 공식적 전략수립에 있어서도 계량적 분석방법이 도입되었다. 1944년에 존 폰 노이만(John von Neumann)과 오스카 모르겐슈테른(Oskar Morgenstern)이 출판한 고전서인 『The Theory of Games and Economic Behavior』[7]는 제로섬게임(zero-sum game)의 문제(대부분의 군사적인 상황이 해당됨)를 해결했으며, 비제로섬게임(non-zero-sum game, 제4장에서 언급하는 바와 같이 대부분의 경영적 상황이 해당됨)에 관련된 이슈들을 심도 있게 논의하였다. 또한 누적 생산량이 두 배 증가할 때마다 직접노무비가 일정한 비율로 감소한다는 **학습곡선(learning curve)** 효과는 1920년대와 1930년대에 군용항공기 산업에서 처음 발견된 후, 전쟁기간 동안 생산활동을 계획하는 중요한 기법으로 활용되었다.

전쟁기간의 경험은 새로운 수단과 기법을 발전시켰을 뿐만 아니라, 공식적인 전략수립을 통해 경영의사결정을 인도해야 한다는 인식을 학자들에게 심어 주었다. 피터 드러커(Peter Drucker)는 이 시기에 출판된 저서에서 "경영이란 단순히 수동적이고 반응적인 행위가 아니라, 바람직한 결과가 성취될 수 있도록 행동을 취하는 것이다"라고 주장했다. 그는 경제이론이 시장을 인간 외적인 힘에 의해 작동되는 시스템으로 간주하는 문제점이 있음을 지적했다. 그리고 그는 거대 기업의 시대가 도래하면서, 경영이란 "경제적 환경이 자기 기업에게 유리하게 변화하도록 유도해야 할 책임, 그러한 경제적 환경의 변화에 발맞추어 계획하고, 개척하고, 추진해야 할 책임, 그리고 자유로운 기업활동을 구속하는 제약적인 경제적 여건들을 끊임없이 극복해야 할 책임을 의미하게 되었다"라고 주장했다.[8] 이러한 통찰력은 경영전략의 필요성을 제시하는 핵심적 근거가 되었다. 즉, 공식적 계획수립을 통해서 기업은 어떤 긍정적인 영향력을 시장에 대해서 행사할 수 있다는 것이다.

그러나 전략에 대한 이러한 새로운 아이디어는 1950년대까지 그다지 확산되지 못했다. 미국의 경우 제2차 세계대전 기간에 이루어진 배급 및 생산제한은 높은 민간부문의 저축률과 결합되면서 많은 제품에 대한 과도한 수요를 창출시켰고, 한국전쟁의 발발은 더욱 수요를 자극했다. 유럽과 일본은 매우 심각한 경제적 혼란을 겪었으며, 그로 인해서 레닌(Lenin)이 소위 경제의 커맨딩 하이츠(commanding heights, 전투에서 유리한 위치에 설 수 있는 고지를 의미)라고 칭하였던 주요 기업 및 기간 산업들에 대한 정부 통제가 강화되었다. 시장경제에 반하는 그러한 정부 개입의 증가는 식민주의에서 신생 독립한 국가들을 포함한 다수 빈곤 국가들에서도 나타났다.[9)]

전략적 개념을 경영에 도입하게 된 직접적인 계기는 제2차 세계대전 이후 미국 군부 내에서 심화된 군별 간의 경쟁이었다. 이 기간에 군부 지도자들은 4개의 군별, 즉 육군, 공군, 해군, 해병대 간에 긍정적인 경쟁을 유지하면서도, 이들의 전략과 전술을 효과적으로 통합할 수 있는 지휘체제에 대한 논의를 시작하였다. 다수 지도자들은 육군, 공군, 해군, 해병대가 하나의 조직으로 통합되면 보다 효율적으로 전쟁을 수행할 수 있다고 생각했다. 그에 대한 논쟁이 가열되면서 사회학자인 필립 셀즈닉(Philip Selznic)이 지적한 바와 같이 해군은 "미묘한 제도적 가치들의 수호자로서 부상하면서 자신이 제공하는 서비스들의 고유한 특성들을 주지시키는데 많은 노력을 기울였다." 즉, 해군 대변인은 해군이 기술과 엔지니어링, 그리고 스킬의 정교한 통합 시스템에 기초한 '기계중심적 조직(machine-oriented organization)' 인 반면 육군은 '인력중심적 조직(man-centered organization)' 으로서 현저한 차이가 있다고 주장했다. 해군은 자신의 존재를 위협하는 최대의 위협에 직면하면서 자신의 특유한 역량에 대해서 더욱 분명한 인식을 가지게 되었던 것이다.[10)] 그러한 **특유한 역량(distinctive competence)**의 개념은 뒤에서 살펴보는 바와 같이 전략경영 분야의 발전에 심대한 영향을 미쳤다.

학문적 태동

저명한 경제학자들이 전략에 관한 중요한 초기의 저술을 남겼다. 예를 들어 제도주의 학자인 존 커먼스(John R. Commons)는 1934년에 출판된 그의 저서에서 기업경영의 핵심은 전략적 요인 또는 제약적 요인들에 있다고 언급하였고, 그러한 아이디어는 몇 년 후에 체스터 버나드(Chester I. Barnard)에 의해서 차용되었다(본 장의 서두에 인용된 그의 탄산칼륨에 대한 언급 참고).[11] 최초의 산업조직론자라고 칭할 수 있는 로널드 코스(Ronald H. Coase)는 1937년에 왜 기업이 존재하는가를 묻는 획기적인 논문을 출판하였고, 그 논문은 35년 후에 널리 인용되면서 그에게 노벨경제학상을 안겨 주었다.[12] 기술혁신에 주목하였던 경제학자 조셉 슘페터(Joseph Schumpeter)는 1942년에 출판된 저서에서 경영전략이란 주류경제학이 설명하는 단순한 가격결정의 원리를 넘어서는 그 이상의 것이라고 주장하였다.[13] 그리고 이디스 펜로즈(Edith Penrose)는 기업의 성장이 통제할 수 있는 자원(resources) 및 그러한 자원을 통합조정하기 위한 관리적 체계(administrative framework)에 의존한다고 제시하였다.[14] 하지만 전반적으로 볼 때 경제학자들은 초기 경영전략 이론의 사상적 태동에 있어서 경영대학 소속 학자들에 비해 직접적인 영향을 미치지는 못했다.

제2차 산업혁명 기간에 미국에서는 최초의 경영대학인 와튼스쿨(Wharton School)이 1881년에 창설되었고 그 뒤를 이어 다수의 명문 경영대학들이 설립되었다. 비록 경영전략의 개념은 1960년대에 들어서야 비로소 명시적으로 정립되었지만, 1908년에 설립된 하버드 경영대학(Harvard Business School)은 경영자들을 단순한 기능관리자가 아니라 전략적인 사고를 할 수 있도록 훈련시켜야 한다는 사상을 전파시킨 최초의 경영대학들 중에 하나였다. 1912년에 하버드는 2년차 필수과목으로 "경영정책"이라는 과목을 개설하였는데, 그 목적은 회계, 생산관리, 재무 등과 같은 기능적 분야들의 지식을 통합하는 것이었다. 이 과목은 학생들이 기업에서 최고경영층이 실제로 직면하는 폭넓은 전략적 문제들을 배울 수 있는 기회를 제공하였다. 1917년에 개설된 이 과목의 강의개요를 살펴보면, "어떠한 경영문제도 같은 분야의 다른 문제들과 연관되어 있을 뿐 아니라 다른 인접한 분야의 문제들과 연관되어 있다. 경영에 있어서 다른 분야와 연관성이 없이 순수하게 자신의 분야에만 속한 문제는 극히 찾아보기 어렵다"라는 언급이 되어 있다. 또한 각 분야의 정책들은 "보다 근본적인 기업의 전사적인 정책에 일치하도록 균형"을 유지하여야 한다고 명시하였다.[15)]

1950년대 초반에 들어와서 하버드 경영대학의 두 교수인 조지 스미스(George A. Smith, Jr.)와 롤랜드 크리스텐슨(C. Roland Christensen)은 학생들에게 전략이 경쟁환경과 일치되는지 분석하도록 촉구하였다. 학생들은 경영사례를 분석하면서 기업의 정책이 "경쟁적 상황의 요구를 충족시킬 수 있는 해결책을 제시하는가?"라는 질문에 대답하도록 요구되었다.[16)] 이를 위해서 학생들은 "산업의 전반적인 추세는 어떠한가? 시장은 성장하고 확장되는가? 정체상태인가? 아니면 축소되는가?" 등과 같은 추가적 질문에 대답해야 했다. 이런 식으로 경쟁환경에 대한 전반적 이해를 얻은 후에 학생들은 "해당 산업에서 특정기업은 무엇에 근거하여 다른 기업들과 경쟁을 하는가? 그 기업은 경쟁을 유리하게 이끌기 위해서 무엇을 해야만 하는가?" 등과 같은 추가적

질문에 대한 대답을 찾았다.[17]

1950년대 후반, 하버드의 경영정책 교수인 케네스 앤드류스(Kenneth R. Andrews)는 그러한 사고를 더욱 발전시켜, "모든 경영조직, 모든 하위조직, 심지어 모든 개인들조차 명확히 정의된 일련의 목적들을 가져야 하며, 그러한 목적들은 이들이 '사려 깊게 선택한' 방향으로 흔들림 없이 진행해 나갈 수 있도록 인도하고, 잘못된 방향으로 표류하는 것을 방지하여 준다"라고 주장했다.[18] GM의 알프레드 슬론과 같이 앤드류스는 "경영자의 핵심적 기능은 기업의 성격을 규정하고 그에 따른 목표를 달성하기 위해서 기획하고, 수정하고, 시도하는 연속적인 과정을 지속적으로 관리하는 것"이라고 생각했다. 이러한 결론은 그가 작성했던 스위스 시계 제조업체들에 대한 산업보고서와 사례연구들에서 도출되었다. 그는 시계 제조산업에서 기업들이 어떠한 전략을 추구하느냐에 따라 성과가 상당히 차이가 남을 발견했던 것이다.[19] 이처럼 산업보고서와 기업사례를 결합하는 방식은 그 후 하버드 경영대학에서 경영정책을 가르치는 하나의 표준이 되었다.[20]

1960년대를 들어와 경영대학의 수업은 점차 기업의 "강점(strengths)"과 "약점(weaknesses)," 다시 말해, 기업의 특유한 역량을 시장에서의 "기회(opportunities)"와 "위협(threats)"에 부합시키는데 초점을 맞추었다. 오늘날 SWOT 분석으로 알려진 이러한 접근방법은 그 동안 형성된 전략적 사고를 경영전략의 개념으로 발전시키는데 중요한 발판이 되었다. 케네스 앤드류스(Kenneth R. Andrews)는 이러한 요인들을 결합시켜, 기업의 역량(competencies)이나 자원(resources)이 가치를 가지기 위해서는 환경적 요구에 부합해야 한다는 이론을 제시했다고 볼 수

있다([그림 1.1] 참조).[21)]

1963년에 하버드에서 개최된 대규모 학술대회는 SWOT을 학계 및 업계로 널리 전파하는 계기가 되었다. 이 학술대회는 성황리에 개최되어 SWOT의 유행을 예고하였지만(이 기법은 오늘날에도 많은 기업들이 활용하고 있음), 기업의 특유한 역량을 실제로

그림 1.1 앤드류스의 모델

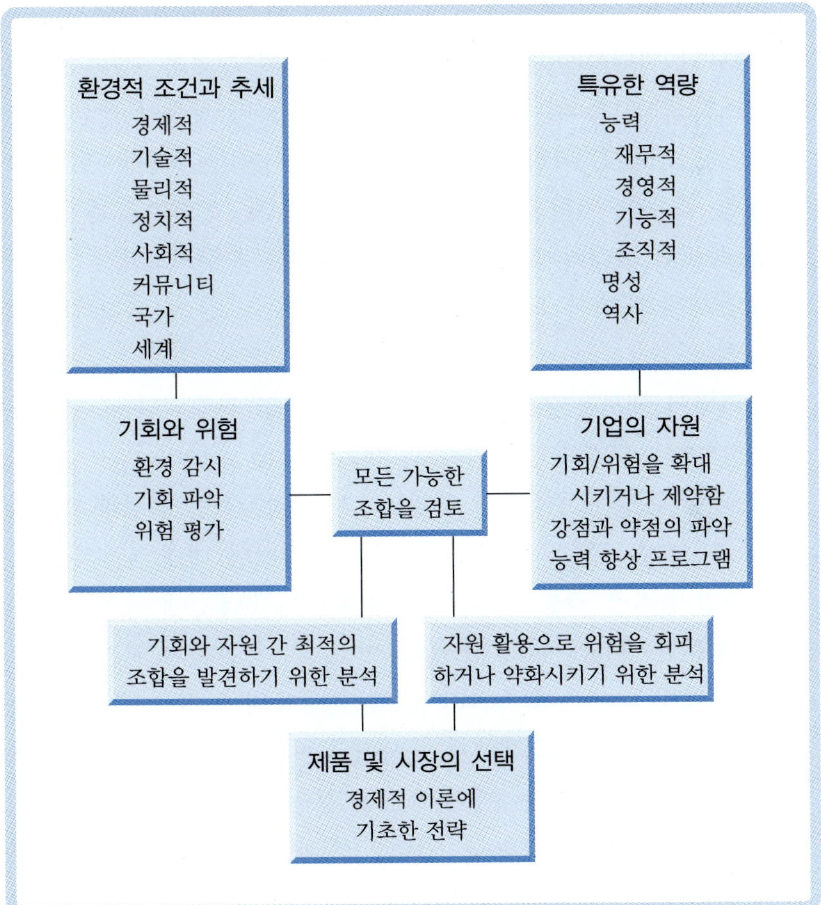

어떻게 정의할 것인가에 대해서는 명확한 대답을 제시하지 못했다. 이 문제를 해결하기 위해서, 전략가들은 기업의 어떤 차원들이 "비교적 오랜기간에 걸쳐 지속적이고 변화되지 않는 속성"을 가지며, 또한 어떤 차원들이 "시장 및 다른 환경적 요인의 변화에 맞춰 보다 신속하게 변화하는 속성"이 있는지를 결정할 필요가 있었다. 그러한 구분은 매우 중요하였는데, 그 이유는 "전략적 의사결정은 기업의 장기적인 발전에 대한 것이기 때문이다."[22] 만일 전략적 선택이 장기적인 관점에서 이루어진다면, "특유한 역량(distinctive competence)"의 개념은 더욱 중요한 의미를 가진다. 왜냐하면, 장기적 투자는 더 높은 위험을 수반하기 때문이다. 따라서, 기업이 추구하는 어떤 기회가 "현재 보유한 특유한 역량을 벗어나는 것"이라면, 전략가들은 "필요한 능력이 장래의 적절한 시기에 요구되는 수준으로까지 발전할 것인가에 대해서 도박을 할 의사가 있는가"를 숙고해야만 한다.[23]

기업이 새로운 기회 추구를 위해 그처럼 장래의 특유한 역량에 대해서 "도박을 걸 의사(willingness to gamble)"가 있는가에 대한 논쟁은 주식시장 활황, 그리고 적극적인 성장과 다각화를 추구하는 전략의 유행으로 인해 1960년대 내내 지속되었다. 그러한 논쟁을 촉발시켰던 문헌의 하나는 1960년에 출판된 고전적 논문인 "Marketing Myopia"이었다. 이 논문의 저자인 테오도르 레빗(Theodore Levitt)은 자사 특유의 능력을 활용한다는 생각에 사로잡혀, 고객에게 봉사한다는 의식 없이 편협하게 특정한 제품을 공급하는 데만 초점을 두는 기업들을 날카롭게 비판하였다. 그는 주장하길, 기업이 실패하는 "대부분의 원인은 지속적으로 변화하는 고객의 요구와 기호에, 새롭게 등장하고 변화되는 마케팅 제도 및 관행에, 그리고 보완적 산업에서의 새로운 제품 개발에 자기 제품을 적응시키는데 실패"하기 때문이라고 하였다.[24)]

하지만 다른 저명한 전략가인 이고르 앤소프(H. Igor Ansoff)는 이러한 주장에 동의하지 않았다. 그는 레빗이 기업들에게 자신의 특유한 역량에 맞지 않는 신제품에 투자토록 함으로써 불필요한 위험을 감수하게 만든다고 비판했다. 따라서 앤소프는 기업은 우선 신제품이 기존의 제품들과 "연관성(common thread)"을 가지고 있는가를 파악해야 한다고 제안했다. 그는 연관성을 기업의 "미션(mission)"으로 정의했는데, 그의 관점에서 미션이란 시장에 존재하는 특정 수요를 총력을 기울여 충족시키겠다는 의지를 의미했다.[25)] 그의 의견에 따르면, "경영자들은 때때로 기업이 영위하는 사업들의 연관성을 고객에서 찾는 잘못을 범한다. 하지만 같은 고객층에 속한다고 간주했던 사람들이 서로 관련성 없는 제품이나 서비스들에 대한 요구를 가지는 경우가 빈번하다."[26)] 기업들이 전략적 초점을 잃지 않도록 도움을 주기 위하여, 앤소프는 [그림 1.2]에 나타난 바와 같이

그림 1.2 앤소프의 제품 / 미션 매트릭스

	현재의 제품	새로운 제품
현재의 미션	현재 시장 공략	새로운 제품 개발
새로운 미션	신시장 개발	다각화

사업/기업 차원에서 연관성을 파악할 수 있는 네 가지의 유용한 전략을 제시하였다.[27] 앤소프와 다른 학자들은 또한 SWOT 모델에 담겨 있는 논리를 보다 명확한 질문들로 구성된 플로우차트로 번역하고자 노력을 기울였는데, 이는 전략 개발에 활용할 수 있는 적절한 수단을 기업들에게 제공하기 위한 시도였다.[28]

1960년대의 다각화와 기술변화는 많은 기업들을 보다 복잡한 전략적 상황에 놓이게 하였고, 그에 따라서 기업들은 여러 가지 형태의 사업들을 평가하고 비교할 수 있는 보다 정교한 분석방법을 요구하게 되었다. 그러나 경영대학 교수들은 (기업마다의 고유한 특성으로 인해) 전략은 사례별(case-by-case)로만 분석할 수 있다는 사고에 사로잡혀 있었기 때문에, 기업들은 표준적 전략수립 기법에 대한 요구를 스스로 충족시켜야만 했다.[29] 스탠포드연구소(Stanford Research Institute)의 조사에 따르면, 대부분의 미국 대기업들은 1963년경까지 이를 위해 공식적인 기획부서의 설립을 완료했다.[30]

GE(General Electric)는 독자적인 전략수립 기법의 개발에 선구자가 되었다. 이 회사는 경영자 교육프로그램을 위해서 경영대학 교수들을 폭넓게 활용했지만, 동시에 컴퓨터에 기초한 "PROM(Probability Optimization Model)"을 독자적으로 개발하였는데, 이 모델은 회사 내 각 사업부들 간의 투자수익성 차이를 상당히 잘 설명하는 것으로 나타났다.[31] 그 후 GE는 많은 다른 기업들과 같이 컨설팅회사들을 고용했다.

전략 컨설턴트들의 등장

1960년대와 1970년대에는 많은 전략컨설팅 비니지스가 활성화되었다. 특히 1963년에 설립된 보스톤컨설팅그룹(Boston Consulting Group, 이하 BCG)은 기업의 전략적 문제들을 계량적 기법을 통하여 분석함으로써 큰 반향을 불러일으켰다. BCG의 설립자인 부르스 헨더슨(Bruce D. Henderson)은 컨설턴트의 역할이 기업과 선택한 시장 간에 "유의미한 계량적 리더십"을 발견하는데 있다고 믿었다.[32] 그는 주장하길 "좋은 전략은 … 직관과 경험이 아니라 반드시 논리에 근거한다"라고 했다.[33] 실제로 헨더슨은 경제이론으로부터 궁극적으로 일련의 보편적인 전략적 원리들이 도출될 수 있다고 믿었다. 그는 아울러 "대부분 기업들의 전략은 직관적이며 과거에 성공적이었던 행동양식을 따르는 경향이 있다"고 지적하고, "성장하는 산업 또는 변화하는 환경 속에서 그러한 전략은 부적합하다"라고 지적했다.[34]

경영자들이 전략적 의사결정에 도움을 주기 위하여 BCG는 학계에 축적된 지식기반을 활용했다. 예를 들어 이 컨설팅회사의 첫 번째 직원인 세이무어 틸스(Seymour Tilles)는 이전에 하버드에서 경영정책 과목을 가르쳤던 강사였다. 동시에 BCG는 새로운 방향의 컨설팅을 시도했는데, 헨더슨은 이를 "강력하면서도 매우 단순화된 아이디어를 판매하는 사업"이라고 묘사했다.[35] 실제로 BCG는 "값비싼 전략기법들을 판매하는 부티크(strategy boutique)"로 알려졌으며, 초기 기간에 이 회사의 컨설팅은 대부분 다음 절에서 설명할 경험곡선이라는 하나의 개념에 기초하고 있었다. 이처럼 단일한 개념을 적용하는 것은 매우 유용했다. 왜냐하면 "풀어야 하는 거의 모든 문제들은 수많은 대안적 해결책을 생각할 수 있게 하지만, 이들 대부분은 깊이 고려할 가치도 없이 기각될 수 있는 것들이기 때문이다." 그러므로 전략적 판단을 위해서는 어떤 "준거의 틀(the framework of reference)을 적용하여 … 문제에 타당한 데이터, 방법론, 암묵적인 가치판단 기준 등을 가려 낼 필요가 있다." 주어진 의사결정의 복잡성을 고려할 때, 가장 유용한 "준거의 틀은 개념이다. 개념적 사고는 모든 다른 타당하지 않은 선택들을 배제시킬 수 있는 중요한 기준 또는 준거의 틀이 된다."[36]

BCG와 경험곡선

BCG는 1965년과 1966년에 거쳐 경영컨설팅에 적합한 학습곡선 개념을 개발하여 이를 **경험곡선(experience curve)**이라고 명명하였다. 부르스 헨더슨에 따르면, 이 개념은 텍사스인스트루먼트(Texas Instruments)나 블랙앤데커(Black and Decker)와 같은 고객들에게 "급속도로 성장하는 시장에서의 가격과 경쟁행위를 설명하고자 개발되었다."[37] BCG 컨설턴트들이 그러한 산업들을 분석하면서 자연스럽게 생겨난 의문은 "왜 특정한 기업은 비록 유사한 경영기술과 자원을 가지고 있음에도 불구하고 다른 기업들보다 우월한 성과를 낼까? 성공을 보장하는 근본적인 원칙들이 있는가? 실제로 그러한 원칙들이 존재하는 것처럼 보이는데, 그러한 원칙들은 축적된 경험이 생산원가 및 산업전반의 가격 수준에 미치는 영향 및 이들 양자 간의 상호작용에 연관되어 있다."[38]

BCG가 제시했던 정형적인 경험곡선은 누적생산량이 2배가 될 때 규모의 경제, 조직학습, 기술혁신 등의 영향으로 총생산원가가 대략 20%씩 감소한다는 것이다. [그림 1.3]은 포드사의

그림 1.3 포드자동차 모델 T의 경험곡선: 1910년 ~ 1926년

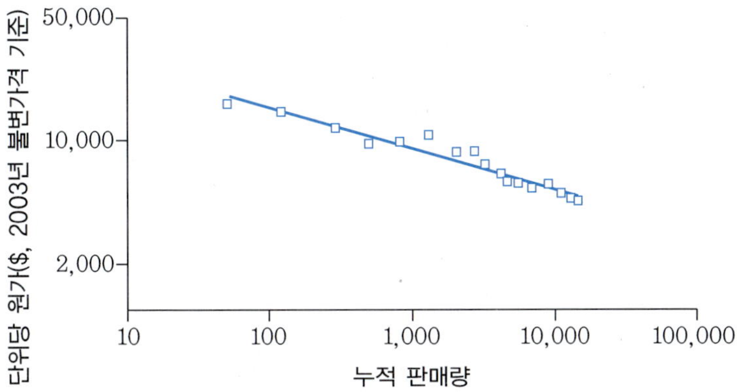

모델 T 자동차 생산에서 관측된 84%의 경험효과를 도시하고 있는데, 이는 생산량이 2배가 되면 16%의 원가하락이 있음을 의미한다. BCG에 따르면 그러한 경험곡선이 제시하는 전략적 시사점은 "가장 많이 생산하는 기업이 … 최저의 생산비와 최고의 수익률을 달성할 수 있다는 것이다."[39] 부르스 헨더슨는 그러한 경험곡선 모델을 통하여 "경쟁관계가 얼마나 안정적일지 예측가능하며, 시장점유율의 변화가 가지는 가치를 추정할 수 있고, 성장률이 미치는 영향도 또한 이해할 수 있다"라고 주장했다([그림 1.3] 참조).[40]

■ 경험곡선으로부터 포트폴리오 분석으로

1970년대 초, BCG의 경험곡선은 또 하나의 "강력하면서도 매우 단순화된 아이디어"로 발전되었는데, 그것은 소위 '성장률-시장점유율 매트릭스(growth-share matrix)'로 불리는 차트를

그림 1.4 BCG의 성장률-시장점유율 매트릭스

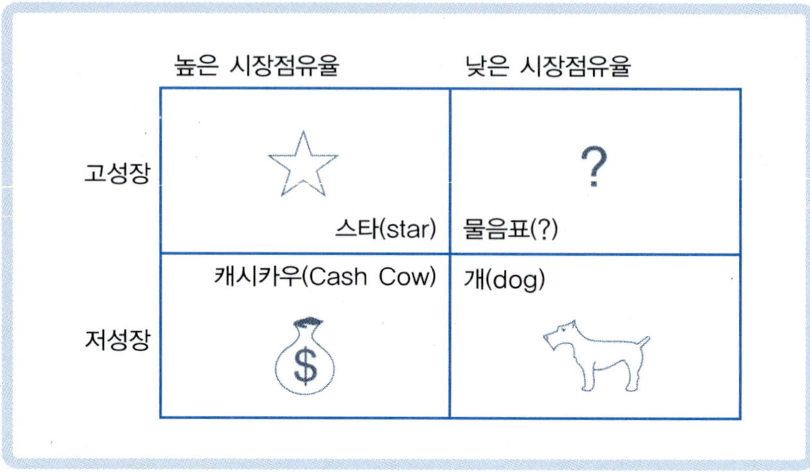

활용하는 **포트폴리오 모델(portfolio planning)**이다. 이 기법에서는 [그림 1.4]에 나타난 것처럼, 다각화된 기업의 사업포트폴리오를 각 개별사업이 가진 상대적 잠재력에 따라서 2×2 매트릭스상에 표시한다.[41]

BCG의 전략적 제안은 "캐시카우 사업들(cash cows: 이윤이 창출되어 풍부한 자금조달이 가능한 성숙한 사업들)"과 "스타 사업들(stars: 지속적인 투자가 필요한 성장하는 사업들)" 간에 균형을 유지하고, "물음표 사업들(question marks: 장래가 스타가 될 잠재력이 있는 사업들)"에 대해서도 어느 정도 자원 배분을 하라는 것이다. 하지만 "개 사업들(dogs: 경쟁력도 없고 성장가능성도 적은 사업들)"에 대해서는 매각하도록 처방되었다. 보다 세련된 표현을 사용하여 BCG의 한 부사장은 "가장 높은 시장점유율을 안정적으로 달성하는 기업이 궁극적으로 최저생산비와 최고수익률을 달성할 것이므로, 가능한 여러 시장에서 우월한 시장점유율을 확보하는 것이 관건이 된다. 하지만 저성장 시장에서 시장점유율을 늘이는 방법은 경쟁기업의 시장점유율을 빼앗는 길 밖에 없다"라고 설명했다. 그에 비해 고성장 시장에서는 "확대되는 수요를 보다 많이 확보함으로써 시장점유율을 올릴 수 있기 때문에, 비록 경쟁자들이 성장하더라도 그보다 더 빨리 성장하여 시장이 성숙되기 전까지 지배적인 시장점유율을 확보하는 것이 용이하다"는 것이다.[42)]

■ 전략적 사업단위와 포트폴리오 모델

비슷한 시기에 BCG의 뒤를 이어 다수의 컨설팅회사들이 독자적인 포트폴리오 모델을 개발했다. 예를 들어 맥킨지앤컴퍼니(McKinsey & Company: 이하 맥킨지)는 1968년에 GE로부터 사업구조 분석을 의뢰받았다. 그 당시 GE는 약 10개의 사업부를 중심으로 200개의 수익센터와 145개의 부서를 보유하고 있었다. 이들 단위들의 경계는 재무적 통제이론에 따라서 결정되었는데, 맥킨지 컨설턴트들은 이를 매우 부적절한 것으로 판단하였다. 그들은 과거의 재무적 성과를 기준으로 하기보다는 외부적 환경조건과 미래지향적 발전을 충분히 고려할 수 있는 전략적 경계에 따라서 기업조직을 편성해야 한다고 주장했다. 맥킨지는 GE를 비롯한 고객기업들에게 "자연스러운 사업단위(natural business unit)"들을 기준으로 조직을 나누고 공식적인 전략기획 시스템을 채택하도록 권고하였으며, 보쉬(Borsch)는 후에 그러한 사업단위를 **전략적 사업단위(strategic business unit: 이하 SBU)**라고 명명하였다.

약 2년간 GE의 사업구조를 분석하는 용역을 수행해 온 맥킨지는 다시 GE의 많은 SBU들이 제출한 전략계획을 평가하는

그림 1.5 산업매력도-사업경쟁력 매트릭스

사업강점 \ 산업매력도	높음	중간	낮음
높음	포지션 방어 및 성장을 위한 투자	선택적 성장	선택적 투자
중간	선택적 성장	선택적 투자	투자회수 및 철수
낮음	선택적 투자	투자회수 및 철수	투자회수 및 철수

용역계약을 체결했다. GE는 이미 BCG의 성장률-시장점유율 매트릭스를 적용하는 방안을 검토하였으나, 최고경영진은 이 두 가지 단순 기준만으로 투자우선순위를 결정하기는 곤란하다고 판단했던 것이다. 이 문제를 해결하기 위해서 맥킨지 팀은 많은 검토 끝에 'GE/맥킨지 9-Block 매트릭스' 라고 알려진 새로운 모델을 개발하였다([그림 1.5] 참조).[43] 이 9-Block 모델은 약 12개의 지표를 기준으로 산업매력도를 측정하고 또 다른 약 12개의 지표를 통하여 경쟁포지션을 측정하는데, 이들 지표들에게 얼마의 가중치를 부여하는지는 명확히 알려지지 않았다.[44]

다른 하나의 보다 계량적인 포트폴리오 분석이 거의 비슷한 시기에 PIMS(Profit Impact of Market Strategies)라는 프로그램을 통해서 시도되었다. PIMS는 GE가 10년 전에 시작했던 PROM 프로그램을 여러 기업으로 확대하여 발전시킨 것으로서, 1970년대 중반까지 57개의 다각화된 기업들로 수집된 620여 개의 SBU들에 대한 데이터를 수집 완료했다.[45] 이 데이터는 본래 역사적 재무성과를 종속변수로 하고 시장점유율, 제품품질, 투자집중도, 마케팅 비용 및 연구개발비 등을 독립변수로 하는 회귀분석을 통하여 투자수익률의 결정요인을 규명하고자 수집되었다. 이러한 회귀분석의 결과는 특정한 속성들을 가진 SBU가 달성 가능한 잠재적 성과와 그 SBU가 실제로 달성한 성과를 비교하여 벤치마킹을 하는데 활용되었다.

이러한 기법들은 다각화된 기업을 SBU들로 세분화하는 것이 경제적 성과 측정에 필수적이란 점을 인식시켜 주었다.[46] 이는 기존에 총량적으로 측정되었던 비용과 수익을 "분해(deaveraging)"할 것을 요구했기 때문에, "전략적 사고를 실제 경쟁에 접하고 있는 실무관리자들의 수준까지 낮추는데 중요한 기여를 하였다."[47]

1970년대에 들어서 거의 대부분의 대형컨설팅회사들은 나름대로의 포트폴리오 모델을 적용하여 전략 프로젝트를 수행하게 되었다. 이들은 위해서 설명한 두 가지 매트릭스 모델을 변형시켜 활용하거나 독자적인 모델(예를 들어, 아서디리틀(Arthur D. Little)의 24-Box 수명주기 모델)을 개발하였다. 포트폴리오 모델은 1973년에 오일쇼크가 발생하면서 더욱 유행하였는데, 그 이유는 오일쇼크로 인하여 기업들은 기존의 사업들을 재검토할 필요성이 커졌기 때문이었다. 맥킨지 컨설턴트가 언급하였듯이, OPEC의 결의로 인해 "유가가 4배나 급등하여 경제불황이 닥쳤고 자본시장의 붕괴가 임박했다는 소문이 돌면서 순식간에 장기적인 성장 및 다각화를 위한 계획들은 무용지물이 되었다." 이제 전략적 기획의 당면과제는 "유망한 산업과 전망이 없는 산업을 구별해내고, 사업의 우선순위를 설정하며, 자본 절감을 추구하는 것으로 바뀌었다." "제품시장과 지역시장이 침체되고 자본이 부족할 것이 예견되는"[48] 분위기에서, 포트폴리오 분석은 경영자들에게 성과가 저조한 사업부문을 제거하고 "스타" 산업들에게 자본을 재분배하는데 매우 적절한 근거를 제공하였다. 포천(*Fortune*)지가 선정한 500대 대기업에 대한 설문조사에 따르면 1979년까지 이들 기업의 45%가 어떤 형태이든 포트폴리오 분석기법을 채택하였다.[49]

문제점과 가능성

역설적으로 포트폴리오 모델의 인기를 높였던 그러한 거시경제적 변화는 또한 경험곡선에 대한 비판을 증가시키는 원인이 되었다. 1973년과 1979년의 오일쇼크로 인해 높은 인플레이션이 발생하고 수요감소로 과잉생산능력이 증가하면서 많은 산업에서 역사적인 경험곡선 효과는 불분명하게 되었다. 이는 부르스 헨더슨이 1974년 출판된 "왜 비용은 영원히 하락하는가(Why Costs Go Down Forever)"라는 팜플렛의 제목이 과장되었음을 의미했다. 경험곡선이 가진 또 다른 문제점은 윌리엄 애버나시(William J. Abernathy)와 케네스 웨인(Kenneth Wayne)이 1974년에 출판한 고전적 논문에서 제기되었다. 이들은 경험곡선에 근거하여 "지나친 원가절감을 추구하면, 혁신적 변화를 꾀하거나 경쟁기업들의 혁신에 대응할 수 있는 능력이 약화된다"라고 지적했다.[50] 애버나시와 웨인은 그 대표적인 예로서 헨리 포드(Henry Ford)가 모델 T 자동차의 원가절감에 집착한 나머지 알프레드 슬론이 이끄는 GM의 제품혁신 전략에 제대로 대응하지 못한 사례를 들었다. 그 밖에도 경험곡선의 개념은 원가하락을 관리의 대상이기보다는 자동 발생하는 것으로 간주했다는 점에서, 대부분의 경험효과를 기업의 특유한 경험으로 간주하여 모방으로부터 보호될 수 있다고 가정했다는 점에서, 원가가 하락할 수 있는 다른 원인들(예컨대, 학습효과, 규모의 경제, 수직적 통합 등)을 경험효과와 혼동할 수 있다는 점에서, 그리고 모든 경쟁자들이 동일하게 경험에 기초한 전략을 추구하는 경우 교착상태에 빠질 수 있다는 점에서도 비판되었다.[51]

1970년대 후반에 들어서는 포트폴리오 모델도 비판의 대상의 되었다. 한 가지 문제는 특정 SBU에 대한 전략적 처방이 어떤 분석기법을 선택하느냐에 따라서 극히 민감하게 영향을 받는다는 것이었다. 예를 들어, 한 연구에서 포천 500대 기업리스트에 포함된 어떤 대기업의 15개 SBU들을 대상으로 4가지 다른 포트폴리오 분석기법을 적용하였는데, 그 결과 1개의 SBU만이 이들 모든 기법에서 2×2 매트릭스상에 동일한 그룹으로 분류되었고, 5개 SBU들만이 세 개의 분석기법에서 동일한 그룹으로 분류되었다.[52] 이러한 결과는 15개의 SBU를 네 차례에 걸쳐 무작위로 분류하는 경우에 기대할 수 있는 결과보다 단지 조금 더 우수할 뿐이었다!

두 번째로 더욱 심각한 문제는 설령 올바른 포트폴리오 분석기법을 선택하더라도 과거의 데이터에 근거하여 자원배분을 기계적으로 결정하며, 재무적 자본만이 경영진이 관심을 가져야 할 자원이라고 묵시적으로 가정한다는 점이다. 일부 컨설턴트들은 그러한 문제를 기꺼이 인정했다. 예를 들어 맥킨지 전략경영부문의 대표였던 프레드 글룩(Fred Gluck)은 1979년에 언급하길 "정형화된 기법들에 지나치게 의존하는 것은 흔히 기존에 구축된 사업틀 내에서 현재의 활동들을 강화하고 결속시키는 것 이상의 결과를 가져오기 어렵다"라고 하였다. 더욱 곤란한 것은 그런 기법들을 통해서 개발한 전략은 "현재의 경쟁을 이기는데 별로 기여하지 못할 뿐만 아니라," 흔히 기업을 "이전에 경쟁자로 고려하지 않았던 기업들로부터의 공격에 무방비상태로 만든다"는 점이다.[53] 글룩과 그의 동료들은 기계적 접근법이 가진 그러한 한계를 극복하기 위해서, [그림 1.6]에 나타난 바와 같이 4가지 단계로 이루어진 성공적인 전략개발 프로세스를 제안하였다. 이 모델은 정형적인 분석기법들이 다루기 곤란한 역동성,

그림 1.6 **전략의 네 단계**

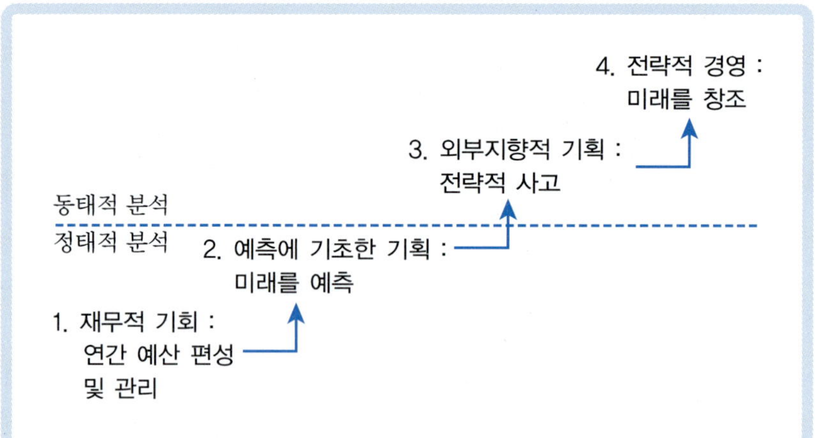

다면성, 그리고 불확실성의 증가에 효과적으로 대처할 수 있는 방안을 모색하기 위한 것이었다.[54)]

전략 컨설턴트들이 유행시킨 분석기법들에 대한 더욱 치명적인 비판은 하버드 경영대학의 두 교수인 로버트 헤이즈(Robert H. Hayes)와 윌리엄 애버나시(William Abernathy)에 의해 1980년에 제기되었다. 그들은 "그 세련됨과 널리 알려진 유용성에도 불구하고, 이들 분석기법들은 (1) 직접적 경험에서 비롯된 통찰력보다는 실무와 거리가 있는 분석을 선호하게 만들고, (2) 장기적인 기술경쟁력보다는 단기적인 원가절감에 주력하도록 유도한다"라고 지적했다.[55)] 헤이즈와 애버나시는 특히 포트폴리오 모델을 지목하여 이 기법이 경영자들로 하여금 재무적 위험의 최소화에만 관심을 가지게 하여 새로운 기회의 활용에 필요한 장기적인 자원투자를 회피하게 만든다고 비난했다.[56)]

이러한 비판들에도 불구하고, 포트폴리오 모델은 경영전략이론의 발전에 지대한 영향을 미쳤는데, 그 이유는 [그림 1.7]에 나타난 두 가지 기본적인 차원인 사업매력도와 경쟁포지션에 대해서 보다 심도 있는 분석을 유도했기 때문이다. 이 두 가지 차원은 예를 들어 1952년 맥킨지 컨설턴트들이 내부적 목적으로 개발한 '일반적 설문조사 지침(General Survey Outline)' 등을 통해서 훨씬 오래 전부터 인식되어 왔다. 하지만 포트폴리오 모델은 이를 발전시켜 이 두 차원이 사업성과에 영향을 미치는 요인들을 분석하는데 매우 유용하다는 점을 명확히 제시하였다. 보다 구체적으로 한 사업의 성과는 그 사업이 속한 산업의 평균수익성에, 산업 내의 평균적 경쟁자에 대해 그 사업이 가진 경쟁우위로부터 발생하는 수익성을 더한 것(혹은 경쟁열위로 인해 감소하는 수익성을 차감한 것)이라고 상정할 수 있다. 그러한 관점

그림 1.7 수익성을 결정하는 두 가지 차원

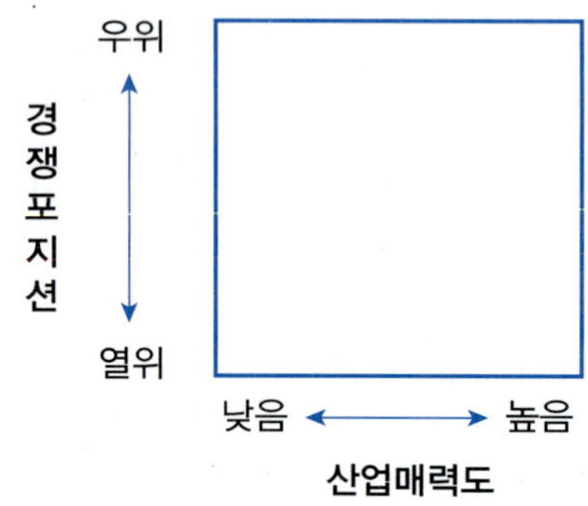

에서 산업매력도와 경쟁포지션의 결정요인들을 보다 심도 있게 고찰한 후속 연구들은 제2장과 제3장에서 살펴보기로 한다. 끝으로 포트폴리오 모델에서 경쟁적 관점을 통해 명시적으로 경쟁기업들 간에 직접적인 비교를 시도한 것은, 기업들의 고유성으로 인해 이들 간에 비교분석를 주저하였던 역사적 전통을 극복하는데 기여했다.

요 약

본 장에서는 경영에 대한 전략적 사상의 역사적 발전을 1970년대 중반까지 살펴보았다. 태동기에 경영전략에 대한 사상은 군사적 개념과 관행으로부터 많은 영향을 받았다. 사회학은 특유한 역량이라는 개념을 제시함으로써 경영전략의 개념을 초기에 발전시키는데 중요한 공헌을 했는데, 그러한 공헌을 한 교수들은 대부분 경영대학에 소재했다.[57] 컨설팅회사들은 학계에서 개발한 이론들을 전파시키는 역할을 했으며, 동시에 다각화된 기업의 사업단위들을 전략적으로 관리하는데 도움을 줄 수 있는 일련의 기법들을 개발하였다. 정형화된 기법들이 가진 한계점은 비교적 빠른 시간 내에 간파되었지만, 이 기간에 이루어진 성과는 향후 본격적인 경영전략의 연구와 개발을 위한 소중한 토대가 되었다.

주요 용어

경험곡선	전략	전략적 사업단위(SBU)
특유한 역량	포트폴리오 모델	학습곡선
SWOT		

참고문헌

1) 예를 들어, 1996년 맥킨지 우수논문 상을 수상한 『Harvard Business Review』의 두 논문, 게리 하멜(Gary Hamel)의 "Strategy as Revolution"과 마이클 포터(Michael E. Porter)의 "What Is Strategy?" 참조.
2) Carl von Clausewitz, *On War*, trans. and ed. Michael Eliot Howard and Peter Paret (1976; reprint, Princeton, N. J.: Princeton University Press, 1984), p. 128.
3) 세 차례에 거친 산업혁명의 관점에서 경영사를 기술한 저서로서 Thomas K. McCraw, ed., *Creating Modern Capitalism: How Entrepreneurs, Companies, and Countries Triumphed in Three Industrial Revolutions* (Cambridge, Mass.: Harvard University Press, 1997) 참조. 20세기 말까지 기업전략의 진화에 대해서는 Pankaj Ghemawat, "Competition and Business Strategy in Historical Perspective,' *Business History Review*, 76 (Spring 2002): 37-74 참조.
4) Alfred D. Chandler, Jr., *Strategy and Structure: Chapters in the History of the Industrial Enterprise* (Cambridge, Mass.: MIT Press, 1962)와 *Scale and Scope: The Dynamics of Industrial Capitalism*

(Cambridge, Mass.: Belknap Press of Harvard University Press, 1990).

5) Alfred P Sloan, *My Years with General Motors* (New York: Doubleday, 1963).

6) Chester 1. Barnard, *The Functions of the Executive* (1938; reprint, Cambridge, Mass.: Harvard University Press, 1968), pp. 204-7205.

7) John von Neumann and Oskar Morgenstern, *The Theory of Games and Economic Behavior* (Princeton, N.J.: Princeton University Press, 1944).

8) Peter Drucker, *The Practice of Management* (New York: Harper, 1954), p. 11.

9) Daniel Yergin and Joseph Stanislaw, *The Commanding Heights: The Battle between Government and the Marketplace That Is Remaking the Modern World* (New York: Simon & Schuster, 1998).

10) Philip Selznick, *Leadership in Administration: A Sociological Interpretation* (New York: Harper & Row, 1957), pp. 49-50.

11) John R. Commons, *Institutional Economics: Its Place in Political Economy* (New York: Macmillan Co., 1934); Barnard, Functions of the Executive.

12) Ronald H. Coase, 'The Nature of the Firm,' *Economica* 4, no. 16 (1937): 386-7405. Reprinted in George Joseph Stigler and Kenneth E. Boulding, eds., *Readings in Price Theory* (Chicago: Richard D. Irwin, 1952). Coase 이외에도 다른 여러 학자들이 전략과 조직에 대한 이론 발전에 큰 공헌을 하였음. 대표적인 예로는 Henri Fayol의 관리이론, Elton Mayo와 Melville Dalton의 인관관계론, Herbert Simon과 James March의 정보처리이론 등이 있음.

13) Joseph Schumpeter, *Capitalism, Socialism, and Democracy* (New York: Harper, 1942).

14) Edith Penrose, *The Theory of the Growth of the Firm* (Oxford: Basil Blackwell, 1959).

15) Official Register of Harvard University March, 29, 1917, pp. 42-743.

16) George A. Smith, Jr., and C. Roland Christensen, *Suggestions to Instructors on Policy Formulation* (Chicago: Richard D. Irwin, 1951), pp. 3-74.

17) George A. Smith, Jr., *Policy Formulation and Administration: A Casebook of Top-Management Problems in Business* (Chicago: Richard

D. Irwin, 1951), p. 14.

18) Kenneth R. Andrews, *The Concept of Corporate Strategy* (Homewood, Ill.: Richard D. Irwin, 1971), p. 23.

19) See Edmund Learned, C. Roland Christensen, and Kenneth R. Andrews, *Problems of General Management; Business Policy: A Series Casebook* (Homewood, Ill.: Richard D. Irwin, 1961), pt. I.

20) Kenneth R. Andrews와의 인터뷰 (1997년 4월 2일).

21) Kenneth R. Andrews, *The Concept of Corporate Strategy*, rev. ed. (Homewood, Ill.: Richard D. Irwin, 1980), p. 69.

22) Ibid. (1971 ed.), p. 29.

23) Ibid., p. 100.

24) Theodore Levitt, "Marketing Myopia," *Harvard Business Review* 53, no. 5 (1975): 45-756.

25) H. Igor Ansoff, *Corporate Strategy: An Analytic Approach to Business Policy for Growth and Expansion* (New York: McGraw-Hill, 1965), pp. 106-7109.

26) Ibid., pp. 105-7108.

27) [그림 1.2]는 Ansoff의 매트릭스를 Henry Mintzberg가 인용한 것을 참조하여 작성하였음. Henry Mintzberg, "Generic Strategies," in *Advances in Strategic Management* (Greenwich, Conn.: JAI Press, 1988), p. 2. 오리지날 매트릭스는 Ansoff, *Corporate Strategy*, p. 128 참조.

28) Michael E. Porter, "Industrial Organization and the Evolution of Concepts for Strategic Planning" in *Corporate Strategy: The Integration of Corporate Planning Models and Economics*, ed. Thomas H. Naylor (New York: North-Holland, 1982), p. 184.

29) Adam M. Brandenburger, Michael E. Porter, and Nicolaj Siggelkow, "Competition and Strategy: The Emergence of a Field" (paper presented at the McArthur Symposium, Harvard Business School, October 9, 1996), pp. 3-74.

30) Stanford Research Institute, *Planning in Business*, Menlo Park, Calif., 1963.

31) Sidney E. Schoeffler, Robert D. Buzzell, and Donald F. Heany, "Impact of Strategic Planning on Profit Performance," *Harvard Business Review* 52, no. 2 (1974): 137-7145.

32) Seymour Tilles과의 인터뷰 (1996년 10월 24일). Tilles는 Henderson이 1960년대 후반 이미 일본의 경쟁력을 인식했음을 크게 칭찬했음. 그

당시에 미국 산업들이 일본이나 다른 나라들로부터 도전받게 될 것이라고 생각한 사람은 거의 없는 실정이었음.

33) Bruce D. Henderson, *The Logic of Business Strategy* (Cambridge, Mass.: Ballinger, 1984), p. 10.

34) Bruce D. *Henderson, Henderson on Corporate Strategy* (Cambridge, Mass,: Abt Books, 1979), pp. 6-77.

35) Seymour Tilles과의 인터뷰 (1996년 10월 24일).

36) Henderson, *Henderson on Corporate Strategy*, p, 41,

37) Bruce D. Henderson은 다음과 같이 설명했음. 초기 버전의 학습곡선들과 달리 BCG의 경험곡석은 "모든 비용(자본, 관리, 연구개발, 그리고 마케팅에 관련된 비용)을 포함하며, 그러한 비용이 기술적 대체와 제품 진화에 따라서 어떻게 변화하는가를 추적한다. 이 곡선은 또한 회계적 분배가 아닌 현금흐름률(cash flow rate)에 근거하고 있다." Bruce D. Henderson, preface to Boston Consulting Group, *Perspectives on Experience* (1968; reprint, Boston: BCG, 1972). 38. Ibid., p. 7.

39) Patrick Conley, Experience Curves as a Planning Tool, BCG Pamphlet (1970), p. 15.

40) Henderson, preface to *Perspectives on Experience*.

41) See George Stalk and Thomas M. Hout, *Competing against Time: How Time-Based Competition Is Reshaping Global Markets* (New York: Free Press, 1990), p. 12.

42) Conley, *Experience Curves as a Planning Tool*, pp. 10-711.

43) Arnoldo C. Hax and Nicolas S. Majluf, *Strategic Management: An Integrative Perspective* (Englewood Cliffs, N.J.: Prentice Hall, 1984), p. 156.

44) Mike Allen와의 인터뷰 (1997년 4월 4일).

45) Schoeffler, Buzzell and Heany, "Impact of Strategic Planning on Profit Performance," *Harvard Business Review* 52, no. 2 (1974): 137-7145.

46) Walter Kiechel, "Corporate Strategies under Fire," *Fortune*, December 27, 1982.

47) Frederick W. Gluck and Stephen P. Kaufman, "Using the Strategic Planning Framework," McKinsey internal document in *Readings in Strategy* (1979), pp. 3-74.

48) J, Quincy Hunsicker, "Strategic Planning: A Chinese Dinner?" (McKinsey staff paper, December 978), p. 3.

49) Philippe Haspeslagh, "Portfolio Planning: Uses and Limits,"

Harvard Business Review 60, no. 1 (1982): 58-773.

50) William I. Abernathy and Kenneth Wayne, "Limits of the Learning Curve," *Harvard Business Review* 52, no. 5 (1974): 109-7119.

51) Pankaj Ghemawat, "Building Strategy on the Experience Curve," *Harvard Business Review* 63, no. 2 (1985): 143-7149.

52) Yoram Wind, Vijay Mahajan, and Donald J. Swire, "An Empirical-Comparison of Standardized Portfolio Models," *Journal of Marketing* 47,no. 2 (1983): 89-99. 이 논문의 통계분석은 Pankaj Ghemawat의 미출간 원고에 근거하였음.

53) Gluck and Kaufman, "Using the Strategic Planning Framework,"' pp. 5-76.

54) Frederick W. Gluck, Stephen P Kaufman, and A. Steven Walleck, "The Evolution of Strategic Management/' McKinsey staff paper (October 1978), p. 4. 동일한 저자들은 이 논문을 수정하여 다음과 같이 재출판함. "Strategic Management for Competitive Advantage," *Harvard Business Review* 58, no. 4 (1980): 154-7161.

55) Robert H. Hayes and William J. Abernathy, "Managing Our Way to Economic Decline," *Harvard Business Review* 58, no. 4 (1980): 67-777.

56) Ibid., p. 71.

57) 특유한 역량이란 개념은 1990년대에 핵심역량이란 새로운 이름으로 다시 크게 부각되었음. 그에 대한 논의는 제6장 참조.

CHAPTER

2

사업조망을 통한 경영환경의 분석

판카즈 게마와트(Pankaj Ghemawat)와
데이비드 콜리스(David Collis)[1)]

경영하기 어려운 것으로 명성이 높은 산업과 탁월한 관리능력으로 명성이 높은 경영자가 만나면, 그 명성을 유지하는 것은 대개 산업이다.

– 워런 버핏(Warren Buffet)

워런 버핏은 그런 경우를 너무 과장했을지도 모른다. 하지만 산업이 그에 속한 기업들의 성과에 중요한 영향을 미친다는 많은 증거들이 존재한다. 여러 통계분석은 기업 간 회계적 수익성의 차이 중 20~30%가 소속 산업의 특성에 의해서 결정된다는 것을 발견하였다.[2] 경영자를 위한 중요한 시사점은 산업환경이 문제가 된다는 것으로써, 이는 과거 20년간 주요 산업들 간의 평균수익성 차이를 보여주는 [그림 2.1]에 잘 예시되어 있다.[3] 이 도표의 수직축은 보고된 회계적 투자수익성에서 추정된 자본비용을 차감한 것으로써, 이는 회계적 수익성이 아닌 경제적 수익성을 산업 간에 비교 가능토록 하여 준다. 그리고 수평축은 투자된 자본투자의 양을 기준으로 개별 산업들을 표시하고 있는데, 이를 경제적 수익성과 연관시키면 각 산업에서 얼마나 경제적 가치가 창출되었는지 아니면 파괴되었는지를 파악할 수 있다.

그림 2.1 미국 산업들의 경제적 수익성(1989년~2006년 평균)

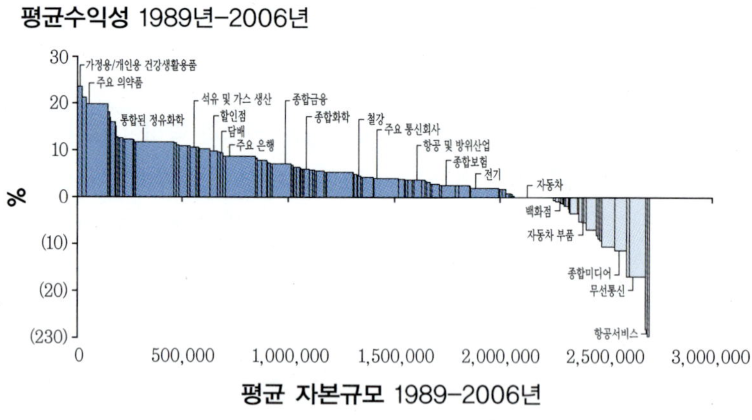

그림 2.2 **3차원의 사업조망도**

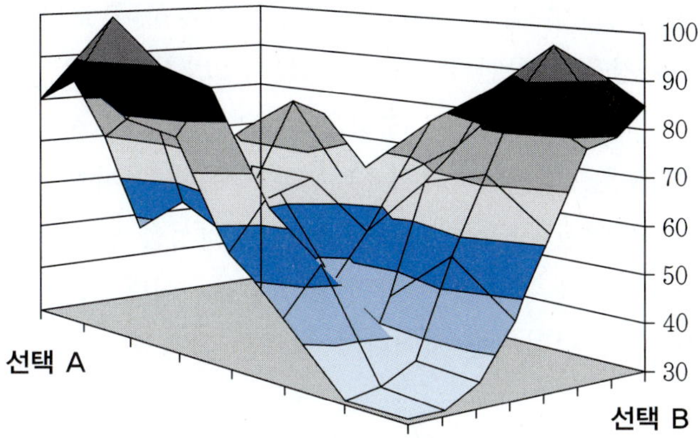

한편 [그림 2.2]는 특정한 경영환경에서 달성할 수 있는 잠재적 수익성을 도시하는 다른 방법을 제시하는데, 이 조망도에서 수직축은 특정 경영환경에서 달성 가능한 경제적 수익성(또는 손실률)을 나타낸다.[4] [그림 2.1]과 같은 2차원 지도는 단지 한 차원(이 경우는 '어떤 산업에서 경쟁하는가')만을 설명요인으로 고려하지만, [그림 2.2]와 같은 3차원 지도는 두 차원을 동시에 고려한다는 이점이 있다(예를 들어, '어떤 산업에서 경쟁하는가'와 '어떻게 경쟁하는가'). 대부분의 사업은 보다 높은 차원의 지도에 도시함으로써 보다 정확히 파악될 수 있는데, 그러한 지도에서 특정한 지점은 무엇을 어떻게 하는가에 관한 특정한 전략적 선택들의 집합을 표시한다. 이러한 **사업조망(business landscape)**은 각 전략적 선택들의 집합에 따라서 수익성이 변화하는 양상을 나타낸다. 전략의 핵심적 과제는 기업을 주어진 사업조망에서 상대적으로 수익성이 높은 지점에 도달할 수 있도록 인도하는 것이라고 할 수 있다.

본 장에서는 사업조망이라는 개념을 유추하여 보다 심도 있게 경영환경을 고찰한다. 기업 성과는 일반적으로 일련의 공통적인 산업요인들에 의해서 영향을 받는다. 따라서 사업조망에서 평균수익률은 산업에 따라서 그 높고 낮음에 차이가 생기게 된다. 분명히 어떤 산업들은 보다 높은 수익성을 달성할 수 있는 호의적인 여건을 제공하는 반면(예, 의약품), 어떤 다른 산업들은 저수익성의 구렁텅이를 벗어나기 어려운 환경을 제공한다(예, 항공서비스).

워런 버핏의 표현이 과장되었음에도 불구하고 경영자들의 이를 일리 있다고 느끼는 이유는 경험을 통하여 산업 간에 수익성 차이가 존재한다는 것을 잘 알고 있기 때문이다. 그러나 경영자들은 단지 산업 간 수익성 차이를 인정하는 데서 멈추어서는 안 된다. 그들은 그러한 차이가 발생하는 원인을 이해함으로써 어떤 산업에서 어떻게 경쟁하여야 할지를 결정하여야 한다. 나아가 경영자들은 사업조망에서 산업환경의 변화가 주는 경영상의 시사점을 파악해야 하며, 그러한 변화에 적응하고 또한 그러한 변화를 유리한 방향으로 이끌 수 있는 혜안을 가져야 한다.

본 장에서는 복잡한 실제 경영환경을 체계적으로 이해하는데 유용한 몇 가지 이론과 기법들을 소개한다. 첫 번째는 개별 시장에 대한 **수요-공급 분석(supply-demand analysis)**이고, 두 번째는 마이클 포터(Michael E. Porter)가 개발한 **"5가지 결정요인" 모델("five-factor" framework)**이며, 세 번째는 아담 브란덴버거(Adam M. Brandenburger)와 배리 네일버프(Barry J. Nalebuff)가 제안한 **가치망(value net)**의 개념이다.[5] 본 장의 끝 부분에서는 이러한 모델과 이론들을 활용하여 실제로 사업환경을 조망하는 방법을 상세히 설명한다.

여기서는 사업조망의 개념을 통상적인 "산업"의 개념보다 의도적으로 넓게 정의하고 있음에 유의하기 바란다. 이는 비록 본 장에서 산업수준의 요인들에 초점을 두더라도 그러한 요인들이 경영성과에 미치는 영향을 전통적인 산업분석의 틀보다 폭넓은 다양한 관계 속에서 고찰하기 위함이다.

수요-공급 분석

수요와 공급은 사업환경을 분석하는 모든 연구의 기원이 된다. 수요와 공급이 상호작용하여 가격을 결정한다는 아이디어는 중세시대의 스콜라 학자들(대부분 수도승)에게까지 거슬러 올라간다.[6] 비록 스콜라 학자들과 그들의 후예들이 수요-공급 분석에 관련된 여러 개념들을 개발하였지만, [그림 2.3]과 같은 통상적인 수요-공급 모델을 19세기 후반에 최초로 제안한 학자는 알프레드 마샬(Alfred Marshall)이었다.

"마샬리안 가위(Mashallian Scissors)"라고도 불리는 이 모델이 탄생한 배경은 "가치"가 공급측면의 비용에서 결정되는가 아니면 수요측면의 구매의사에 의해서 결정되는가에 대한 오랜 논쟁이었다. 마샬에게 있어서 그러한 논쟁은 종이를 실제로 오리는 것이 아래(또는 위) 부분의 가위 날인가에 대한 논쟁 이상의 의미가 없는 것으로 보였다. 따라서 그는 가격이 수요곡선과 공급곡선이 만나는 "균형점(the equilibrium point)"에서 결정되며, **수요곡선(demand curve)**은 각 가격 수준에서 특정한 제품

그림 2.3 수요-공급 분석

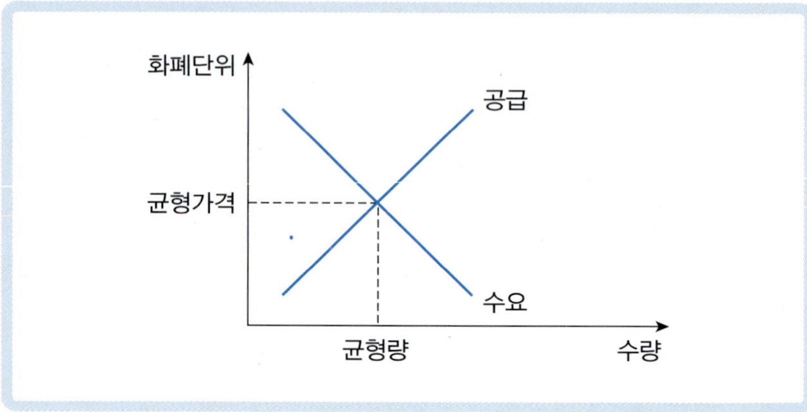

을 기꺼이 구매하고자 하는 고객들이 가진 수요의 합으로 나타나고, **공급곡선(supply curve)**은 각 가격 수준에서 특정한 제품을 기꺼이 생산하고자 하는 공급자들이 생산할 수 있는 양의 합으로 나타난다는 보다 명확한 모델을 제시하였다.[7]

마샬은 이 모델에서 수요곡선이 우하양하는 양상을 나타내는 것은 너무나 자명하다고 생각하였고, 그러한 가정에 근거하여 그는 **수요의 가격탄력성(price-elasticity of demand)**이라는 개념을 도입하였다. 가격의 변화에 따라서 총수요량이 많이 변화하면(즉, 수요곡선이 수평에 가까우면) 수요가 상대적으로 가격 탄력적이라고 하며, 반대의 경우(즉, 수요곡선이 수직에 가까운 경우)에는 수요가 상대적으로 가격 비탄력적이라고 할 수 있다. 마샬은 또한 공급측면에서 우상향하는 공급곡선이 장기간에는 보다 평평하게 되는 경향이 있으며 심지어 수평이 될 수도 있다고 주장했다. 그러나 그는 공급곡선이 우상향하는 것이 아니라 우하향하는 경우(예컨대, 수확체증(increasing returns to scale)으로 인해 대량생산이 생산비를 더 낮추는 경우)를 분석하는데 어려움을 겪었다. 아울러 마샬의 분석은 개별소비자와 개별공급자가 시장에 비해서 규모가 훨씬 작아 가격에 영향을 미칠 수 없고, 이들은 동질적(homogenous)이어서 개별소비자는 어떤 개별공급자의 제품에 대해서도 동일한 구매의사를 가지고 개별공급자는 어떤 개별소비자에게 제품을 판매하던 생산비가 같다는 가정에 기초하고 있었다.

수요와 공급 분석은 빠르게 경영대학의 경제학 과목과 마케팅 과목에서 중요한 주제로 받아들여졌다. 그러나 이 이론이 경영전략 강의와 실무에 본격적 영향을 미치기 시작한 것은 1970년대와 1980년대 초에 경제불황이 발생하면서부터였다. 이 시기에 수요곡선이 크게 하향 이동하면서, 사람들은 공급곡선, 보다 정확히 말하면 가격결정에 기준이 되는 비용곡선(cost curve)을 보다 정확히 이해를 하는 것이 중요하다는 것을 깨닫게 되었다.

예를 들어, [그림 2.4]는 보스톤 지역에 소재한 병원들의 1990년대 초 비용곡선을 컨설팅회사인 베인앤컴퍼니(Bain & Company, 이하 베인)에서 조사한 결과이다. 비록 단순한 분석이기는 하지만 이는 하버드메디컬센터 병원들(도표에서 HMC)의 높은 원가구조가 매사추세츠주의 병원이용률을 예전의 80%에서 1990년대 말에 40~60%로 하락시키는 중요한 원인이었음을 시사한다. 실제로 "병상이용일수(hospital bed days)"로 측정된 이 지역의 병원이용률은 연간 1.2에서 미국 전체 평균인 0.6으로 하락하였다.[8] 또한 병원이용률이 40-60% 수준이라면 수요-공급 차트에서 하버드의대병원(도표에서 University)은 원가곡선과 수요곡선이 만나는 균형점보다 훨씬 높은 위치에 놓이게 된다.

이 예는 또한 마샬의 수요-공급 분석 모델이 가진 중요한 한

그림 2.4 보스턴 소재 병원들의 공급곡선

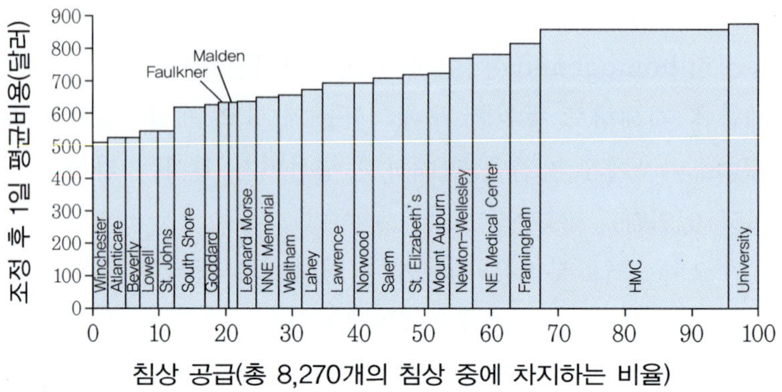

계를 보여준다. 첫째, 이 지역 병원들이 규모가 작고 시장에 대한 영향력이 없다고 간주하는 것은 비현실적이다. 실제로 하버드메디컬센터에 소속된 두 개의 대형병원인 Massachusetts General Hospital과 Brigham and Women's University는 베인의 분석결과에 자극을 받아, 시장점유율 21% 달성과 자신들의 "위상" 제고를 위해서 협력하기로 제휴를 맺었다. 둘째, 이 예는 또한 동질성(homogeneity)의 가정이 타당하지 않음을 보여준다. 환자들의 요구는 다를 수 있으며, 그러한 요구를 효과적으로 충족시킬 수 있는 병원들의 능력도 차이가 난다. 따라서 비용만을 기준으로 병원들을 일률적으로 비교하는 것은 부정확한 분석결과를 초래할 수 있다. 따라서 수요-공급 분석이 가진 비현실적인 가정들을 완화하여 보다 유용한 일반적 이론을 개발하고자 하는 많은 시도가 이루어졌다. 다음 절에서는 그 가운데 가장 큰 성공을 거두었던 주요 이론들을 역사적으로 살펴본다.

5가지 결정요인 모델

수요-공급 분석이 기초하고 있는 어떤 가정들은 마샬의 연구 결과가 발표되기 반 세기 이전부터 이미 완화되고 있었다. 1838년에 앙뚜안느 쿠르노(Antoine A. Cournot)는 두 기업만이 존재하고 이들이 서로 독립적으로 생산량을 결정하는 복점시장(duopoly)에서 어떻게 균형가격이 결정되는지를 최초로 분석하였다.[9] 동질성에 대한 가정은 1933년에 에드워드(Edward Chamberlin)과 조앤 로빈슨(Joan Robinson)이 각각 발표한 두 권의 저서에서 완화되었다. 이들은 개별기업이 자신의 고유한 제품에 대해서는 독점적 생산을 하지만, 대체 가능한 제품을 생산하는 많은 경쟁기업들이 존재하는 상황을 분석하였다.[10] 하지만 경영전략의 관점에서 볼 때, 이들 연구는 그다지 유용한 시사점을 제공하지 못하였다. 이들 연구는 비록 동질적 제품은 아니나 유사한 제품을 생산하는 많은 기업들이 존재한다는 상황에 초점을 두었기 때문에, 소수의 경쟁자들만이 존재하는 **과점적 경쟁(oligopolistic competition)** 상황에 대해서는 별다른 설명을 제시하지 못했던 것이다.

그에 대한 분석은 하버드대학의 경제학자들에 의해서 이루어졌다. 이들은 어떤 산업들의 특수한 구조가 소속 기업들에게 장기적인 경제적 이익을 달성 가능토록 허용하는가를 고찰했다.[11] 하버드 경제학과의 교수인 에드워드 메이슨(Edward S. Mason)은 산업구조(industry structure)가 구매자와 공급자의 행위(conduct)를 결정하고, 이들의 행위가 다시 수익성, 효율성, 혁신 등과 같은 산업의 성과가 결정한다는 이론을 제시했다.[12]

하버드 경제과의 또 다른 교수였던 조 베인(Joe S. Bain)(같은 이름의 컨설팅회사와 무관한 인물임에 유의)은 산업구조 변수들의 영향에 대한 실증분석을 통하여 산업구조와 성과 간과의 관계를 규명하고자 시도하였다. 1950년대에 그가 출판한 2개의 연구결과는 특히 주목을 끌었다. 그의 첫 번째 연구는 상위 8개 기업들의 시점점유율이 70% 이상인 산업들의 평균수익률이 상위 8개 기업의 시장점유율이 70% 미만인 산업들의 평균수익률보다 거의 2배가 높음을 발견하였다.[13] 두 번째 연구는 어떤 산업들에서 "왜 주도적 기업들이 높은 가격을 지속적으로 설정하지만 새로운 진입이 이루어지지 못하는가"를 설명하기 위한 것이었다.[14] 그는 이 연구에서 (1) 주도 기업의 절대적인 원가우위(예, 특허로 보호되는 저원가 생산기술), (2) 높은 수준의 제품차별화, (3) 규모의 경제라는 세 가지 유형의 **진입장벽(enter barrier)**을 찾아 내었다.

베인의 통찰력 있는 연구는 **산업조직론(industrial organization)**이라는 경제학의 새로운 분야를 탄생시켰다. 이 분야는 왜 어떤 산업들은 다른 산업들에 비해서 수익성이 높은가를 산업구조의 차이를 통해서 설명하려고 시도한다. 1970년대 중반까지 산업조직론자들은 산업 간 차이를 분석하는 수백 개의 실증연구들을 발표했다. 이들 연구에서 구조변수와 성과의 관계는 종전에 생각했던 것보다 훨씬 복잡한 것으로 나타났지만,[15] 또한 다른 산업들보다 높은 수익률을 장기적으로 누리고 있는 "매력적인 산업"들이 존재한다는 사실도 드러났다.

산업조직론이 초기에 경영전략에 미친 영향은 두 가지 이유로 미미하였다. 첫째, 베인과 그의 후예들은 기업 차원의 전략보다는 공공 정책에 주로 관심을 가지고 있었으며, 둘째, 산업수익성을 설명하기 위해 선택된 산업구조 변수들은 매우 제한적

이어서 개별기업의 전략을 고려할 여지가 없었다. 이 두 가지 문제를 해결한 학자는 마이클 포터(Michael Porter)였다. 그는 하버드의 다른 산업조직론 교수인 리차드 케이브스(Richard E. Caves)와 산업구조와 경영전략에 관한 연구를 공동 수행했다. 1974년에 포터는 "Note on the Structural Analysis of Industry"라는 논문을 작성하였는데, 이는 최초로 그가 "지대(rents)"의 최소화라는 공공정책적 목적이 아닌 이익극대화라는 기업정책적 목적을 위하여 산업조직론적 사고를 뒤집은 경우가 되었다.[16] 1980년에 그는 다시 『Competitive Advantage』라는 책을 출판하였는데, 이 책에서 소개된 "5가지 결정요인" 모델은 그 후 크게 유행하였다. [그림 2.5]에 제시된 바와 같이, 이 모델은 특정한 산업에 참여하는 기업들의 평균수익성을 5가지 경쟁요인에 의해서 설명하고 있다.

포터의 산업분석 모델은 여러 가지 점에서 개별시장에 대한 수요-공급 분석을 일반화한 것으로 볼 수 있다. 첫째, 이 모델은 다수의 경쟁기업이 존재하고 이들이 동질적인 제품을 생산한다는 수요-공급 분석의 두 가지 가정을 완화시키고 있다. 둘째, 수요-공급 분석은 구매자와 공급자라는 두 가지 차원의 결정요인만을 고려하는데 반해 포터의 모델은 수직적 차원을 따라서 구매자, 라이벌, 공급자라는 보다 폭넓은 결정요인들을 고려하였다. 셋째, 수평적 차원에서는 라이벌과 함께 잠재적 진입자와 대체재라는 새로운 결정요인들을 포함시켰다. 그러나 이러한 일반화된 모델을 개발하기 위해서 포터는 많은 부분에 있어 실증적 증거가 아닌 일반적 상식에 의존할 수밖에 없었다. 포터가 최초로 이 모델을 개발한 뒤 약 10년 후 산업조직론의 실증적 연구들을 폭넓게 리뷰한 논문이 발표되었는데, 이 논문에 따르

그림 2.5 산업분석을 위한 "5가지 결정요인" 모델

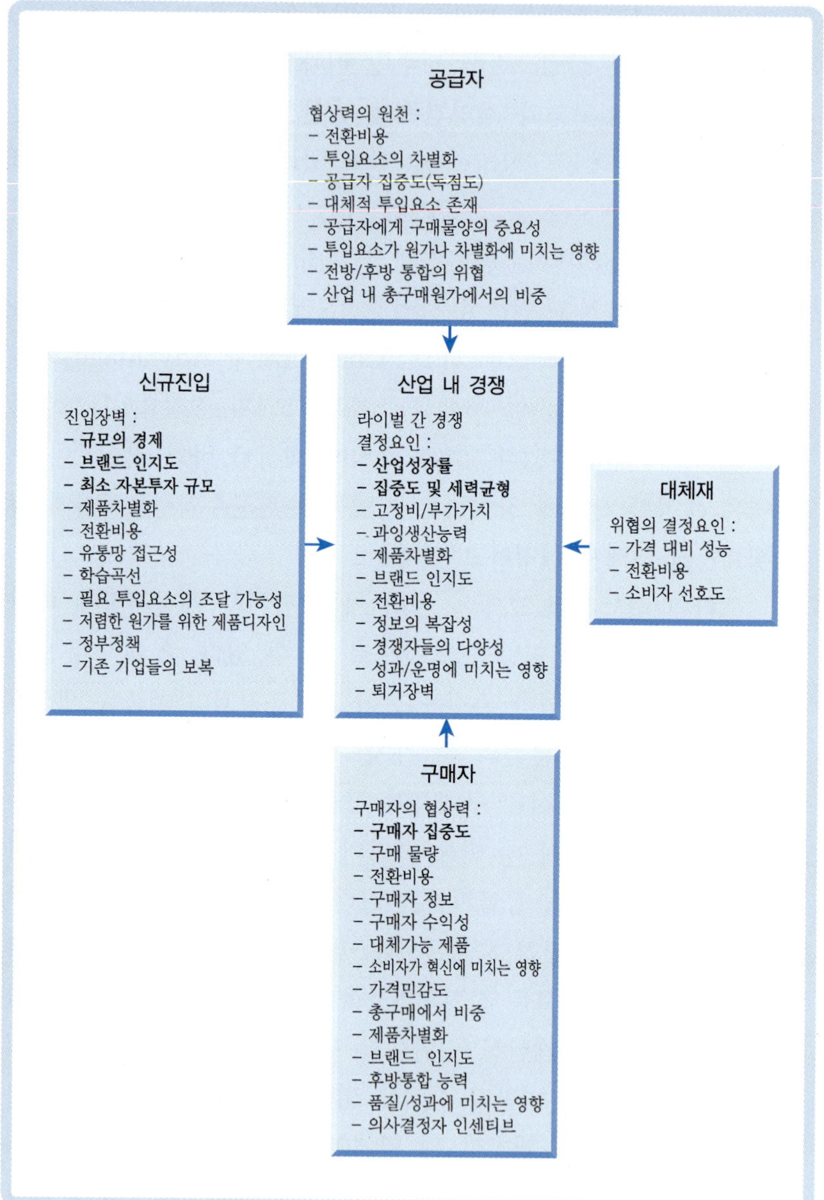

면 포터 모델에서 제시했던 여러 요인들 중 극히 일부만이 실증적으로 명확한 지지를 받았다(그러한 요인들은 [그림 2.5]에 굵은 글씨체로 표시되어 있음).[17]

그러한 문제에도 불구하고 "5가지 결정요인" 모델은 공공정책이 아닌 기업경영적 관점을 취하였고, 기존 기업들 간의 경쟁을 넘어서는 보다 확장된 경쟁(extended competition)을 강조하였으며, 실무에 적용하기가 상당히 용이했기 때문에, 많은 기업들과 경영대학들은 이들 적극적으로 수용하였다. 컨설팅회사인 베인의 서베이에 따르면 1993년을 기준으로 기업들 간에 이 모델의 보급률은 25%에 이르렀다.[18] 이 모델의 그러한 이론적, 실무적 중요성을 고려하여 아래에서는 그 내용을 보다 상세히 살펴보기로 한다. 이를 위하여 [그림 2.1]의 사업조망도상 양극단에 위치한 두 개의 산업인 항공산업과 제약산업을 포터의 모델이 적용될 수 있는 좋은 사례로서 예시한다. 비록 아래에서는 포터의 모델 중 산업 내 라이벌 간의 경쟁을 가장 먼저 설명하고 있지만, 이 모델의 가장 가치 있는 공헌은 그러한 라이벌 관계가 산업의 매력도를 결정하는 여러 결정요인들 중 단지 하나임을 제시한 데 있다는 점을 유념하기 바란다.

■ 결정요인 1: 라이벌 간의 경쟁 수준

산업 내 **라이벌 간의 경쟁(rivalry)**은 "5가지 결정요인" 중 가장 분명히 나타나며, 또한 전략가들이 오랜기간 가장 관심을 가졌던 문제이다. 이 결정요인은 한 산업에서 창출되는 가치가 직접적인 경쟁을 통하여 분산되는 정도에 영향을 미친다. 라이벌 간 경쟁수준에 영향을 미치는 구조적 결정요인들은 여러 가지로 파악될 수 있다. 한 가지 유형은 경쟁자들의 숫자와 규모이다.

집중도가 높은 산업일수록 경쟁자들은 서로 간의 의존성을 더욱 분명히 인식하게 되므로, 서로에 대한 적대적 행동을 자제할 가능성이 높다. 반면에 한 산업에 다수의 경쟁자들이 존재하면 개별경쟁자는 자신의 행동을 다른 경쟁자들이 알아채지 못할 것으로 생각하여 시장점유율을 높이기 위한 행동을 임의로 취하고, 그 결과 혼란스러운 상황이 발생할 수 있다. 같은 이유로 비슷한 규모의 여러 경쟁자들이 존재하는 것보다는 한 개의 주도적 경쟁자가 존재하는 것이 경쟁을 완화시킬 수 있다. 주도적 경쟁자는 산업 내 가격을 설정하고 위반자들을 처벌하는 역할을 수행할 수 있는 반면, 비슷한 규모의 경쟁자들은 서로를 앞서려고 심한 다툼을 벌일 가능성이 크다.

그러한 상황은 미국 항공산업에서 잘 나타난다. 이 산업은 1978년 규제완화가 이루어지기 전까지는 매우 높은 수익성을 보였지만, 규제완화로 새로운 항공사들이 기존의 황금노선에 진입하면서 가격이 하락하고 영업마진이 축소되었다.[19] 주도적 기업이 없는 상황에서, 한 항공사가 요금을 높이거나 요금체계를 바꾸려고 시도하는 것은 대부분 다른 경쟁 항공사들에 의해서 무력화되었다. 실례로 1990년대 초 아메리칸에어라인(American Airline)은 '가격리더십(price leadership, 시장에서 가격을 선도적으로 설정함으로써 다른 경쟁기업들이 이를 따르도록 하는 역할을 의미)'을 발휘하고자 단순한 요금체계에 기초한 '가치요금제'를 도입하였다.[20] 단기간에 경쟁기업들은 뒤를 따라 비슷한 요금체계를 도입하였고, 그 결과 모든 주요 항공사들의 주가가 상승했다. 하지만 그러한 협력은 TWA를 시작으로 일부 다른 항공사들이 공격적인 요금할인정책을 도입함에 따라서 순식간에 와해되었다.[21]

라이벌 간 경쟁에 영향을 미치는 두 번째 유형의 구조적 속성들은 산업적 조건들과 관련되어 있다. 예를 들어, 자본집약적 산업에서는 가격경쟁이 빈번히 발생하는데 이는 소속 기업들이 많은 투자를 한 자본설비가 유휴화되지 않을까 우려하기 때문이다. 보다 일반적으로 높은 고정비용, 과잉생산능력, 낮은 성장률, 제품차별화 결여 등은 라이벌 간 경쟁을 높이는 효과가 있다. 이들은 모두 미국 항공산업에서 모두 현저히 나타나는 속성들로서, 왜 항공사들의 수익성이 낮은가를 이해하는데 도움을 준다. 예컨대, 비행기나 항공터미널에 관련된 고정비뿐 아니라, 개별적인 항공노선이나 심지어 항공기 좌석을 생각해 보더라도 대부분 모두 고정비이다. 또한 수요변동의 주기가 크고 현저하게 나타나기 때문에 불황기에는 빈번히 유휴시설이 발생하여 심한 적자가 누적된다. 그리고 열정적인 경영자들이 그 동안 수많은 창의적 노력을 기울였음에도 불구하고, 우량고객들에게 장거리 비행에서 프리미엄 서비스를 제공하는 것 외에는 제품차별화나 서비스 차별화가 거의 이루어지지 못한다.

제약산업은 그와는 상당히 다른 그림을 보여준다. 고정비는 전체 매출이나 부각가치의 몇 퍼센트 밖에 되지 않는다. 실제로, 크게 히트를 친 일부 의약품들의 경우 매출이익률이 90%에 이른다. 수요는 매년 두 자리 수 증가율을 기록하였으며, 제품 간의 차이, 브랜드 인지도, 전환비용 등은 경쟁으로부터 기업들을 보호하는 역할을 한다(이들 조건에 대해서는 4번째 결정요인인 "구매자 파워"에서 더 상세히 고찰함). 그러한 상황은 의약품에 대한 배타적 특허권으로 인해서 더욱 공고히 된다.

끝으로 라이벌 간의 경쟁은 행위론적 요인들에 의해서도 영향을 받는다. 만일 경쟁자들의 크기나 성격이 다양하거나, 높은 퇴출장벽(exit barrier)이 존재하거나, 산업 내에서 자신의 포지션에 대해 높은 전략적 가치를 부여한다면, 그들은 보다 공격적인 경쟁을 벌일 가능성이 크다. 예를 들어, 항공산업에서 저가항공사들이 등장하여 주요 공항을 직접 연결하는 '공항 대 공항(point-to-point)' 서비스를 제공하면서 항공 서비스의 다양성은 증가하였고, 그에 따라 기존에 거점 공항을 중심으로 다른 공항들을 연결하는 '허브앤스포크(hub-and-spoke)' 서비스를 제공하는 대형항공사들은 산업 내 가격질서를 유지하는데 곤란을 겪었다. 퇴출장벽도 높았는데, 그 이유는 한 항공사가 사업규모를 축소하거나 문을 닫더라도 본래 보유하였던 운송능력은 그대로 남기 때문이다. 유휴시설이 된 비행기들은 사막의 격납고에 보관되어 다른 항공사가 서비스를 위해서 이들을 운행할 때까지 기다리게 된다. 더욱이 미국의 복잡한 파산법은 퇴출장벽을 더욱 높이고 있다. 그 일례로서 2001년부터 현재까지 한 개를 제외한 모든 대형항공사가 파산신청을 한 경험이 있지만, 이 가운데 어떤 항공사도 청산된 바가 없다. 그 밖에도 미국 이외의 지역에서는 흔히 국영항공사들이 비경제적 목적을 추구하는 경우가 많으며, 어떤 경우에는 경영자들의 자만심으로 인해 실제 시장수요와 상관없이 많은 설비투자를 하기 때문에 항공산업의 수익성은 더욱 악화될 수밖에 없다. 그에 반해 제약산업에서는 미국계와 비미국계 제약회사들이 미국제약연구제조협회(Pharmaceutical Research and Manufacturers of America)를 통하여 서로 협력한다. 가장 중요한 미국시장에서 이들은 공동으로 대정부 로비를 전개하며 그 밖에도 여러 가지 협력활동을 통하여 시장 여건을 개선하려고 노력한다. 라이벌 간의 경쟁은 전세계가 최근 경제불황을 겪으면서 더욱 심화되었다.

■ 결정요인 2: 신규진입의 위협

산업의 평균수익률은 현재의 경쟁자들 이외에 잠재적 경쟁자들로부터도 영향을 받는다. **신규진입의 위협(the threat of entry)**을 분석함에 있어서 핵심적 개념은 진입장벽이다. 진입장벽은 한 산업에서 자본비용을 조정한 수익률이 0보다 큰 경우에 새로운 기업들이 그 산업에 몰려오는 것을 막아 준다. 진입장벽은 외부자가 기술적인 어려움이나 경제적 타당성 결여로 해당 산업 내 기업의 포지션을 그대로 따라 할 수 없을 때 발생한다. 진입장벽은 제5장에서 설명하는 바와 같이 대개 회수할 수 없는 자원투자에 기초한다.

[그림 2.5]는 다양한 진입장벽의 형태를 예시한다. 어떤 진입장벽들은 진입을 방해하는 어떤 물리적 또는 법적 장애물들로 인해서 생긴다. 그러나 가장 보편적인 진입장벽은 특정한 산업에서 효율적인 경쟁자가 되기 위해서 필요로 하는 생산규모 및 투자자금이다. 예를 들어 기존기업들의 브랜드가 잘 알려져 있고 제품차별화가 이루어진 경우, 잠재적 경쟁자는 자신의 제품 출시를 위해 막대한 광고비를 들이는 것을 주저할 수 있다. 어떤 상황에서는 투자비용만이 문제가 아닐 수 있다. 얼마나 많은 투자를 하던 시장에서 우수한 제품이라는 명성을 쌓기까지는 10년 이상 소요될 수도 있기 때문이다. 또한 어떤 진입장벽은 순전히 외생적(exogenous) 조건만은 아니다. 이는 모델의 여러 다른 결정요인들을 통해서도 형성될 수 있다. 좋은 예로는 신규진입자를 겨냥한 기존사업자들의 '신빙성 있는 위협(credible threat)'을 들 수 있다.

진입장벽의 영향보다 명확히 예시하기 위해서 제약산업에 존재하는 두 가지 **전략그룹(strategic group)**을 살펴보자. 전략그룹은 서로 유사한 사업전략을 추구하는 기업들을 하나의 그룹으로 구분한 것으로서, 제약산업에는 연구중심 제약회사(research-based pharmaceutical company)와 일반의약품 생산회사(generic pharmaceutical manufacturer)라는 두 개의 전략그룹이 존재한다. 역사적으로 연구중심 제약회사들의 그룹은 후자의 그룹에 비해 훨씬 수익성이 높았는데, 그 이유는 이들이 진입장벽에 의해서 보호되었기 때문이다. 제5장에서 보다 상세하게 설명할 이들 진입장벽에는 특허권, 수십억 달러의 비용과 10년 이상의 기간이 소요되는 신약개발 프로세스, 지속적인 마케팅 캠페인과 세심한 노력을 기울여 구축한 브랜드 이미지, 그리고 개별 의사들을 수시로 방문하여 신약을 소개하고 의사들의 요구에 대응하는 판매조직 등이 포함된다. 반면에 일반의약품 생산회사들의 그룹은 특허의 부재, 훨씬 더 적은 자본투자와 짧은 기간이 요구되는 제품개발, 미약하거나 존재하지 않는 브랜드 이미지, 그리고 저가격으로 다량구매를 추구하는 대형 구매처들에게 초점을 둔 판매조직 등으로 특징지어진다. 따라서 일반 의약품 생산회사들의 평균수익성은 매우 낮은데, 이는 앞서 언급한 경쟁자들의 다양성이 연구중심 제약회사들의 수익성에 상당한 압박을 가하고 있음을 고려하더라도 마찬가지이다.

한편 항공산업에 대한 진입장벽은 낮았는데, 예외가 있다면 대부분 대형항공사들이 구축하고 있는 거점 공항 중심의 허브앤스포크(hub-and-spoke) 노선망이다. 그러한 노선망을 새로 구축하는 것이 아예 불가능한 것은 아니지만 현실적인 비용이나 규제 등으로 인해서 쉬운 일이 아니다. 반면에 주요 공항들을 직접 연결하는 공항 대 공항(point-to-point) 노선을 개설하는 것은 상당히 쉬우며, 그 때문에 미국 시장에서는 규제완화 이후

거의 200개가 되는 신규 항공사들의 진입이 이루어졌다. 항공노선을 이용하는 관광여행자들은 특히 저가 항공사들의 진입을 부추겼다. 이들은 정부가 항공기 안전을 적절히 감시하고 있다는 믿기 때문에, 신규 저가 항공사의 비행기를 탑승하는 것을 개의치 않았다. 항공기 제조회사인 보잉(Boeing)과 에어버스(Airbus)도 저가 항공사들을 고객으로 유치하기 위해서 이들의 요구에 맞도록 항공기 설계를 개조해 줌으로써 신규 진입을 도왔다. 비행기들은 초기 투자부담을 줄이기 위해서 임대되었고, 인건비는 진입장벽이 아니라 오히려 촉진요인으로 작용했다. 신규 항공사들은 당연히 오래 근무한 직원들이 없었기 때문에 기존 항공사들보다 인건비 측면에서 우위를 가질 수 있었던 것이다.

■ 결정요인 3: 대체재의 위협

대체재의 위협(the threat of substitutes)이 산업수익성에 영향을 미치는 정도는 소비자의 같은 욕구를 만족시켜 줄 수 있는 서로 다른 제품과 서비스들의 상대적인 가격 대비 성능비율에 달려 있다.[22] 또한 대체재의 위협정도는 전환비용(switching cost)에 의해서도 영향을 받는데, 전환비용이란 소비자가 다른 종류의 제품이나 서비스로 전환하는 경우에 재교육, 재설계, 재조정 등으로 인해서 지불해야 하는 제반 비용을 의미한다. 많은 경우에 대체재의 보급은 S-커브의 형태 취한다. 초기에는 소수의 유행 선도자들만이 새로운 대체재를 구매하는 위험을 감수하므로 전파속도가 느리다. 그 후 다른 소비자들이 이들을 따라 구입을 시작하면 빠른 속도로 보급이 이루어진다. 끝으로 대체재가 제공하는 모든 가격 대비 효율성이 소진되면 안정기에 접어들게 되는 것이다.

장거리 여행에서는 항공서비스를 대체할만한 마땅한 대체재가 존재하지 않지만, 단거리 여행에는 자동차, 초고속열차, 저렴한 여객버스 등과 같은 위협적인 대체재들이 존재한다. 대체재의 위협은 또한 기업의 항공기 소유 및 항공기 임차, 그리고 조만간 등장할지도 모를 경비행기를 이용한 항공택시 서비스 등을 통해서도 나타난다. 이들 서비스는 비록 소수의 고객층만을 대상으로 하지만 그 영향은 크다. 왜냐하면 이들 서비스는 1등석 항공권을 자주 구입하는 최우량 고객들을 겨냥하기 때문이다.

대체재 위협을 분석함에 있어서 또 하나 주의해야 할 점은 비록 물리적으로 유사한 제품이 아니더라도 소비자의 동일한 욕구를 전혀 다른 방식으로 충족시킬 가능성이 있다는 점이다. 따라서 항공산업은 화상회의나 여러 가지 다른 형태의 인터넷 기반 협력수단들의 등장에 주의할 필요가 있다. 하지만 이러한 기술들은 오히려 멀리 떨어진 기업들 간에 협력을 촉진시켜 여행에 대한 새로운 수요를 창출시킬 수도 있다.[23] 반면 의약품에 대한 넓은 의미의 대체재는 예방의학적 치료와 입원치료이다. 그런 점에서 제약산업이 호황을 누리는 이유는 대체재인 입원치료에 비해서 의약품의 비용 대비 효율성이 더 높기 때문이라고 볼 수 있다(물론 입원치료가 필요할 정도로 환자가 아픈 경우는 예외).

개념적으로 볼 때, 구매자 관점에서의 대체재 분석은 공급자의 관점에서의 대체재 분석에 의해 보완될 필요가 있다.[24] 공급자에게 많은 대체재가 존재한다면, 수요측면에서의 많은 대체재의 존재가 해당 제품에 대한 구매자의 구입의사를 약화시키듯, 필요한 생산요소를 제공하려는 공급자가 의사를 약화시킬 수 있다(예를 들어, LCD 패널은 평판 TV, 모니터, 기타 가전제품 등 여러 대체적 용도가 존재하므로, LCD 패널 공급자가 평판 TV 제조업체에 제품을 납품하고자 하는 의사가 약화될 수 있음).

■ 결정요인 4: 구매자 파워

구매자 파워(buyer power)는 두 개의 "수직적" 결정요인 중 하나로서(아래에서 설명하는 공급자 파워가 나머지 하나의 수직적 결정요인임), 한 산업에 창출된 가치가 어떻게 전용(appropriation, 경제학적으로 누가 가치를 차지하는가를 의미)되는가에 영향을 미친다. 구매자 파워가 높다면 구매자는 판매 기업에게 가격을 낮추도록 강요하거나 정당한 보상 없이 서비스 수준을 높이도록 요구함으로써 산업의 이윤을 빼앗아 갈 수 있다.

구매자 파워가 높은 경우는 (1) 고객이 소수인 경우, (2) 고객의 구매량이 판매자의 전체 매출에서 차지하는 비율이 높은 경우, (3) 고객이 판매자의 제품 가격이나 속성에 대해서 많은 정보를 가지고 있는 경우(예컨대, 표준화된 제품), (4) 고객이 구매처를 바꾸는데 따른 전환비용이 적은 경우, 혹은 (5) 구매하는 제품을 직접 생산하는 수직적 통합(vertical integration)을 하겠다고 효과적으로 위협을 할 수 있는 경우 등이다. 이러한 사실로부터 왜 항공산업에서 기업고객들이 아메리칸익스프레스(American Express)와 같은 여행대행사를 통해서 직원들의 항공권을 대량 구매할 때 많은 할인율을 적용받는가를 이해할 수 있다. 또한 최근에 인터넷을 통해서 항공권 가격을 쉽게 비교할 수 있게 되고(탐색비용이 절감되는 효과), 항공사들의 항공산업 규정 준수여부를 감시하는 단체들이 등장한 것은 구매자 파워의 신장에 기여하였다. 또한 일부 기업고객들은 정기적인 직원들의 여행 수요에 대응하기 위해 항공기를 임대하여 직접 운행하는 수직적 후방통합(backward vertical integration)을 추진하는 경우도 있다(예, "기업 셔틀비행기" 서비스). 반면에 제약산업에서 구매자 파워는 역사적으로 미약하였는데, 특히 개인 고객들은 지식 결여로 값비싼 유명상표 의약품들을 대체할 수 있는 보다 저렴한 의약품들(예컨대, 같은 성분의 상표가 없는 일반 의약품들)이 존재하는지를 알기가 어려웠다.

또한 구매자가 보유한 잠재적 협상력을 행사할 의사와 동기가 있는가도 중요하다. 예를 들어, 미국 정부는 메디케이드(Medicaid) 및 메디케어(Medicare)와 같은 공공 의료서비스를 통하여 엄청난 양의 의약품을 구매한다. 하지만 역사적으로 미국 정부는 그로부터 발생하는 잠재력 영향력을 행사하지 않아왔다. 이는 제약산업에게는 다행스러운 일이지만 납세자들에게는 불행한 일이다. 특히 2003년부터 메디케어가 처방조제를 인정한 것은 제약회사들에게 큰 횡재였다. 왜냐하면 관련된 규정은 의약품 가격을 낮추기 위해서 메디케어가 우월한 협상력을 사용하지 못하도록 금지하고 있기 때문이다!

왜 어떤 구매자들이 보유한 협상력을 발휘하지 않는가를 이해하기 위해서는 다른 행위적 동기들을 살펴볼 필요가 있다. 그에 관련된 가장 중요한 요인의 하나는 구매자의 관점에서 비용이 어떠한 성격을 가지느냐이다. 의약품 구매에 소요되는 비용과 달리 여행 비용은 대부분 임의적인 성격을 가진다. 항공 여행자들, 특히 휴가 여행자들은 특정한 가격대의 여행을 선택하는데 있어서 자유로운 선택권을 최대한 활용하고자 한다. 그러한 관점은 몸이 아파서 치료를 받아야 하는 환자가 의료비를 바라보는 관점과는 상당히 다를 것이다.

또 하나의 중요한 요인은 특정 제품의 사용과 연관된 위험이다. 제약산업에서 환자들은 대체적으로 처방약의 부작용에 따른 높은 개인적 비용을 고려해야만 하며, 의사들 역시 의료사고 소송에 대한 우려 때문에 비용이 높더라도 효과가 확실히 입증된 의약품들을 선택하게 마련이다. 또한 일부 일반의약품 생산회사들이 기준미달의 생산시설로 약품제조를 해 왔다는 사실들이 자주 보도되면서, 대체의약품이 위험하다는 인식은 더욱 증가하였다. 이는 우수한 품질을 가진 많은 대체의약품들이 상용화된 이후에도, 높은 가격의 브랜드 의약품들이 여전히 높은 시장점유율을 유지할 수 있는 중요한 이유이다.

제약산업의 사례는 또한 구매자 파워를 분석하는데 있어서 의사결정 프로세스를 고찰하는 것이 중요하다는 것을 일깨워 준다. 특정한 구매결정이 가격에 얼마나 민감한가를 이해하기 위해서는 그 결정에 관여되는 모든 행위자들의 이해와 동기를 파악하여야 한다. 전통적으로 의사와 환자들은 구매 의약품의 가격을 낮추고자 하는 동기가 별로 없었는데, 그 이유는 의료비를 제3자인 보험회사에서 지불하기 때문이다. 하지만 최근에 '관리의료보험(managed care, 불필요한 의료행위를 억제할 목적으로 보험사가 가이드라인을 정하여 서비스 제공자인 의사와 병원측의 재량에 여러모로 제동을 가하는 보험)'이 확산되면서 의약품에 대한 가격민감도가 커지고 있다.

■ 결정요인 5: 공급자 파워

공급자 파워(supplier power)는 구매자 파워를 거울에 비친 이미지라고 할 수 있다. 따라서 공급자 파워에 대한 분석은 전형적으로 첫째, 공급자의 구매자에 대한 상대적인 규모와 집중도, 그리고 둘째, 공급하는 생산요소의 차별화 정도에 초점을 두었다. 만일 공급자들이 자신의 제품 가치에 따라 구매자들에게 다른 가격을 설정할 수 있다면 그 시장은 공급자 파워가 높은 것으로 파악될 수 있다.

공급자 파워는 제약산업에서 과거로부터 큰 문제가 되지 않아왔다. 통상적인 의약품을 제조하기 위한 원료는 산업용 화학약품을 생산하는 업체들로부터 쉽게 구할 수 있었다(그러나 생화학 의약품의 경우는 원료 확보가 중요한 문제임). 반면 미국 항공산업은 강력한 노조로 인해서 많은 곤란을 겪어 왔다. 이 산업은 잠시만 운송을 중단해도 경제적으로 큰 손실을 입는 특징이 있기 때문에 항공사 직원들(특히 비행기 조정사와 항공교통관제사들)은 파업 위협을 통하여 쉽게 높은 임금과 경제적 혜택을 얻어 낼 수 있었다. 직원들의 높은 협상력은 또한 산업 구조조정을 방해하는 요인이 되었다. 왜냐하면 연봉이 높은 직원들을 해고하는 것이 매우 어려웠기 때문이다.

끝으로 구매자와 공급자 간에는 경쟁적 측면이 존재하지만 또한 협력적 측면도 존재함을 주목할 필요가 있다. 그에 대한 좋은 예는 공급자들과의 관계에서 미국 자동차업체들과 일본 자동차업체들 간의 차이이다. 즉, GM과 다른 미국 자동차업체들이 부품업체와의 협력 필요성을 제대로 인식하지 못하여, 가격만을 최대한 낮추려고 납품업체들을 빈번히 교체했다. 반면에 일본 자동차업체들은 부품업체들과 장기적인 협력관계를 추구하였으며, 그 결과 자동차 품질을 향상시키고 신차 개발속도도 높일 수 있었다(이 사례에 대한 보다 상세한 논의는 제5장에서 강탈(holdup)이라는 개념을 설명할 때 제시됨). 협력과 경쟁이라는 상반된 전략이 가지는 중요성은 다음 절에서 살펴볼 가치망 모델에서도 핵심적 주제가 되고 있다.

가치망 모델과 시사점

여러 학자들은 포터의 "5가지 결정요인" 모델에 새로운 변수들을 추가하고자 시도하였다(예를 들어 '라이벌 간 경쟁'에 영향을 미치는 새로운 요인들로서 수입품과의 경쟁, 여러 시장에서의 동시적 경쟁, 동업자 단체와 같은 협력기관의 역할 등이 제시되었음). 나아가 이 모델에 새로운 차원을 추가하여 보다 일반화된 이론을 개발하려는 시도도 이루어졌으며, 그 가운데 가장 성공적인 연구결과의 하나는 브란덴버거(Adam M. Brandenburger)와 배리 네일버프(Barry J. Nalebuff)의 **가치망(value net)** 모델이라고 할 수 있다([그림 2.6] 참조).[25]

가치망 모델은 사업 성패에 **보완자(complementor)**가 미치는 중요한 영향을 강조한다. 보완자란 고객들에게 보완적인 제품이나 서비스를 판매하거나, 공급자들로부터 같은 생산요소를 구입

그림 2.6 **가치망**

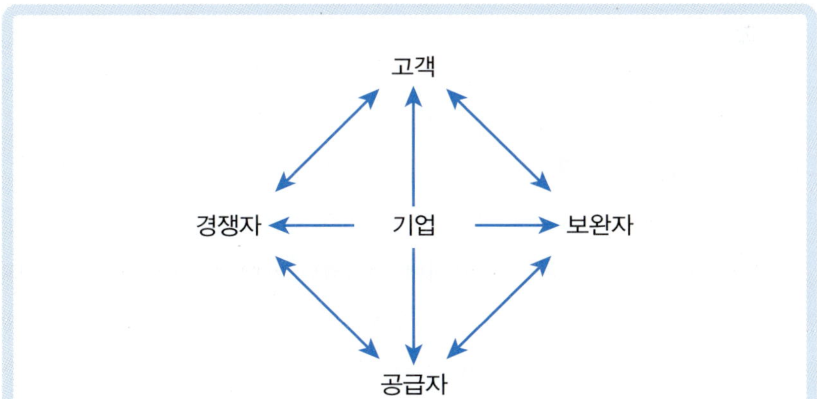

하는 경제주체를 의미한다. 보완자는 경쟁자(기존 경쟁자뿐만 아니라 신규진입자 및 대체재를 포함)를 거울에 비친 이미지로 볼 수 있다. 수요측면에서 보완자는 특정한 제품에 대한 고객의 구매의사를 향상시키는 역할을 수행한다(예, 온라인 쇼핑몰들은 인터넷 서비스 회사가 가입자를 늘리는데 기여함). 공급측면에서 보완자는 필요한 부품이나 원재료를 공급자들로부터 보다 유리한 조건으로 조달할 수 있도록 도와준다(예, 인텔은 HP와 Dell에 같은 CPU를 공급함으로써 규모의 경제를 달성할 수 있음. 그런 점에서 두 회사는 서로가 인텔의 CPU를 보다 저렴하게 구입할 수 있도록 도와주는 보완자임).

왜 보완자를 포함하는 것이 산업분석에서 중요한가를 이해하기 위해서 제약산업을 살펴보자. 의사들은 처방전 발행을 통하여 제약회사들의 성공에 막대한 영향을 미치지만 그들을 구매자로 분류하기가 곤란하다. 왜냐하면 의약품 구매비용은 그들이 아니라 환자들이 지급하기 때문이다. 따라서 의사들은 특정 의약품에 대한 환자의 구매의사를 촉진하는 보완자로 간주하는 것이 타당하다.

보다 명확한 사례는 개인용 컴퓨터 산업에서 찾아볼 수 있다. 만일 인텔이나 에이엠디(AMD)와 같은 회사들이 적절한 마이크로프로세서를 공급하지 않는다면 마이크로소프트의 운영체제 소프트웨어는 개인용 컴퓨터에서 무용지물이 될 것이다. 그럼에도 불구하고 마이크로소프트를 위한 "5가지 결정요인" 모델에는 인텔이 포함되지 않는다(인텔이나 에이엠디를 위한 모델에도 마이크로소프트가 포함되지 않음)! 이는 인텔과 마이크로소프트가 각자의 사업조망에서 서로를 중요한 플레이어로 간주해야 한다는 일반적인 상식에 어긋나는 것이다. 두 기업이 서로에게 중요하다는 사실은 흔히 윈텔(Wintel)이라고 불리는 둘 간의 오랜 협력관계에서도 잘 나타난다(인텔은 현재 자사의 사업을 분석하는데 보완자들을 중요한 요인으로 고려하고 있음).[26]

제3장에서는 보완자와의 협력이 가지는 가치를 보다 깊이 있게 분석하고, 다른 유형의 참가자들이 미치는 영향도 살펴볼 것이다. 여기서는 단지 파이를 키우기 위해서 보완자들과 협력해야 하는 문제는, 또한 보다 많은 파이를 차지하기 위해서 보완자들과 경쟁해야 하는 문제와 함께 고려될 필요가 있음을 강조하고자 한다. 일반적으로 후자는 보완자들의 상대적인 협상력에 의해서 좌우되는데, 이를 평가하기 위한 상식적 기준들로는 산업 내에서 보완자들 간의 경쟁 정도, 보완자 교체에 수반되는 전환비용 등을 들 수 있다.

- **상대적 집중도**: 보완자들은 자신들의 서비스를 이용하는 기업들보다 집중화되어 있을 때 보다 높은 협상력을 가진다. 같은 맥락에서 보완자들이 상대적으로 분산되어 있다면 협상력이 낮아진다. 예를 들어, 개인용 컴퓨터 제조업체들은 숫자도 많고 시장지배력도 상대적으로 낮기 때문에 마이크로소프트와 인텔은 이들을 마음대로 좌지우지 할 수 있다. 개인용 컴퓨터 업체들이 Linux와 에이엠디를 열렬히 지지하는 것도 두 회사의 협상력을 약화시키기 위한 전략이라고 할 수 있다.
- **구매자와 공급자의 상대적인 전환비용**: 고객이나 공급자가 현재의 보완자를 다른 보완자로 전환하는 비용이, 그 보완자의 서비스를 활용하는 현재의 제품을 동일한 보완자 서비스를 활용하는 다른 제품으로 전환하는 비용보다 높다면,

보완자들의 협상력이 증가한다. 예를 들어, 개인용 컴퓨터의 소프트웨어를 바꾸는 비용은 인터넷 서비스 제공회사를 바꾸는 것보다 비용이 많이 소요된다. 그러한 차이는 명확히 어떤 참가자들이 더 많은 이익을 가져갈 것인가에 영향을 미친다. 소프트웨어들 가운데는 운영체제 프로그램의 전환비용은 다른 응용프로그램들의 전환비용보다 훨씬 높다. 이는 후자의 프로그램들을 바꾸는 것이 왜 더 용이한가를 설명하여 준다.

- **보완자와 서비스 이용기업의 상대적 전환비용**: 비슷하게 특정 보완자가 현재 자신의 서비스를 활용하는 기업을 다른 기업으로 전환하는데 발생하는 비용과, 그 보완자의 서비스를 이용하는 기업이 다른 보완자의 서비스를 이용하기 위해서 전환하는데 발생하는 비용의 상대적 크기도 중요하다. 예컨대, 보완자가 수요를 끌어들이는데 중요한 역할을 하거나(예, 제품차별화에 기여), 부품 등을 유리한 조건으로 조달하는데 기여한다면(예, 대량주문으로 공급자가 생산원가를 낮추는데 기여), 그의 협상력은 향상될 것이다. 인텔의 "Intel Inside" 로고는 구매자들에게 자사제품의 독자적인 매력도를 증가시키기 위한 시도의 좋은 예이다.
- **비대칭적 통합의 위협**: 보완자가 자사의 서비스를 이용하는 기업의 사업분야로 진출하겠다고 위협하는 것이, 그 기업이 보완자의 사업분야로 진출하겠다고 위협하는 것보다 더 신빙성을 가진다면, 보완자는 더 높은 협상력을 가지게 된다. 한 예로서 인텔은 PC용 칩셋, 나아가 마더보드를 직접 생산하는 전방통합(forward integration)을 추진하면서 개인용 컴퓨터 회사들과 직접적인 경쟁관계에 놓이게 되었다. 하지

만 CPU 개발능력이 없는 개인용 컴퓨터 회사들은 그에 대응할 마땅한 수단이 없었다.

- **시장 성장률**: 행위론적 관점에서 볼 때 보완자와 그의 서비스를 활용하는 기업이 나누어 가질 수 있는 파이가 충분히 크다면, 더 많은 파이를 차지하고자 하는 보완자의 욕구가 감소될 것이다. 그러한 사실은 오랜 협력 파트너였던 마이크로소프트와 인텔이 최근에 고성능 PC 시장이 정체되면서 자주 갈등을 겪는 이유를 설명해 준다.

이상에서는 보완자의 상대적인 협상력을 결정하는 일반적인 요인들을 제시하였지만, 유의할 점은 보완자들을 약화시키고 분열시킴으로써 이들의 협상력을 약화시키는 것이 최선이 아니라는 것이다. 미국 자동차 회사들이 과거 부품업체들을 "분할하여 정복하는 전략(divide and conquer strategy)"을 추구한 것은 국제적인 경쟁력을 약화시키는 결정적인 원인으로 작용했다(앞 절의 후미에서 언급한 예 참고). 또한 독립적이고 차별화된 보완자들로 하여금 자사의 제품표준을 지원하도록 유도하는 것은 개인용 컴퓨터 산업에서 매우 중요한 성공요인이었다. 마이크로소프트는 자사의 운영체계에서 돌아갈 수 있는 소프트웨어를 쉽게 개발할 수 있도록 소프트웨어 업체들을 적극적으로 도와주었다. 그 덕분에 이 회사는 경쟁자인 애플보다 열등한 운영체계를 판매했음에도 불구하고 시장을 석권할 수 있었다.

한편, 사업조망의 관측에 도움을 주는 여러 이론들(수요-공급 분석, "5가지 결정요인" 모델, 그리고 가지망 모델)의 발전과정을 통해서, 우리는 기존 모델에 새로운 유형의 참가자들을 추가하는 것이 보다 보편적인 이론을 개발하는 중요한 방법임을 알 수 있다. 그렇다면 자연히 "또 다른 유형을 참가자들을 고려함으로써 산업환경을 보다 정확히 파악할 수는 없을까?"라는 의문이 제기된다.

이 질문에 대한 대답은 상황에 따라 다르겠지만, 대부분이 경우 상당히 긍정적이라고 할 수 있다. 예를 들어, 어떤 산업에서는 정부, 언론, 사회활동가/이해집단, 대중 등과의 **비시장적 관계(nonmarket relationship)**가 중요하다. 시장적 관계와 비교할 때, 그러한 관계는 비영리조직을 대상으로 한다는 점 이외에도 공정성에 대한 강한 규범, 대중의 넓은 참여, 다수결원칙의 존중 등과 같은 다른 특징들을 가지고 있다.[27] 제약산업의 예를 들어 보자. 이 산업에서 정부는 구매자, 규제자, 기초연구에 대한 재정적 후원자, 특허제도의 수호자 등과 같은 중요한 역할들을 수행하고 있다. 또한 최근에 잦은 약값 인상과 제약회사들의 높은 수익률이 대중의 감정을 자극하면서 제약산업에 대한 규제를 강화하려는 사회적, 정치적 움직임이 늘어나고 있다. 따라서 제약회사는 영리기관들과의 관계뿐만 아니라, 정부 그리고 나아가 NGO들과의 비시장적 관계도 주의 깊게 관리할 필요가 있다. 그런 점에서 제약산업에 영향을 미치는 참가자들을 정형화해서 5가지 또는 6가지 결정요인 모델에 억지로 꿰어 맞추는 것은 시장적 관계와 비시장적 관계를 동시에 고려할 수 있는 통합된 전략개발에 그다지 도움이 되지 않을 수 있다.[28]

이상의 논의를 통하여 하나의 중요한 시사점이 도출된다. 그것은 기업들이 당면한 사업조망을 분석하는데 있어서 항상 적용될 수 있는 만능의 모델은 없다는 것이다. 그 대신에, 분석모델은 특정한 사업조망과 주어진 의사결정에 따라서 적절히 선택될 필요가 있다. 본 장에서 살펴본 여러 모델들은 사업조망을 분석하는데 있어서 여러 참가자들을 폭넓게 고려해야 할 필요성이 있음을 일깨워 주며, 또한 어떻게 분석할 것인가에 대한 방향을 제시해 준다. 본 장의 나머지 부분에서는 그에 대해서 보다 상세히 살펴보기로 한다.

사업조망 프로세스

이 절에서는 경영자들이 어떻게 앞에서 역사적으로 고찰한 여러 가지 산업분석 이론들을 전략수립 및 실행에 적용할 수 있는가를 논의한다. 이 절에서는 특히 사업조망(business landscape)을 파악해 보는 것을 유용한 분석도구로서 제시한다. 사업조망을 하는 목적은 (흔히 오해를 하듯) 그에 속한 특정한 기업의 경제적 수익성이 평균수준보다 높은가(또는 낮은가)를 살펴보는 것이 아니다([그림 2.1]에 대한 설명 참조). 왜냐하면 대부분 경영자들은 이미 자신의 사업이 얼마나 잘되고 있는지 또는 얼마나 어려움에 처해 있는가를 잘 알고 있기 때문이다. 그 대신에 사업조망은 기업 간에 성과차이가 발생하는 이유를 명확히 이해하고 이를 반영하여 유용한 전략을 개발하는 도구로서 그 목적을 가진다. 아래에서는 그 같은 산업조망을 하기 위한 6단계의 프로세스를 제시한다. 현실적으로는 보다 정확한 사업조망을 위해 이 프로세스를 여러 번 반복하여 적용할 필요가 있을 수 있다. 하지만 논의의 편의를 위해서 여기서는 이 프로세스를 한 번만 순차적으로 설명한다.

■ 1단계 : 정보 수집

정확한 사업조망을 하기 위해서는 상당한 양과 질의 정보가 필요하다. 따라서 어디서 그러한 정보를 얻을 것인가를 항상 염두에 둘 필요가 있다. [그림 2.7]은 산업분석에 필요한 정보를 제공하는 주요 공개된 자료원들의 리스트이다. 이러한 정보원이 제공하는 자료의 활용에 관하여 몇 가지 유의할 사항이 있다.

• 공개적으로 얻을 수 있는 산업 정보의 양은 막대하다. 따라서 정보의 부족보다는 정보의 홍수를 겪을 우려가 높다. 이

그림 2.7 **산업 및 기업에 대한 정보를 제공하는 공개된 자료원**

• 산업 자료
  - 출판된 서적
  - 증권분석 보고서
  - 시장조사 보고서
  - 출판된 기업사례
  - 협회/조합
  - 특정 이해집단그룹
• 기업 자료
  - 사업보고서
  - 증권감독원 제출보고서
  - 기업 홈페이지
  - 신문기사
  - 정부발행 백서
• 정부 자료
  - 인구통계조사, 법령, 세법
  - 반독점/규제 관련 서류
• 기업관련 출판물
  - 일반적 출판물
  - 산업관련 전문적 출판물
  - 신문/잡지
  - 온라인 데이터베이스 (예, KISLINE, TS2000, FnGuide)
• 기타 온라인 자료
  - 블로그
  - 개인들이 올리는 정보
• 주소록
  - 매경 회사연감
  - 한경 기업총람
• 기타
  - 회의자료, 논문집 (예, 기조연설문 및 질의응답 내용)
  - 무역 박람회

에 대처하기 위해서 적절한 정보의 필터링(filtering)이 필요하다.

- 공개적인 정보원을 선택하고 우선순위를 매기는데 있어서 정보의 내용과 신뢰성, 이용편리성 등의 차이를 고려해야 한다. 예를 들어 인터넷은 다양한 정보를 쉽게 구할 수 있는 정보원이지만, 단순히 산업명만을 검색창에 입력하면 신뢰할 수 없는 터무니 없이 많은 정보를 접하게 될 것이다.
- 공개된 정보를 비공개된 내부적 정보(예컨대, 고객이나 공급자, 컨설턴트 등으로부터, 또는 경쟁기업과 직접적 또는 간접적 접촉을 통해서 구한 정보)를 통해 보완할 필요성은 상황마다 다르다. 하지만 일반적으로 값비싼 구하기 어려운 내부적 정보가 없더라도(그러한 정보는 경쟁분석에서 대개 더 필요함), 공개된 정보만으로도 상당히 정확한 사업조망을 할 수 있다.
- 사업조망을 함에 있어서 내부 직원들이 일상적 업무를 통해서 획득하는 외부환경에 대한 많은 정보를 무시하지 않도록 유의하여야 한다. 그러한 정보의 수집과 활용을 촉진시키는 조직적 장치들이 개발될 필요가 있다.
- 수집된 정보는 잘 분석되어야 하며 향후 전략개발에 유용하게 활용될 수 있는 잠재력이 있어야 한다. 사업조망이 완료된 후에는 그에 관련된 내용들을 후속적인 경쟁분석(competitive analysis)에서 추가적으로 검토하고 해석하게 된다. 뒤의 여러 장을 거쳐 소개할 경쟁분석은 사업조망을 위해 수집된 정보를 거의 그대로 활용하지만, 그 초점이 집단수준이 아니라 기업수준에 있다는 점에서 차이가 있다.

■ 2단계 : 경계의 확정

실제 분석에 앞서 사업조망의 어떤 영역에 초점을 둘 것인가를 결정하여야 한다. 이는 흔히 **산업정의(industry definition)**의 문제라고도 불린다. 이에 관련하여 전략가들이 당면하는 어려움은 그 경계를 얼마나 넓게(또는 좁게) 잡는 것이 적정한가를 판단하기 어렵다는 사실이다.

일반적인 산업분류표는 이 난제를 해결하는데 어느 정도 유용한 가이드라인을 제시한다. 하지만, 정말로 유용한 분석을 위해서는 산업분류를 필요에 맞게 재조정할 필요가 있다. 예를 들어, [그림 2.1]에서 가장 수익성이 높은 그룹인 "가정용/개인용 건강생활용품"은 다시 가정용품과 개인용품으로 구분될 수가 있다. 왜냐하면 이들 세분시장에는 상당히 다른 경쟁자들과 공급자들이 존재하고 있기 때문이다.

경계를 확정하는 또 다른 방법은 현재 진입해 있는 시장을 파악하는 것으로부터 시작하는 '내부에서 외부로 지향하는 접근법(inside-out approach)'을 취하는 것이다. 일반적으로 사업조망을 위한 경계는 비교적 넓게 설정하여, 현재 진입해 있는 세그먼트뿐만 아니라 고객과 기술(또는 경쟁자)을 공유하는 진입하지 않은 세그먼트들도 포함될 수 있도록 해야 한다. 아울러 대체가능성(substitutability)은 특정한 사업라인들을 같이 살펴봐야 할지 아니면 따로 보아도 될지를 결정하는 기준이 되어야 하며, 중요한 보완재들도 사업조망에서 고려하는 시장들에 포함되어야 한다.

이러한 이슈들은 종합적으로 여러 제품 시장들 중에서 **수평적 범위(horizontal scope)**를 어떻게 선택할지의 문제로 귀결된다. 그러한 선택에 대해서는 제6장에서 기업차원의 전략을 설명할 때 다시 상세히 논의한다. 한편 **수직적 범위(vertical scope)**와 **지역적 범위(geographical scope)**의 선택은 상당히 다른 분석적 접근을 필요로 한다. 수직적 범위에 있어서 중요한 이슈는 공급자 → 고객으로 이어지는 여러 생산단계 중 몇 단계를 포함할 것이냐의 문제이다. 예를 들어, 알루미늄 시장을 분석하는데 있어서 원료인 보크사이트 광석 채굴, 광석으로부터 산화알루미늄 정제, 산화알루미늄의 제련을 통한 알루미늄 금속 생산, 금속을 가공하여 알루미늄 제품생산 등과 같은 일련의 생산단계를 독립적인 것으로 간주해야 할 것인가? 일반적으로 특정한 생산단계의 산출물을 판매할 수 있는 제3의 시장이 존재하거나 그러한 시장이 형성될 수 있다면, 그 단계는 별도로 분석되어야 한다. 그러나 만일 그렇지 않으면 그 단계는 다른 인접한 단계들과 함께 분석되어야 한다. 알루미늄 산업의 예에서 보크사이트 광석 채굴단계와 산화알루미늄 정제단계는 매우 긴밀하게 연결되어 있다. 왜냐하면 기술적 문제로 광석정제 설비들은 한 광산에서 채굴되는 광석만을 처리할 수 있도록 설계되기 때문이다 (그 결과 대부분 기업들이 이 두 단계의 사업을 동시에 영위하거나 어떤 단계에도 참여하지 않음). 반면에 산화알루미늄 제련단계와 가공제품 생산단계는 느슨하게 연결되기 때문에 가공업체들은 알루미늄 강괴를 런던알루미늄 거래소나 다른 제련소들로부터 자유롭게 구입할 수 있다. 수직적 범위에 관련된 이슈들은 제5장에서 강탈(holdup)의 개념을 설명하면서 보다 상세히 논의한다.

지역적 범위에 있어서는 핵심적 이슈는 지역을 얼마나 넓게 사업조망의 경계로 정의할 것인가이다. 예를 들어, 의약산업을 분석하는데 있어서 미국 내 시장만 파악하는 것으로 충분한가 아니면 전세계 시장을 하나로 파악할 필요가 있는가? 이는 비단 국가를 지역적 경계로 구분해야 하는가의 문제뿐만 아니라 국지적 시장이나 지역적 시장을 경계로 구분하는 것이 타당한가의 문제와도 연관되어 있다. 그에 대해서는 시장통합의 정도가 특정시장들을 함께 분석할 필요가 있는가를 결정하는 기준이 된다. 물론 그러한 결정은 여러 가지 다른 전략적 요인들을 함께 고려해야 한다. 예컨대, 어떤 산업은 여러모로 보아 상당히 국제적으로 통합되어 있지만, 특정한 지역적 상황에 대응하기 위한 의사결정이 필요한 경우도 있다(예, 나라마다 다른 규제와 수요에 대응하기 위한 제약회사의 판매조직). 그럼에도 불구하고 경제통합의 정도가 경계를 정하는 기준으로 적합한 이유는, 여러 지역에서 동시에 사업을 수행하는 것이 보편화될수록 보다 넓은 지역의 상황을 고려해서 의사결정을 내릴 필요성이 증대되기 때문이다. 그런 점에서 시장통합을 지역적 범위를 설정하는 기준으로 삼는 것은 여전히 유용하다. 가격의 예를 들어 보자. 전통적으로 미국 제약회사들과 항공사들은 개별시장을 기준으로 가격을 설정하여 왔다. 그러나 제약산업은 가장 중요한 미국시장에서 수입약품들과 경쟁을 해야 하기 때문에 임의적으로 높은 가격을 설정할 수가 없었다. 반면에 항공사들은 지속적인 외국 항공사의 국내노선 취항금지(미국 국내 항공노선은 수익성이 높은 황금노선임) 및 외국인의 미국 항공사 소유금지를 통해서 잘 보호되었다. 지역적 범위와 글로벌 전략에 관련된 이슈들은 제7장에서 보다 상세히 논의하기로 한다.[29)]

끝으로 유의할 사항은 다음과 같다. 위에서 제시한 여러 가지 기준에도 불구하고 실제로 사업범위를 정하는 데는 많은 복잡한 문제들이 존재한다. 따라서 사업조망의 경계를 정확히 설정하는 것이 불가능한 경우도 종종 있다. 그러므로 너무나 완벽한 경계를 설정하려고 시도하기보다는, 나름대로의 명확한 경계를 정하여 무엇이 포함되고 무엇이 제외되어야 할지에 대해서 일관된 기준을 적용하는 것이 중요하다. 그리고 때때로 좁은 범위의 분석과 넓은 범위의 분석을 병행하는 것이 필요할 수 있다. 좁은 범위에 초점을 맞추는 것은 중요한 사항들에 주의를 집중시킬 수 있도록 도와주며, 넓은 범위를 살펴보는 것은 중요한 사실을 간과하는 잘못을 범할 가능성을 줄여 주기 때문이다.

■ 단계 3 : 참가자들의 유형 파악

기본적인 참가자들의 유형(즉, 직접적 경쟁자, 잠재적 진입자, 대체재, 보완재, 구매자, 공급자)은 반드시 파악해야 하며, 앞절에서 언급한 바와 같이 필요에 따라서 다른 유형의 참가자들도 고려해야 한다. 이에 관련하여 다음과 같은 가이드라인을 제시한다.

- 참가자들의 유형은 분석을 시행하는 기업의 관점에서 명확하고 일관성 있게 구분될 필요가 있다. 종종 사례분석에서 학생들이 라이벌 기업을 공급자와 혼동하는 경우가 있다. 이는 라이벌기업이 고객들에게 제품을 판매하므로 공급자로 분류될 수 있다고 잘못 판단한 것이다.
- 때때로 한 유형의 참가자 그룹 내에서 다시 플레이어들을 구분해 보는 것이 유용하다. 이를 위해 라이벌 기업들을 여러 전략그룹으로 구분하거나 고객들을 구매패턴에 따라서 나누어 보는 것이 좋은 방법이다. 그 목적은 참가자들이 가진 협상력의 차이를 보다 명확히 파악하는 것이다(이는 단계 4의 주제임). 다른 협상력을 가진 참가자들이 같은 유형으로 묶여지면, 이들의 협상력을 부정확하게 측정할 우려가 있

다. 예를 들어, 항공산업에서는 높은 협상력을 가진 노동자 그룹과 협상력이 별로 없는 다른 공급자들을 구분하는 것이 유용하다. 이와 유사하게 제약산업에는 상당히 다른 협상력을 가진 여러 고객층이 존재한다.

- 끝으로 사업조망을 함에 있어서 주로 현재의 참가자들에게만 초점을 맞추는 경향이 흔히 나타난다. 그러한 문제를 피하기 위해 새로운 또는 잠재적인 참가자들에게도 명시적으로 세심한 주의를 기울여야 한다. 이러한 이슈는 단계 5의 주제인 '통태적 사고'와 직접적으로 연관된다.

■ 단계 4 : 참가자 유형별 협상력의 파악

앞서의 과정들을 거쳐 이제 참가자들의 협상력을 그룹수준에서 파악하게 된다. 참가자들의 협상력을 그룹수준에서 이해하는 것은 사업조망의 중요한 목적이다. 이를 위해서 자사의 수익에 중대한 영향을 미칠 수 있는 잠재력을 가진 참가자 그룹들(또는 특정 그룹 내 존재하는 하위 그룹들)에 주의를 기울일 필요가 있다. 예컨대, 비용구조에서 큰 비중을 차지하는 공급자, 전체 매출에서 중요한 비중을 차지하는 구매자, 또는 사업구조에 중요한 영향을 미칠 수 있는 특정한 그룹(예, 제약산업에서 신약개발에 중요한 역할을 하는 바이오텍 벤쳐기업들) 등이 좋은 예이다. 사업조망을 위해서 모든 유형의 참가자들을 동일한 수준으로 깊이 있게 분석하는 것은 불필요하다. 분석에 소요되는 시간과 노력을 참가자들의 중요성에 따라서 적절히 배분할 필요가 있다. 또한 본 장에서 설명하고 있는 그룹수준의 분석은 "거시적" 특성들에 초점이 있음을 유념할 필요가 있다. 반면에 제3장부터 제5장까지는 그룹수준의 하부에 존재하는 "미시적" 요인들을 분석함으로써 개별 기업들이 어떻게 다른 참가자들과 비교되고 또한 상호 작용하는가를 고찰한다.

본 장에서 제시하는 그룹수준의 분석은 특정산업에서 어떠한 유형의 참가자들이 평균적으로 더 많은 파이를 차지할 것인가를 예측하는데 유용하다. "5가지 결정요인" 모델은 매우 유용한 체크리스트를 제공한다. 하지만 보다 정확한 분석을 위해서 몇 개의 피상적인 구조적 요인만을 고려하지 말고 보다 폭넓은 여러 요인들을 살펴보아야 한다. 앞절에서 소개한 가치망 이론은 보완자들을 그룹수준에서 다른 참가자들과 동일하게 분석할 필요가 있음을 제시한다.

또한 정부 및 비정부기구 등과 같이 전혀 다른 유형의 참가자들을 포함한 분석을 실행하는 경우에는, 위에서 설명한 기본적 접근법을 어느 정도 수정할 필요가 있다. 왜냐하면 그런 참가자들은 이익극대화를 중요한 목적으로 추구하지 않기 때문이다. 그럼에도 불구하고, 이들의 비영리적인 목적을 잘 파악하고 그러한 목적을 달성하기 위해서 이들이 어떻게 자신의 협상력을 행사할 것인가를 예측하는 것은 여전히 가능하다. 그런 점에서, 비록 정부와 같은 비영리 참가자들의 평균수익성을 논하는 것 자체는 무의미하지만, 이들이 산업 내 기업들의 수익성에 어떻게 영향을 미치는가를 분석하는 것은 의미가 있다.

끝으로 이 단계는 그 동안 수익성에 영향을 미치는 것으로 제시된 여러 가지 산업적 요인들을 실제로 검증할 수 있는 유용한 기회이다. 사업조망은 제한된 정보와 경험적 규칙에 상당부분 의존하게 된다. 따라서 적절한 판단 및 자료의 세밀한 대조검토를 통하여 각 참가자들의 그룹수준 협상력을 평가하는 것이 필수적이다.

■ 단계 5 : 동태적 사고

분석의 초점은 사업조망이 현재 어떠한가 또는 과거에 어떠했는가에 있기보다는 장래에 어떻게 될 것인가를 이해하는데 있다. 변화에 둔감하면 처참한 결과를 맞이할 수도 있기 때문에 '동태적 사고(dynamic thinking)'를 통하여 사업조망이 어떻게 변화될 것인가를 예측하는 것은 매우 중요하다. 대표적인 역사적 사례로서 IBM의 개인용 컴퓨터 사업진출을 들 수 있다. 새로 성장하는 이 산업에 황급히 진출하기 위해서 IBM은 마이크로소프트로부터 운영체계 소프트웨어를 조달했다(마이크로프로세스는 인텔로부터 구입). 당시 마이크로소프트는 개인용 컴퓨터를 위한 운영체제가 없었기 때문에 QDOS(Quick and Dirty Operating System)라는 프로그램을 50,000달러에 구매하여 그 이름을 MS-DOS로 변경한 후 IBM에 공급했다. IBM이 범한 치명적인 실수는 마이크로소프트가 운영체제를 다른 개인용 컴퓨터 제조업체들에게도 판매할 수 있도록 허락한 것이었다.[30] 그러한 결정은 한 공급자 대 다수 구매자로 특징지어지는 PC 산업의 구조를 형성시키는 계기가 되었다. 이러한 산업구조에서 사용자들은 표준화된 운영체제를 선호했기 때문에 마이크로소프트의 MS-DOS와 그 후속 프로그램인 Windows는 시장을 석권할 수 있었다. 반면에 IBM은 시장점유율이 감소되었고, 궁극적으로는 PC 시장에서 철수하는 운명을 맞게 된다. 또한 독점적 공급자인 마이크로소프트와 인텔의 강력한 협상력은 개인용 컴퓨터 산업의 수익성을 지속적으로 하락시키는 중요한 원인이 되었다.

사업조망을 동태적으로 파악하는데 있어서 서로 다른 시간적 기간들, 특히 단기 기간과 장기 기간을 명시적으로 구분하는 것은 유용하다. 비록 단기적 변화가 순전히 일시적인 현상일 수도 있지만, 이는 또한 산업주기, 나아가 전반적인 경기순환주기를 반영하는 것일 수 있다. 산업주기는 흔히 차세대 제품들의 출시 지연이나 신제품 구매 연기 등을 통해서 나타나며, 산업마다 그 기간이 현저히 다르다. 또한 범위가 넓은 산업 내에서는 산업주기가 각 세그먼트마다 다를 수 있다. 예컨대, 지난 수십 년간 반도체 산업의 주기는 평균적으로 22분기, 즉 5년 반 정도였으나, 개인용 컴퓨터의 평균주기는 그보다 약 1/3 정도 짧았고 평판패널 디스플레이(flat panel display)의 주기는 1/2 이상 짧았다.[31] 이들 산업의 경기변화를 비교해 보면 다음과 같은 몇 가지의 시사점을 얻을 수 있다.

- 산업주기의 변동폭이 얼마나 큰가는 사업마다 차이가 있다. 경기상승과 하락에 따른 산업생산액의 증감폭은 평균적으로 반도체 산업에서 46%에 이르렀지만, 개인용 컴퓨터 산업에서는 17%이었다. 이러한 차이가 발생하는 이유의 하나는 반도체가 개인용 컴퓨터의 부품을 공급하는 산업이란 점이다. 최종 제품에 대한 수요변화는 흔히 그에 따른 주문증가나 주문축소 등을 통해서 부품산업에 증폭적으로 영향을 미치는 경향이 나타난다.
- 평판패널 디스플레이에서 산업주기의 변동폭은 31%로 또한 상당히 높았다. 이 부품은 개인용 컴퓨터. TV, 기타 전자제품에 사용된다. 따라서 이들 최종제품들의 수요 변화가 증폭되어 영향을 미치면서 평판패널 디스플레이 산업의 경기변동폭이 확대되었다고 볼 수 있지만, 또 다른 원인으로는 이 산업의 역사가 1990년대에 시작되었을 정도로 짧다는 점

을 들 수 있다. 산업의 성숙도가 미치는 그러한 영향에 대해서는 뒤에서 산업수명주기의 장기적 동태성을 살펴볼 때 더 자세히 논의하기로 한다.

- 산업주기와 경제전반의 경기순환주기가 일치하는 정도는 산업마다 다르다. 산업주기와 경기순환주기의 상관관계는 반도체 산업에서 상당히 높았지만, 평판패널 디스플레이 산업에서는 상대적으로 낮았다. 이러한 차이는 부분적으로 산업의 성숙도가 다르기 때문일 수 있다.

경제전반의 순환주기가 미치는 영향은 또한 부문마다 큰 차이가 있다.[32] 서비스업은 일반적으로 제조업에 비해서 경기변동에 덜 민감한 경향이 있는데, 그 이유는 서비스의 특성상 누적재고의 문제가 거의 발생하지 않고 물리적 자본설비에 대한 투자비중도 낮기 때문이다. 경기변동에 대한 민감성은 또한 광업과 건설업에서 높지만, 농업에서는 낮게 나타난다(농업생산은 경기변동에 역행하여 오히려 부(−)의 민감성을 보이는 경우도 있음). 경기에 대한 만감성은 이들 산업 내에서도 현저히 다르다. 예를 들어, 제조업 내에서 내구재 생산의 국민총생산 변동에 대한 민감성은 비내구재 생산에 비해 3배 정도 높고, 자동차 생산은 5배 이상 높은 것으로 추정된다. 서비스 산업 내에서는 운송, 금융, 보험, 부동산 등의 경기순환에 대한 민감성이 서비스 산업의 평균 민감성보다 훨씬 높다.

관심 산업의 경기순환주기에 대한 민감성을 추정하는 것과 더불어, 특히 현재와 같은 경기침체기에는 전반적인 경제상황 악화가 기업들에게 두 가지 면에서 근본적인 영향을 준다는 점을 이해할 필요가 있다. 첫째, 때때로 자본시장이 악화되어 선진국의 대기업들을 포함한 많은 기업들이 자금조달에 어려움을 겪는 시기가 도래한다. 그러한 자본시장의 불완전성은 제품시장 경쟁에서 뜻밖의 결과를 초래하기도 한다. 예를 들어 부채에 시달리는 기업들은 가격을 낮추어 시장점유율을 높이는 전략을 포기하고 가격을 높임으로써 자금 압박을 해소하고자 시도할 수 있다.[33]

둘째, 불황기에는 기업들이 인원을 감축하고 인건비를 낮추려고 노력하기 때문에 노동시장의 유연성이 중요한 문제가 된다. 2001년에 미국경제가 크게 위축되면서, 기업들은 적극적인 감원을 추진했으며, 그 결과 의외로 노동생산성이 향상되는 현상이 나타났다. 반면에 유럽기업들은 여러 가지 내부적인 법적, 사회적 제약으로 인해서 인원감원을 적극적으로 추진할 수가 없었다.

사람들의 관심을 끌어왔던 또 하나의 장기적 사이클은 제품/산업의 수명주기(life cycle)이다. 이 사이클은 산업이 성숙될수록 혁신 기회들, 특히 혁신적 신제품이 개발될 기회들은 점차 고갈될 것이라는 사고에 기반하고 있다. 어떤 학자들은 대부분 산업들이 시간이 지나면서 겪는 구조적 변화를 정형화된 수명주기 패턴으로 설명할 수 있다고 주장했다([그림 2.8] 참조).

여태까지 살펴본 여러 가지 사이클들과 함께, 우리는 또한 시장의 성장, 고객 요구의 진화, 제품혁신과 프로세스혁신의 속도, 그리고 경쟁을 위해 요구되는 규모 및 생산비 수준의 변화 등에도 주의를 기울여야 한다. 중요한 변화는 산업 내부에서 발생할 수 있지만, 또한 외부로부터도 시작될 수 있다. [그림 2.9]는 "6가지 결정요인"들을 중심으로 기업들이 유의하여야 할 중요한 변화들을 정리하고 있다. 이 도표에 나타난 어떤 요인들은 그 영향이 매우 광범위하기 때문에 여러 다른 결정요인과 연관

그림 2.8 제품수명주기의 동태성

스티븐 클레퍼(Steven Klepper)와 엘리자베스 그래디(Elizabeth Graddy)의 연구결과는 제품수명주기가 가지는 일반적 특성 및 그 동태적 영향을 잘 보여 준다. 이들은 46개의 신제품들에 관련된 변화를 출시시기부터 1981년까지 추적하였다(그러한 관찰기간은 일부 제품들의 경우 100년을 넘었음).[i] 그들은 38개 제품의 출하액이 평균적으로 약 29년간 성장(하지만 개별제품들마다 실제 성장한 기간은 상당한 차이가 있었음)하다가 상당한 구조적 변화(예, 생산자 수의 현저한 감소)를 겪었다는 것을 발견하였다. 클레퍼와 그래디는 나머지 8개 제품도 (1981년 기준으로) 출시된지가 상대적으로 길지 않기 때문에 구조적 변화를 겪을 가능성이 높다고 예측했다. 더욱 놀라운 것은 구조적 변화 이후 안정기에 접어든 22개의 제품의 경우 생산자의 수가 전성기에 비해서 52% 감소됐다는 것이다(이들 제품이 안정기로 접어드는데 구조적 변화 이후 최장 11년이 소요됨).

클레퍼와 그래디는 또한 안정화에 이르기까지 출하액 증가폭 및 가격하락폭이 점차 감소하는 경향이 있음을 발견했다. 샘플기업들의 경우 출하 후 5년간 출하액 및 가격의 연평균 변화율은 각각 50%와 −13%이었다. 하지만 그 이후 20−30년간 출하액의 연평균 출하액 변화율은 평균 2%에서 3%, 가격 변화율은 평균 −2%에서 −3%로 수렴하여 큰 대조를 보였다.

제품수명주기 모델은 그 후 기업의 연구개발활동이 제품혁신에서 프로세스 혁신으로 전환하는 현상을 설명하는데도 적용되었다.[ii] 또한 아더디리틀(Arthur D. Little)과 다른 컨설팅회사들은 현재에도 제품 출하액 성장 및 가격변화 추세를 설명하는데 제품수명주기 모델을 많이 활용하고 있다.

[i] Steven Klepper and Elizabeth Graddy, "The Evolution of New Inddustries and the Determinants of Market Structure," *RAND Journal of Economics* (Spring 1990), 27-44.

[ii] W.J. Abernathy and J.M. Utterback. 1978. Patterns of Industrial Innovation. *Technology Review* 80:2-9.

그림 2.9 산업구조를 결정하는 6가지 요인

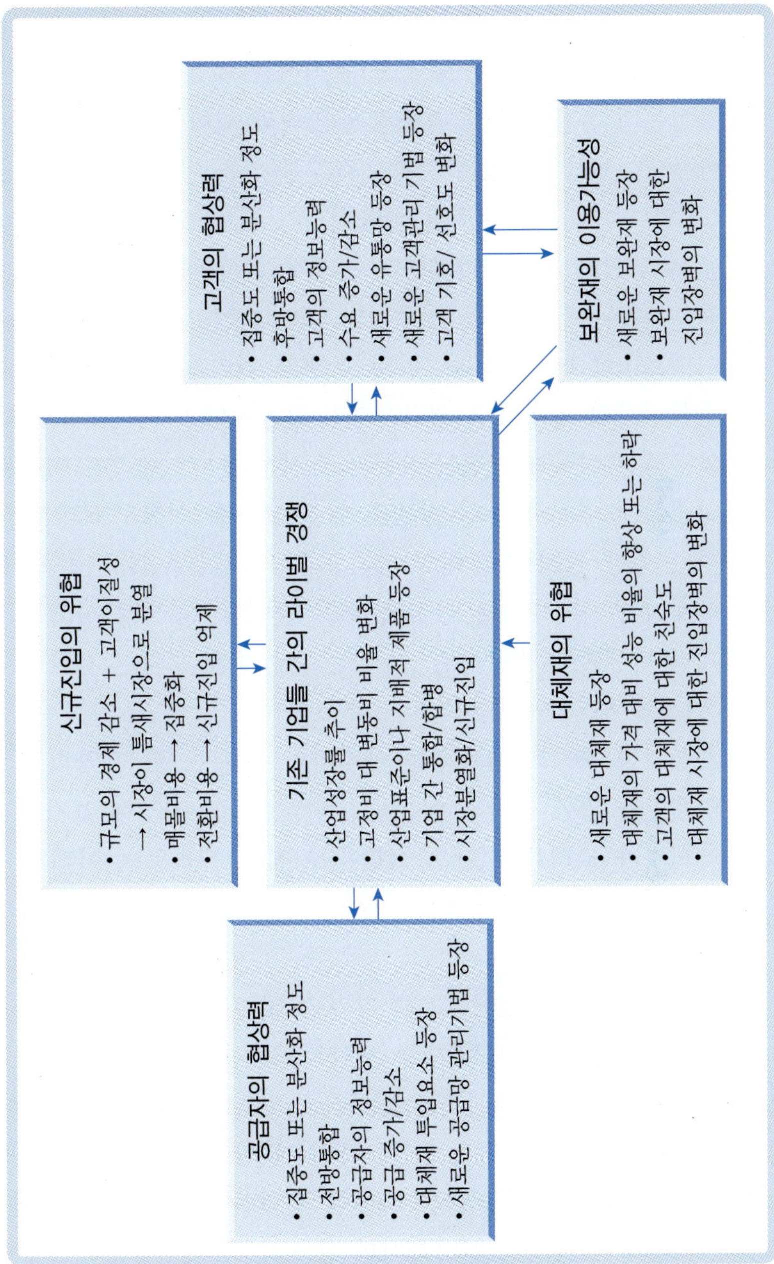

될 수도 있다.

끝으로 경기주기와 추세를 분석하는 것은 미래의 변화를 예측하는데 유용하지만, 각종의 불연속적 변화나 충격적 사건들은 예측이 근거하고 있는 시장구조의 속성을 아예 바꾸어 놓을 수도 있다. 최근의 글로벌 금융위기가 발발하였을 때, 사람들은 주로 당면한 경제위기로부터 경제가 회복되는 시기가 언제일까를 예측하는데 초점을 맞추었다. 그에 반해, GE의 회장인 제프 이멜트(Jeff Immelt)는 "만일 현재의 위기가 단지 하나의 경기순환주기의 일부라고 생각한다면 오산이다. 이것은 경제환경을 영구히 재설정하는 변화이다"라고 지적했다.[34] 예측이 어려운 불확실성에 대처하는 한 방법은 발생 가능한 시장구조의 여러 가지 변화들 각각에 대해 시나리오(예컨대 탈글로벌화가 전개되는 상황에 대한 시나리오)를 작성해 보는 것이다. 동태적 사고를 어떻게 전략개발에 적용시킬 수 있는가에 대한 보다 상세한 논의는 제4장과 제5장에 제시되어 있다.

장기적 분석의 유용성을 예시하기 위해서, 한 제약회사가 사업계획을 위한 전략적 이슈들을 파악한다고 가정해 보자. 이 제약회사가 고려해야 할 중요한 장기적 추세들로는 아래와 같은 사항들을 들 수 있다.

- 신약개발에 있어서 생화학기술 및 다른 개발기술들의 적용 가능성이 커지고, 대형 제약회사들이 신약개발을 아웃소싱하는 경향이 증가하고 있다.
- 유명제약 회사들은 수익성 향상을 위해 블록버스터(blockbuster) 의약품 개발에 주력하며, 아울러 인수합병을 통해 지속적인 신약출시와 규모의 경제를 달성하고자 시도

하고 있다.

- 일반의약품 생산회사들과의 경쟁이 격화되고 있으며, 제약회사들이 서로를 모방하는 "me-too" 전략을 추구하는 경향이 증가하고 있다.
- 고객측면에서 관리의료보험(managed care)이 확산되고, 의약품 수입이 증가하고 있다(예컨대, 저렴한 가격의 캐나다 산 의약품들이 미국으로 수입되고 있음). 그에 따른 위협은 라이프스타일 의약품 시장과 행동장애 치료약품 시장의 고성장, 고객에 대한 직접적 광고제한 완화 등과 같은 산업 내의 우호적 변화들이 미치는 긍정적 영향을 상쇄시키고 있다.

장기적 사이클에 관련해서 제약회사들이 가장 우려하는 점은 산업수명주기 가설이 제시하듯이 블록버스터 의약품의 개발 및 출시가 점차 어려워지고 있다는 것이다. 한편, 이 산업에서 나타나는 중요한 충격은 특정한 기업이나 제품에 관련되어 있는 경우가 많다(예, Merck이 자사의 블록버스터 약품 Vioxx를 2004년에 리콜했을 때, 그 영향으로 주가가 1/4나 추락한 바가 있음). 또한 산업 전반에 거쳐 충격을 줄 수 있는 사건도 발생하는데, 좋은 예로 제약회사들이 많은 비용을 들여 적극적인 로비를 펼치고 있음에도 높은 의약품 가격에 대한 반발이 최근에 증가하고 있다.

마지막으로 제약회사들은 현재까지와는 전혀 다른 상황이 전개될 가능성도 염두에 두어야 한다. 예를 들어, 건강보험료가 높게 치솟으면서 정부가 현재보다 제약산업에 더 깊게 간섭할 가능성이 있다. 건강보험료 인상압력을 완화시키기 위해 정부는 제약회사들이 그 동안 자유롭게 결정하였던 정책들(예, 연구개발, 광고, 가격 등)에 대해서 규제를 할 수도 있다.

■ 단계 6 : 사업조망에 따른 대응 및 사업환경 변화 노력

산업경계를 결정하고 현재와 미래에 있어서 주요 참가자들의 특성을 파악한 후에는, 그러한 지식이 전략적 행동을 위해 활용될 수 있도록 해야 한다. 이를 위한 사업조망 분석방법은 여러 가지가 있지만, 몇 가지 예를 들면 아래와 같다.

- 장기적 성과 예측(이를 위해서 현재 성과에서 단기적 사이클들이 미치는 영향을 제거)
- 성과향상을 위해서 반드시 대응해야 할 유형의 참가자들과 중요한 이슈들이 무엇인가 파악
- 특정 산업에 대한 진입, 투자, 철수 등의 의사결정 분석
- 사업조망도상에서 특정한 중요 변화가 미칠 영향을 평가하고 그에 대한 대응방안 강구
- 사업조망을 장래에 유리한 방향으로 변화시키는 방안 검토

이러한 활용방안들 대부분은 상식적이며 또한 앞에서 상세히 논의하였다. 그러나 사업조망에 따른 대응책을 마련하고 산업조망을 유리하게 변화시키는 방안들에 대해서는 좀더 상세한 설명이 필요하다.

최근에 발생한 대형 회계법인들의 변화는 그에 대한 좋은 사례를 제시한다.[35] 시간이 지나면서 회계법인들의 주력사업인 회계감사 업무의 수익성은 지속적으로 감소하였다. 한 이유는 8대 대형 회계법인이 존재하던 시절부터 이어 온 라이벌 간의 경쟁이었다. 규모가 엇비슷한 대형 회계법인들은 업계 선두가 되고자 치열한 경쟁을 벌여 왔던 것이다. 또한 가격하락의 압력도 거셌다. 회계감사 시장의 주요 고객인 기업의 재무담당이사

(CFO)들은 예산에서 상당한 비중을 차지하는 감사료를 줄이려고 애썼기 때문이다. 1980년대 중반부터 시작된 회계법인들 간의 대대적 인수합병은 기존의 8대 회계법인 체제를 5대 회계법인 체제로 전환시켰고, 그에 따라 수익성 악화의 문제가 어느 정도 해소되었다. 그러나 가장 결정적인 회복은 8대 회계법인 중의 하나였던 아서앤더슨(Arthur Anderson)이 2001년 엔론(Enron) 스캔들로 인해 해산되면서 시작되었다. 이 충격이 발생한 후 나머지 4개 대형 회계법인들은 아서앤더슨의 기존 고객기업들을 나누어가짐으로써 여러 산업과 지역에서 각자의 시장점유율을 향상시켰다. 특히 미국 공정거래위원회는 그 동안 독점방지를 위해서 이들의 시장점유율을 규제하여 왔는데, 주요 경쟁자였던 아서앤더슨이 사라진 후 이를 완화하는 조치를 취하였다. 이와 더불어 사베인-옥슬리법(Sarbanes-Oxley Act)이 제정되면서, 기존의 기업 재무담당이사가 가지고 있었던 외부회계감사인 선임권이 대표이사 및 신설된 감사위원회(audit committee)로 이전되었다. 이러한 변화는 회계법인들에게 매우 유리한 것이었다. 왜냐하면 재무담당이사에 비해서 감사위원회는 가격에 덜 민감했기 때문이다. 결과적으로 사베인-옥슬리법이 통과된 2001년의 평균 회계감사료는 2000년에 비해서 78% 가량 상승하였다. 한편 그러한 회계감사료 상승의 약 50%는 회계감사 시장의 높은 집중도 때문인 것으로 추정된다. 그에 대해 4대 회계법인 중 하나에 근무하는 파트너는 "미국 정부가 산업의 1/5를 날려 버린 후 … 우리는 가격통제 능력을 회복했다"라고 논평했다.

기업들은 또한 경영환경을 유리하게 변화시키기 위해 더욱 적극적으로 나설 수 있다. 그러한 필요성은 사업환경이 아직 고착되지 않고 지속적으로 변화하는 신생산업(예, 멀티미디어)에서 가장 분명하지만, 또한 보다 오래된 성숙화된 산업에서도 나타난다. 그에 대한 좋은 사례로서 드비어스(De Beers)가 어떻게 다이아몬드 산업을 지배하게 되었는지 살펴보자.[36)]

드비어스는 세실 로즈(Cecil Rhodes)가 1888년 전세계 다이아몬드의 95%를 공급하던 남아프리카 공화국 소재 광산들을 사들이면서 시작되었다. 그 후 100년 동안, 남아프리카 공화국이 전세계 다이아몬드 생산에서 차지하는 비중은 15%로 하락했다. 그럼에도 불구하고 이 회사는 계속해서 중앙판매조직(Central Selling Organization, 이하 CSO)을 통해서 새로운 다이아몬드가 시장에 유입되는 것을 관리했다. 그 목적은 시장주도권을 유지하고 다아아몬드 산업에 규율을 부여하는 것으로써, 이를 위해서 CSO는 다른 생산자들의 미가공 원석들을 구매하고 잉여 공급분은 재고로 보관하였다. CSO가 수행한 활동은, 누가 어떠한 원석을 받을지에 대한 결정, 경기변동으로 인해 생산자가 재정적인 곤란을 겪거나 구매자의 다이아몬드 가치에 대한 신뢰가 손상되지 않도록 가격 안정화, 다이아몬드의 품질을 표준적 기준에 따라 인증, 다이아몬드 생산 · 판매에 관련된 금융, 보안, 운송 등을 주선, 가격대별 다이어몬드에 대한 광고와 신시장 개척(최근의 좋은 예는 일본시장 개척), 그리고 신제품 개발(예, 다이아몬드 테니스 팔찌)을 통한 수요창출 등 매우 다양하였다. 이러한 활동들은 다이아몬드 산업의 전체 파이를 키우는데 공헌했다. 다아아몬드 무역은 생산국들에게 매우 큰 이윤이 남겨 주었을 뿐 아니라 수백 개가 넘는 CSO의 딜러들에게도 큰 이익이 되었기 때문에, 이들은 CSO가 설정한 규칙에 따라서 사업을 수행할 충분한 동기가 있었다. 그러나 생산자와 딜러들은 드비어스가 제시하는 엄격한 계약조건과 철저한 감시를 받아들여만 했다. 여기에는 또한 어느 정도 협박성도 존재했다. 드비어스는 위반자들을 채찍과 당근을 통해서 철저히 처벌하는 것으로 명성이 높았다.

그러나 1990년대 후반 산업 환경이 악화되면서 드비어스는 전략을 크게 수정할 수밖에 없었다. 1980년대 초반부터 드비어스의 통제를 받지 않는 신규 광산들이 늘어나면서 다이아몬드 원석의 공급은 점차적으로 증가했고, 그에 따라 CSO는 만성적인 재고누적의 문제를 겪게 되었다. 이를 해결하게 위해 드비어스는 모든 생산자로부터 다이아몬드를 구매하고 잉여분을 재고로 보관하는 업무를 결국 중단하고, 그 대신에 "고객이 가장 선호되는 다이아몬드 공급자"가 되기로 전략을 수정했다. 그러한 전략을 실행하기 위해서 드비어스는 광고를 강화하고 브랜드 이미지 제고에 노력했다. 또한 무역거래에 대한 통제를 강화하고, 루이비통(Louis Vuitton)과 합작회사를 설립하여 다이아몬드 판매업으로 직접 진출하는 전방통합을 달성하였다. 이 회사는 나아가 자신이 보유한 우수한 정보와 네트워크를 활용하여 아프리카 내전의 중요한 원인이 되고 있는 "분쟁 다이아몬드(conflict diamond)"를 근절시키기에 앞장섬으로써, 실추된 다이아몬드 산업의 국제적인 이미지를 향상시키고자 노력했다. 요약하면 드비어스는 다이아몬드 산업의 사업환경 자체를 바꾸는 전략을 추진했던 것이다. 참고로 그 후의 전개과정을 간단히 설명하면 다음과 같다. 새로운 전략은 최근까지 매우 성공적이었다. 그러나 2009년 초에 들어 다이아몬드 수요는 경제불황으로 인해 1/3 내지 1/2 정도 감소될 것이 예측되었다(과거에도 경제불황이 닥치면 비슷한 수준의 수요감소가 발생). 그 때문에 드비어스는 보츠와나

(Botswana)와 나미비아(Namibian)에 현지 정부와 함께 설립한 매우 생산성이 높은 합작광산들을 포함한 일부 광산들에서 다이아몬드 원석 채굴을 일시적으로 중단하였다.[37]

드비어스의 전략적 변화를 살펴보면 전략수립에 있어서 단지 사업환경의 매력도만을 고려하는 것은 불충분하다는 것을 알 수 있다. 비록 산업매력도는 [그림 1.7]상에서 사업수익성을 결정하는 첫 번째 요인이지만, 보다 완전한 전략개발을 위해서는 두 번째 결정요인인 경쟁포지션을 동시에 고려할 필요가 있는 것이다. 이를 위해서는 여태까지의 산업수준 분석을 기업수준의 분석으로 전환할 필요가 있다. 그러한 전환은 사업조망도 분석의 관점에서 다음과 같이 해석될 수 있다. [그림 2.1]과 같은 사업조망도의 수직축은 각 산업의 기본적인 특성들(예, 특정 산업의 평균수익률)만을 요약해서 보여주고 있다. 하지만 수평축을 따라서 사업조망도를 좀더 가까이서 상세히 살펴본다면, 같은 산업 내에서도 기업들 간에 많은 굴곡이 존재하는 것을 알 수 있을 것이다. 예컨대, 라이벌 관계에 있는 경쟁기업들 간의 수익성 차이는 본 장에서 초점을 두었던 산업 간 평균적 수익률 차이보다 훨씬 클 수가 있다. 그러한 기업 간 성과차이가 경쟁포지션과 가지는 연관성을 이해하고, 경쟁우위를 창출할 수 있는 전략들을 고찰하는 것은 제3장의 목적이다.

요 약

사업조망을 통한 경영환경 분석은 개별기업과 경쟁자들에게 공통적으로 영향을 미치는 기회와 위협들을 체계적으로 고찰함으로써 기존의 SWOT(강점-약점-기회-위협) 모델을 개선시킨다.

그러나 사업조망 분석은 그 대상을 단지 직접적인 경쟁기업들만으로 국한되지 않는다. 이 기법은 다른 여러 유형의 참가자들도 고려한다. 수요-공급 분석은 공급자와 구매자의 상호작용이 이루어지는 제품시장에 초점을 맞춘다. "5가지 결정요인" 모델은 이를 수직적 차원에서는 3단계(공급자 → 경쟁자 → 고객)로 확장하고, 또한 대체재가 미치는 영향을 명시적으로 고려한다. 가지망 모델은 그러한 분석에 보완자를 추가한다. 하지만 상황에 따라서는 다른 유형의 참가자들을 더 추가적으로 고려하는 것이 필요하다. 중요한 점은 분석하고자 하는 상황에 적합하도록 모델과 참가자들을 설정하는 것이다.

적절한 참가자들의 유형을 파악하는 것은 그들의 상대적 협상력을 정확히 이해하고, 나아가 그들과의 관계를 분석하는데 기초가 된다. 그들과의 관계에는 일반적으로 경쟁과 협력이라는 상반된 측면이 존재한다. 만일 그렇지 않다면 그들과의 관계를 이해하는 것이 훨씬 쉬울 것이다. "5가지 결정요인" 모델은 산업매력도를 분석하는데 유용한 여러 가지 아이디어들을 제공한다. 이는 본 장에서 설명하였듯이 가치망 모델도 마찬가지이다. 또한 산업 사이클 변화, 장단기적 추세, 충격적 사건, 기타 요인들로 인해서 참가자 그룹들간의 관계는 지속적인 변화를 겪을 수 있다. 그러므로 그룹수준의 수익성을 통태적 관점에서 이해하는 것이 매우 중요하다.

이러한 논의의 궁극적 목적은 기업이 올바른 전략을 선택할 수 있도록 기여하는 것이다. 본 장에서 제시한 분석모델들과 절차들은 그런 점에서 유용하지만, 그 자체로 완전한 것은 아니다. SWOT 모델이 제시하듯이, 한 산업에서 나타나는 공통적인 기회와 위협에 대한 분석은 개별기업이 가진 강점과 약점에 대한 분석과 통합될 필요가 있다. 다음 장에서는 그러한 주제를 심도 있게 살펴본다.

주요 용어

"5가지 결정요인" 모델, 가치망, 공급곡선, 공급자 파워, 과점적 경쟁, 구매자 파워, 대체재, 동태적 사고, 라이벌, 보완자, 비시장적 관계, 사업조망, 산업조직론, 수요곡선, 수요의 가격탄력성, 수요-공급 분석, 수직적 범위, 수평적 범위, 전략그룹, 지역적 범위, 진입장벽, 확장된 경쟁, 협력

참고문헌

1) 본 장을 저술하는데 있어서 Adam M. Brandenburger와 Jan W. Rivkin로부터 많은 도움을 받았음. 본 장에서 소개하는 여러 이론들은 이들이 개발한 것이며, 이들은 저자가 자신들의 미출판 연구물을 인용할 수 있도록 허락하였고, 본 장의 초기 원고에 대해서 논평을 하여 주었음.
2) Richard Schmalensee, "Do Markets Differ Much?" *American Economic Review* 75, no. 3 (June 1985): 341-351; Richard P. Rumelt, "How Much Does industry Matter?" Strategic *Management Journal* 12, no. 3 (Mar. 1991): 167-185; A. M. McGahan and Michael E. Porter, "What Do We Know About Variance in Accounting Profitability?" *Management Science* 48, no. 7 (Jul 2002): 834-851 참조.
3) 자료를 제공해 준 Marakon/Trinsum의 Dean Neese에게 감사드림.
4) 조망이라는 비유는 50년보다도 더 이전에 생물학에서 기원함. 그에 대한 논의는 Stuart A. Kauffman, *At Home in the Universe: The Search for Laws of Self-Organization anal Complexity* (New York: Oxford University Press, 1995) 참조. 이 저서의 마지막 네 장은 제시한 이론을 인간조직에 적용하는 문제에 대해서 논의하고 있음. 조망에 기초한 모델을 전략에 적용한 다른 연구로는 Daniel A. Levinthal, "Adaptation on Rugged Landscapes,"' *Management Science* 43, no. 7 (July 1997): 934-950; Jan W. Rivkin, "Imitation of Complex Strategies," *Management Science* 46, no. 6 (June 2000): 824-844; 그리고 Pankaj Ghemawat and Daniel A. Levinthal, "Choice Structures, Business

Strategy and Performance: A Generalized Nk-Simulation Approach" (Harvard Business School Working Paper no. 01-012, 2000) 참조.

5) 이에 대한 논의는 Adam M. Brandenburger의 미출판 노트에 근거하였음. Adam M. Brandenburger, "Models of Markets" (Harvard Business School, January 1998).

6) Jurg Niehans, A *History of Economic Theory: Classic Contributions*, 1720-1980 (Baltimore: Johns Hopkins University Press, 1990).

7) Alfred Marshall, *Principles of Economics*, bk. 5 (London New York: Macmillan, 1890).

8) 보다 상세한 내용은 Gary P. Pisano and Maryam Golnaraghi, "Partners Healthcare System, Inc. (A)" (Harvard Business School Case no. 696-062, Boston, 1996) 참조. 전체 비용은 변동비와 더불어 고정비도 포함하기 때문에, 가동률(병원이용률) 저하가 미치는 영향은 이 도표에 나타난 것보다 훨씬 심각할 수 있음.

9) Antoine A. Cournot, *Recherches sur les principles mathématiaaes de la théorie des richesses* (Paris: Hachette, 1838). 또 다른 프랑스 석학인 Jean Bertrand는 Cournot의 저서를 논평한 논문에서 복점기업들의 공급량이 아니라 가격을 설정할 때의 결과를 제시하고 있음(the Journal des Sapants 67 (1883): 499-508).

10) Edward Chamberlin, *The Theory of Monopolistic Competition*, Harvard Economic Studies, vol. 38. (Cambridge, Mass.: Harvard University Press, 1933)과 Joan Robinson, *The Economics of Imperfect Competition* (London: Macmillan, 1933) 참조.

11) 시카고대학의 경제학자들은 일반적으로 그러한 실증분석의 타당성에 의문을 제기했지만, 규제가 초래하는 부작용에 대해서는 동감을 표시했음.

12) Edward S. Mason, "Price and Production Policies of Large-Scale Enterprise," *American Economic Review* 29, no. 1 (March 1939): 61-74.

13) Joe S. Bain, "Relation of Profit Rate to Industry Concentration: American Manufacturing, 1936-1940," *Quarterly Journal of Economics* 65, no. 3 (August 1951): 293-324.

14) Joe S. Bain, *Barriers to New Competition* (Cambridge, Mass.: Harvard University Press, 1956), p. 3.

15) See, for instance, Harvey J. Goldschmid, H. Michael Mann, and J. Frederick Weston, *Industrial Concentration: The New Learning* (Boston: Little, Brown, 1974).

16) Michael E. Porter, "Note on the Structural Analysis of Industries" (Harvard Business School Case no. 376-54, Boston, 1975).
17) Richard Schmalensee, "Inter-Industry Studies of Structure and Performance," in *Handbook of Industrial Organization*, ed. Richard Schmalensee and Robert D. Willig (Amsterdam: North-Holland, 1989), chap. 16, pp. 951-1009.
18) Darrell K. Rigby, "Managing the Management Tools," *Planning Review*, September-October 1994.
19) Alfred E. Kahn, "Surprises Of Airline Deregulation,"' *American Economic Review* 78, no. 2 (1988): 316-322.
20) Alvin J. Silk and Jamie Harper, "American Airlines' Value Pricing (C)" (Harvard Business School Case no. 595-037, Boston, 1994).
21) Alvin J. Silk and Steven C. Michael, "American Airlines Value Pricing (B)" (Harvard Business School Case no. 594-019, Boston, 1993).
22) "5가지 결정요인" 모델은 제품의 대체성이 주는 위협에 초점을 두고 있음. 자원의 대체성이 주는 위협에 대해서는 제5장 참조.
23) 보완재가 산업의 매력도에 미치는 영향은 다음 절에서 논의됨.
24) Adam M. Brandenburger and Harborne W. Stuart, Jr., "Value-Based Business Strategy,"' *Journal of Economics* & Management Strategy 5, no. 1 (1996): 5-24.
25) Michael E. Porter는 최근에 기업전략에 대한 자신의 연구를 정리한 논문에서 보완자를 6번째 결정요인으로 포함하는 것에 대해 반론을 제기함("The Five Competitive Forces that Shape Strategy," *Harvard Business Review*, 86, no. 1 (January 2008): 78-93, esp. p. 86). 그는 보완자를 제외시켜야 하는 근거로서 보완자와의 관계가 경쟁과 협력의 양면성을 가지고 있음을 제시하였음. 하지만 그러한 양면성은 앞 절의 끝부분에서 언급한 바와 같이 공급자나 구매자와의 관계에서도 나타남.
26) Andrew S. Grove, *Only the Paranoid Survive: How to Exploit the Crisis Points That Challenge Every Company and Career* (New York: Currency Doubleday, 1996), pp. 27-29.
27) David F. Baron, "Integrated Strategy: Market and Nonmarket Components," *California Management Review* 37, no. 2 (Winter 1995): 47-65, esp. p. 47. 비시장적 전략에 대한 상세한 고찰은 David P Baron, *Business and Its Environment*, 2nd ed. (Upper Saddle

River, N.J.; Prentice Hall, 1996) 참조.

28) Ibid. 비시장적 위협 및 그에 대한 대응방법에 대해서는 제5장 참조.

29) 또한 Pankaj Ghemawat, *Redefining Global Strategy* (Boston: Harvard Business School Press, 2007) 참조.

30) Mark Athitakis and Mark Lasswell이 편집한 Adam Horowitz and the editors of Business 2.0, *The Dumbest Moments in Business History: Useless Products, Ruinous Deals, Clueless Bosses and Other Signs of Unintelligent Life in the Workplace*, (New York: Portfolio, 2004) 참조.

31) Hao Tan and John A. Mathews, 2007. "Cyclical Dynamics in Three Industries," DRUID Working Papers 07-07, DRUID, Copenhagen Business School, Department of Industrial Economics and Strategy/Aalborg University, Department of Business Studies.

32) 이 단락은 다음 논문들을 근거로 작성됨. Tan and Matthews, op cit., Bruce Petersen and Steven Strongin, "Why Are Some Industries More Cyclical Than Others?" *Journal of Business & Economic Statistics* 14, no. 2 (April 1996): 189-198; Magda Kandil, "Cyclical Fluctuations across Industries of the United States: Evidence and Implications," *Journal of Economics and Business* 47 (1995): 17-37.

33) Judith A. Chevalier and David S. Scharfstein, "Capital-Market Imperfections and Counter-cyclical Markups: Theory and Evidence," *American Economic Review* 86, no. 4 (Sept. 1996): 703-725.

34) Tyler Hamilton, "Crisis Reset Economy: Immelt," Toronto Star, Feb 11, 2009. 이 기사는 2009년 3월 29일 http://www.thestar.com/Business/article/585510에서 조회함.

35) 회계산업에 대한 설명은 다음 자료들을 근거로 작성됨. Emilie R. Feldman, "Arthur Andersen: A Lesson in How Not to Punish an Oligopolistic Competitor" (Harvard College Senior Honors Thesis, 2004); Sharad Asthana, Steven Balsam, and Sungsoo Kim, "The Effect of Enron, Andersen, and Sarbanes-Oxley on the Market for Audit Services" (unpublished working paper, June 2004); 그리고 산업종사자들과의 인터뷰.

36) 드비어스에 대한 설명은 다음 자료에 근거함. Pankaj Ghemawat and Sonia D. Marciano, "De Beers at the Millennium" (Harvard Business School Case no. 706-518).

37) Leandi Cameron, "SA Diamond Sector Seeking Ways to Mitigate

Economic Downturn," *Creamer Media's Mining Weekly*, March 20, 2009. 이 기사는 2009년 3월 20일 http://www.miningweekly.com/article/sa-diamond-sector-seeking-ways-to-mitigate-economic-downturn-2009-03-20에서 조회됨.

CHAPTER 3

경쟁우위의 창출

판카즈 게마와트(Pankaj Ghemawat)와 잰 리비킨(Jan. W. Rivikin)

> 만일 어떤 사람이 이웃들보다 좋은 쥐덫을 만든다면, 설령 그가 집을 깊은 숲 속에 짓더라도 세상은 그의 집 앞까지 길을 만들 것이다.
>
> – 랠프 월도 에머슨(Ralph Waldo Emerson)

19세기의 강연에서 에머슨은 21세기에 전략가들이 강조할 하나의 중요한 사실을 예견한다. 경쟁자보다 우월해야 한다! 에머슨 시대부터 전략가들이 탐구한 문제는 무엇이 한 쥐덫을 다른 쥐덫들보다 좋게 만드는가와 동일한 성격을 가진다. "좋게 만든다"는 것은 단순히 한 쥐덫을 구매하기 위해 고객이 **적극적인 지불 의사(willingness to pay)**를 가지게 하거나 공급하는 비용을 낮추는 것을 의미하지 않는다. 이는 고객이 기꺼이 지불하고자 하는 가격과 공급가격 간의 차이를 의미한다. 다시 말하여, 경쟁적 우월성에 대한 사고는 "경쟁적 쐐기(competitive wedge)"라고 불릴 수 있는 경제적 개념으로 발전하였다. 만일 한 기업이 고객들이 적극적으로 지불하고자 하는 가격과 생산비용 사이에 경쟁자들보다 넓은 쐐기를 끼워 넣을 수 있다면, 그 기업은 **경쟁우위(competitive advantage)**를 창출했다고 이야기한다.[1)]

경쟁우위가 학자들의 많은 관심을 끌어왔고 또한 [그림 1.7]의 수익성 매트릭스에 두 번째 결정요인으로 포함된 이유는, 비록 산업수준 또는 전체 수준의 요인들이 기업성과에 중요한 영향을 미치더라도, 같은 산업 내에서 기업 간 성과에 상당한 차이가 존재하기 때문이다. 예컨대, 제2장에서 극단적인 성과차이를 보였던 두 산업인 제약산업과 항공산업을 살펴보자. [그림 3.1]은 이들 산업 내에서 주요 경쟁기업들의 자본수익률과 자본비용 간의 차이(즉, '자본수익률−자본비용')를 기업별로 구분하여 도시하고 있다.[2)] 비록 평균적으로는 제약산업의 수익성이 항공산업의 수익성보다 높지만, 가장 성과가 좋은 항공사들은 가치를 창출하는 반면, 가장 성과가 나쁜 제약회사들은 가치를 파괴하고 있음을 알 수 있다. 다시 말하여 산업이 중요하지만 그것이 모든

그림 3.1 A. 항공산업의 평균수익률(1988-2007)

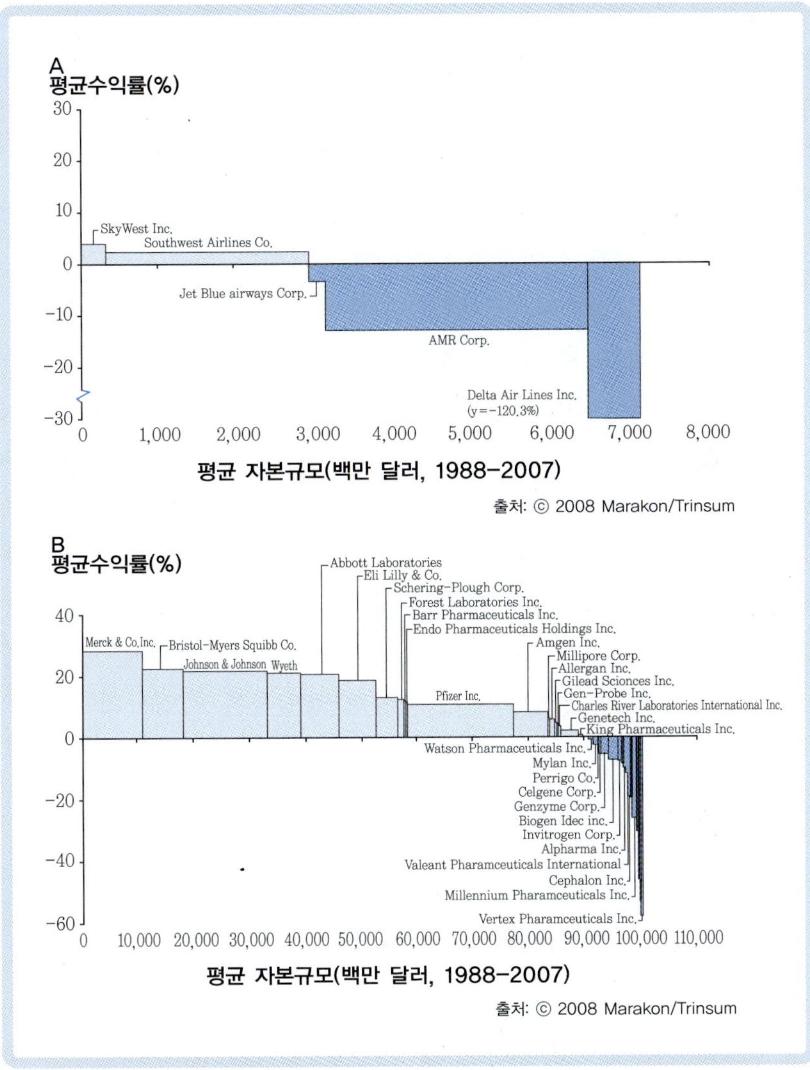

주석: United, Northwest, United Air 등과 같은 몇 개의 항공사는 [그림 3.1]에 나타나지 않는데, 그 이유는 이들이 자본잠식으로 실질적인 부도상태이기 때문이다. 따라서 이 그림은 항공산업이 실제로 파괴한 가치를 과소하게 표시하고 있다.

성과를 결정하는 것은 아니라는 것이다.

흔히 "전략그룹(strategic group)"이라는 개념으로 설명되는 산업 내 구조는 성과차이를 설명해 주는 요인의 하나이다. 예컨대, [그림 3.1]에 나타난 대형 제약회사들의 평균수익성은 자본비용보다 20% 이상 높았지만, 바이오텍 회사들의 평균수익성은 자본비용에 못 미치는 −5%를 기록했다. 하지만 그러한 그룹 간의 차이도 모든 수익성을 설명하지는 못한다. 바이오텍 회사 그룹 내에서도 암젠(Amagen)은 지속적으로 다른 경쟁회사들보다 높은 성과를 보여왔으며, 이는 항공산업에서 사우스웨스트항공(Southwest Airlines)의 경우도 마찬가지였다(하지만 이 두 기업은 최근에 상당한 어려움에 처했는데, 이는 제4장과 제5장에서 논의할 경쟁우위의 동태성을 보여주는 좋은 예임).

보다 체계적인 연구들은 산업 내의 성과 차이가 매우 일반적이며 상당하다는 것을 제시한다. 이들 연구는 실제로 산업 내 수익성의 차이가 산업 간 수익성 차이보다 현저하다는 것을 보고하고 있다. 즉, 미국에서 산업적 요인들은 기업들의 수익성 변동성에 10~20%를 설명할 수 있는데 반해서, 산업 내의 안정적 요인들은 30~45%를 설명하고 있다(안정적 요인들 외에 나머지 요인들은 매년마다 그 영향이 바뀌는 요인들임).[3] 하지만 이러한 결과가 결코 산업적 요인들을 무시할 수 있다는 것을 의미하지는 않는다. 산업은 [그림 1.7]의 수익성 매트릭스에 나타난 바와 같이 여전히 기업수익성을 결정하는 두 가지 결정요인들 중 하나인 것이다. 실증연구들의 결과에 따르면, 첫째, 산업수준 효과가 관찰된 수익성의 평균적인 변동성 중 상당한 부분을 설명해 주고, 둘째, 산업수준 효과는 산업의 내적 요인들보다 기업성과에 더 일관성 있게 영향을 미치며,[4] 셋째, 산업적 요인들은 기업이 평균보다 높은 성과를 올릴 수 있는 기반을 제공하는 중요한 역할을 한다.[5] 끝으로 시장리더들은 흔히 산업 내에 규율과 질서를 관리하는 문제와 산업 내에서 자신의 **경쟁포지션(competitive position)**을 향상시키는 문제 사이에서 갈등을 겪는다.

이러한 점들을 고려해도 산업 내 수익성 차이는 산업 간 평균수익성 차이보다 현저하다는 것이 분명하다. 이러한 사실은 특히 경제 침체기에 더욱 분명해질 수 있는데, 그 이유는 깊은 불황으로 인해 산업의 평균수익성이 마이너스로 돌아서면 기업의 독자적인 경쟁우위만이 수익을 창출할 수 있는 유일한 기반이 되기 때문이다. 또한 전략적 관점에서 기업들은 흔히 장기적인 경쟁포지션을 향상시키는 위해서는 불황기에 더 적극적인 투자를 하라는 조언을 받는다.[6] 이는 기업들이 불황기에 지나치게 투자를 줄이는 경향이 있기 때문이다. 이 조언은 기업들이 흔히 저지르는 그러한 잘못을 경계하기 위한 것으로 볼 수 있다. 기업들이 불황기에 과민한 반응을 보이는 이유들은 다음과 같다.

- 경제학자인 케인즈(Keynes)가 경영자들의 동물적 감각을 설명할 때 언급한 바와 비슷하게, 경영자들이 투자결정에서 '조울증적 경향(manic depressive behavior, 즐거운 상태와 우울한 상태가 반복하여 나타나는 정신질환적 증상)'을 보일 수 있음
- 경쟁기업들 간의 '집단적 행동(herding behavior)'으로 인해 서로를 모방하면서 투자가 급격히 감소될 수 있음
- 재무관리 이론에 따르면 경영자들은 내부적 자금조달을 외부적 자금조달보다 선호하는 편향성을 가지기 때문에 외부에서 충분한 투자자금을 조달할 수 있음에도 기업 내부의

자본부족만을 인식하여 투자를 줄일 수 있음

- 불황기에 경영자들은 주주가치의 극대화보다는 기업 생존을 더 중요시하기 때문에 보수적 투자정책을 선호할 수 있음

호황기와 불황기에 나타나는 산업 내 수익성 차이를 제대로 이해하기 위해서는, 각 산업의 내부에 존재하는 사업조망을 보다 상세히 고찰할 필요가 있다. 대부분 산업에서 그러한 조망은 상당히 심한 굴곡을 보인다. 이 장의 목적은 그러한 굴곡(즉, 기업 간 수익성 차이)이 나타나는 이유를 경쟁포지션의 관점에서 고찰하는 것이다. 이 장의 앞부분에서는 (경쟁우위에 있거나 경쟁열위에 있는) 경쟁포지션을 분석하는데 가장 핵심이 되는 4가지 개념인 경쟁적 **원가분석(cost analysis)**, **차별화(differentiation)**, 원가와 차별화 간의 **상충관계(trade-offs)**, 그리고 **가치분석(value analysis)**의 역사적 발전과정을 살펴본다. 그 후 본 장의 나머지 부분에서는 이러한 개념들을 활용하여 기업의 경쟁포지션을 분석하는 과정을 상세한 사례를 통하여 예시한다. 여기서 소개하는 내용은 상당히 분석적이지만, 이는 결코 경쟁우위의 창출에 있어서 창의력과 통찰력이 가지는 중요한 역할을 과소평가하려는 것이 아니다. 본 장에서 제시하는 분석의 목적은 오히려 적절한 개념과 기법을 제공함으로써 기업가적 아이디어들이 보다 쉽게 결실을 맺도록 도와주는데 있다. 새로운 창의적 아이디어의 개발에 관한 주제는 제4장에서 보다 상세히 논의할 것이다.

경쟁포지션 분석을 위한 개념들

1970년대부터 학자들은 산업 내 기업들의 경쟁포지션을 이해하는데 도움을 주는 여러 연구를 수행했다. 산업조직론 이론을 전략그룹에 적용한 초기 연구로서, 하버드 경영대학의 마이클 헌트(Michael S. Hunt) 교수는 가전제품 산업에서 다각화 제품라인 전략과 전문화 제품라인 전략을 비교 분석했다. 그의 연구결과는 특정산업 내의 기업들을 그들의 전략에 따라서 몇 개의 전략그룹으로 구분할 수 있으며, 그들의 전략이 그들 간의 상호작용 및 개별기업의 수익성에 영향을 준다는 것을 보여준다.[7] 그 뒤를 이어 퍼듀대학의 댄 쉔델(Dan E. Schendel)과 그의 동료들은 양조산업 및 다른 여러 산업에서 기업들이 가지는 경쟁포지션, 전략, 성과의 이질성(heterogeneity) 등을 통계적 분석 및 질적 사례분석을 통해서 탐구하였다.[8] 그렇지만 1970년대와 1980년대에 전략경영적 사고에 가장 큰 영향을 미친 것은 컨설턴트들이 개발한 실무적 분석기업들이었다. 컨설턴트들은 다시 한번 경쟁적 원가분석 기법들을 개발함으로써 주도적 역할을 담당하였던 것이다.

■ 원가분석

1960년대 경험곡선이 유행하면서 대부분 전략가들은 경쟁포지션을 측정하는 방법으로서 원가분석에 관심을 쏟았다. 1970년대에 들어와 경험곡선은 인기를 잃었지만, 원가분석은 그렇지 않았다. 하지만 그 기법에도 두 가지 측면에서 큰 변화가 있었다. 첫째, 한 사업을 보다 세분화된 부분으로 나누어서 살펴보는 것이 강조되었으며, 또한 사업들 간에 공유되는 활동의 원가를 어떻게 측정할지에 대해서도 관심이 모아졌다. 둘째, 전략가들은 경험곡선을 넘어서 보다 다양한 **원가발생요인(cost driver)**들을 고려하게 되었다.

한 사업을 여러 부분으로 분해하는 아이디어가 도입된 배경에는 1970년대에 나타난 여러 원자재들의 가파른 가격 상승이 있다. 컨설턴트들은 그러한 접근을 통해 경험곡선을 "수정"함으로써 새롭게 등장한 경영상의 난제에 대처하고자 했던 것이다.[9] 한 가지 제안된 방안은 원가를 재료구입비와 "부가원가(cost added, 부가가치(added value)에서 이익마진(profit margin)을 제외한 금액)"로 구분하고 경험곡선을 후자에만 적용하는 것이었다. 그러한 방법은 자연스럽게 한 사업의 전체적 원가구조를 기능, 프로세스, 활동 등과 같은 부분들로 분해하는 방법으로 진화하였다. 왜냐하면 한 사업을 구성하는 여러 부분들의 원가발생 양상은 내부적으로 상당히 다를 수 있기 때문이다(뒷부분의 논의와 일관성을 유지하기 위해서 앞으로는 "부분"을 "활동(activity)"이라고 칭할 것임).[10] 포트폴리오 모델의 경우와 비슷하게, 한 사업을 여러 하부활동들로 나누는 접근법은 1970년대에 컨설턴트들과 기업들에게 급속히 전파되었다. [그림 3.2]는 당시에 그러한 원가분석을 위해 많이 사용되었던 맥킨지의 비즈니스 시스템 모델이다.

활동기반분석(activity-based analysis)은 또한 전략사업부의 개념에 내포된 "자기완결적(free-standing)" 사업부의 개념이 가지는 문제점을 극복하는데 기여하였다.[11] 사업부들이 완전히 독립적인 복합기업(conglomerate)은 예외지만, 대부분의 다각화된 기업들은 사업부들 간에 공유하는 여러 활동들이 존재하였으며, 이 때문에 각 사업단위들을 원가구조를 포함한 자율적인 전략사업부들을 나누는데 어려움이 있었다. 그에 대해서 베인앤컴퍼니

그림 3.2 맥킨지의 비즈니스 시스템[12]

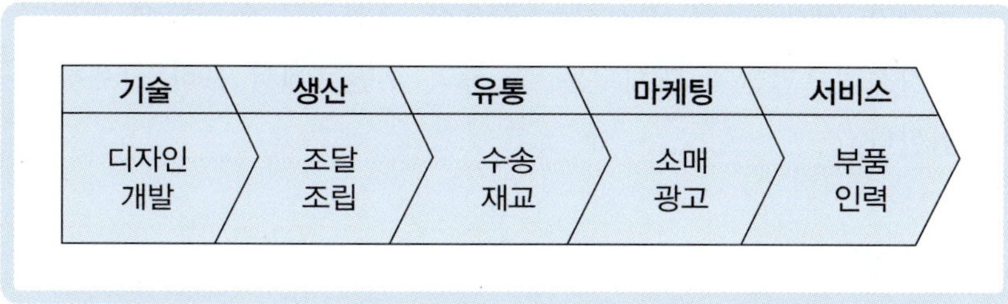

출처 : Pankaj Ghemawat, "Competition and Business Strategy in Historical Perspective," *Business History Review*, 76 (Spring 2002).)

(Bain & Company), SPA(Strategic Planning Associates) 등의 컨설팅회사들은 필드맵(field map)이나 매트릭스(matrix) 등과 같은 기법들을 개발하여 사업 간에 공유되는 활동들로부터 발생하는 공통비용을 정확히 파악해야 한다고 강조했다.[13]

1970년대 후반과 1980년대 초반을 거쳐 원가분석에서 나타난 또 하나의 중요한 발전은 전략가들이 보다 다양한 종류의 원가 발생원인들을 고려하기 시작했다는 것이다. '규모의 효과(scale effects)'는 비록 오래 전부터 경험곡선을 형성시키는 원인의 하나로 인식되었지만, 활동기반분석은 규모의 효과를 보다 상세히 고찰할 필요성을 증대시켰다. 왜냐하면, 예를 들어 광고비는 국가 전체의 범위에서 규모의 효과가 발생하는 반면, 운송비는 지역적 범위에서 규모의 효과가 발생할 가능성이 있기 때문이다. 필드맵은 한 사업에서의 규모의 경제보다는 사업 간에 존재하는 잠재적인 범위의 경제(또는 비경제)를 활용하는데 초점을 맞추었다. 이는 두 차례의 오일 쇼크로 인해 경기침체가 지속되면서 유휴시설을 어떻게든 여러 가지 용도로 활용하는 것이 원가절감에 좋은 방안이 되었기 때문이다. 그 외에도 국제적인 기업 간 경쟁이 심화되면서 기업활동을 어떤 지역(또는 국가)에 배치시키는가가 원가구조를 결정하는 중요한 요인으로 인식되게 되었다. 원가결정요인들에 대해서는 본 장의 후반부에서 보다 상세히 논의한다.

■ 차별화

경쟁포지션을 위한 원가분석이 점차 정교화되어 가는 가운데, 그 뒤를 상당히 늦게 따라서 고객에 대한 관심도 증가하기 시작했다. 물론 예전부터 고객들을 완전히 무시한 것은 아니었다. 경험곡선 분석의 인기가 정점에 있을 때에도 **시장세분화(market segmentation)**는 중요한 전략적 분석기법이었다. 하지만 그러한 기법은 고객 자체를 분석하는데 초점을 두기보다는 흔히 세분시장에서의 시장점유율과 원가우위의 긍정적 관계를 강조하기 위한 요식적인 도구로 활용되는 경향이 있었다. 당시에 활동했던 컨설턴트인 워커 루이스(Walker Lewis, 컨설팅회사 SPA의 설립자)는 그에 대해서 "클래식한 경험곡선 전략을 옹호하는 자들은 전세계 비즈니스의 80% 정도는 (차별화가 불가능한) 원자재라고 생각했다"라고 회상했다.[14] 그러나 1970년대에 들어와 그러한 관점은 변화되기 시작했다.

전략가들이 고객분석에 더 많은 주의를 기울이면서, 최저의 원가로 생산하여 고객에게 최저의 가격을 제공하는 것이 항상 최선은 아니라는 사실을 인식하게 되었다. 그들은 고객의 성과를 향상시켜 주거나 고객의 (다른) 비용을 절감시켜 주는 제품을 제공함으로써 기업이 가격프리미엄을 확보할 수 있는 "차별화된" 경쟁방법을 주목하게 된 것이다.[15] (제품) 차별화는 마케팅 분야에서 이미 오랜 기간 가장 중요한 주제였다. 하지만 1970년대에 들어와 전략분야에서는 이를 특정한 기능부서의 차원을 넘어서는 전사적으로 중요한 전략으로 고려하기 시작했다. 따라서 1970년대 하버드의 경영정책수업에서는 진입장벽에 대한 조 베인의 논문들(제2장 참조)을 학생들에게 읽게 하고, 이를 기초로 원가와 차별화의 개념을 통해 토론을 진행하였다(원가와 차별화는 베인이 발견한 3가지 진입장벽 중 2개임).[16] 맥킨지는 뒤를 이어 70년대 후반부터 경영컨설팅 서비스에 원가와 가치를 구분하는 모델을 적용하기 시작했다.[17] 1980년에는 원가와 차별화를 최초로 폭넓게 연구한 마이클 포터(Michael E. Porter)의 저서 『Competitive Strategy』와 윌리엄 홀(William K. Hall)의 『Harvard Business Review』 논문이 출판되었다.[18]

그 후 출판된 포터의 1985년 저서 『Competitive Advantage』는 가치사슬(value chain)이라는 모델을 통해서 원가와 차별화를 분석하는 방법을 제시하였다. [그림 3.3]은 가치사슬 모델의 한 예이다. 포터의 가치사슬 모델은 외견상 맥킨지의 비즈니스 시스템 모델과 유사하지만, 그가 아래에서 언급한 바와 같이 여러 기능들을 생산, 마케팅, 유통, 그리고 지원 등과 같이 주요 활동들로 중심으로 재구성하여 그들 간의 연계성을 분석한다는 점에서 차이가 있다. 또한 포터의 모델은 특정한 경쟁포지션을 획득하기 위해서 가치사슬을 일관성 있게 구성하는데 주안점을 두고 있다는 점에서 보다 발전된 것이다.

> 경쟁우위는 기업 전체를 보아서는 이해될 수 없다. 이는 디자인, 생산, 마케팅, 유통, 지원 등과 같이 기업이 수행하는 많은 개별적 활동들로부터 나온다. 이들 각 활동들은 기업의 상대적인 원가구조를 결정하며, 차별화를 달성할 수 있는 근거를 제공

그림 3.3 인터넷 판매회사의 가치사슬

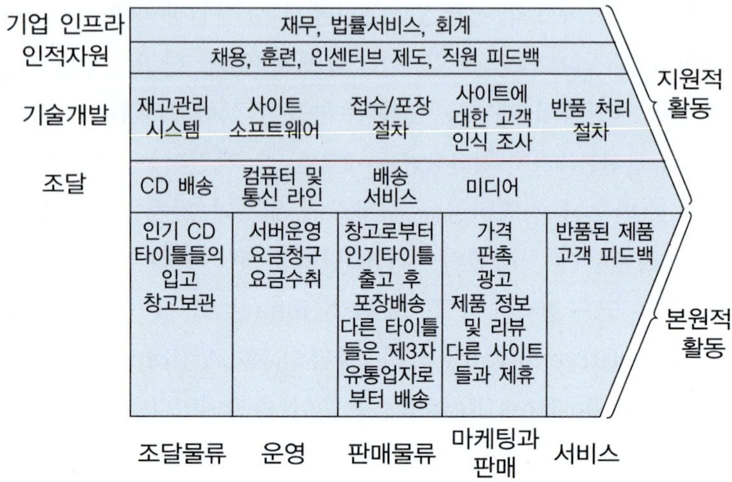

한다. 가치사슬은 기업을 "전략적으로 중요한 활동들(strategically relevant activities)"로 분해하는 것으로써, 이를 통해서 원가구조가 어떻게 변할지, 그리고 차별화를 위해 현재 또는 잠재적으로 어떠한 원천들이 존재하는지를 파악할 수 있다.[19]

[그림 3.3]은 음반을 온라인으로 주문 받아 우편을 통해 배달 판매하는 한 인터넷기업의 가치사슬을 도시한 것이다.

원가분석과 차별화에 대한 후속 연구들은 기업을 세분화된 여러 활동(또는 프로세스)들로 나누어 보았을 뿐만 아니라, 고객층을 그들이 기대하는 가격수준 및 그들의 특수한 요구에 따라서 세분화하였다. 특히 그러한 고객층의 구분은 어떤 기업들의 경우 상위 20%의 고객이 전체 수익의 80%(경우에 따라서는 거의

100%까지) 이상을 차지한다는 사실을 드러냈다.[20] 이러한 발견은 고객을 세분화하는 또 다른 기준들을 제시하였다. 예컨대, 1980년대 후반에 베인앤컴퍼니는 새로운 고객을 획득하는 것이 기존 고객을 지키는 것보다 일반적으로 많은 비용이 든다는 사실에 주목하여, 기존고객 유지를 위한 기업컨설팅 서비스를 성공적으로 제공하였다.

■ 원가 대 차별화

원가우위와 차별화를 최초로 비교하여 분석한 두 학자인 포터와 홀은, 성공적인 기업들은 일반적으로 두 가지 중 "하나의 전략을 선택"해야 한다고 주장했다. 낮은 원가에 기초하여 저렴한 제품을 제공하거나, 제품의 품질이나 성능을 향상시켜 차별화를 추구하는 것이다. 포터는 저원가와 차별화를 **본원적 전략(generic strategies)**들이라고 명명함으로써 그러한 아이디어를 유행시켰다. 그는 또한 이 두 가지 전략의 성격을 동시에 가지는 **집중화 전략(focus strategy)**을 또 하나의 본원적 전략으로 제시하고([그림 3.4] 참조), 이들 전략들의 관점에서 산업분석을 수행하였다.

> 어떤 산업들에서는 집중화나 차별화를 추구할 여지가 전혀 없다. 오직 원가경쟁만이 존재한다. 대부분의 원자재 산업은 이에 해당된다. 다른 산업들에서는 고객이나 제품의 특성들로 인해서 원가가 상대적으로 덜 중요해진다.[21]

본원적 전략이 전략가들에게 주목을 받는 이유는 크게 두 가지이다. 첫째, 이 개념은 가격과 차별화가 가지는 내재적 상충

그림 3.4 포터의 본원적 전략들

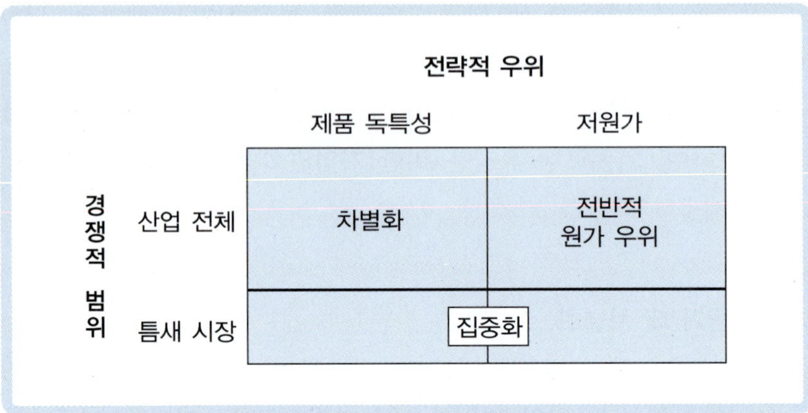

출처 : (Reprinted with the permission off The Free Press, a Division of Simon & Schuster, Inc., from *Competitive Strategy: Techniques for Analyzing Industries and Competitors* by Michael E. Porter. Copyright © 1980, 1998 by The Free Press. All rights reserved.)

관계를 잘 드러낸다. 기업은 흔히 고객이 선호하는 고가격의 제품을 생산하기 위해서 보다 높은 원가를 부담해야만 한다. 예를 들어, 대부분 고객은 현대가 만든 자동차보다는 도요타 자동차를 구입할 때 더 높은 가격을 지불하는 것을 당연하다고 생각하며, 도요타 자동차의 제조비용은 현대 자동차의 제조비용보다 실제로 상당히 높다. 또한 도요타가 현대보다 높은 마진율을 기록하는 이유는 고급차 차종의 생산에 따른 생산비 증가분보다 높은 가격 프리미엄을 요구할 수 있기 때문이다.

둘째, 본원적 전략이라는 개념은 또한 저원가 전략을 추구하는데 필요한 조직능력, 구조, 보상제도, 기업문화, 리더십 스타일 등은 차별화를 위해서 요구되는 조직특성들과 상당히 다를 것이라는 직관과 일치한다. **내적 일관성(internal consistency)**

을 유지하고 목적달성에 전념할 수 있기 위해서는 두 가지 전략 가운데 하나를 선택하는 것이 바람직하다는 것이다.

그럼에도 불구하고 본원적 전략의 개념은 실증적인 차원과 논리적인 차원에서 전략가들 사이에 치열한 논쟁을 촉발시켰다. 실증적인 차원에서 원가와 차별화 간의 상충성이 항상 절대적으로 존재하는 것은 아닌 것으로 나타났다. 예를 들어, 1970년대와 1980년대에 일본기업들은 여러 산업에서 불량률을 낮춤으로써 우수한 품질의 제품을 낮은 가격에 생산할 수 있었다. [그림 3.5]에서는 원가와 차별화를 경쟁우위의 개념과 연결시켜 어떻게 이들의 상호작용이 **이중의 경쟁우위(dual competitive advantage)**를 창출할 가능성이 있는가를 보여준다.

그렇다면 이중의 경쟁우위를 가진 기업들이 실제로 얼마나 존재할까? 포터는 그런 기업들은 조직 구조 및 프로세스에 있어서 내적인 일관성을 유지하기 어렵기 때문에 매우 희소할 것

그림 3.5 원가와 차별화 간의 상호작용

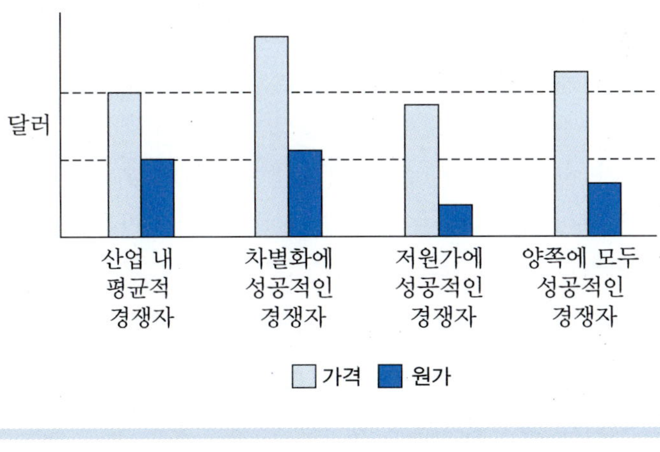

이라고 주장했다.[22] 다른 학자들은 원가와 차별화 간의 상충성을 부인하고, 나아가 이들 간에는 오히려 보완성(trade-ons)이 있어서 이를 활용하는 기업들이 산업의 경쟁구도를 근본적으로 변화시킬 수 있다고 주장했다.[23] 이 같은 논쟁은 아직까지도 진행중이다.

본원적 전략의 개념은 논리적 오류가 있다는 비판도 제기되었다. 내적 일관성을 유지하기 위해서 기업은 극단적인 저원가 전략이나 차별화를 추구할 수 있다. 하지만 외부적 여건은 기업에게 그러한 극단적 전략을 완화시키도록 영향을 미칠 수 있다. 예컨대, 대부분 고객은 너무 단순하거나 너무나 세련된 제품을 요구하지 않기 때문에, 가장 수익성이 높은 전략은 적절한 품질과 가격을 제공하는 것일 수 있다. 스페인의 의류업체인 자라(Zara)를 생각해 보자. 이 회사가 판매하는 의류는 구찌(Gucci)나 아르마니(Armani)의 제품처럼 최상품은 아니지만, 이 두 프리미엄 브랜드의 의류와 디자인이 유사한 경우도 있다. 그러나 자라가 가장 주력하는 시장은 저가 의류보다 좀더 가격이 비싼 세분시장이다. 그러한 시장을 공략하기 위해, 자라는 각 시즌에 맞는 의복들의 적시 출하 및 최신 유행에 맞는 디자인을 통해서 고객들을 유치하고, 동시에 생산원가를 낮추는데 주력한다. 그러한 중간적 전략은 매우 성공적이었다. 고객들이 기꺼이 지불하고자 하는 가격은 좀더 세련된 디자인의 옷을 적시에 공급하는데 들어가는 비용보다 높았기 때문에, 자라는 높은 수익성을 유지할 수 있었다.

현재에 이르러 대부분 전략가들은 어떤 특정한 본원적 전략을 선택해야만 한다는 독단적인 생각을 포기하게 되었다. 그 대신에 그들은 경영전략을 개발하는데 있어서 원가와 차별화가 가지는 상대적인 이점 및 이들 간의 상충관계를 고려해야 한다는 아이디어를 수용하였다. 이러한 관점에서 **포지셔닝(positioning)**이란 원가와 차별화 사이에 가능한 큰 쐐기를 끼워 넣는 문제라고 볼 수 있다. 여기서 포지셔닝은 특정 산업에서 경쟁포지션의 선택을 강조하는 개념이다. 대부분 산업에서 차별화를 추구할수록 원가도 상승하지만, 이 둘 사이의 간격(즉, 가격과 원가의 차이)이 극단적인 저원가 전략이나 차별화 전략에서 반드시 최대화되는 것은 아니다. 이러한 관점에서 최적의 포지셔닝은 원가와 차별화 가운데 하나를 선택하는 것이 아니라, 이들의 여러 조합으로 구성된 영역(spectrum)에서 최대한의 수익을 올릴 수 있는 지점을 선택하는 것이라고 볼 수 있다.[24]

아래에서는 그러한 전략적 선택을 이해하는데 도움이 되는 몇 개의 사례를 소개한다.

- 사우스웨스트항공은 항공료 절감을 추구하는 고객들을 공략하기 위한 비즈니스모델을 개발했다. 이 회사는 항공기를 연비가 높은 보잉 737 기종으로 단일화하고, 중소도시 및 중형 공항들을 단거리 노선을 통해 '공항 대 공항(point-to-point)' 으로 연결하는 서비스에 주력하였으며, 매우 저렴한 항공권을 제공하는 대신 부가서비스들을 없애고(지정제 좌석번호, 기내 음식 제공, 수화물 자동환승, 타항공편과 연결 등), 신속한 도착 및 출발을 통해서 경쟁사들보다 자사 항공기들의 하루 평균 운행시간을 1/3 이상 높였다. 그러한 제한된 서비스로 인해 보다 고급 서비스를 원하는 일부 고객들의 이탈을 피할 수는 없지만, 대형 항공사들에 비해서 크게 비용이 낮아졌다. 그 결과 사우스웨스트는 규제완화 이후에

지속해서 흑자를 기록하는 유일한 항공사가 되었다([그림 3.1] 참조). 이 회사는 계속해서 빠른 속도로 성장하고 있으며, 규모가 큰 항공사들 중에서 가장 연령이 낮은 항공기들을 보유하고 있고, 동시에 가장 낮은 부채비율을 유지하고 있다.

- 액센츄어(Accenture)는 IT 컨설팅의 선두기업으로 간주된다. 이 회사는 오랜 컨설팅 및 연구개발을 통해 축적된 깊은 지식과 경험이 있으며, Knowledge Exchange라는 전문적 포털을 구축하고 있고, 매우 엄격한 직원 채용과 교육 프로그램을 운영하며, 글로벌 기업의 최고경영자 및 정보담당이사(CIO)들과 깊은 유대관계를 맺고 있고, 자사의 브랜드를 성공적으로 구축하여 왔다. 액센츄어가 차별화를 위해서 수행하는 어떤 활동들은 분명히 많은 비용이 든다. 예컨대, 비록 최근에 감소되기는 했지만 연구개발 및 교육비용은 전체 수입의 5%를 차지한다. 반면에 액센츄어는 새로운 프로젝트를 수주할 때, 별로 경쟁을 겪지 않기 때문에 높은 용역비를 청구할 수 있고, 컨설턴트들의 활용도를 높임으로써 컨설턴트 일인당 벌어들이는 수입을 증대시킬 수 있다. 그에 따른 수입 증가는 우량 서비스를 제공하기 위한 추가적 비용발생을 상쇄하고도 남는다. 결과적으로 액센츄어는 다른 대부분의 IT 컨설팅 회사들보다 높은 수익성을 기록해 왔다.
- 태양의 서커스(Cirque de Soleil)는 서커스적 요소와 연극적 요소를 결합시킨 혁신적인 회사이다. 이 회사는 공연을 기획함에 있어서 전통적인 서비스의 고비용 발생 원인들을 제거하고(예컨대, 동물 등장, 스타 연기자, 복잡한 3중 무대 등),

그 대신 서커스의 환상적 분위기를 유지하는데 핵심이 되는 3가지 요소인 광대, 텐트, 그리고 곡예공연에 초점을 맞추었다. 광대들의 공연을 세련화하고, 매혹적인 텐트를 설치하며, 연극으로부터 빌려 온 테마와 이야기들을 결합시킴으로써, 태양의 서커스는 새로운 장르의 엔터테인먼트 사업을 창조할 수 있었다.[25] 2006년 한 해에만 이 회사의 서커스 공연을 보기 위해서 700만 명의 관객들이 6억 2천만 달러의 비용을 지불했으며, 비상장되어 있는 회사의 시장가치는 15억 달러에 이를 것으로 추산되었다.[26]

■ 부가가치

1990년대 중반 아담 브랜덴버거(Adam M. Brandenburger)와 하본 스튜어트(Harborne M. Stuart)는 부가가치(added value)라는 개념을 통하여 원가와 차별화 사이에 보다 큰 쐐기를 끼워 넣을 수 있는 방안을 제시하였다.[27] 브랜드버거와 스튜어트는 "공급자 → 생산기업 → 구매자"로 연결되는 3단계의 수직적 체인에서 각 참가자들이 가지는 정확한 재무적 이해관계를 추정하였다. 그들은 수요측면에서 차별화를 구매자가 특정한 제품이나 서비스를 구매하기 위해서 기꺼이 지불할 의사가 있는 최대한의 가격으로 개념화하고, 공급측면에서 그에 대응하는 개념으로서 공급자의 **기회비용(opportunity costs)**을 사용하였다. 여기서 공급자 기회비용이란 필요한 생산요소를 생산하기 위한 특정한 서비스나 **자원(resource)**을 제공하는 대가로 공급자가 요구하는 최소한의 보상을 의미한다. 이러한 정의에 따르면, 한 거래에서 창출되는 가치는 고객이 기꺼이 지불하고자 하는 가격과 공급자 기회비용의 차이가 된다. 그러한 가치가 3단계의 수직적 체인에서 어떻게 세 참가자들에게 분배될지는 확정지울 수 없다. 그렇지만 그 거래를 통해서 한 참가자가 획득할 수 있는 최대 가치는 그 자신이 기여한 부가가치를 넘을 수 없다. 즉, 그 최대한계는 수직적 체인의 모든 참가자들이 공동으로 창출할 수 있는 최대한의 가치에서 특정한 참가자가 제외되는 경우 창출할 수 있는 최대한의 가치를 뺀 것이 된다.

보다 전문적인 용어로 설명한다면, 한 기업이 요구할 수 있는 가치의 크기는 **비제한적 협상(unrestricted bargaining)** 하에서 자신이 창출한 부가가치를 초과할 수 없다. 왜 그러한 조건이 성립되는지를 설명하기 위해서, 어떤 기업이 매우 운 좋게 유리한 계약을 맺어서 자신의 부가가치보다 더 많은 가치를 획득했다고 가정하자. 이 경우 다른 참가자들이 차지하는 남은 가치는 그들끼리만 거래를 통해서 얻을 수 있는 가치보다 작아진다. 따라서 다른 참가자들은 그들의 이익을 증진시키기 위해서 현재의 계약을 파기하고 새로운 계약을 맺을 것이다(단, 계약이 해지된 참가자의 역할이 전체 가치창출에서 필수적이라면, 남은 참가자들이 그 참가자의 역할을 대신 수행할 새로운 참가자를 찾을 수 있다고 가정). 참가자가 스스로 창출한 부가가치보다 더 많은 가치를 차지하는 거래들은 모두 이런 계약파기의 위험에 노출되게 마련이다.

이러한 분석의 유용성을 예시하기 위해서, 뉴트라스위트(NutraSweet)가 독점하고 있던 인공감미료인 아스파탐(aspartame) 산업에 1986년에 진입하였던 HSC(Holland Sweetener Company)의 불운한 사례를 살펴보자.[28] HSC는 초기 설비투자가 완료된 후에도 여전히 생산원가가 뉴트라스위트보다 높았다. 왜냐하면 선두주자인 뉴트라스위트는 이미 규모의 경제 및 학습효과를 충분히 누리고 있었기 때문이다. 뉴트라스위트는 또한 브랜드 구축을 위해서 오랜 기간에 거쳐 막대한 광고비를 지출해 왔다. 따라서 고객들이 HSC의 아스파탐에 대해서 기꺼이 지불하고자 하는 가격도 뉴트라스위트의 제품에 비해서 낮았다. 그럼에도 HSC가 진입을 결정한 이유는 코카콜라와 펩시가 뉴트라스위트에 지불하는 가격이 HSC가 예상하는 원가의 약 3배에 달했기 때문이다.

하지만 HSC의 진입에 따라서 가장 이익을 본 것은 코카콜라와 펩시였다. 이들은 뉴트라스위트로부터 훨씬 낮은 가격에 감미료를 납품받을 수 있었다. [그림 3.6]은 그에 대한 설명을 고객이 지불하고자 하는 가격과 진입 후 고려되어야 할 원가를 비교하여 제시하고 있다. 명백히 HSC의 진입은 뉴트라스위트의 부가가치를 감소시켰다(그에 따라 가격도 하락). 그렇지만 HSC도

그림 3.6 **아스파탐의 원가 및 고객의 지불의사 가격**

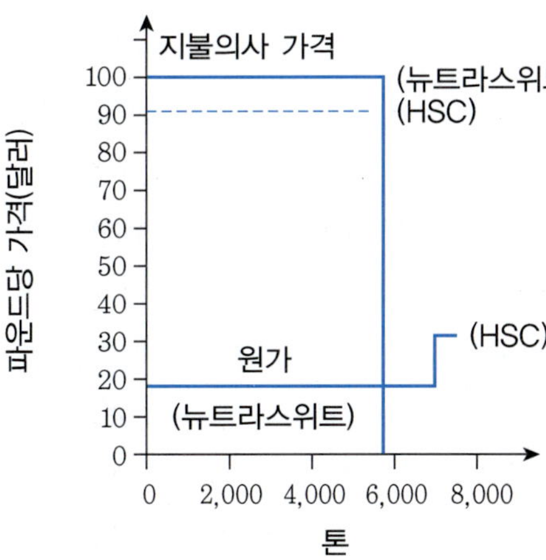

(비제한적 협상 하에서는) 이익을 볼 수 없다. 왜냐하면 자신이 사라지더라도 거래에서 창출되는 총가치는 바뀌지 않기 때문이다.[29] 따라서 HSC가 진입을 통해서 이익을 얻고 싶다면, 단지 공장을 짓는 것 이상의 조치를 취해야만 한다. 한 가지 가능성은 코카콜라와 펩시의 선의(goodwill)에만 의존하지 말고, 이들에게 자신이 계속 시장에 남아 있는 것이 이익이 된다는 사실을 주지시킴으로써 투자한 고정비를 회수할 수 있도록 자사 제품에 보다 높은 가격을 지불하도록 설득하는 것이다.[30] 또는 경쟁사인 뉴트라스위트와 직간접적인 커뮤니케이션을 통해 자신이 설정한 시장점유율 목표가 그다지 높지 않기 때문에 제품가격을 낮추는 것은 현명하지 않은 처사라고 알려 줄 수 있다.[31]

부가가치는 아스파탐 사례의 경우와 같이 때때로 계량화할 수 있다. 하지만 계량화가 불가능한 경우에도 이 개념은 한 기업의 전략을 평가하는데 매우 유용한 지침을 제공한다. 만일 우리 기업이 사라진다면, 공급자, 구매자, 보완자들의 네트워크에서 누가 이를 아쉬워할 것인가? 이러한 질문은 기존에 기업경쟁력을 측정하는 기준들(예를 들어, 보다 우수한 제품 개발, 차별화를 위한 경영, 특유한 역량에 투자 등)보다 더 엄격하다. 왜냐하면 이 기준은 해당 기업이 구매자, 공급자, 보완자 등과 외부적으로 가지는 직접적인 상호작용에 근거하고 있기 때문이다.

부가가치는 또한 산업 내에 초점을 둔 경쟁우위 분석과 산업 수준에서의 평균수익성 분석을 통합하는데 기여한다. 비매력적인 구조를 가진 산업에서 활동하는 기업들의 부가가치는 일반적으로 낮은 경향이 있다. 예외가 있다면 어떤 기업이 스스로 경쟁우위를 창출하여 다른 경쟁자들에 비해서 더 넓은 쐐기를 가격과 생산비용 사이에 끼워 넣을 수 있는 경우일 뿐이다. 하지만 보다 호위적인 산업에서는 기업들이 두 가지 이유로 인해 자신의 경쟁우위가 보장하는 것보다 더 우수한 성과를 올릴 수 있다. 첫째, 그러한 산업 환경 하에서는 기업이 창출하는 부가 가치가 순수하게 경쟁우위로부터 발생되는 가치보다 큰 경향이 있다. 둘째, 그 같은 산업에서는 일반적으로 경쟁기업들이 완곡하게는 "상호의존성의 인식(recognition of mutual dependence)" 이라고 불리고 보다 공식적으로는 "암묵적 단합(tacit collusion)" 이라고 표현되는 행위를 도모할 수 있다(이는 라이벌 간의 경쟁을 완화시키며, 비제한적 협상이라는 조건을 벗어나는 것임).

분석 프로세스

여태까지 살펴본 전략적 포지셔닝의 개념과 이론들을 적용하여 경영전략을 개발하고 실행하는 과정을 살펴보자.[32] 경영자는 어떻게 고객들로 하여금 지나친 생산비 증가 없이 더 높은 가격을 기꺼이 지불하도록 유도하거나 그들의 구매 의사를 해치지 않으면서 생산비를 줄일 수 있는 기회를 포착할 수 있을까? 그러한 기회를 찾아 내는 데는 분명히 순수한 기업가정신(entrepreneurial spirit)이 큰 역할을 담당한다. 예를 들어 마이클 델(Michael Dell)은 고객들이 점차 컴퓨터 기술에 익숙해지고, 소매 유통채널이 고객들에게 제공하는 가치가 많은 경우 그에 수반된 비용에 미치지 못함을 발견했다. 따라서 그는 자신의 통찰력을 따라 개인용 컴퓨터를 조립하여 고객에게 직접 판매를 하는 사업을 시작했다.[33] 이와 비슷하게 리즈 클레이본(Liz Claiborne)과 같은 회사는 전문직 여성들을 위한 중고급 근무복

장에 대한 수요가 크게 증가하고 있음을 인지했다.[34] 뜻밖의 운(luck)도 중요하다. 1950년대에 미사일을 위한 코팅재료를 연구하던 엔지니어들은 WD-40이란 윤활유를 개발했는데, 10년 후 이 제품의 판매는 지속적으로 40~50%의 투자수익률을 올려 주었다.

그렇지만 대부분의 전략가들은 준비된 상태에서 찾아오는 운이 뜻밖의 운보다 훨씬 중요하며, 치밀한 분석은 통찰력을 더욱 증대시켜 준다고 믿는다. 그들은 경쟁우위를 분석하기 위해 흔히 기업을 개별적인 활동이나 프로세스들로 나눈 후 이들 각각이 기업의 상대적인 원가구조나 고객들의 구매의사 증대에 어떻게 공헌하는가를 고찰한다.[35] 디자인, 생산, 판매, 유통, 서비스 등을 위해서 수행하는 활동들이 궁극적으로 원가를 발생시키고 고객의 구매의사를 유도하는 것이다. 기업 간에 존재하는 이들 활동들의 차이, 다시 말해 기업들이 매일매일 실제로 행하는 것의 차이가 생산원가와 고객이 지불하고자 하는 가격 간 차이를 발생시키며, 그에 따라서 기업이 창출하는 부가가치가 결정된다. 따라서 활동들을 하나씩 상세히 분석함으로써, 경영자는 (1) 왜 자기 기업이 부가가치를 창출할 수 있는지 혹은 없는지를 이해할 수 있고, (2) 자기 기업의 부가가치를 증대시킬 수 있는 기회를 발견할 수 있으며, (3) 자기 기업의 부가가치가 어떻게 변할 것인가를 예견할 수 있다.

포지셔닝 분석의 출발점은 기업의 활동들을 분류하는 것이다. 수없이 많고 복잡한 기업의 여러 활동들을 용이하게 구분하기 위해서는 원가분석이나 경쟁력 분석을 위해 개발된 [그림 3.2]나 [그림 3.3]과 같은 모델들을 활용하는 것이 좋다. 이들 모델이 제시하는 경제적으로 유의미한 제한된 수의 범주들을 따라 기업이 수행하는 활동들을 구분하는 것이다. 포터의 모델은 특히 기업의 활동들을 제품이나 서비스의 생산을 직접적으로 수행하는 **본원적 활동들(primary activities)**과 이들 활동들이 효율적으로 이루어질 수 있도록 도와주는 **지원적 활동들(support activities)**로 구분하기 때문에, 기업의 여러 활동들을 빠짐없이 폭넓게 고려하는데 유용하다. 하지만 그러한 기본적 모델들은 두 가지 한계를 가진다. 첫째, 특정한 기업에게는 이들 모델이 제시하는 어떤 활동들이 부적합할 수 있으며, 반대로 고려해야 할 중요한 활동들이 모델에서 간과될 수 있다. 둘째, 제공되는 데이터에서 이미 활동들이 특정한 분류방법에 맞추어 구분되어 있을 수 있다. 그런 데이터를 표준적인 모델에 맞추려면 상당히 많은 시간과 노력이 소요될 수 있다.

나머지 분석 프로세스는 통상적으로 3단계를 통해 진행된다. 첫째, 활동별 발생비용 수준 및 활동내용을 조사함으로써 각 활동에서 발생하는 원가가 경쟁기업들과 왜 그리고 어떻게 다른가를 분석한다. 둘째, 개별 활동들이 어떻게 고객의 구매의사를 형성시키는가를 조사함으로써 경쟁제품에 비해서 자사제품을 고객들이 더 또는 덜 선호토록 만드는 주요 활동들의 내용이 무엇인가를 파악한다. 끝으로, 생산비용과 고객이 지불하고자 하는 가격 간에 보다 큰 쐐기를 끼워 넣을 수 있는 기회를 탐색하기 위해서, 기업의 어떤 활동들을 변화시켜야 하는가를 고찰한다.

이 절의 나머지 부분에서는 이러한 순서를 따라 논의를 진행한다. 하지만 실무적으로는 이 같은 단계들을 여러 차례 반복해서 거치거나 앞뒤의 단계들을 오고 가면서 주요 이슈들을 재검토할 필요가 있을 것이다. 이 같은 분석프로세스에 대한 이해를 돕기 위해서 뒤에서는 서부 캐나다의 스낵케이크 시장의 사례를 소개한다.[36] 1990년부터 1995년 기간에 이 시장에서 리틀데비(Little Debbie)라는 회사의 점유율은 1%에서 거의 20%로 상승했다. 동시에 트윈키스(Twinkies)나 데빌독스(Devil Dogs)와 같이 오랜 기간 사랑을 받아 온 스낵제품들을 판매하는 호스티스(Hostess)라는 회사는 시장점유율이 45%에서 25%로 곤두박질했다. 리틀데비와 호스티스의 경쟁적 포지셔닝에 대한 분석은 왜 두 회사의 운명이 크게 뒤바뀌었으며, 후자가 취해야 할 전략이 무엇인지를 제시할 것이다.

■ 단계 1: 상대적 비용을 파악하기 위한 활동 분석

일반적으로 개별 활동들의 상대적 원가를 분석하는 것은 전략적 관점에서 경쟁우위를 파악하는 출발점이 된다. 밀가루 등과 같은 순수한 원자재 시장에서는 고객들이 가격 프리미엄을 지불하기를 거부한다. 그러한 시장에서는 저원가 포지션을 구축하는 것이 부가가치 창출 및 경쟁우위 획득의 열쇠가 된다. 하지만 순수한 원자재 산업이 아닌 경우에도 원가 차이는 흔히 수익성 차이에 중요한 원인이 된다.

1990년 초를 배경으로 하는 캐나다 스낵케이크 시장 사례를 살펴보자. 호스티스의 경영자들은 왜 회사의 재무적 성과가 부진하고 시장점유율이 추락하는지 파악하려고 무척 애쓰고 있다. 그들은 회사의 가치사슬을 주요 활동단계별로 분류하여 각 단계에서 발생하는 비용을 조사했다. [그림 3.7]의 도표에 따르면, 비록 회사는 일반적인 스낵케이크 패키지를 72센트에 팔지만, 재료비(원료 및 포장재 비용)는 단위당 18센트에 불과했다. 한편 케이크를 제조·포장하는 자동화 설비에서 발생하는 비용(대부분

그림 3.7 **호스티스의 원가구조**

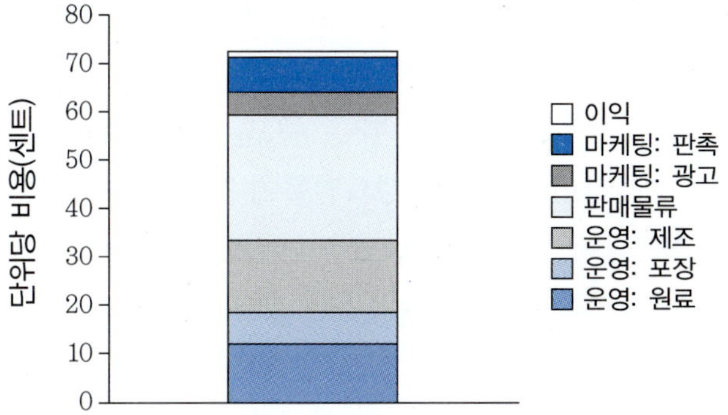

감가삼각비, 수선비 및 인건비)은 15센트였고, 외부로 제품을 유통시키는 비용(편의점과 슈퍼마켓에 신선한 제품을 직접 배달하고, 진열 공간을 유지하는 비용)은 가장 비중이 커서 26센트였다. 또한 광고 및 판촉을 위한 마케팅 비용이 12센트 소요됐다. 그 결과 회사에 남는 이익은 1센트에 불과했다.

이처럼 주요 활동에서 발생되는 비용을 조사한 후, 이 회사의 경영자들은 각 활동의 비용을 증가시키거나 감소시키는 원가발생요인들(cost drivers)을 찾아 냈다. 예를 들어, 경영자들은 시장점유율이 증가하면 단위당 유통비용이 빠르게 감소함을 깨달았다. 왜냐하면 유통비용은 대체로 트럭이 배달을 위해서 정차하는 횟수에 비례했기 때문이다. 한편 도시에서는 교통체증으로 인해서 교외에 비해서 비용이 많이 발생하였다. 유통비용은 또한 제품이 다양할수록 증가하는 경향을 보였다. 제품의 종류가 많으면 운전사가 새 제품들을 선반에 채우고 유통기간이 지난 제품들을 제거하는데 더 많은 시간이 필요하기 때문이다. 끝으로, 제품 자체의 특징도 유통비용에 영향을 미쳤다. 예컨대, 방부제가 많이 첨가된 스낵케이크들은 배달을 자주할 필요가 없다. 이러한 정보들에 기초하여 호스티스의 경영자들은 [그림 3.7]에 나타난 유통물류 및 다른 주요 활동들로부터 발생하는 비용이 그에 관련된 원가발생요인들에 의해서 어떻게 변화하는가를 그래프상에 표시하는 방법을 개발했다.

원가발생요인들을 파악하는 것은 매우 중요하다. 이는 경쟁자들의 원가구조를 추정할 수 있도록 도와주기 때문이다. 비록 경쟁자의 원가구조를 직접적으로 살펴볼 수는 없지만, 그들의 주요 원가결정요인들을 파악하는 것은 대체로 가능하다. 예컨대, 호스티스는 리틀데비의 시장점유율, 도시지역에서의 판매비율, 제품의 다양성, 그리고 제품성분 등을 조사해 볼 수 있다. 그리고 수집된 정보를 자체적으로 도출한 원가결정요인과 예상 발생비용 간의 수학적 공식에 대입시켜 보면 경쟁자의 원가 포지션을 추정할 수 있게 된다.

그러한 원가분석의 결과는 호스티스의 경영자들을 긴장시켰다. 리틀데비는 저렴한 원재료를 대량 구입해서 사용하고 또한 전국적 범위에서 규모의 경재를 달성하기 때문에, 총운영비가 21센트에 불과했다. 이는 호스티스의 33센트보다 훨씬 낮은 수준이다. 리틀데비의 제품에는 잦은 배달을 피하기 위해 충분한 방부제가 첨가되었고 제품의 종류가 매우 단순했으며, 또한 시장점유율 상승에 따른 비용절감 효과도 누렸다. 이 회사의 단위당 유통비용은 호스티스의 절반에도 미치지 않았다. 더욱이 리틀데비는 판촉도 거의 하지 않았다. 결론적으로, 리틀데비가 한 개의 스낵케이크 팩키지를 생산, 판매, 유통하는데 소요되는 원

그림 3.8 **상대적 가격 분석**

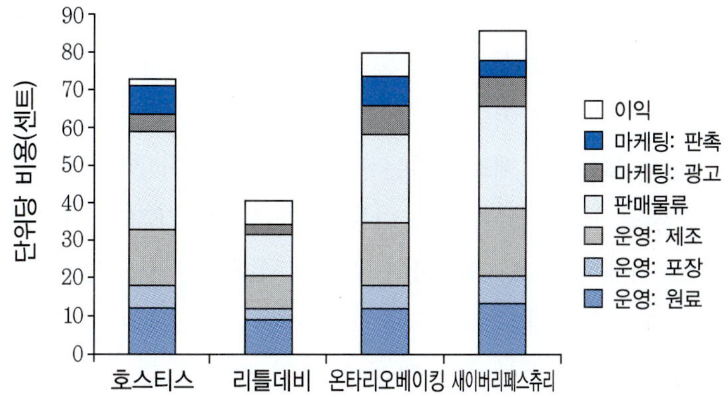

가는 34센트에 불과한 것으로 추정된다. [그림 3.8]은 호스티스와 주요 경쟁사들에 대한 원가분석의 결과를 보여준다(다른 경쟁사들인 온타리오베이킹(Ontario Baking)과 새이버리페스츄리(Savory Pasturies)와의 비교는 호스티스가 이들에 대해서 비록 적은 차이지만 원가우위를 누리고 있다는 것을 보여줌).

이 사례를 통하여 상대적 원가분석을 위한 몇 가지의 시사점을 다음과 같이 얻을 수 있다.[37]

- 경영자들은 흔히 기회비용보다는 실제비용을 분석한다. 이는 실제비용에 대한 데이터가 보다 명확하고 이용가능하기 때문이다. 따라서 앞서 설명한 부가가치를 분석함에 있어서 흔히 실제비용 데이터를 가지고 공급자의 기회비용을 추정하게 된다. 그러한 추정은 공급자의 기회비용이 실제비용과

상당히 비슷할 것이라고 암묵적 가정에 입각하고 있다. 만일 그러한 가정이 부적절한 것으로 판단되는 상황이라면 가정을 완화시켜야만 할 것이다.

- 상대적 원가분석에서는 전체 비용의 차이가 아닌 개별 활동들의 비용차이에 초점이 맞추어져야 한다. 온타리오베이킹과 새이버리페스츄리는 단위당 총비용이 서로 비슷하다. 하지만 두 기업은 서로 다른 원가구조를 가지고 있으며, 이는 뒤에서 논의하는 바와 같이 그들이 가진 다른 경쟁포지션을 반영한다.
- 성공적인 원가분석은 대개 기업의 여러 활동 중 특정한 부분에 초점을 둔다. 예를 들어 [그림 3.8]에 나타난 원가분석은 스낵케이크 사업의 가치사슬에 있는 모든 활동을 상세히 조사하지는 않는다. 효과적인 원가분석을 실시하기 위해서는 우선 기업을 상세한 활동들로 분해한 후, (1) 경쟁자들과 비교하여 상당히 차이가 나는 활동들의 범주, 또는 어떠한 **전략적 옵션(strategic option)**을 선택하느냐에 따라서 상당히 변화가 발생하는 활동들의 범주들, (2) 기술적으로 분리 가능한 활동들에 대응하는 범주들, 그리고 (3) 전체적인 원가구조에 유의미한 영향을 미칠 정도로 비중이 높은 활동 범주들에 주의를 집중하는 것이 바람직하다.
- 원가에서 높은 비중을 차지하는 활동들은 그 원가결정요인들을 보다 면밀히 살펴보아야 한다. 예를 들어, 호스티스의 경영자들은 스낵케이크의 유통비용에 관련된 여러 가지 원가결정요인을 찾아 내고 이들을 심층적으로 분석했다. 반면에 그들은 광고비의 결정요인에 대해서는 별다른 분석을 실시하지 않았다. 또한 어떤 비용과 연관된 활동들의 범주

를 분석할 때에는 그 비용에 가장 큰 영향을 미치는 원가 결정요인에 초점을 두어야 한다.

- 원가결정요인들은 경쟁기업들 간에 상당한 비용 차이를 발생시키거나 전략적 옵션에 따라서 발생비용 수준이 현저하게 달라지는 경우에만 고려대상이 되어야 한다. 스낵케이크 사례를 예로 든다면, 공장 입지는 임금, 생산성, 운영비 등에 중요한 영향을 미친다. 그렇지만 모든 경쟁기업들은 공장을 캐나다 서부에 배치하고 있고, 다른 지역에 공장을 세우는 것은 선택 가능한 옵션이 아니다. 왜냐하면 스낵케이크는 운송비가 높고, 신선도 유지를 위해서 신속한 배달이 요구되기 때문이다. 따라서 비록 공장 입지가 생산비에 중요한 영향을 미치지만, 원가결정요인으로 간주되지 않았다.
- 끝으로 상대적 원가분석은 불가피하게 많은 가정들에 기초하게 된다. 그에 따른 한계점들에 대처하기 위해서 **민감도 분석(sensitive analysis)**은 필수적이다. 민감도 분석은 어떤 가정들이 정말로 문제가 되며, 더 살펴볼 필요가 있는지를 알려 준다. 그러한 분석은 또한 얼마나 결과를 확신할 수 있는지를 판단할 수 있도록 도와준다. 여러 가지 다른 합리적인 가정들을 적용해 보아도 리틀데비는 호스티스에 대해서 상당한 원가경쟁력을 가지고 있다고 추정할 수 있다.

여러 연구들은 원가결정요인들을 상세히 고찰하고, 이들을 계량적으로 모델화하는 구체적 방법들을 제시한다.[38] 고려해 볼 수 있는 잠재적 결정요인들은 다양하다. 많은 결정요인들은 기업규모와 관련되어 있다. 규모의 경제, 경험곡선 효과, 범위의 경제, 설비가동률 등이 좋은 예이다. 어떤 결정요인들은 기업 입지, 기능별 정책, 타이밍(예, 선도자의 우위), 노조화 등과 같은 제도적 요인, 관세와 같은 정부 정책들의 차이에 관련되어 있다. 기업이 소유한 **자원(resource)**의 차이도 비용구조를 다르게 할 수 있다. 예컨대, 비옥한 땅을 경작하는 농장은 비료값이 덜 들 것이다.

하지만 원가분석에는 여러 가지 장애도 존재한다. 많은 기업들, 특히 한 설비에서 여러 제품들을 생산하는 기업들은 겉으론 그럴 듯하지만 사실은 상당히 부정확한 원가계산 시스템을 가지고 있는 경우가 빈번하다. 이는 정확한 원가분석이 이루어지기 위해서 반드시 개선되어야 할 사항이다. 또한 관리회계 수업에서 자주 지적하듯이, 전통적인 회계시스템은 흔히 제조원가를 지나치게 강조하면서 간접비나 다른 비용들을 부정확하게 배분하는 문제가 있다. 오늘날 상품보다 서비스의 사업비중이 증가하고 지식기반 비즈니스가 더욱 중요해지면서, 시대에 뒤떨어진 그러한 회계제도는 올바른 원가분석을 어렵게 하고 있다. 또 다른 잘못된 관행은 원가를 절대적 금액 기준이 아닌 매출액 대비 비율 기준으로 비교하는 것이다. 그러한 비교는 원가차이로부터 발생하는 효과와 가격차이로 발생하는 효과를 구별하기 곤란하게 만든다. 또한 반복적으로 발생하는 비용과 일회성으로 발생하는 비용을 흔히 제대로 구별하지 못하는데, 이는 원가분석에서 치명적인 오류를 초래할 수 있다. 한편, 경쟁기업들 간에 발생하는 원가구조 차이를 경쟁기업들 간에 존재하는 제품믹스의 차이와 혼동하는 경우가 있다. 그러한 문제는 기업들이 생산하는 유사한 제품들 간의 원가구조를 비교함으로써 해결될 수 있다. 예컨대, 포드의 4기통 중형 세단 승용차는 도요타의

4기통 중형 세단 승용차와 비교해야지, 어떤 추상적인 "평균적인" 포드 자동차를 "평균적인" 도요타 자동차와 비교해서는 안 된다. 끝으로 원가분석에 지나치게 치중하여 고객의 구매의사를 분석하는 것을 소홀히 하지 않도록 유의해야 한다. 다음에서는 그 주제에 대해서 살펴보자.

■ 단계 2: 고객의 구매의사를 파악하기 위한 활동분석

기업의 활동들은 단지 비용만을 발생시키는 것은 아니라, 고객들의 구매의사를 증대시키는 데도 기여한다(최소한 기업은 그렇게 되기를 희망할 것임!). 그런 점에서 활동들의 차이가 고객이 지불하고자 하는 가격의 차이를 발생시키며, 이는 부가가치와 수익성에 직결된다고 할 수 있다. 실제로 고객의 구매의사의 차이가 원가차이보다 경쟁기업들 간의 수익성 차이를 더 잘 설명한다는 연구결과가 있다.[39]

가치사슬상의 어떤 활동도 고객의 제품 구매의사를 형성하는데 영향을 미칠 수 있다.[40] 품질, 성능, 기능, 미적 아름다움 등을 결정하는 디자인과 생산활동은 가장 명확한 예이다. 예를 들어, 고객들이 New Balance라는 상표의 스포츠화에 프리미엄 가격을 지불하는 중요한 이유는, 다른 곳에서 구하기 어려운 사이즈의 스포츠화를 판매하고 그 품질도 우수하기 때문이다. 판매나 유통에 관련된 활동들도 구매의사를 높이는데 기여할 수 있다. 구매 편리성, 신속한 배달, 유리한 신용판매 조건, 고객과 긴밀한 커뮤니케이션, 우수한 품질의 고객서비스 등은 이를 위한 좋은 방법들이다. 예를 들어, 꽃을 주문받아 우송 판매하는 회사인 Calyx와 Corolla는 대부분의 다른 경쟁사들보다 신선한 꽃을 신속하게 배달하기 때문에 더 높은 가격을 받을 수 있다.[41] 고객서비스나 기타 보완적 서비스들, 예컨대 고객을 위한 교육 및 컨설팅, 대체 부속품의 제공, 제품 품질보증, 호환성 있는 제품 공급 등도 중요할 수 있다. 그에 대한 실례로서, 미국 소비자들은 피아트 자동차를 구입하기 꺼려하는데 그 이유는 부속품을 구하기 어렵고 서비스를 받기도 어려울 것이라고 우려하기 때문이다. 또한 광고, 포장, 기타 브랜드 구축활동 등도 고객에게 제품의 품질이나 기능에 대한 신호를 전달하는 중요한 역할을 한다. 좋은 예로서 나이키 신발이 시장에서 프리미엄가격을 받을 수 있는 이유는 대대적 광고 및 유명 스포츠선수들에 대한 후원을 통한 간접홍보 덕분이라고 할 수 있다. 끝으로 지원활동들도 비록 간접적이지만 고객을 유치하는데 놀라운 영향을 미칠 수 있다. 한 예로서 유명 백화점인 Nordstrom은 친절하면서도 적극적인 판매원들을 육성하는 채용, 교육, 보상체계 등을 개발하였다. 그 결과 판매원들은 의류판매에서 고객들로부터 더 높은 가격을 받을 수 있도록 기여하게 되었다.

이상적으로 기업은 어떤 활동들의 조합이 어느 정도의 구매의사를 일으키는지를 알려 주는 일종의 "구매의사 계산기"를 가지고 싶어할 것이다. 하지만 불행히도 그러한 계산기를 만드는 것은 여러 가지 이유로 불가능하다. 왜냐하면 구매의사는 많은 경우에 측정 곤란한 무형적 요인들과 소비자의 주관적 인식에 따라 좌우되기 때문이다. 더욱이 고객의 구매의사에 특정 활동들이 미치는 영향은 상당히 복잡할 수 있다(예를 들어, 비선형적 관계이거나 개별활동들의 효과를 단순히 합한 것보다 더 클 수 있음). 더욱이 제품 판매가 고객에게 직접 이루어지는 것이 아니라 여러 유통상들을 거쳐서 이루어지는 경우, 이들 유통상은 고객의 구매의사 형성에 중요한 영향을 미칠 수 있다.

구매의사를 정확히 측정할 수 없는 계산기가 없으므로, 대부분 경영자들은 단순화된 방법을 이용해서 고객의 구매의사를 분석한다. 전형적인 절차는 다음과 같다. 첫째, 자사 제품의 "진짜" 구매자가 누구인가를 신중히 생각해 본다. 이 문제는 상당히 속기 쉽다. 예를 들어, 스낵케이크 시장에서 당장에 자사제품의 구매를 결정하는 것은 슈퍼마켓이나 편의점의 담당자이지만, 궁극적인 소비자는 흔히 배고픈 취학 연령의 어린이들이다. 그럼에도 불구하고 어떤 브랜드의 스낵케이크를 선택할지 진짜로 결정하는 가장 중요한 고객은 아마도 그들의 부모일 것이다.

둘째, 고객이 무엇을 원하는지 이해하려고 노력한다. 예를 들어, 자녀를 위한 스낵케이크를 구매하는 부모들은 가격, 브랜드 이미지, 신선도, 제품 다양성, 박스당 개수 등을 중요한 선택기준으로 고려할 것이다.[42] 반면에 슈퍼마켓이나 편의점 담당자들은 마진율, 재고회전율, 배달안정성, 고객인지도, 판매지원 등과 같은 제반 조건들을 중요시할 것이다. 공식적 또는 비공식적인 시장조사를 통해서 고객의 기호와 욕구를 조사하는 방법은 마케팅 과목의 중요한 주제이다.[43] 그러한 시장조사는 고객이 무엇을 원하는가 뿐만 아니라 "얼마나 지불할 용의"가 있는지까지도 파악해야만 한다. 나아가 시장조사는 고객에게 가장 중요한 요구들이 무엇이며 이들 간에 어떤 대체관계가 존재하는지도 밝힐 필요가 있다.

셋째, 자사 및 다른 경쟁기업들이 얼마나 성공적으로 고객요구들을 충족시키는지 평가한다. [그림 3.9]는 스낵케이크 시장에 대한 그러한 분석의 일례로서, 시장에서의 경쟁양상을 잘 드러내고 있다. 리틀데비는 고객이 매우 중요시 여기는 한 속성(즉, 저가격)에서 월등한 평가를 받았지만, 호스티스는 고객이 요구하

그림 3.9 스낵케이크 제품들의 고객만족도 비교

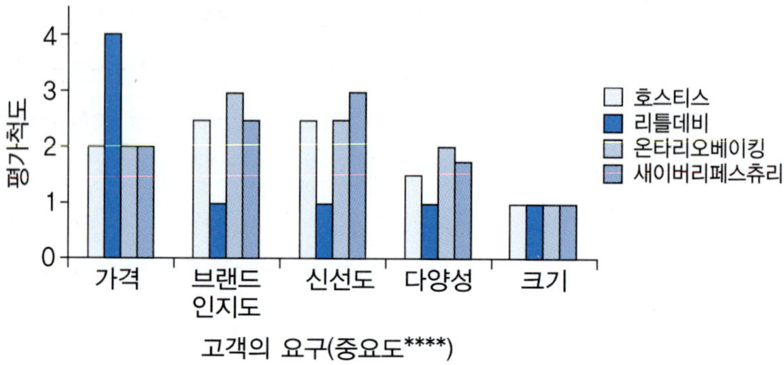

는 속성들 중 어떤 것에 대해서도 우수한 평가를 받지 못했다. 이러한 차이는 최근에 왜 두 회사 간 시장점유율에 큰 변화가 있었는지를 이해하는데 도움을 준다. 한편, 온타리오베이킹은 경쟁사들 중 가장 좋은 브랜드 이미지를 가지고 있는데, 이는 그 동안 많은 광고비와 판촉비를 지출했기 때문인 것으로 추정된다. 새이버리페스츄리는 가장 신선한 제품을 공급한다는 평가를 받았는데, 이를 반영하여 이 회사의 총원가 중 생산비와 원재료비의 비중이 상당히 높은 편이다. 비록 여기서 제시되지는 않지만 추가적 분석을 실시한다면, 소비자가 여러 가지 다른 욕구들을 충족시키기 위해서 얼마나 높은 가격을 지불할 의사가 있는지 조사해 볼 수 있다. 예를 들어, 당일 생산된 신선한 스낵케이크를 구입하기 위해서 고객들은 얼마의 가격을 지불할 용의가 있는가?

넷째, 경쟁기업들 사이에 나타난 소비자 요구 만족도의 차이를 이들 기업들의 관련된 활동들과 거꾸로 연관시켜 본다. 예컨대, 새이버리페스츄리가 신선도에서 가장 높은 점수를 받은 것은, 이 회사가 원료의 선택 및 조달, 생산, 유통 등을 위해서 수행하는 활동들과 직접 관련되어 있을 것이다.

이 시점에서 경영자들은 어떻게 특정한 활동들이 고객 요구 충족을 통해서 구매의사를 형성시키는지를 나름대로 명확히 정리해 볼 필요가 있다. 아울러 특정 활동들을 선택함에 따라서 발생비용이 어떻게 변하는지도 이해하여야 한다. 이 두 가지가 파악된다면 이제 마지막 단계로 넘어가 대안적인 전략적 옵션들을 분석할 준비가 된 것이다. 하지만 그에 앞서 고객의 구매의사를 분석하는데 도움을 줄 수 있는 몇 가지 중요한 가이드라인을 제시하고자 한다.

고객 구매의사를 분석함에 있어서 어려운 문제의 하나는 고객이 제시하는 수많은 요구들을 기업이 관리가능한 범위로 줄이는 것이다. 일반적으로 고객의 선택에 영향을 미치지 않는 요구들은 무시될 수 있다. 마찬가지로, 현재의 시장에 나와 있는 제품들 또는 출시 예정 제품들이 모두 비슷하게 잘 만족시키는 요구들도 고려대상에서 제외될 수 있다. 만일 자사제품을 포함하는 경쟁제품들의 그룹이 공통적으로 고객의 어떤 요구를 만족시키는데 있어서 그룹 밖의 제품들에 비해서 그다지 성공적이지 못하다면 그러한 요구는 대개 고려할 필요가 없다.

여태까지 우리는 고객들을 동일한 것으로 간주해 왔다. 하지만 현실적으로 구매자들이 원하는 것에는 차이가 있으며 또 얼마나 간절히 무엇을 원하는가에도 차이가 있다. 서점에서 어떤 고객들은 소설책을 찾는데 비해서, 어떤 다른 고객들은 경영학 서적을 찾을 수 있는 것이다(이러한 차이, 즉 구매자들이 품질이 좋고 나쁨이 아니라 단지 제품의 성격이 다르기 때문에 다른 선호도를 가지는 것을 **수평적 차별화(horizontal differentiation)**라고 함). 또한 새로 출판된 조앤 롤링(J. K. Rowling)의 해리포터 소설을 찾는 고객 중 어떤 사람들은 기꺼이 가격이 비싼 양장본 서적을 구입하는 반면 어떤 사람들은 가격이 저렴한 보급판이 나올 때까지 기다린다(이처럼 구매자들이 어떤 제품이 제공하는 가치에 대해서 공통적인 인식을 가지지만, 더 좋은 제품을 더 높은 가격에 사려는 구매의사에 차이가 있는 것을 **수직적 차별화(vertical differentiation)**라고 함).

수평적 차별화 또는 수직적 차별화가 존재할 때, 고객의 구매의사를 분석하는 것은 더욱 어렵지만 또한 흥미롭다. 그에 대한 일반적인 대책은 시장세분화(segmentation)이다. 이는 고객층을 서로 다른 선호도/요구에 따라 여러 개의 세분시장으로 나눈 후 개별 세분시장별로 구매의사를 분석하는 방법이다. 저자의 경험에 따르면 시장세분화를 추구하는 기업들은 일반적으로 2개에서 12개 정도의 고객집단을 발견한다. 분석 대상이 되는 세분시장의 수가 증가할수록 일반적으로 세분시장 내에서 고객 요구의 다양성은 감소하고 제품이나 서비스를 특정 세분시장의 요구에 맞도록 제공하는 것이 용이해진다. 심지어 어떤 사람들은 기업이 시장세분화의 차원을 넘어서 **매스커스토마이제이션(mass customization)**을 추구해야 한다고 주장한다.[44] 개별고객들의 요구에 따라서 제품을 맞춤생산하는 이 방식은 정보기술 및 생산기술의 발전으로 점차 가능해지고 있다. 한 예로서 창문을 가리는 블라인드를 제작하는 Blinds To Go라는 회사는 매일 최대 25,000개의 맞춤형 주문을 받아서 48시간 내에 공급을 완료하는 시스템을 구축하고 있다. 그러한 새로운 생산방식 덕분에

이 회사는 1억 달러 이상의 매출과 20% 이상의 순이익률을 올리는 비즈니스를 구축할 수 있었다.[45)]

끝으로 고객의 구매의사를 분석하는데 있어서 한계점들이 존재한다. 어떤 상황에서는 구매의사를 계량적으로 상당히 정확히 측정하는 것이 가능하다. 예를 들어, 한 기업이 공급하는 산업재가 얼마나 비용절감을 해 주는지 정확히 예측할 수 있다면, 기대되는 비용절감 효과에 따라서 구매자가 어떻게 반응할지를 쉽게 조사할 수 있다. 그러나 고객의 구매의사결정에 많은 주관적 요인들이 개입되거나, 고객의 기호가 급속히 변화하거나, 특정 제품으로부터 고객이 누리는 혜택을 계량화하기 곤란하다면, 고객의 구매의사를 정확히 예측하기가 매우 어렵다. 현재까지 시장조사를 위한 많은 기법들, 예컨대 설문조사, 헤도닉가격추정(hedonic pricing), 속성평가치(attributing ratings), 컨조인트 분석(conjoint analysis) 등이 등장한 것도 바로 그러한 문제를 극복하기 위한 것이라고 볼 수 있다. 그럼에도 불구하고 시장조사에서 응답자에게 전혀 보지도 못한 제품에 대한 구매의사를 물어보거나, 응답자가 인지하지도 못하는 욕구를 해소하기 위한 제품에 대한 구매의사를 물어 보는 것은 매우 경계할 필요가 있다. 그러한 문제점을 보여주는 사례로서 자동응답전화기가 출시되기 이전에 실시된 한 치밀한 설문조사는 이 제품이 시장에서 실패할 것이라고 예측했다.[46)] 어떤 상황에서는 창의적인 통찰력이 시장조사를 대신할 필요도 있다. 어떤 경우에도 분석은 통찰력을 더욱 날카롭게 하는데 활용되어야지, 이를 대처해서는 안 된다.

■ 단계 3: 대안적인 전략적 옵션들의 검토 및 선택

원가와 구매의사에 대한 분석의 마지막 단계는 이 둘 사이의 간격을 최대한 넓힐 수 있는 쐐기를 끼워 넣는 방법을 찾는 것이다. 이 시점에서 경영자들은 활동들을 변화시키는 것이 어떻게 부가가치에 영향을 미칠 것인가를 이해하고 있을 것이다. 목표는 가장 유리한 대안(option)을 발견하는 것이다. 가능한 대안들을 찾아 내고 평가하는 것은 상당히 창의적인 작업이기 때문에, 이를 위한 확고한 가이드라인을 제시하기가 곤란한 점이 있다. 그러나 저자가 경험을 통해서 얻은 몇 가지 유용한 방안을 제시하면 다음과 같다.

1. 시장에서 활동하는 경쟁기업들의 핵심적 전략이 무엇인지 파악해 보면 도움이 된다. 예를 들어, 리틀데비는 방부제 첨가를 통한 운송비 절약을 추구한다. 제품에 방부제를 첨가함으로써, 이 회사는 운송비를 크게 줄이고 있다. 그러한 방법은 고객들의 구매의사를 감소시키지만, 그에 따른 수익감소는 비용절감보다 적다. 이러한 관찰은 때때로 생산원가와 고객이 지불하고자 하는 가격 사이에 보다 큰 쐐기를 끼워 넣을 수 있는 새로운 방법을 떠오르게 해 준다. 새이버리페스츄리는 신선한 제품을 찾는 고객들에 초점을 둔다. 하지만, 호스티스의 경영자들은 세이버리페스츄리가 신선도에 대한 고객 요구를 충분히 만족시키지 못한다고 느꼈다. 새이버리페스츄리가 제공하는 제품보다 훨씬 더 신선한 제품을 판매한다면, 고객들은 보다 높은 가격을 기꺼이 지불할 가능성이 있으며, 만일 그렇게 된다면 더 많은 부가가치의 창출이 가능하다.

2. 현재의 활동을 변경하고자 한다면 그에 따른 경쟁자들의 반응을 검토해 보는 것이 중요하다. 스낵케이크 사례에서 호스티스 경영자들은 리틀데비가 자신의 저원가 저가격 포지션을 위협받으면 어떤 경쟁자에 대해서도 가격전쟁을 불사할 것이라고 판단했다. 그러나 다른 경쟁사인 새이버리 페스츄리의 보복은 별로 우려되지 않았다. 이 회사의 경영자들은 다른 분야로 사업을 확장을 하느라 정신을 빼앗기고 있기 때문이다. 이 같은 전략의 상호작용적이고 동태적인 차원들은 제4장에서 다루고 있는 주제이다.
3. 경영자들은 흔히 제한된 제품 특성들에 사로잡혀, 고객에게 줄 수 있는 혜택들을 너무 좁게 생각하는 경향이 있다. 그들은 자사가 수행하는 모든 활동들을 폭넓게 활용하여 가치를 창출할 수 있는 다양한 방법들을 충분히 고려하지 못한다. 그러한 편협성을 극복하는 좋은 방법은 자사의 가치사슬만을 그려 보지 말고, 고객의 가치사슬과 공급자의 가치사슬도 그려 보며, 이들 가치사슬 간에 연계성도 도시해 보는 것이다.[47] 이는 고객 및 공급자가 성과를 올리거나 비용을 절감하는데 도움을 줄 수 있는 방안을 찾도록 도와준다. 예를 들어, 어떤 의복 제조회사는 의복 디자인과는 전혀 관계가 없는 방법으로 주요 고객인 백화점들의 만족도를 높이는 방안을 찾아 냈다. 즉, 백화점에서 사용하는 규격과 일치하는 옷걸이와 컨테이너에 포장해서 운송함으로써, 의복을 백화점 하역장에서 전시장으로 옮기는데 소요되는 노동력과 시간을 크게 절감시켜 주었다.
4. 급속히 확대되는 시장에서는 선도적인 고객들에게 특별한 관심을 기울일 필요가 있다. 이들 고객의 수요는 향후에

열릴 큰 시장을 전조하는 것일 수 있기 때문이다. 이 때문에 첨단제품을 생산하는 어떤 기업들은 새로운 서비스의 테스트 버전을 선도적인 고객들에게 먼저 제공하고 이들의 반응을 살펴봄으로써 본격적인 상용화에 앞서서 개선해야 할 점들을 찾아 낸다.[48] 비슷하게, 요구하는 서비스를 제대로 받지 못하고 있는 고객층도 종종 중요한 기회를 제공한다. 또한 사우스웨스트항공사의 사례는 지나친 서비스를 받는 고객층도 기회가 될 수 있음을 보여준다.

5. 보다 일반적으로 기업이 가치사슬을 변화시키는 가장 확실한 방법은 사업 범위를 조정하는 것이다. 이는 목표로 하는 고객의 범위를 바꾸거나 공급하는 제품의 종류를 변경하는 것을 의미한다.[49] 사업의 범위를 확장하는 것이 유리한 경우는 상당한 수준으로 규모의 경제, 범위의 경제, 학습효과(규모에 따른 수직적 협상력의 증가도 포함)가 존재할 때, 목표로 하는 시장 세그먼트들 간에 고객 요구가 비교적 동질적일 때, 그리고 각 세그먼트마다 다른 가격을 설정할 수 있는 때이다. 물론 사업범위를 확장하는 것이 무조건 좋은 것만은 아니다. 규모의 경제보다는 비경제(diseconomies, 시설 관리비용 증가와 같이 규모가 지나치게 커짐에 따라서 발생하는 비효율을 의미)가 더 클 수도 있고, 이질적인 고객들을 상대하다 보면 기업의 가치사슬에 상충성이 생겨 효율성이 떨어지거나, 고객이나 직원들에게 전달하는 기업의 이미지가 모호해져 인지적 갈등(cognitive conflicts)을 유발시킬 수 있다.[50] 또한 사업확장이 설령 유리하더라도 기업이 이를 추진할 수 있는 방법들은 매우 다양하며, 어떤 방법들(예, 라이센싱, 프랜차이징, 전략적 제휴 등)은 직접적

투자를 통해 확장하는 것보다 성과가 나쁠 수도 있다. 사업확장에 관련된 그러한 이슈들은 제6장에서 상세히 논의한다.

6. 지금까지 원가와 고객 구매의사가 기업의 활동들에 의해서 어떻게 영향을 받는가를 분석한 후, 이 둘 사이에 넓은 쐐기를 끼워 넣을 수 있는 대안들을 검토하는 단계를 밟았다. 하지만 실무적으로는 이 두 가지 단계를 반대로 실행해 보는 것이 때때로 효과적이고도 효율적일 수 있다. 즉, 먼저 가능한 대안들을 선정한 후, 각 대안들이 기존 활동들에 어떤 변화를 요구하는가를 조사하고, 끝으로 특정한 대안의 선택이 고객이 지불하고자 하는 가격과 생산원가 간의 차이를 넓히는데 어떤 영향을 미치는가를 분석하는 것이다. 이처럼 기업이 선택 가능한 대안들을 먼저 검토하는 것으로부터 시작하는 역발상적 분석은 경영자들로 하여금 정말로 중요한 이슈들에 보다 명확히 초점을 맞출 수 있도록 도와준다. 물론, 이러한 대안적 접근법이 효과적이기 위해서는 경영자들이 선택 가능한 대안들을 잘 인지하고 있어야만 한다.

끝으로 기업은 고객의 구매의사를 향상시키는데 별다른 도움을 주지 못하면서 비용만을 발생시키는 활동들을 찾아서 제거하도록 노력해야 한다. 아울러 큰 추가적 비용부담 없이 고객들의 구매의사를 증진시킬 수 있는 활동들을 끊임없이 찾아 내고 개선하는데 최선을 다해야 할 것이다.

전체 대 부분

앞절에서는 주로 기업을 부분들(즉, 개별적 활동들)로 나누어서 분석하는 방법을 소개했다. 하지만 대안들을 검토하는 마지막 단계에서 경영자들은 기업조직을 공통된 비전을 통해 통합하는 데 주력해야 한다. 경쟁우위란 궁극적으로 선택된 활동들이 유기적으로 통합될 때 획득 가능한 것이기 때문이다. 선택한 활동들을 잘 조화시키지 못하는 기업은 성공하기 어렵다.

내적 일관성의 중요성은 다시 한번 앞에서 설명한 사업조망의 개념을 통해서 이해될 수 있다. 사업조망도에서 높은 고점(혹은 높은 부가가치)을 찾기 어려운 이유의 하나는 선택들 간의 상호작용이다. 예컨대, 생산에 대한 의사결정은 마케팅에 대한 의사결정에 영향을 미치고, 유통에 대한 의사결정은 생산시스템과 잘 조화될 필요가 있으며, 보상제도에 선택은 거의 모든 다른 활동들 고려해서 이루어져야 한다. 그러한 선택들 간의 상호연관성은 기업 조직 내에서 수없이 발견된다. 이를 그림으로 묘사한다면 **굴곡이 심한 사업조망(rugged landscape)**이라고 할 수 있다. 그러한 사업조망에는 여러 개의 높은 꼭지점들이 존재하고, 각 꼭지점은 내적 일관성을 달성한 상호 강화적인 선택들의 조합을 표시한다.[51)]

굴곡이 심한 사업조망은 몇 가지 중요한 시사점을 제공한다. 첫째, 점진적 분석 및 점진적 변화만으로는 기업이 현재의 위치로부터 새로운 보다 근본적으로 높은 위치로 이동하기 어렵다. 기업이 그러한 새로운 위치로 이동하기를 원한다면, 현재 활동의 대부분을 변화시키는 대폭적인 개혁을 고려해야 한다. 장기적인 사업전망을 개선하기 위해서, 기업은 때때로 뒤로 후퇴하여 새로운 언덕을 따라 힘들게 올라가야 할 때도 있다(예, 위기에 처한 IBM을 회생시키기 위해 실행된 고통스럽고도 광범위한 변화들).

둘째, 사업조망도상에 나타나는 많은 굴곡들은 한 산업에서 내적 일관성을 달성하면서 수행될 수 있는 사업이 여러 개 존재할 수 있음을 의미한다. 비록 한 산업에서 경쟁우위를 구축할 수 있는 위치의 숫자가 제한적이더라도, 선택들 간에 풍부한 상호작용이 존재한다면 하나 이상의 높은 "정점(peak)"들이 나타날 가능성이 커진다. 좋은 예로서 증권 개인위탁매매 시장에서 메릴린치(Merrill Lynch)와 에드워드 존스(Edwards Jones)는 둘 다 성공적인 회사이지만, 그들의 영업방식은 상당히 다르다. 메릴린치는 대도시에 사무실을 설치하고, 다양한 증권들을 거래하며, 전국적인 광고를 실시하고, 독자적인 금융상품들을 개발하며, 개인뿐만 아니라 기관고객들과의 거래도 중시한다. 반면에 에드워드 존스는 개인 1명이 운영하는 수천 개의 브로커 사무실을 시골과 도시외곽 지역에 보유하고 있고, 안전한 증권들만 취급하는 보수적인 영업방식을 지향하며, 광고는 잠재적 고객들에 대한 텔레마케팅에 의존하고, 독자적인 금융상품 개발은 전혀 시도하지 않으며, 거의 전적으로 개인고객들을 위한 서비스에 주력한다.[52]

셋째, 사업조망이라는 개념을 통해서 볼 때, 우리는 경쟁우위의 창출이 "선택"과 연관되어 있음을 알 수 있다. 한 정점을 차지한다는 것은 다른 대안적인 정점들을 포기하는 것이기도 하다. 때때로 모두에게 인기 있는 정점을 따라서 오르는 것보다 자신만의 외떨어진 정점을 차지하는 것이 더 많은 부가가치를 창출할 수 있다. 독자적인 정점을 오르는 것은 또한 새로운 참가자가 기존 기업들의 견제와 보복을 피하는 효과적 방법이다. 구글이 어떻게 해서 워드프로세서 및 스프레드시트 시장에 진출했는지를 생각해 보라. 만일 구글이 마이크로소프트와 같이 개인용 컴퓨터에 설치하는 패키지 소프트웨어를 선택하였다면, 분명히 사실상 시장을 지배하고 있던 마이크로소프트로부터 무자비한 보복을 당했을 것이다. 하지만 구글은 자기 자신만의 정점을 만들기 위해서 전혀 새로운 선택을 했다. 즉, 워드프로세서와 스프레드시트를 온라인상에서 공짜로 웹브라우저를 통해 사용 가능케 하고, 서류를 온라인상에 저장하며, 온라인상으로 공동작업을 하는 사람들을 위한 작업환경을 제공하는데 주력했다. 만일 마이크로소프트가 구글의 색다른 서비스 방식을 모방하려고 한다면, 현재 판매하고 있는 워드나 엑셀과 같은 소프트웨어에서 나오는 막대한 수입을 포기해야만 할 것이다. 더욱이 마이크로소프트의 그러한 전략은 자칫 웹에 기반한 컴퓨팅시스템의 보급을 촉진할 우려가 있다. 웹기반 컴퓨팅시스템에서는 개인이 사용하는 운영체제가 별로 중요하지 않기 때문에, 이 새로운 컴퓨터 기술은 PC용 운영체제의 최대 공급자인 마이크로소프트에게 커다란 위협이 되고 있는 것이다. 따라서 구글의 새로운 사업모델은 마이크로소프트의 보복을 피할 수 있었다. 더욱이 응용 소프트웨어에 대한 구글의 접근방식은 보다 큰 전략인 "클라우드 컴퓨팅(cloud computing)" 시장을 개척하는 데도 중요한 역할을 한다. 클라우드 컴퓨팅은 웹브라우저를 통해서 서버에 저장된 프로그램들을 필요할 때마다 불러서 사용하는 차세대 기술로서, 현재 마이크로소프트가 주도하는 개인용 컴퓨터 위주의 작업환경을 대체할 가능성이 크다. 구글이 클라우드 컴퓨팅 기술을 상용화한다면, 마이크로소프토로부터 많은 고객을 빼앗아 올 수 있을 것이다. 이처럼 "새로운 게임" 전략을 통해서 경쟁자의 보복을 피하는 방법은 제4장과 제6장에서 더 상세히 논의된다.

마지막으로, 이러한 사업조망의 개념은 제2장에서 논의했던 산업분석기법에 대해서 새로운 시사점을 제시한다. 즉 한 산업의 매력도를 분석할 때 이를 너무 평균의 관점(예, 산업 평균수익성)에서 바라보는 것은 바람직하지 않다는 것이다. 그보다는 사업조망도상에 나타나는 정점들과 계곡들의 형성에 어떤 산업적 요인들이 영향을 미치는가를 구체적으로 살펴보는 것이 산업과 기업성과의 연관성에 대해 보다 깊이 있는 통찰력을 제공해 줄 것이다. 그렇다면 사업조망도에서 정점과 계곡으로 표시되는 경쟁우위와 경쟁열위는 시간이 지남에 따라서 어떻게 진화할까? 그러한 동태성은 다음 두 개의 장에서 다룰 핵심적 주제이다.

요 약

본 장에서 제시된 분석은 전통적인 SWOT(강점-약점-기회-위협) 모델을 경영전략 개발에 실제로 적용하는데 도움을 준다. 왜냐하면 강점과 약점은 경쟁기업들 간에도 많은 차이가 있기 때문이다. 그로 인해 산업 내의 기업 간 성과에는 현저한 차이가 존재하며, 성공을 원하는 기업들은 자신의 산업 내에서 경쟁우위를 창출할 수 있는 방법을 찾아야 한다.

경쟁우위란 원가와 고객이 지불하고자 하는 가격 사이에 얼마나 큰 쐐기를 끼워 넣을 수 있는가에 달려 있다. 부가가치의 개념은 경쟁우위/경쟁열위의 개념과 산업적 조건들을 연결시켜 개별 기업이 달성할 수 있는 수익성을 평가하는데 유용하다. 한 기업은 자신이 속한 구매자, 공급자, 보완자의 네트워크가 그 기업의 존재로 인해서 이익을 볼 때 부가가치를 창출할 수 있다. 이는 그 기업이 시장에 무언가 고유하고 가치 있는 것을 제공할 수 있을 때이다.

경쟁우위를 획득하거나 경쟁기업들보다 더 많은 부가가치를 창출하기 위해서, 기업은 사업방식을 경쟁기업들과 다르게 할 필요가 있다. 이를 위해 기업은 활동들의 차이 및 그러한 차이가 상대적인 원가구조와 고객 구매의사에 미치는 영향을 상세히 분석함으로써, 경쟁우위를 창출할 수 있는 대안적 옵션들을 발견하고 이들을 평가할 수 있다.

경쟁력 분석을 위해서는 기업을 개별활동들로 분해하는 접근법을 채택할 필요가 있지만, 경영자들은 동시에 공통된 비전을 통해 기업조직을 하나로 통합하는데 많은 노력을 기울여야 한다. 특히 활동들 간에 상호강화적인 연계성을 통해서 부분들의 단순한 합보다 큰 효율적인 조직을 구축하는 것은 경쟁우위 획득에 중요하다.

끝으로 포지셔닝의 개념을 동태성보다는 정태성을 강조하는 개념으로 잘못 이해하는 오류를 범해서는 안 된다. 그러한 위험은 용어 자체 때문이기도 한다. 포지셔닝은 산업 내의 특정한 포지션을 계속해서 점유한다는 의미라기보다는 지속적인 개선을 위해 유리한 경로를 탐색하고 그 경로를 따라서 헤쳐 나간다는 의미로 이해되어야 한다. 또한 포지셔닝을 미리 결정된, 잘 알려진 대안들을 고려하여 선택하는 것으로 오해할 우려도 있다. 올바른 해석은 경쟁의 양상을 근본적으로 바꿀 수 있는 새로운 포지션들을 찾아간다는 것이다. 그러한 전략은 매우 큰 보상을 가져다 줄 수 있기 때문에 경영자들의 보다 많은 관심이 요구된다. 끝으로 낮은 생산비 또는 고객 구매의사의 향상을 통해서 구축한 경쟁우위는 시간이 지남에 따라서 어떻게 변화될까? 이 질문에 대한 대답은 경쟁적 동태성과 진화적 동태성을 각각 설명하고 있는 제4장과 제5장에서 심도 있게 모색한다.

주요 용어

가치, 가치사슬, 경쟁우위, 경쟁포지션, 굴곡이 심한 사업조망, 기회비용, 내적 일관성, 매스커스토마이제이션, 민감도 분석, 본원적 전략, 부가가치, 비제한적 협상, 상충관계, 선택, 수직적 차별화, 수평적 차별화, 시장세분화, 원가발생요인, 원가분석, 이중의 경쟁우위, 자원, 적극적으로 지불할 의사, 전략적 옵션, 집중화 전략, 차별화, 커스토마이제이션

참고문헌

1) 경장우위에 대한 보다 상세한 논의는 Steven Postrel, "Competitive Advantage: A Synthesis" (paper presented at the Atlanta Competitive Advantage Conference, Atlanta, June 17, 2004) 참조.
2) 자료를 제공해 준 Marakon/Trinsum의 Dean Neese에게 감사드림.
3) Richard P. Rumelt, "How Much Does Industry Matter?" *Strategic Management Journal* 12, no. 3 (March 1991): 167-185와 Anita M. McGahan and Michael E. Porter, "How Much Does Industry Matter, Rea1ly?" *Strategic Management Journal* 18 (Ju1y 1997): 15-30 참조.
4) Anita M. McGahan and Michael E. Porter, "The Persistence Of Shocks to Profitability: Comparing the Market-Structure and Chicago Views," *Review Of Economics and Statistics* 81 (1999): 43-53.
5) Richard E. Caves and Pankaj Ghemawat, "Identifying Mobility Barriers," *Strategic Management Journal* 13 (1992): 1-12; Jan W. Rivkin, "Reconcilable Differences: The Relationship Between Industry Conditions and Firm Effects," manuscript, Harvard Business School (1997).
6) 예컨대, Pankaj Ghemawat, "The Risk of Not Investing in a Recession," *Sloan Management Review* 34, no. 2 (Winter 1993): 51-58 참조. 이 주제에 대한 보다 업데이트된 논의는 동일 저자의 Sloan Management Review 50, no. 3 (Spring 2009): 31-38 또는 David Rhodes and Daniel Stelter, "Seize Advantage in a Downturn,"'

Harvard Business Review 87, no. 2 (February 2009): 31-40 참조.

7) Michael S. Hunt, "Competition in the Major Home Appliance Industry" (D.B.A. thesis, Harvard University, 1972) 참조. 하버드대학의 두 개의 다른 박사학위 논문들인 Howard H. Newman, "Strategic Groups and the Structure-Performance Relationship: A Study with Respect to the Chemical Process Industries,"와 Michael E. Porter, "Retailer Power, Manufacturer Strategy and Performance in Consumer Good Industries"는 전략그룹의 개념을 보다 명확히 하고 실증분석을 하였음. 전략그룹에 대한 이론적 기반은 Richard E. Caves and Michael E. Porter, "From Entry Barriers to Mobility Barriers: Conjectural Decisions and Contrived Deterrence to New Competition," *Quarterly Journal of Economics* 91, no. 2 (May 1977); 241-262에서 제시됨.

8) 예컨대, Kenneth J. Hatten and Dan E. Schendel, "Heterogeneity within an Industry: Firm Conduct in the U.S. Brewing Industry, 1952-71," *Journal of industrial Economics* 26, no. 2 (1977): 97-113.

9) 이러한 결론은 1980년대 초 Pankaj Ghemawat가 Boston Consulting Group에서 근무한 경험에 기반함.

10) Michael E. Porter, *Competitive Advantage: Creating and Sustaining Superior Performance* (New York: Free Press, 1985), chap. 2.

11) 원가회계적 관점에서 활동기반분석에 대한 고찰은 Robin Cooper and Robert S. Kaplan, "Profit Priorities from Activity-Based Costing," *Harvard Business Review* 69, no. 5 (May–June 1991): 130-135 참조.

12) Carter F. Bales, P C. Chatterjee, Donald J. Gogel and Anupam P Puri, "Competitive Cost Analysis," McKinsey Staff Paper (January 1980), p. 6.

13) 흥미롭게도 Bain과 SPA의 설립자들은 모두 BCG에 근무하면서 공유원가의 문제가 매우 심각한 회사인 Texas Instruments에 대한 컨설팅 업무에 참여했음. Walter Kiechel III, "The Decline of the Experience Curve," *Fortune*, October 5, 1981, p. 139 참조.

14) Ibid.에서 재인용

15) "차별화"란 용어는 흔히 잘못 쓰임. 어떤 기업이 고객들의 구매의사를 향상시켜 더 높은 가격을 받을 수 있을 때, 그 기업은 경쟁자들과 차별화되었다고 함. 차별화는 단순히 경쟁자들과 다르다는 것을 의미하지 않음. 흔히 범하는 실수는 기업이 판매가격을 낮추어 차별화를 할 수 있다고 생각하는 것임. 가격설정 정책은 고객들이 적극적으로 지불하고자 내재적인 가격수준에 영향을 미치지 않음. 다만 예외적인 경우

는 가격이 제품품질에 대한 정보를 전달할 때임.

16) Joseph Bower와의 인터뷰 (1997년 4월 25일).

17) Fred Gluck과의 인터뷰 (1997년 2월 18일).

18) Michael E. Porter, *Competitive Strategy: Techniques for Analyzing Industries and Competitors* (New York: Free Press, 1980), chap. 2; William K. Hall, "Survival Strategies in a Hostile Environment," *Harvard Business Review* 58, no. 5 (September-October 1980): 75.

19) Porter, *Competitive Advantage*, p. 33.

20) Arnoldo Hax의 MIT 연설 (1997년 4월 29일).

21) Porter, *Competitive Strategy*, pp. 41-44.

22) Ibid., chap. 2. Michael E. Porter, "What Is Strategy?" *Harvard Business Review* 74, no. 6 (November-December 1996): 61-78.

23) Adam M. Brandenburger and Barry J. Nalebuff, *Co-Opetition* (New York: Doubleday, 1996), pp. 127-130.

24) 예를 들어, Pankaj Ghemawat, Commitment: The Dynamic of Strategy (New York: Free Press, 1991), chap. 4 참조. 이러한 결론을 지지하는 실증적 연구로는 Lynn W. Phillips, Dae R. Chang, and Robert D. Buzzell, "Product Quality, Cost Position and Business Performance: A Test of Some Key Hypotheses," *Journal of Marketing* 47, no, 2 (Spring 1983): 26-43과 Danny Miller and Peter H. Friesen, "Porter' s (1980) Generic Strategies and Performance: An Empirical Examination with American Data. Part I: Testing Porter," *Organization Studies* 7, no. 1 (1986): 37-55 참조.

25) W. Chan Kim and Renée Mauborgne, "Blue Ocean Strategy," *Harvard Business Review* 82, no. 10 (October 2004): 76.

26) "Montreal' s 50 Leaders: Guy Laliberté: Shining Star," Montréal Centre-Ville. 이 기사는 2007년 1월에 http://mtlcentreville.v1.myvirtualpaper.com/magazine/2007072701/?page=24에 게시됨.

27) Adam M. Brandenburger and Harborne W. Stuart, Jr., "Value-Based Business Strategy," *Journal of Economics 8 Management Strategy* 5, no. 1 (1996): 5-24.

28) Adam M. Brandenburger, Maryellen Costello, and Julia Kou, "Bitter Competition: The Holland Sweetener Co. Vs. Nutrasweet (A)" (Harvard Business School Case no. 794-079, Boston, 1993).

29) 이러한 결론은 물론 뉴트라스위트가 급속히 증가하는 수요에 맞추어 생산능력을 증가시킬 것이라는 가정에 입각함. 하지만 그러한 가능성

은 HSC의 입장에서 볼 때 불확실한 것임. 여기서 제시된 부가가치분석이 가지는 중요한 한계점은 이러한 종류의 복잡한 정보를 고려할 수 없다는 것임. 그럼에도 불구하고 부가가치 분석은 이 사례와 같은 경쟁적 상황을 분석하는데 유용한 시사점을 제공함.

30) 이 경우 HSC는 시장에 남아있는 것에 대한 보상을 나중에 지불받을 수 있음

31) 그러한 행동을 "유도경제학(judo economics)" 또는 "하룻강아지 전략(puppy-dog ploy)이라고 부름. 그에 대해서는 Judith R. Gelman and Steven C. Salop, "Judo Economics: Capacity Limitation and Coupon Competition,"' *Bell Journal of Economics* 14, no. 2 (Autumn 1983): 315-325과 Drew Fudenberg and lean Tirole, "The Fat-Cat Effect, the Puppy-Dog Ploy and the Lean and Hungry Look," *American Economic Review* 74, no. 2 (May 1984): 361-366 참조.

32) 본 절은 Porter의 *Competitive Advantage*의 내용을 많이 인용했음(특히 제2장~제4장). 또한 Ghemawat, *Commitment*, 제4장 참조.

33) Das Narayandas and V Kasturi Rangan, "Dell Computer Corp." (Harvard Business School Case no. 596-058, Boston, 1995).

34) Nicolaj Siggelkow, "Change in the Presence of Fit: The Rise, the Fall, and the Renaissance of Liz Claiborne," *Academy of Management Journal* 44, no. 4 (August 2001): 838-857.

35) Porter, *Competitive Advantage*, chaps. 2-4; Porter, "What Is Strategy?"

36) 이 사례를 제공해 준 Monitor Company의 전 컨설턴트 Roger Martin에게 감사함. 사적 정보의 보호를 위해서 기업 및 기타 사항에 대한 내용을 상당히 변경하였음.

37) 상대적 원가분석을 위한 보다 일반적인 가이드라인은 Ghemawat, *Commitment*, chap, 4 참조.

38) Porter, *Competitive Advantage*, chap. 3; David Besanko, David Dranove, and Mark Shanley, *The Economics of Strategy* (New York: John Wiley, 1996), chap. 13.

39) Richard E. Caves and Pankaj Ghemawat, "Identifying Mobility Barriers," *Strategic Management Journal* 13, no. 1 (January 1992): 1-12. 물론 이러한 일반적 현상은 어떤 특수한 상황에서는 적용되지 않을 수 있음.

40) Porter, *Competitive Advantage*, chap. 4; Besanko, Dranove, and Shanley, *The Economics of Strategy*, chap. 13.

41) Walter J. Salmon and David Wylie, "Calyx & Corolla" (Harvard

Business School Case no. 592-035, Boston, 1991).

42) "낮은 가격"은 고객이 원하는 속성의 하나이지만, 이를 고객이 적극적으로 지불하고자 하는 가격에 영향을 미치는 요인으로 오인해서는 곤란함. 이 항목을 조사에서 하나의 속성으로 포함시키는 것은 고객들이 어떤 다른 속성들에 대해서 프리미엄 가격을 지불할 의사가 있는지를 보다 정확히 파악하기 위한 것으로 보아야 함.

43) 예컨대, Philip Kotler, *Marketing Management: Analysis, Planning, Implementation, and Control*, 8th ed. (Englewood Cliffs, NJ.: Prentice-Hall, 1994) 참조.

44) B. Joseph Pine H, *Mass Customization: The New Frontier in Business* Competition (Boston: Harvard Business School Press, 1992),

45) Larry Menor and Ken Mark, "Blinds To Go: Invading the Sunshine State" (Richard lvey School of Business Case no. 901D04, 2001),

46) Oren Harari, "The Myths of Market Research," *Small Business Reports* 19, no. 7 (July 1994): 48-52.

47) Porter, *Competitive Advantage*.

48) Marco Iansiti and Alan MacCormack, "Developing Products on Internet Time," *Harvard Business Review* 75, no. 5 (September-October 1997): 108-117.

49) 제2장에서 언급한 바와 같이 사업범위는 수평적, 수직적, 지역적 차원들이 있음. 여기서의 논의는 수평적 그리고 지역적 범위에 초점을 둠. 수직적 범위에는 상당히 다른 이슈들이 존재하기 때문에 제5장에서 강탈이라는 주제를 논의할 때 상세히 고찰함. 여러 산업들에서 사업을 영위하는 수평적 범위와 국경을 넘어서 사업을 영위하는 지역적 범위에 대해서는 각각 제6장과 제7장에서 논의함.

50) Porter, "What Is Strategy?"

51) Daniel A. Levinthal, "Adaptation on Rugged Landscapes," *Management Science* 43, no. 7 (July 1997): 934-950와 Jan W. Rivkin, "Imitation of Complex Strategies," *Management Science* 46, no. 6 (June 2000): 824-844 참조. 조망이라는 비유는 진화생물학에서 비롯되었는데, 그에 대해서는 Stuart A, Kauffman, *The Origins of Order: Self-Organization and Selection in Evolution* (New York: Oxford University Press, 1993) 참조.

52) Richard Teitelbaum, "The Wal-Mart of Wall Street," Fortune, October 13, 1997,pp, 128-130.

CHAPTER 4

경쟁적 동태성 분석

브루노 카시맨(Bruno Cassiman)과
판카즈 게마와트(Pankaj Ghemawat)

적을 알고 나를 알면 백전백승이며, 적을 모르고 나를 알면 승률은 반반이며, 적도 모르고 나도 모르면 싸울 때마다 반드시 패배한다

– 손자(Sun Tzu, 『손자병법』)

사업조망을 분석하여 유리한 위치에 설 수 있는 정점에 오르는 것은 성공을 위해서 필요하지만 지속적인 성공을 보장해 주는 것은 아니다. 경쟁자들이 모두 무능하거나 무관심하지 않다면, 우리 회사가 최대한의 성과를 올리려고 시도할 때 경쟁자도 또한 같은 시도를 할 것이다. 따라서 시장에서 경쟁자들과의 상호작용은 불가피하다. 마찬가지로 구매자, 공급자 그리고 다른 참가자들도 나름대로 자신의 이익을 높이기 위해서 끊임 없이 노력한다. 따라서 사업을 운영하다 보면 이들과도 다양한 상호작용을 하게 된다. 그런 점에서 다양한 유형의 시장참가자들과 가지는 중요한 상호작용들을 파악하고 그에 대처해야 하는 것은 전략가의 중요한 임무라고 볼 수 있다. 따라서 본 장은 주로 직접적인 경쟁자들과의 상호작용을 예상하고 대처하는 방법을 논의한다. 본 장에서 다른 유형의 참가자들을 포함시키지 않는 이유는, 기본적으로 같은 원칙들을 이들과의 상호작용에 대해서도 적용할 수 있기 때문이다. 본 장에서는 기본적으로 "식별 가능한 중요한 경쟁자(또는 다른 중요한 시장참가자)가 어떠한 행동 또는 전략적 변화를 시도할 가능성이 높은가?"라는 다소 광범위한 질문에 대한 최선의 대답을 탐구해 보고자 한다.

동태적 사고가 가지는 개념적 중요성은 분명하지만, 실무적인 차원에서 경영자들은 그에 대해 충분한 주의를 기울이지 않고 있다. 예를 들어 한 설문조사에서, 응답자의 70~75%는 제품을 생산하거나 가격을 결정할 때 경쟁자들을 고려한다고 대답했지만, 단지 응답자의 8%만이 신제품 개발에서 경쟁자의 예상되는 반응을 고려한다고 대답했고 가격설정에서도 그 비율은 15%로 상당히 낮았다.[1] 그러한 문제에 대한 가장 일반적 변명은 현실세계에서 불확실성이 너무 높기 때문에 다른 기업들의 행동까지 예측하기가 곤란하다는 것이다. 설령 이러한 주장이 맞더라도(이를 입증하는 증거는 없음), 경쟁자들이 가만히 기다려 주는 것은 아니기 때문에, 그들의 행동을 무시하는 것이 해결책은 될 수 없다. 그보다는 현재 이용 가능한 기법들을 활용하여 비록 완벽한 해답은 아니더라도 "경쟁적 동태성(competitive dynamics)"을 분석해 보는 것이 더 바람직하다. 왜냐하면 모두가 장님인 나라에서는 외눈박이가 왕이 될 수 있기 때문이다. 또한 경쟁기업들이 그런 기법들을 활용하여 미래지향적 전략을 추구할 때, 자신만이 이를 무시하는 것도 문제가 될 수 있다. 그런 점에서 경쟁적 동태성을 분석하는 것은 남다른 방법을 통해서 특유한 경쟁우위를 구축하는 것과는 또 다른 차원의 전략적 과제라고 볼 수 있다.

소수의 경쟁자들만이 존재하는 상황에서 경쟁적 통태성을 예견하는 기본적 원리는 그들에 대한 상세한 정보를 활용하여 그들이 무엇을 할지를 예측함으로써, 우리의 이해에 반하는 행동을 방지하고 유익한 행동을 촉진시키는 것이다. 이를 위해서 경영자들은 자사 중심의 이기적인 시각에서 벗어나 상대방의 입장에서 경쟁상황을 바라볼 수 있어야 한다. 이 장에서는 그러한 목적을 위해서 개발된 두 가지 대표적 접근법인 **게임이론(game theory)**과 **경쟁자 프로파일링(competitor profiling)**을 소개한다. 게임이론은 경제학적 관점에서 경쟁 참가자들의 인센티브를 분석하는데 초점을 맞춘다. 반면 경쟁자 프로파일링은 행위론적 관점에서 경쟁자들의 성향을 파악하는데 그 초점이 있다. 다시 말해서, 게임이론은 경쟁자들이 어떤 (합리적인) 가정하에서 어떻게 행동할 것인가라는 질문에 대한 대답을 찾으려 한다면, 경쟁자 프로파일링은 경쟁자들이 진정으로 원하는 것이 무엇일까,

그들은 그런 목적을 달성하기 위해서 어떤 믿음을 가지고 어떻게 행동할까, 비슷한 과거의 상황에서 그들은 어떻게 행동하는 경향이 있었나 등과 같은 질문에 대한 대답을 고찰한다고 볼 수 있다.

이 두 가지 접근법은 비록 상당히 다른 분석방법을 사용하지만 동시에 서로 보완적인 성격을 가진다. 게임이론은 경쟁자들의 합리적 행동을 예측할 수 있도록 기여하는 반면, 경쟁자 프로파일링은 경쟁자들의 비합리적인 성향을 파악할 수 있도록 도와준다.

다음 절에서는 상세한 예들을 통해서 어떻게 게임이론을 활용해서 경쟁자들의 행동을 예측하고 그로부터 얻은 통찰력을 어떻게 경영전략에 반영할지를 설명한다. 그 다음으로 경쟁자 프로파일링 기법을 소개하고, 이를 게임이론 분석과 통합함으로써 경쟁적 동태성에 대한 예측력을 향상시키고 불확실성을 감소시키는 방법들을 모색한다. 본 장의 끝부분에서는 소수의 식별 가능한 경쟁자들이 존재하는 현실세계에서 경쟁적 동태성 분석기법들을 보다 유용하게 적용시킬 수 있는 여러 방안들을 제시한다. 경쟁자들이 다수이고 식별 가능하지 않은 상황에 대한 분석에 대해서는 제5장에서 논의한다.

단순한 게임

게임이론이란 참가자들의 손익이 다른 참가자들의 선택에 의해서 좌우되고, 이들이 그러한 상호의존성을 잘 인식하고 있으며, 서로가 자신의 이익을 최대화하기 위해서 행동할 때, 어떠한 상호작용이 발생하는지를 분석하는 접근법이다. 게임이론의 역사적 발전과정은 [그림 4.1]에 요약되어 있다. 이 그림에 설명되어 있는 바와 같이 그 동안 여러 종류의 게임이론들이 개발되었지만, 본 장에서는 특히 "비협력적 게임이론(non-cooperative game theory)"에 초점을 둔다.[2] 아래에서는 그러한 게임이론을 한 대형 제약회사의 가격정책에 적용한 실제 사례를 통해서 이 이론의 기본적 내용을 소개하고, 어떻게 경쟁기업들과의 상호작용을 분석하며, 그로부터 도출된 시사점들을 실무에 적용시킬 수 있는가를 살펴본다.

그럼 제약회사의 사례를 살펴보자. 한 제약회사(앞으로 I로 표시)가 판매하는 어떤 의약품은 수익성이 좋고 전체매출에서도 높은 비중을 차지한다. 하지만 다른 경쟁 제약회사가 비슷한 효능의 의약품을 곧 출시할 예정이다. 후발주자인 경쟁사(앞으로 E로 표시)는 성공적인 진입을 위해서 상당히 낮은 가격에 신약을 판매할 것으로 예상된다. 하지만 E가 얼마나 낮은 가격에 판매할지, 그리고 그에 대응해서 I도 해당 의약품의 가격을 낮추어야 할지는 불명확한 상황이다. 그럼에도 불구하고, E의 시장진입은 I의 사업에 큰 영향을 미칠 수 있는 중대한 사안이기 때문에, I는 선택 가능한 옵션들을 신중히 분석해 볼 필요가 있다.

분석의 시작은 게임 참가자들을 정하는 것부터 시작된다. 이 경우는 I와 E가 된다. 사실 이 의약품 시장에는 5개의 경쟁업체가 있지만, 다른 두 업체는 시장점유율이 미미해서 시장판도에 별다른 영향을 미치지 못하며, 나머지 한 업체는 수요가 한정된 특수 의약품을 공급하기 때문에 I와 E의 사업과는 별로 상관이 없다. 여기서 알 수 있는 것은 실질적 경쟁에 참가하는 유효한 경쟁자의 수는 보기보다 적을 수 있다는 것이다. 만일 경쟁자들

그림 4.1 게임이론의 역사적 발전과정

유태민족의 지침서인 『탈무드』는 게임이론을 최초로 적용한 듯한 다음과 같은 내용이 있다. 어떤 사람이 죽었는데 그 사람이 남긴 유산이 너무 적어서 세 부인에게 각각 다르게 약속했던 만큼의 재산을 상속해 줄 수 없었다. 탈무드는 그에 대한 해결책으로 유산을 부족함에 따라서 배분하도록 권유하고 있다. 그러한 독특한 방법은 과거 2000년간 많은 학자들을 당혹하게 만들었다. 하지만 20년 전에 게임이론가들은 탈무드의 해결책이 **협력적 게임이론**(coalitional or cooperative game theory)에서 제시하는 해결책과 일치한다는 것을 발견했다.[3]

협력적 게임이론의 개념은 1944년 수학자이며 현대적 컴퓨터의 아버지라고 불리는 존 폰 노이만(John von Neumann)과 경제학자인 오스카 모겐스턴(Oskar Morgenstern)이 『The Theory of Games and Economic Behavior』라는 기념비적 책을 출판하면서 정립되었다.[4] 폰 노이만과 모겐스턴은 또한 **비협력적 게임이론**(strategic or non-cooperative game)을 발전시켰는데(이는 **전략적**(strategic) 게임이론이라고도 불림), 이 이론에서 분석한 여러 가지 (상대방을 견제하기 위한) 전략적 행동들은 향후 게임이론가들로부터 많은 주목을 받았다. 특히 이 두 학자는 완전히 적대적인 상황에서의 게임을 설명하기 위해 두 사람 간의 **제로섬게임**(zero-sum game) 이론을 개발하였다. 그러한 게임에서 한 사람이 얻은 이익의 양은 정확히 상대방의 손실의 양으로 나타나게 된다(예, 체스).

하지만 실제 경영에서(그리고 대부분 다른 상황에서) 엄격한 제로섬게임이 벌어지는 경우는 드물다. 따라서 현대적 게임이론은 경쟁은 물론 협력의 기회까지도 고려할 수 있는 비제로섬게임(nonzero-sum game), 보다 정확히 표현하면 **비정합게임**(nonconstant-sum game)에 관심을 기울이고 있다. 이러한 게임을 완전히 설명할 수 있는 일반적 이론은 아직 개발되지 못했지만, 이를 체계화할 수 있는 중요한 원칙들이 1994년에 노벨경제학상을 받았고 그의 전기가 『Beautiful Mind』라는 제목의 책과 영화로 소개되었던 존 내쉬(John F. Nash)에 의해서 제시되었다. 그는 1950년과 1951년에 출판된 논문들을 통해서 비협력적 게임에 전략적 균형(equilibrium), 즉 **내쉬균형**(Nash Equilibrium)이 존재한다는 것을 증명했으며, 협력적 게임들도 이들을 비협력적 게임의 형태로 단순화시킴으로써 분석될 수 있다고 제안했다.[5]

그 후에 이루어진 연구들은 대부분 내쉬균형에 대한 이론을 보다 정교화하고 확장하는 것이었다. 예컨대, 1960년대에 수행한 연구들의 공로를 인정받아 노벨상을 내쉬와 공동으로 수상한 라인하르트 젤텐(Reinhard Selten)은 동태적 게임에서 흔히 나타나는 다수의 내쉬균형들을 선택하는 방법으로서, "부분게임의 완전성을 정교화(refinement of subgame perfection)" 하는 방법, 즉 "앞을 예측하고 체계적인 대안을 도출(look ahead and reason back)" 하는 후진귀납법(backward induction)을 사용할 것을 제시했다. 마찬가지로 1960년대의 연구업적을 인정받아 내쉬와 공동으로 노벨상을 받은 존 하사아니(John C. Harsanyi)는 불완전 정보 하에서의 게임을 설명하기 위해 베이지안내쉬균형(Bayesian Nash Equilibrium) 이론을 개발했는데, 이 이론은 향후 신호경제학보다 일반적으로 말하면 정보경제학(information economics)에 대한 수많은 연구들의 기초가 되었다.[6]

하사아니와 젤텐은 또한 1980년대에 비협력적 게임에 대한 일반이론을 개발하기 위해서 공동연구를 수행했으며,[7] 다른 여러 학자들도 그러한 주제에 대해 연구를 계속해서 진행중이다. 한편, 본 장의 뒤에서 설명하는 바와 같이 최근의 연구들은 학습 및 진화적 과정에 많은 관심을 보이며, 또한 행위이론 및 실험연구로부터의 통찰력을 게임이론에 반영하고자 시도하고 있다.

을 비슷한 경제적 동기와 목적에 따라서 몇 가지 유형으로 묶을 수 있다면, 게임이론 분석을 상당히 단순화시킬 수 있다.

게임이론을 적용하는 두 번째 단계는 두 참가자가 선택 가능한 행동들, 즉 **전략들(strategies)**을 명시하는 것이다.[8] 즉 이 단계에서 E가 출시가격에 대한 전략으로서 선택가능성이 있는 4가지 수준의 가격할인을 선정하고, 그에 대항하여 I가 선택 가능한 (상대적) 가격에 대한 전략을 규정하게 된다.[9] 후자의 전략으로는 현재의 가격수준을 그대로 유지하는 것으로부터(이 경우 E에게 큰 가격우위를 허용하게 됨) E의 가격 우위를 완전히 상쇄시킬 수 있도록 가격을 낮추는 방안까지를 고려하기로 한다.

세 번째 단계는 I와 E가 선택 가능한 전략들의 조합 각각에 대해서 예상되는 "보상값(payoffs)"을 할당하는 것이다. 이를 위해서는 우선적으로 두 참가자가 추구하는 목적이 무엇인지를 판단할 필요가 있다. E가 이익극대화를 원하는가, 아니면 성장과 시장점유율을 더 중시하는가? (뒤에 설명할 경쟁자 프로화일링 기법을 적용해 볼 때, E는 I와 비슷하게 이익극대화를 추구하는 것으로 판단됨) 다음으로 참가자들의 목적을 반영하여 각 참가자의 관점에서 각각의 결과에 따른 보상값을 추정한다. 이를 위해 전문가들이 각 가격조합에 따른 시장점유율을 추정하고 그 결과를 I와 E의 생산원가에 대한 지식과 결합시켜, 각 조합에서 두 참가자의 제품판매에 따라 예상되는 순현가가치(net present value, 이하 NPV)를 보상값으로 계산한다(보상값을 추정하는 방법은 다음 절에서 다른 예를 통해 보다 상세히 설명됨). 유의할 점은, 만일 E가 이익보다는 매출증대를 목표로 한다고 판단되면 I에 대해서는 NPV를 기준으로 그리고 E에 대해서는 매출액을 기준으로 이 같은 분석을 실시하여야 한다는 점이다.

그림 4.2 제약회사들의 보상행렬(단위: 백만 달러)[i]

회사 I의 가격	회사 E의 가격			
	매우 낮음,	낮음,	중간,	높음
가격 불변	358,190	507,168	585,129	624,116 (사업계획)
E에게 큰 가격 우위 허용	418,163	507,168	계산불가	계산불가
E에게 적은 가격우위 허용	454,155 (내쉬균형)	511,138	636,126	계산불가
E의 가격우위 완전 상쇄	428,50	504,124	585,129	669,128

[i] 각 셀의 첫 번째 숫자는 I의 추정 순현재가치이고 두 번째 숫자는 E의 추정 순현재가치이다. 세 개의 셀은 I와 E의 보상값(순현재가치)을 추정하는 것이 불가능하여 순현재가치가 제시되지 않는다.

두 참가자만이 있기 때문에 그들의 전략과 보상값에 대한 정보는 [그림 4.2]와 같은 **보상행렬(payoff matrix)**로 표시될 수 있다. 이 도표의 세로 행들은 I의 전략적 옵션들을 그리고 가로 열들은 E의 전략적 옵션들을 나타낸다. 각 셀에 있는 첫 번째 숫자는 백만 달러 단위로 표시된 I의 NPV, 그리고 두 번째 숫자는 E의 NPV이다. 이러한 설정에서 기업들은 행과 열에 나타난 전략들을 선택하고 그에 따라서 특정한 셀에 표시된 보상값이 결정된다. 그러한 점에서 보상행렬은 각 기업의 보상값이 라이벌 기업의 전략적 선택에 의해서 영향을 받는다는 상호의존성을 잘 드러낸다.

보상행렬로부터 전략적 시사점을 도출하기 위해서는 게임의

규칙(rule)을 정해야 한다. 다른 게임들과 마찬가지로 이 게임에서도 행동을 취하는 타이밍이 중요하다. 참가자들이 **동시적 행동**을 취하는가, 아니면 이들 간의 상호작용에 보다 동태적이고 복잡한 요소들이 존재하는가? 논의의 편의를 위해서 우선 I와 E가 동시에 상호독립적으로 가격전략을 선택한다고 가정한다. 뒤에서는 이러한 동시성의 가정을 수정하여 순차적 선택의 가능성을 검토해 볼 것이다.

이러한 설정은 E가 시장에 진입하기 전에 I로 하여금 E와의 경쟁에서 전개될 수 있는 여러 상황들을 평가할 수 있도록 도와준다. 특히, 보상행렬을 살펴보면 I가 본래 가지고 있는 사업계획, 즉 E가 높은 가격으로 제품을 출시하고 I는 현재 가격을 전혀 바꾸지 않을 가능성에 대해서 의문이 제기된다. 그런 "기본적 상황"이 전개될 가능성은 없는 것으로 보인다. 왜냐하면 E가 높은 가격을 설정할 때, I가 현재 가격을 고수하는 것은 이익극대화의 관점에서 **최선의 선택(best response)**이 아니기 때문이다. 그 대신 I가 E의 가격우위를 상쇄시키는 전략을 선택한다면 NPV 기대값이 6억 6,900만 달러로서, 현재 가격을 유지하는 경우(즉 기본적 상황의 경우)의 기대값인 6억 2,400만 달러보다 증가하게 된다. 또한 기본적 상황은 E의 입장에서도 최선이 아니다. 만일 I가 제품 가격을 유지할 것을 예상한다면, E는 가격을 낮추는 전략을 선택함으로써 NPV 기대값을 기본적 상황의 1억 1,600만 달러에서 1억 9,000만 달러로 높일 수 있다. 결국 두 기업 중 누구도 상대방과의 경쟁에서 최선인 전략을 사용할 수 없기 때문에, 기본적 상황이 선택될 가능성은 희박하다.

게임이론 분석에서는 **열등전략(dominated strategy)**의 제거를 통해서 가능한 결과의 수를 줄이게 된다. 열등전략이란 상대방이 선택할 수 있는 모든 전략들에 대해서 그 전략의 보상값이 내가 선택 가능한 다른 전략의 보상값보다 낮은 전략이다. [그림 4.2]에 나와 있는 보상행렬에서 높은 가격을 설정하는 것은 E에게 열등전략이다. 왜냐하면 I가 어떤 전략을 선택하더라도 E는 열에 나타난 여러 전략 가운데 '중간가격을 설정하는 것'이 '높은 가격을 설정하는 것'보다는 유리하기 때문이다. 여기서 I가 얻을 수 있는 중요한 시사점은 E가 높은 가격을 선택할 가능성은 없다는 것이다. 따라서 보상행렬에서 E의 그런 전략을 나타내는 마지막 행은 제거될 수 있다.

선택 가능한 전략의 수는 열등전략의 **반복적 제거(iterated elimination)**라는 방법을 통해 더욱 줄어들게 된다. E가 높은 가격을 설정하는 경우를 제외하면, I의 **우월전략(dominant strategy)**, 즉 E가 무엇을 선택하던 I의 보상값을 최대로 해 주는 전략은 'E에게 적은 가격우위를 허용'하는 것이다. 이 전략은 E가 행에 남아 있는 3가지 전략 중 어떤 것을 선택해도 I가 선택할 수 있는 열의 다른 전략들보다 유리한 보상값을 보장한다. 따라서 I는 다른 전략들을 열등전략으로 제거할 수 있으며, 그 결과 보상행렬에서 고려대상이 될 수 있는 I의 전략과 E의 전략의 조합은 세 번째 행(E에게 적은 가격우위 허용)의 앞에 있는 3개 셀들로 국한된다.

계속해서 이번에는 E의 입장에서 열등전략의 반복적 제거를 진행하면 소위 **내쉬균형(Nash equilibrium)**이라는 최종적 상태에 도달하게 된다. 내쉬균형이란 게임 참가자들이 더 이상 일방적으로 자신이 선택한 전략을 바꿀 인센티브가 존재하지 않는 균형상태를 말한다. 어떤 내쉬균형에 도달하는가는 게임마다 다르며, 모든 게임에 내쉬균형이 존재하는 것은 아니다. 우리의 사례에서 E가 매우 낮은 가격 수준으로 신약을 출시하고, I가 E에게 적은 가격우위를 허용하면, 양사는 상대방의 전략에 대해 최선의 대응을 하게 된다. 이러한 상황에서는 I가 현재의 전략을 바꿀 인센티브가 존재하지 않으며, 이는 E도 마찬가지다. 이런 균형 상태를 일방적으로 이탈하는 데는 대가가 따른다. 그 대가는 E의 경우 최소한 1,700만 달러(=1억 5, 500만 달러－1억 3,800만 달러)에서 I의 경우 최대 9,600만 달러(=4억 5,400백만 달러－3억 5,800만 달러)에 이른다.

하지만 그러한 내쉬균형은 I의 경영자들 관점에서 그다지 달갑지 않을 수 있다. 심지어 어떤 경영자들은 자신의 경력을 망치게 될 것이라고 우려할 수 있다. 왜냐하면 기대되는 보상은 본래의 사업계획에서 (비록 비현실적이지만) 추정한 NPV값 6억 2,400만 달러의 70% 수준에 불과하기 때문이다. 사업계획에서 추정한 수익은 비현실적이지만 이를 달성하고자 하는 열망을 가질 수 있다. 만일 그렇다면, I의 경영자들은 E가 신약을 출시하기에 앞서, 어떤 방법으로든 자사의 향후 가격정책에 관한 **신뢰할 수 있는 사전적 약속(credible precommitment)**을 하는 방법을 모색할 수 있다. 만일 그것이 가능하다면, 이는 게임의 규칙을 "동시적 선택(simultaneous moves)"에서 "순차적 선택(sequential moves)"으로 바꾸는 것이며 I는 **선도자(first mover)**가 된다. 특히 자신이 E에게 '큰 가격우위를 허용하는 전략'을 선택할 것이라는 것을 E에게 알릴 수 있는 신뢰할 수 있는 약속(credible commitment)을 할 수 있다면, E가 "매우 낮은 가격수준"이 아닌 "낮은 가격수준"으로 신약을 출시하도록 유도할 수 있고(E는 후자의 전략을 선택함으로써 보상값이 다소 증가하게 됨), 그 결과 I의 보상값은 사업계획에서 추정한 값의 73%

에서 81%(즉, 5억 700만 달러)로 높아지게 된다. 나아가서 만일 I가 E의 '가격우위를 완전히 상쇄시키는 전략'을 선택할 것이라고 E에게 확신시킬 수 있다면, E가 매우 낮은 가격수준으로 신약 출시를 하지 않도록 유도할 수 있다. 왜냐하면 낮은 가격수준 또는 중간적 가격수준으로 신약을 출시함으로써 E는 7,400~7,900만 달러 정도의 추가적 NPV를 얻을 수 있으며, 그 결과 총 NPV가 매우 낮은 가격수준을 선택하는 경우보다 2배 이상 커지기 때문이다. 특히 만일 I가 E의 '가격우위를 완전히 상쇄시키는 전략'을 선택하고, E가 낮은 가격수준으로 신약을 출시한다면, I의 NPV는 본래 사업계획에서 추정한 값의 81%가 될 것이다. 더 희망적으로 같은 상황에서 혹시 E가 중간적 수준의 가격을 선택하면 I의 보상값은 8,100만 달러가 증가하여, NPV가 사업계획에서 목표한 값의 94%에 이르게 된다. I가 이처럼 자신에게 유리한 상황을 이끌어 낼 수 있는가는 법적 그리고 실무적으로 E의 '가격우위를 완전히 상쇄시키는 전략'을 선택할 것이란 점을 E에게 사전적으로 믿게 만들 수 있는가의 여부에 달려 있다.

비록 위에서 설명한 제약회사 사례는 보상값들을 중심으로 경쟁상황을 비교적 단순하게 계량화하여 게임이론을 적용하는 방법을 예시하고 있지만, 이 사례는 또한 게임이론이 경영전략에 주는 중요한 시사점을 잘 나타낸다. 즉, 게임이론은 I의 경영자들이 E의 신약에 대한 가격전략을 분석함에 있어서, 단지 자신들이 바라는데로 E가 높은 가격을 설정할 것이라고 가정하지 말고, E의 관점에서 무엇이 E의 이익을 극대화하는 최선의 가격전략인가를 생각하도록 요구한다. 마찬가지로 E도 신약을 출시하면 I가 자사 제품의 가격을 그대로 유지할 것이라고 기대하지 말고, I의 관점에서 어떠한 최선의 반응을 보일 것인가를 고려할 필요가 있다. 이는 마치 두 회사가 각각 자신의 선택에 대해 상대방이 어떠한 최선의 반응을 보일 것인가를 예측하는 **반응함수(reaction function)**를 도출해 보는 것과 비슷하다. 그러한 도출함수의 작성은 경쟁자의 인센티브를 이해하는데 유용한 수단이 된다. 특히 제약회사 사례에서 I가 취한 방법처럼 한 참가자가 먼저 행동을 할 수 있다면, 그 참가자는 반응함수에서 자신의 보상값이 최대화되는 특정한 지점을 사전적으로 선택을 함으로써 라이벌이 자신에게 유리한 반응을 하도록 유도할 수 있다. 만일 그러한 방법이 성공하면, 참가자들의 반응함수가 서로 상호작용하여 자동적으로 결과가 정해지는 동시적 선택에서의 게임보다 훨씬 유리한 결과를 얻을 수 있다. 다음 절에서는 그러한 전략을 보다 명시적으로 고려하는 **동태적 게임(dynamic game)**을 살펴본다.

동태적 게임

전략적 의사결정은 한 번으로 끝나는 것이 아니라 연속적으로 이루어진다. 그러한 현실을 따라서 게임이론도 동태적인 상황에서의 전략적 상호작용들, 예컨대 시간이 지나면서 여러 전략적 행동들이 순차적으로 선택되거나, 경쟁자 행위의 불확실성이나 그 밖의 환경적 불확실성들이 시간이 지나야 해소되는 경우를 분석할 수 있도록 발전하였다. 동태성은 문제를 더욱 복잡하게 만든다. 왜냐하면 시간이 경과함에 따라 이루어지는 여러 가지 다른 의사결정을 고려해야만 하고, 또한 관련된 정보를 계속 업데이트해야 하기 때문이다. 하지만 앞절에서 설명한 대부분의 게임이론적 개념들은 동태적인 경쟁적 상호작용에서도 적용될 수 있다. 게임이론을 이처럼 동태적으로 확장하는 것은 타이밍에 따른 경쟁우위 획득, 신뢰할 수 있는 위협과 약속 제공, 그리고 전략에 있어서 몰입(commitment)이나 비가역성(irreversibility)의 영향 등과 같은 이슈들을 분석하는데 필수적이다.

게임이론을 동태적 상황에 어떻게 적용할 수 있는가는 보다 상세한 두 번째 사례를 통해서 예시한다. 이를 위해서 먼저 동태적 게임의 구조와 참가자들의 상호작용을 정의한다. 다음으로 가능한 결과들에 보상값을 할당하고, 균형적 결과에 도달하는 과정을 설명한다. 또한 어떻게 그러한 동태적 모델을 활용해서 환경적 변화가 참가자들에게 미치는 영향을 분석하고, 나아가 참가자들이 게임 자체를 변화시키는 전략을 사용할 수 있는가를 논의한다. 사례는 미국의 위성 라디오 시장에서 발생한 "시리우스 컨텐트(Sirius Content)" 게임이다. 이 사례에서 후발주자인 시리우스는 이미 시장에 선발 진출한 XM을 따라잡기 위해서 컨텐트 개발에 대한 투자를 증가시킬지를 결정해야 한다.[10] 이 사례는 너무 많은 정보를 다루거나 어려운 수학적 계산을 하지 않으면서도 게임이론을 경쟁적 동태성 분석에 어떻게 적용시킬 수 있는가를 잘 보여준다.

■ 게임의 구조

1997년 미국의 연방통신위원회(Federal Communications Commission)는 디지털 오디오 라디오 서비스를 위한 전자파 주파수 대역을 경매했다. 이 때 시리우스와 XM 라디오는 각 대역에 약 8,000만~9,000만 달러를 지불하고 연장 가능한 조건으로 주파수 임치계약을 체결했다. 시리우스는 2000년에 10억 달러 이상의 비용을 들여 3개의 인공위성을 발사했으며, XM도 2001년에 약 9억 달러를 투자해서 2개의 인공위성을 쏘아 올렸다. 두 회사는 또한 완성차업체들과 계약을 통해 새로 출시되는 자동차에 위성라디오 수신장치를 사전에 장착하기 시작했다. 두 회사는 2005년까지 시장의 성장은 주로 수신장치의 사전 장착을 통해서 이루어지며 사전 장착된 수신기 중 전환율(즉, 실제로 구독하는 비율)은 50%가 넘을 것으로 기대하였다. XM은 초기에 저가격 모델을 앞세워 GM 및 혼다와 제휴를 맺었으며(자사 주식의 일부를 이들에게 매각하였음), 계속해서 GM, 혼다, 그리고 도요타가 미국에서 생산하는 차량의 60%에 자사의 수신장치를 장착하기로 배태적 계약을 체결했다. 반면 XM은 포드, 폭스바겐, 다임러크라이슬러, 그리고 BMW와 비슷한 계약을 체결했다. 그리고 2001년 11월 XM은 최초로 위성라디오 방송서비스를 시작했다. 우리의 사례는 그 시점에 초점을 두고 있다. 시리우스는 아직 서비스를 시작하지 않았으며, XM의 선도적 우위를 극복하기 위해서 컨텐트 개발을 위한 투자를 확대할지를 심사숙고하고 있다.

이 시점까지 위성라디오 시장의 전망에 관한 대부분의 보고서들은 위성라디오를 위한 컨텐트 개발비용이 위성 TV 컨텐트 개발비용보다 훨씬 저렴할 것으로 예측했다. 위성 TV의 경우 전체 수입의 35~45%는 프로그램 제작에 소요되었다. 특히 많은 분석가들은 위성라디오 프로그램의 제작비가 전통적인 라디오 방송의 경우와 비슷하며, 그 중 대부분은 전체 수입의 6~7%를 차지하는 음악 저작권료일 것으로 내다봤다. 그러나 컨텐트 개발을 크게 확대하는 것은 수입을 늘이고 및 시장점유율을 높이는 유용한 전략적 대안이 될 가능성도 있다. 그러한 전략은 운전자가 위성라디오 수신장치를 스스로 선택하여 구입하는 사후 장착 시장을 공략하는데 특히 유리할 수 있기 때문이다. 대부분 완성차업체들은 장기적 계약에 의해서 특정업체의 수신장치만을 신차에 사전 장착할 수 있기 때문에 사전장착 시장에서의 경쟁은 상당히 제한적이다. 그런 점에서 실질적인 경쟁이 존재하는 사후장착 시장은 특히 관심의 대상이 되었다.

이러한 상황에 게임이론을 적용하는 첫 번째 단계는 **게임의 구조(the structure of the game)**를 정하는 것이다. 이는 **게임 트리(game tree)**를 그려 봄으로써 잘 파악될 수 있다(게임트리는 앞에서 설명한 보상행렬과 마찬가지로 게임의 구조를 보다 명확히 이해하고 분석할 수 있도록 도와주는 일종의 시각적 보조도구임). [그림 4.3]에 제시된 게임트리의 노드(node) 1은 시리우스의 입장에서 컨텐트 개발을 위해서 투자를 늘이는 방안과 전통적인 라디오 모델처럼 컨텐트를 라이센스하고 로열티를 지불하는 방안 간의 선택을 나타낸다. 여기서 한 가지 유의할 점은 현실세계에 있어서 시리우스는 이 두 가지 옵션 중 하나만을 선택 가능한 것이 아니라 두 가지를 양끝으로 하는 연속선상에서 양자가 혼합된 다양한 조합을 선택할 수 있다는 점이다. 이처럼 게임이론에서는 현실세계에 존재하는 무한한 선택 가능한 대안들을 몇 개의 특히 관심이 있는 제한적 숫자의 시나리오들로 한정시키고, 이들을 깊이 있게 분석함으로써 유용한 시사점을 도출하는 단순화의 원리가 적용된다.

시리우스가 투자를 늘일지 여부에 대한 의사결정을 먼저 하면, XM은 이를 지켜 보고 자신도 컨텐트 개발을 위한 투자를 늘일지 여부를 결정하게 된다([그림 4.2]에서 노드 2와 3). 여기서도

그림 4.3 **시리우스-XM의 위성라디오 게임: 기대 영업이익의 현재가치 (백만 달러)**

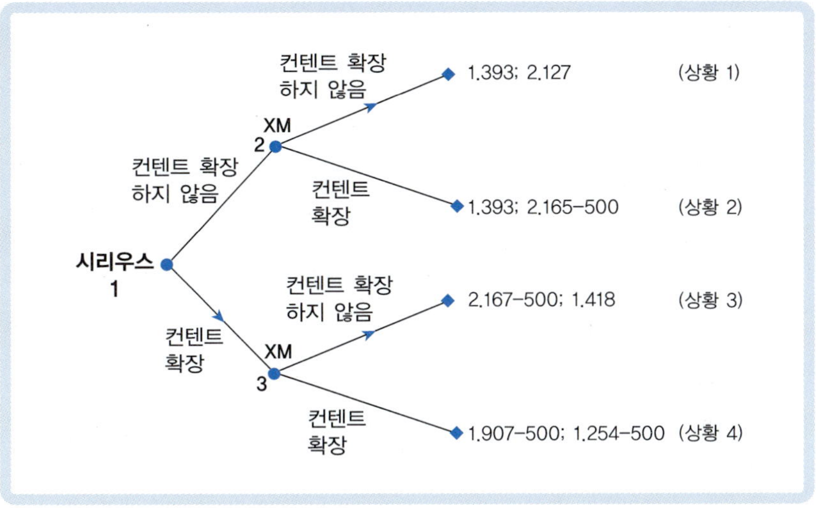

앞에서와 마찬가지로 선택을 두 가지로 국한시키는 단순화의 원리를 적용한다. 그 결과 그림에 나타난 것처럼 네 가지의 발생 가능한 게임 결과들이 도출된다.

■ 보상값의 추정

게임트리는 참가자들의 행동과 반응을 명확히 파악하는데 도움을 주지만, 게임이론을 적용해 답을 구하기 위해서는 가능한 결과들에 보상값을 할당해야 한다. [그림 4.3]의 우측에 나타난 숫자들은 의사결정 시점에서 기대되는 시장성과에 기초하여 추정된 순현재가치(NPV)이다(첫 번째 숫자는 시리우스의 NPV, 두 번째 숫자는 XM의 NPV임). 이들 NPV는 의사결정에 따른 순증가분의 수익과 비용만을 고려해서 계산되었기 때문에, 이미 투자가 이루어져 회수하기 어려운 매몰비용(예, 인공위성 발사 비용, 라이센싱 비용, 회사 기반시설 설치 비용 등)은 포함하지 않는다.

또한 [그림 4.4]는 [그림 4.3]에 나타나 있는 NPV 추정치들이 어떠한 가정들 하에서 계산되었는지를 설명하고 있다. 이러한 추정에 적용된 기본적 원칙들에서 대해서 잠시 논의해 보자. NPV는 예상되는 현금흐름에 할인율(discount rate)을 적용함으로써 구해진다. 재무관리가 주로 이 공식의 분모, 즉 할인율에 초점을 두고 있다면, 전략은 예산되는 현금흐름인 분자를 증대시키는데 주안점을 둔다. 전략은 특히 가치를 구성하는 두 요소인 수익성과 양적 성장을 균형 있게 조화시키는 것을 도와준다.

위성라디오 사업을 통해 기대할 수 있는 장기적 수익은 0으로부터(사활을 건 치열한 경쟁으로 인해 가격이 한계비용과 같아지는 상황) 독점기업이라면 누릴 수 있는 최대수준의 수익까지이다. 만일 위성라디오 사례에서 컨텐트 개발을 위한 투자로부터 기대할 수 있는 수익률이 0이라고(또는 0에 가깝다고) 가정한다면, 게임을 분석하는 자체가 무의미해진다. 그런 상황에서는 컨텐트에 대한 투자자금을 회수하는 것이 불가능하므로 누구도 투자를 시도하지 않을 것이기 때문이다. 따라서 이 게임이 유용한 시사점을 제공하려면, 설령 컨텐트에 대한 투자확대로 인해서 수익성이 저하되더라도(이는 컨텐트 개발에 따른 비용 증가가 수익증가보다 큰 경우임), EBITDA(earnings before interest, taxes, depreciation, and amortization: 법인세 이자 감가상각비 차감 전 영업이익) 기준으로 측정한 수익성이 지나치게 낮지는 않다고 가정할 필요가 있다. 이러한 가정은 또한 이 산업의 특성과도 부합한다. 즉 업체들 간에 하드웨어 호환성이 없기 때문에 전환비용(switching costs)이 매우 높다. 따라서 초기에는 시장 선점을 위한 경쟁이

그림 4.4 위성라디오 사업에서 시리우스와 XM의 게임: 보상값 추정

〈그림 4.3〉에 제시된 보상값들에 대한 설명은 두 회사 모두 컨텐트 개발에 대한 투자를 확대하지 않는 경우인 (상황 1)에서부터 시작하는 것이 가장 이해하기 쉽다.

(상황 1) 이 기본적 상황에서는 애널리스트들의 예측에 따라서 EBITDA(earnings before interest, taxes, depreciation, and amortization: 법인세 이자 감가상각비 차감 전 영업이익) 마진율이 수입의 약 40%게 될 것으로 추정한다(시리우스는 42%, XM은 40.5%). 전체가입자는 2010년까지 1,500만 명이 유지되고 그 이후로 매년 3%씩 증가할 것으로 가정한다(이러한 완만한 증가율은 아래 상황들에도 적용됨). XM이 먼저 서비스를 시작하기 때문에 XM과 시리우스 가입자 점유비율은 60:40이 된다고 가정한다.

(상황 2) 시리우스가 컨텐트 개발에 대한 투자를 확대하지 않지만 XM이 투자를 확대하는 경우, XM이 방송하는 컨텐트의 비용이 상승하기 때문에 이 회사의 EBITDA 마진율은 26.5%로 감소하고 시리우스의 마진율은 42%로 변화가 없다. 가입자의 경우 XM이 보다 좋은 컨텐트를 방송하고 광고를 확대할 것이므로 전체가입자수는 2010년까지 2,000만 명으로 증가되고, XM과 시리우스의 가입자 점유비율은 70:30이 된다.

(상황 3) 시리우스가 컨텐트 개발에 대한 투자를 확대하지만 XM은 그렇지 않은 경우, 시리우스와 XM의 EBITDA 마진율은 각각 28%와 40.5%가 된다. 가입자의 경우 전체가입자 수는 2010년까지 2,000만 명으로 증가되고, 시리우스와 XM의 가입자 점유비율은 70:30이 된다.

(상황 4) 시리우스가 컨텐트 개발에 대한 투자를 확대하고 XM이 그에 대응하기 위해서 같이 투자를 확대하면, 컨텐트 원가 상승으로 인해 두 회사의 마진율은 각각 23%와 21.5%로 낮아진다. 가입자의 경우 전체가입자 수는 2010년까지 2,500만 명으로 증가되고, 시리우스와 XM의 가입자 점유비율은 60:40이 된다(시리우스가 먼저 컨텐트 개발 투자를 확대하므로 그에 필요한 인력 및 자원의 확보에 있어서 선도자의 우위를 누린다고 가정)

게임트리 가지들의 오른쪽 끝에 나타난 숫자들은 2001년 말 기준으로 추정된 두 회사의 (기대되는) 순현재가치를 나타낸다. 보다 구체적으로, 2010년의 EBITDA 마진이 영구히 지속되고 전체 가입자는 매년 3%씩 늘어난다고 가정하며, 두 회사의 매년 추정 EBITDA를 2001년 말 기준으로 할인하기 위해서 12.5%의 할인율을 적용한다(할인율은 2001년도 무위험이자율 5%와 두 회사의 역사적 베타값 1.5를 기준으로 자본자산가격결정모델을 사용하여 계산됨). 또한 이들 순현재가치는 양사가 컨텐트 개발에 대한 투자를 확대하는 경우에 발생하는 순증가분의 수익과 비용만을 고려해서 계산된다는 점을 유의할 필요가 있다. 상황을 단순화시키기 위해서, 한 회사가 컨텐트 개발투자를 확대하는 경우 2001년 말 순현재가치기준으로 500백만 달러의 비용이 소요된다고 가정한다(이 액수는 실제로 시리우스가 투자한 금액 임).

예컨대, 두 회사가 모두 컨텐트에 대한 투자를 확대하는 경우(상황 4) 시리우스의 순현재가치는 2010년의 잔존가치(terminal value) 55억 달러를 제외하고 14억 달러이다. 이 경우 전체가입자 수는 2010년까지 2,500만 명이 되고, 시리우스의 시장점유율은 60%로 가정된다. XM은 36억 달러의 잔존가치를 제외하고 2001에 순현재가치가 7억 5,400만 달러이다.

매우 치열하더라도, 시장이 성숙단계에 접어들면 경쟁의 초점은 이미 확보한 명확히 구분된 고객층으로부터 최대한의 이익을 뽑아 내는 것으로 전환될 가능성이 높다.

시장성장률을 계산하기 위해서 우선 시리우스와 XM의 컨텐트에 관련된 전략이 시장 전반에 미치는 장기적 영향을 2010년까지 미국 내 위성라디오 구독자 수의 증가율로 추정하였다. 그 다음으로 동기간 중 시리우스와 XM이 신규 구독자 획득에 얼마나 성공적일 것인가는 양사의 상대적인 시장점유율 추정하여 계산했다. 이렇게 추정된 장기적인 시장성장률은 실제로 같은 기간에 관찰된 구독자 수의 증가추세와 상당히 일치한다. 물론 사례의 시점인 2000년대 초에 위성라디오 시장의 전망에 대한 많은 보고서들이 발표되었다. 하지만 이들 대부분은 우리의 예측보다 훨씬 낙관적인 전망을 했을 뿐만 아니라 컨텐트 개발비 증액과 같은 전략적 옵션들의 영향을 제대로 고려하지 못했다.

여기서 제시하는 장기적 시나리오는 2002년부터 2010년까지의 기간을 대상으로 한다. 이 기간에 중요한 투자들이 이루어지면서 시장이 형성되었고, 비록 낮지만 안정적인 성장률로 가입자 수가 꾸준히 증가하였다. 한편 분석을 용이하기 위해 2002~2010년 기간에 프로그램 컨텐트에 대한 투자가 미치는 장기적 효과는, 관측기간이 끝나는 시점에서 각 옵션이 가지는 청산가치(terminal value)에 반영하여 추정하였다. 따라서 초기 기간에 전략적 옵션들 간에 나타나는 보상값의 차이는 순전히 프로그램 컨텐트에 대한 투자 여부와 관련되어 있다. 여기서 적용한 중요한 원칙은 매년마다 상세하게 수익성의 변화를 추적하여 모델링하기보다는 특정한 **기준관찰기간(reference horizon)**을 선택하는 것이다. 그러한 기간을 선택할 때의 중요한 기준은 그 기간 동안에 중요한 사건이나 변화들이 완료되어 안정화가 이루어져야 한다는 것이다. 따라서 그러한 관찰기간을 통해서 얻은 추정치들은 그 기간 이후의 미래를 예측하는 데도 유용하게 활용될 수 있다.

■ 게임의 해결: 균형점

게임 구조를 위에서처럼 단순화하여 설정하고 가능한 결과들에 적절한 보상값들을 할당하면([그림 4.3] 참조), 동적 게임이론의 중요한 원칙인 **앞을 예측하고 체계적인 대안도출(looking ahead and reasoning back)**이라는 방법을 통해서 게임의 해결방안을 찾을 수 있다.

첫째, 시리우스가 투자를 결정하는 경우에 XM이 어떠한 반응을 보일 것인가를 예측한다(노드 2와 3). 만일 시리우스가 컨텐트에 대한 투자를 증가시키면, XM은 그에 대응해서 투자를 같이 증가시키거나 아니면 이를 무시하고 통상적인 방식에 고수하여 프로그램을 편성할 수 있다(노드 3). XM는 2001년을 기준으로 첫 번째 대안으로부터는 7억 5,400만 달러(12억 5,400만 달러－5억 달러)의 NPV를 기대할 수 있으며, 두 번째 대안으로부터는 14억 1,800만 달러를 기대할 수 있다. 따라서 XM이 노드 3의 단계에 도달하면 두 번째 대안을 선택할 것이 명백하다. 한편, 시리우스가 투자를 증액하지 않기로 결정을 하는 경우에도 XM은 앞에서와 같은 두 가지 대안을 가지게 된다(노드 2). XM이 투자를 증가시키면 NPV 추정값은 16억 6,500만 달러가 되고, 증가시키지 않으면 그 값은 21억 2,700만 달러가 된다. 이 같은 조건에서 XM은 투자를 증가시킬 인센티브가 없기 때문에, 그렇게 하지 않는 것이 **우월전략(dominant strategy)**이 된다. 게임트리상의 노드 2와 3에서 XM이 선택할 것으로 예상되는 대안들은 화살표로 표시되어 있다.

다음으로 뒤로 돌아와서 시리우스가 어떤 선택을 해야 할지를 숙고한다(노드 1). 만일 시리우스가 컨텐트에 대한 투자를 증액하는 경우, 위의 계산에 따르면 XM이 이를 따라 할 것이다. 따라서 시리우스가 기대할 수 있는 NPV는 16억 6,700만 달러(21억 6,700만 달러−5억 달러)가 된다. 반대로, 시리우스가 투자를 늘이지 않으면 XM도 투자를 늘이지 않을 것이므로 NPV는 13억 9,300만 달러가 된다. 이러한 보상값들을 고려해 보면 시리우스는 투자를 늘이는 방안을 선택하는 것이 바람직하다. 시리우스가 선택할 것으로 예상되는 그러한 대안은 게임트리상의 노드 1에서 화살표로 표시되어 있다.

이 게임이 주는 중요한 시사점은 시리우스가 컨텐트 개발에 더욱 적극적인 투자를 할 인센티브가 가지고 있다는 것이다. 왜냐하면 경쟁자인 XM이 먼저 위성라디오 서비스를 상용화했으므로 이를 따라잡을 수단이 필요하며, 또한 시리우스가 먼저 우수한 프로그램 컨텐트들을 확보해 버리면 XM이 컨텐트 개발에 투자할 동기를 약화시킬 수 있기 때문이다. 따라서 시리우스가 투자를 증가시키더라도 XM이 이를 따라 하지 않을 것이 예상된다. 이러한 예측은 미국 위성라디오 시장에서 실제로 전개된 상황과 매우 일치된다. 두 회사는 모두 스포츠, 음악, 대담 등과 같은 라디오 컨텐트를 확보하기 위한 활동을 개시하였다. 하지만, 시리우스는 XM보다 현저하게 많이 컨텐트 확보를 위한 투자를 증가시켰다. 그러한 투자가 정점에 이른 2006년을 기준으로 시리우스의 가입자당 컨텐트 개발비 지출은 100달러를 초과한 반면(이는 총액기준으로 5억 달러를 넘었으며, 당해년도 총수입의

82%를 차지하는 수준), XM의 가입자당 개발비 지출은 20달러 정도에 머물렀다. NASCAR 자동차 경기 중계는 이를 보여주는 좋은 예이다. 이 자동차 경기의 중계권은 처음에 XM이 1,500만 달러에 5년간의 계약을 체결하였지만, 그 후에는 시리우스가 1억 700만 달러에 5년간 계약을 체결했다. 또 다른 예로서 시리우스는 라디오 대담프로그램의 인기 사회자인 하워드 스턴을 영입하기 위해서 5억 달러를 지불하는 조건으로 5년간 계약을 체결했다. 이 사실이 발표되자 시리우스의 주가는 18% 급등한 반면, XM의 주가는 9% 곤두박질쳤다. 결론적으로 비록 시리우스는 후발주자로서 불리한 상황에서 사업을 시작했지만, 상대방의 예상되는 반응을 고려한 적절한 전략을 선택함으로써 경쟁사인 XM의 보복적 투자를 피하면서 보다 빠르게 가입자 수를 확대시킬 수 있었다.

■ 게임이론의 응용

지금까지 살펴본 게임이론적인 접근방법은 다양한 문제들을 분석하는데 적용될 수 있다. 아래에서는 몇 가지 가능한 적용방법들을 소개한다.

- **가정의 변경**: 앞의 사례들에서는 균형상태를 도출하기 위해서 중요한 가정들이 설정되었다(예, 안정적으로 느리게 증가하는 수요 및 그러한 상태에 도달하는 시기). 하지만 시장성장률이 초기에 분석가들이 낙관적으로 예측한 바대로 훨씬 높거나 시장이 안정되는 시기가 2010년이 아니라 2006년이라면, 시리우스가 컨텐트 개발에 적극적으로 투자해야 한다는 기본적 결론은 유보될 필요가 있다. 그러한 새로운 가정은 게임

구조나 보상값들을 변경함으로써 추가적으로 분석될 수 있다. 그러한 점에서 게임이론은 단지 하나의 상황만을 대상으로 하는 것이 아니라 보다 폭넓게 여러 상황들을 비교 검토할 수 있는 유연성을 가진다.

- **보다 과거시점으로부터 대안 검토**: 게임이론적 분석을 확장하는 또 다른 방법은 "보다 과거"로 돌아가서 그 시점을 기준으로 "앞을 예측하고 체계적인 대안을 도출하는 방법"을 적용해 보는 것이다. 예컨대, 시리우스의 컨텐트 개발 사례를 과거로 확장하여 위성라디오 시장에 진출여부를 결정할 당시를 분석해 볼 수 있다. 그 당시에 시리우스는 XM이 시장에 먼저 진입할 가능성이 높으며 자신이 뒤를 이어 진입하면 복점(duopoly)이 형성될 것을 알고 있었다. 따라서 현재의 관점에서 볼 때 10억 달러 이상의 비용이 소요된 시리우스의 시장진입이 정당화되기 위해서는, 후속적으로 시리우스가 컨텐트 개발을 위한 투자를 확대하되 이를 XM이 따라 하도록 허용해서는 안 된다. 그러한 조건이 성립되지 않는다면 막대한 진입비용은 아마도 정당화되기가 어려울 것이다.[11] 그런 점에서 컨텐트 개발에 대한 투자 문제를 게임이론을 통해 분석한 결과는, 보다 근본적으로 복점이 예상되는 시장에 시리우스가 진입할지의 여부를 결정하는데 도움을 줄 수 있다. 아울러 여러 가지 의사결정 변수들을 함께 살펴보는 게임의 경우, 그 값이 장기간에 거쳐 변하는 의사결정 변수들을 중심으로 모델링을 함으로써, 그런 변수들이 단기간에 그 값이 변하는 변수들보다 먼저 고려될 수 있도록 할 필요가 있다.
- **게임의 변화**: 2007년 초 무성한 소문 끝에 XM과 시리우스

는 대등한 지분으로 합병을 하기로 발표했다. 뒤를 이어 2008년에는 미국 법무부와 연방통신위원회의 승인이 이루어졌다. 이를 긍정적으로 받아들인 사람들은 예상보다 적은 시장과 높은 컨텐트 개발비용으로 인해 독점의 허용이 불가피하다고 보았다. 한 기업이 위성라디오 서비스를 모두 제공하게 되면 장비 개발, 광고, 컨텐트 개발 등을 보다 효율적으로 수행할 수 있다는 것이다. 하지만 부정적인 시각을 가진 사람들은 합병이 미리 계산된 수단이라고 비난했다. 두 번째로 진입한 기업의 진짜 목적은 경쟁이 아니라 합병으로 탄생할 독점기업의 이윤을 나누어 가지려는 것이었단 주장이다. 어느 편의 주장이 맞던, 합병은 [그림 4.3]의 게임트리에서 전혀 고려하지 못했던 새로운 국면이다. 이러한 사실은 게임 자체가 경영자의 창의적 사고에 의해서 얼마든지 변화될 수 있음을 보여준다(이는 본 장의 뒷부분에서 다시 논의되는 주제임). 또한 게임트리를 작성하고 해답을 구하는 목적은 이상적으로 그러한 창의적 사고를 보완하려는 것이지 결코 이를 대체하려는 것이 아님을 유의할 필요가 있다. 한편 게임이론은 그러한 합병의 전략적 의미에 대해서도 어느 정도 유용한 시사점을 제공한다. 즉 치킨게임(시장을 독점할 목적으로 경쟁자들이 물러날 때까지 출혈 경쟁을 하는 게임)은 계속하기에는 매우 위험한 게임이므로 가급적 그러한 게임으로 빠져 나올 수 있도록 최대한의 노력을 기울일 필요가 있다는 것이다.[12)]

- **불확실성의 고려**: 게임이론은 현실세계에 존재하는 불확실성을 고려할 수 있는 유연성을 가지고 있다. 실례로서 시리우스와 XM 간에 합병이 이루어진 후, 글로벌 금융위기가

발생하면서 미국의 자동차산업이 붕괴되었고, 그에 따라서 위성라디오에 대한 수요도 크게 위축되었다. 그 결과 2009년 시리우스-XM은 5억 3,000만 달러 차입에 대한 대가로서 자사 지분의 40%를 리버티 미디어(Liberty Media)라는 회사에 양도해야만 했다. 그 같은 수요의 불확실성은 모델에서 "자연(Nature)"이라는 제3자의 참가자를 명시적으로 설정하고, 그 참가자가 독립적으로 높은 수요와 낮은 수요를 결정한다고 가정함으로써 분석에서 충분히 고려될 수 있다(그에 대한 상세한 설명은 이 교재의 범위를 벗어나므로 생략함). 게임이론이 얼마나 유용한 시사점을 제시할 수 있는가는 궁극적으로 얼마나 적합한 모델을 구축하고 양질의 정보들을 활용하느냐에 달려 있다.

경쟁자 프로파일링

여태까지의 논의에서는 경쟁적인 상호작용을 하는 참가자들이 사업조망에 대해 동일한 인식을 하며, 순현재가치의 극대화를 가장 중요시한다고 가정했다. 비록 이는 합리적인 가정들이지만, 그러한 가정을 완화함으로써 보다 새로운 통찰력을 얻을 수 있다. 현실세계에서 경쟁자들은 반드시 기업가치의 최대화를 궁극적 목적으로 추구하지 않을 수 있으며, (변화하는) 사업조망에 대해서 다른 믿음을 가질 수도 있고, 또한 합리적 목적보다는 **기업의 관성(inertia)**을 반영하는 어떤 고착화된 조건들에 따라서 행동할 수 있기 때문이다. 경쟁자들의 행동을 보다 정확히 예측하기 위해서는 그러한 가능성들을 염두에 둘 필요가 있다.

따라서, 위성라디오 사업에서 시리우스는 경쟁자인 XM이 기업가치 극대화를 위해서 무엇을 할 것인가에만 주의를 기울이지 말고, XM가 어떤 비경제적인 성향들을 가지고 있는가도 파악할 필요가 있다. XM은 시리우스와 마찬가지로 창업한지가 얼마 안 되는 신생기업이므로, 그에 따라 대체로 어떠한 성향들을 가지고 있는가를 비교적 예측하기 쉽다. 특히 컨텐트 담당임원을 포함한 XM의 최고경영층은 대부분 정보통신업체, 전통적 라디오 방송국, 그리고 TV 방송국 출신들이다. 이러한 업종의 회사들은 일반적으로 방송 컨텐트보다는 이를 전송하는 기술적인 표준이나 채널에 높은 관심을 가진다. 그에 비해 시리우스의 최고경영진은 채널과 컨텐트 양쪽에 걸쳐 비교적 균형 있게 분포되어 있다. 이러한 차이로 인해 XM은 주로 전통적인 라디오 서비스 방식(대부분 로열티를 지불하는 음악을 방송)을 고수하는데 비해, 시리우스는 컨텐트에 초점을 둔 새로운 사업모델을 추구할 수 있었다고도 볼 수 있다. 이러한 해석은 앞절에서 게임이론을 적용해서 도출한 이 사례의 결론을 더욱 설득력 있게 해준다. 그러나 일반적으로는 그러한 행동적 성향들과 순수한 경제적 동기가 항상 일치하는 것은 아니다. 따라서 행동적 성향들이 경영전략에 미치는 영향을 별도로 분석해 볼 필요가 있다.

경쟁자 프로파일링은 그러한 분석을 체계화한 것이다. 이 기법은 경쟁자의 **목적(goal)**, **믿음(belief)**, 그리고 **루틴(routine)**에 대한 깊은 분석을 통하여 다음과 같은 질문들에 대한 대답을 모색한다.

- 경쟁자들은 무엇을 진정으로 원하는가?
- 그들은 자신의 목적을 추구하는데 있어서 스스로를 어떻게

인식하는가?

• 과거에 그들은 어떤 방식으로 행동하는 경향이 있었는가?

[그림 4.5]는 경쟁자 프로파일링에서 활용되는 "목적-믿음-루틴" 모델의 중요한 요인들을 정리하고 있다. 게임이론의 명료한 모델에 비해서, 이 모델은 확실히 다양한 내용을 포함하고 있다. 여기서는 이 모델의 개별 구성요소들을 일일이 설명하기보다는 이 모델의 기본적인 논리가 무엇인지를 논의함으로써 경쟁자들의 외형에 가려진 베일을 뚫고 들어가 진정으로 그들의 행동을 이끄는 요인들이 무엇인가를 파악하는 방법과, 특히 최고경영층의 성향이 기업경영에 미치는 영향을 분석하는 방법을 살펴본다.

경쟁자의 진정한 목적을 이해하는 것이 중요한 이유는 기업의 유일한 목적이 기업가치의 극대화라는 고정관념에서 벗어날 수 있는 중요한 계기를 마련해 줄 수 있기 때문이다. 경쟁기업이 반드시 기업가치 극대화만을 추구하지 않을 가능성은 설립목적(예, 공공기업, 비영리기업), 소유구조(예, 가족기업), 또는 경영자들이 기업가치를 희생시켜 가며 자신의 이익을 추구할 때 발생하는 **대리인 문제(agency problem)** 등에서 짐작될 수 있다. 특히 최고경영자들에 관련된 대리인 문제가 중요한 이유는 그들의 행동이 얼마나 가치극대화라는 목표에서 벗어날지를 결정하는 중요한 조건으로 작용하기 때문이다. 이에 관해서 경영자들의 동기가 매우 복잡한 성격을 가지고 있다는 점을 이해하면 도움이 된다. 극단적인 이기심은 비록 성자같은 성품보다 드물지는 않지만 보편적인 인간의 성격은 아니기 때문이다. 조직수준에서 경쟁회사의 경영자들이 가진 진정한 목적을 이해하기 위

그림 4.5 경쟁자 프로파일링을 위한 모델

질문		경쟁자는 진정으로 무엇을 원하는가?	목적를 추구하는데 있어서 경쟁자는 자신을 어떻게 인식하나?	역사적으로 경쟁자는 어떤 행동을 했는가?
구성요소		명시적 또는 잠재적 목적	명시적 또는 묵시적 믿음	루틴 및 다른 관성 발생 원인들
중요한 징표들		– 설립목적/소유권/지배구조 (가치극대화가 아닌 다른 목적을 추구할 여건)	– 모호성/다극화된 목적들 – 배태성 (서로 다른 인지모델들과 그 시사점)	– 규모/연령/복잡성/관료화/고착된 조직문화/편협성/소통부재/리더십 불변화 (관성을 나타내는 지표들)
구성요소	최고경영층	보상/인센티브 – 영향력/신뢰성/명성 – 초월적 상위목표/내재적 몰입 – 감정	– 일생의 경험 – 경영기법, 관행, 원칙 등에 대해 – 컨설턴트/조언자 – 역할모델/비유	– 매몰비용에 대한 집착 – 자기합리화 – 긍정적 결과에만 초점 – 분석보다는 무조건 옹호
	사업/세그먼트	– 사업구조 – 사업단위들의 현황 및 연관성	– 산업의 수익성/진화에 대해 – 사업단위 내 그리고 사업단위 간 범위의 경제/비경제에 대해	– 사업범위 선택 – 부존자원 효과/조직적 애착심 – 혐오하는 것/중립지대/맹점
		– 경쟁우위의 유형 – 매출, 자산, 또는 이익의 점유율 및 순위	– 상대적 원가 및 고객구매의사에 대해 – 매출, 비용 등을 발생시키는 원인들에 대해(예, 규모)	– 통제하고 있다는 착각 – 집단사고(groupthink) – 정치적 행동 – 협력/대결
	전략	– 능력개발 의도	– 핵심적 능력/역량에 대해(활동/기능/프로세스) – 개선 가능성에 대해	– 능력/역량의 함정
	성과	– 수익성: ROS/ROA/ROE – 성장률: 매출 대 물량 – 위험/공격성/기간 간 상충성(inter-temporal tradeoffs) – 사회적/비경제적 목표	– 금융시장과 자본비용에 대해 – 자금의 조달 및 사용에 대해 – 위험 및 위험관리에 대해 – 비시장적 기회 및 위험에 대해	– 만족스러운 성과/서서히 악화되는 성과 – 성장목표를 낮추는 것에 대한 저항감(이력현상(hysteresis)) – 위험회피성향: 이익보다 손실의 여파가 큼 – 과거의 시회적/비경제적 몰입

해서는 경쟁회사가 추구하는 사업 포트폴리오, 경쟁적 포지션, 다른 경영상의 목표들, 그리고 공언된 재무적 성과목표에 주의를 기울일 필요가 있다(상장기업들이 발표하는 재무적 성과목표는 주주들이 이를 달성하도록 압력을 행사하기 때문에 다른 약속들보다 훨씬 신뢰성이 있음).

믿음(belief)은 경쟁자 프로파일링의 두 번째 구성요소이다. 경쟁자들은 상황에 내재적 **모호성(ambiguity)**로 인해, 또는 장기간에 형성되어 조직에 넓고 깊게 **배태된 믿음(embedded belief)**들로 인해서 세상을 전혀 다른 시각으로 바라볼 수 있다. 특히 배태된 믿음은 이를 부정하는 새로운 정보를 접하여도 수용을 거부하는 속성을 가지고 있다. 따라서 경쟁자가 가진 믿음을 이해하는 것은 그의 행동을 예측하는데 매우 중요한 단서를 제공한다. 때때로 경쟁자들이 가진 믿음의 성격을 몇 개의 **인지모델(mental model)**들을 통해서 체계적으로 파악하는 것이 유용할 수 있다. 예컨대, 경쟁자의 선택에 영향을 미치는 인지모델을 반영구적 믿음 체계, 단순한 믿음 체계, 그리고 무의식적인 믿음 체계 등으로 구분해 볼 수 있다(물론, 믿음 체계가 너무 일관성이 없어서 합당한 인지모델을 찾을 수 없는 흥미로운 경우도 있을 것임). 경쟁기업의 최고경영층을 자세히 살펴보는 것은 흔히 그러한 믿음들을 파악하고 그에 따라 적합한 인지모델을 찾는데 유용한 통찰력을 제공하여 준다.

경쟁자 프로파일링의 마지막 구성요소는 루틴(routine, 조직에서 과업이 수행되는 규칙화되고 패턴화된 프로세스)인데, 그 이유는 기업의 행동이 반드시 의도한 바대로 이루어지지 않을 수 있기 때문이다. 비록 경쟁자가 진정한 목적을 달성하기 위해서 또는 특정한 믿음을 따라서 어떤 의사결정을 하더라도 그러한 의사결정이 본래의 의도대로 수행되지 않을 가능성이 있다. 이러한 문제에 대한 연구를 거의 50년 전에 처음 시작한 필립 셀즈닉(Philip Selznick)은 "조직이 어떻게 행동하고 반응할지에 대한 몰입(commitment)는 조직내부에 구축되어 있다"라고 지적했다.[13] 다시 말해서, 조직은 기존의 행동방식을 그대로 유지하려는 관성(inertia)을 가지는 경향이 있다(이를 드러내는 여러 가지 표시들은 [그림 4.5]에 정리되어 있음). 조직 관성을 일으키는 요인은 다양하다. 셀즈닉이 지적한 루틴으로부터, 개인적 그리고 조직적 수준에서의 수동성/소극성 그리고 고착화된 편견 등과 같은 요인들은 비록 조직이 분명한 의사를 가지고 선택을 하는 경우에도 영향을 미친다.[14] 그러므로 한 경쟁자의 과거 루틴들을 이해하는 것은 그 경쟁자가 미래에 어떤 행동을 예측하는데 큰 도움을 줄 수 있다.

목적-믿음-루틴 모델을 전체적으로 쉽게 파악하면서도 동시에 그 개별적인 구성요소들을 잘 이해할 수 있는 하나의 방법은 이를 자신이 근무하고 있거나 잘 알고 있는 조직에 실제로 적용해 보는 것이다. 또한 아래와 같이 이 모델이 실제로 적용되었던 기업사례를 상세히 살펴보는 것도 좋은 방법이다.

■ 경쟁자 프로파일링의 적용 사례: 액센츄어의 인도시장 전략

아래에 소개되는 엑센츄어의 사례는 경쟁자 프로파일링의 적용 절차 및 내용은 잘 보여준다.[15] 엑센츄어는 IT 기술 컨설팅, 소프트웨어 서비스, 비즈니스 프로세스 아웃소싱(business process outsourcing service: BPO) 등을 제공하는 회사이다. 2003년 엑센츄어는 인도에 BPO 서비스를 위한 대규모 투자를 추진하였다. 만일 이 회사가 정말로 인도에 대규모 투자를 단행한다면, 당시에 주로 저렴한 인건비에 기초하여 경쟁을 하고 있던 기반이 취약한 인도 소프트웨어 회사들에게 큰 타격을 안겨줄 가능성이 있었다. 이를 우려한 인도의 한 대형 소프트웨어 회사는 액센츄어가 진정으로 인도의 BPO 시장에 진출할 의사가 있는가를 파악하기 위해서, 그에 대한 상세한 분석을 하도록 전문가에게 의뢰했다.

액센츄어에 대한 정보는 너무나 광범위했기 때문에 이를 모두 살펴볼 수가 없었다. 그러므로 제2장에서 설명한 제1단계의 정보수집에 대한 원칙에 따라서 미국 증권거래위원회에 제출된 보고서들과 증권사들이 발행하는 애널리스트 보고서들에 대한 면밀한 검토를 시작하였다. 다른 곳으로부터 획득한 정보(예, 액센츄어의 고객 및 전직원들이 제공한 내부적 정보, 산업보고서, 보도자료 등)는 이들 자료원에서 부족한 내용들을 보완하는데 활용되었다.

액센츄어의 전략적 의도는 앞에서 설명한 목적-믿음-루틴 모델을 다소 수정하여 분석하였다. 모델의 수정이 필가피했던 이유는 이 분석의 초점이 과연 액센츄어의 전략에 변화가 있는가를 이해하는데 있었기 때문이다. 따라서, 분석에서는 과거의 연속성보다는 미래의 변화가능성을 보다 비중 있게 다룰 필요가 있었다. 그럼 먼저 목적을 살펴보자. BPO 서비스는 이미 액센츄어의 매출성장에 중요한 기여를 하고 있었다. 특히 닷컴 버블이 꺼지고 IT 컨설팅이 침체를 맞으면서 BPO 서비스의 중요성은 더욱 커졌다. 따라서 이 회사의 경영진은 공개적으로 BPO 사업이 지속적으로 매출 성장의 동력이 되기를 희망한다는 의사를 표명해 왔다. 그런 점에서 액센츄어가 BPO 사업에 계속 주력할 것이라는 점은 상당히 분명하였다.

하지만 액센츄어가 자사의 BPO 사업을 위한 거점으로서 인도를 얼마나 중요하게 고려하는가에는 의문이 제기된다. 액센츄어는 전통적으로 컨설팅 등과 같은 부가적 서비스가 포함되지 않는 단순한 BPO 서비스인 "리프트앤드롭(lift and drop)" 계약을 회피하여 왔다. 하지만 이 회사가 발표한 전략에 따르면, 앞으로 인도를 거점으로 하여 리프트앤드롭 서비스를 적극적으로 제공할 예정이다. 이러한 변화는 자신의 비즈니스를 "페킹오더(pecking order, 닭들이 모이를 쪼는 순서를 뜻하는 용어로써 사회나 집단의 서열을 의미)"에 입각하여 생각하는 액센츄어의 인지모델과 관련되어 있다. 즉, 고객을 위한 전략적 가치(아울러 수익성과 고객충성도)를 기준으로 IT 컨설팅을 가장 상위의 서비스로 생각하고 리프트앤드롭을 가장 하위의 서비스로 간주하는 것이다([그림 4.6] 참조). 따라서 액센츄어는 IT 컨설팅 및 시스템 통합서비스에서 우위를 구축하면서 리프트앤드롭 서비스 시장에는 진출을 회피하는 전략을 추구해 왔다. 그러한 점에서 이 회사가 BPO를 새로운 성장동력으로 강조한다는 사실은 앞으로 리프트앤드롭 사업도 중요시하겠다는 의미로 해석될 수 있다. 그에 대해서 한 고위직 임원은 "우리는 고개의 10명 중 9명이 요구하는 서비스를 무시할 수 없다. 만일 그들이 필요로하는 서비스를 제공하지 못하면, 그들은 인도계 회사로 옮겨 가 버릴 것이고, 그러면 우리가 그들에게 더 부가가치가 있는 서비스를 제공할 수 있는 기회는 앞으로 영영 사라질 것이다"라고 논평했다. 이러한 점으로부터 추론해 볼 때 액센츄어가 인도를 통해 리프트앤드롭 서비스 제공하기로 결정한 것은 단지 기존 컨설팅 서비스의 한 부분을 확장하려는 것이 아니라, 새로운 고객들을 유치하기 위한 새로운 매력적 서비스를 개발하기 위한 것으로 보인다. 이 회사는 수 년 전에 비해서 BPO 사업의 중요성, 서비스 거점으

그림 4.6 엑센츄어의 사업 위계

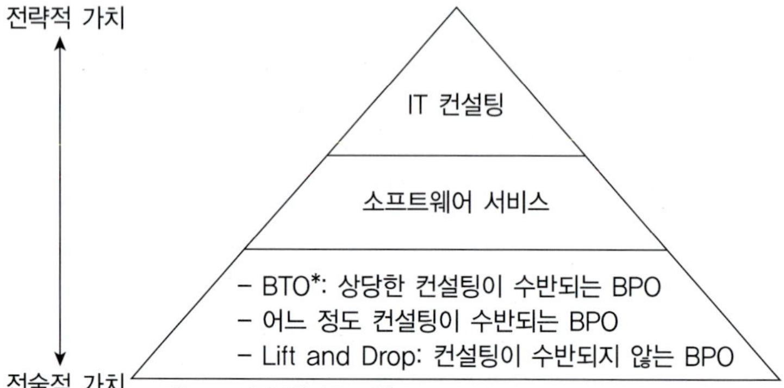

*BTO=사업변환아웃소싱(business transformation outsourcing)
BPO=사업프로세스아웃소싱(business process outsourcing)

로서 인도의 가치, 그리고 인도계 경쟁사들의 위협에 대응할 전략적 필요성에 대해서 보다 분명한 믿음을 가지고 있는 것이 확실하다.

리프트앤드롭 서비스를 시작하는 것이 액센츄어에게 상당히 큰 전략적 전환임을 고려할 때, 이 회사의 루틴들이 연속적이기보다는 변화하고 있는가를 살펴보는 것이 그러한 계획의 실제적 추진여부를 예측하는데 도움을 줄 수 있다. 새로운 전략에 대한 확고한 의지는 2003년 전체 임원의 거의 반이 교체된 대규모 인사이동에서 잘 확인될 수 있었다(그러나 리프트앤드롭 사업에 반대하는 임원들이 모두 교체되지는 않았음). 그 이후로 인도 사업을 본격화하기 위한 여러 차례의 투자가 이루어졌다. 그 결과 이 회사가 보유한 8개의 BPO 사업라인 중 3개가 인도로 이전되었으며, 나머지 사업라인들도 지속해서 인도로 이전을 추진할 계획이다. 또한 금융서비스 사업부가 인도를 거점으로 한 서비스 개발에 선도적 역할을 하기로 동의하였다. 모든 다른 아웃소싱 계약에서도 인도 사업을 부각시키기로 결정한 것으로 보인다. 홍보자료에는 이 회사가 최근에 인도에 적극적 투자를 하고 있다는 내용이 크게 강조되었으며, 그에 대한 직원들의 인식을 높이기 위한 내부 교육용 교재들이 제작되었다. 2003년 10월 이 회사는 4,500명의 컨설턴트들과 1,700명의 파트너들이 그러한 새로운 교재들을 통해 교육을 받고 있다고 발표했다. 따라서, 비록 이 회사가 인도에 관심을 가지기 시작한 것은 비교적 최근이지만, 상당히 빠르게 사업진척이 이루어지고 있다고 판단되었다.

액센츄어의 인도 사업이 본격화되어 낮은 가격으로 BPO 서비스를 제공하게 되면, 이는 위의 분석을 의뢰한 인도 소프트웨어 회사에게 큰 위협이 된다. 액센츄어가 인도에서 서비스를 제공하는 원가는 현지기업인 이 회사가 서비스를 제공하는 원가보다 0에서 20% 정도 높을 것으로 예상된다. 그리고 현재 이 인도 회사의 영업마진율은 약 30% 수준이지만, 만일 액센츄어가 시장에 뛰어들어 치열한 경쟁이 벌어지면 서비스 품질에서 큰 차이가 없다고 가정하더라도 영업마진율의 0으로 떨어지거나 절반으로 줄어들 가능성이 있다. 나아가 IT 컨설팅 서비스의 선두기업으로서 액센츄어가 차별화에 성공하여 상당한 프리미엄 가격을 향유하게 된다면, 인도 회사는 더욱 불리한 상황에 놓이게 될 것이다. 왜냐하면, 경쟁자인 액센츄어에게 중요한 글로벌 고객들을 빼앗기고, 대규모의 외국인 투자로 인해서 인도 내 소프트 엔지니어들의 인건비가 크게 상승할 가능성이 있기 때문이다. 따라서 위의 분석결과는 인도 회사의 경영진으로부터 상당한 주목을 받았다. 이 분석이 예견한대로 현재 시점에서 액센츄어는 전세계 인력의 20%를 인도에 배치하고 있으며 그 비율을 계속하려 늘려 가고 있다. 그러한 인력 비율은 미국을 포함해서 단일 국가에서 가장 높다.

■ 게임이론과 경쟁자 프로파일링의 통합

게임이론과 경쟁자 프로파일링은 매우 다른 분석방법을 제시할 뿐 아니라 행위적 동기에 대한 가정도 다르다. 앞에서 논의한 바와 같이 게임이론은 일반적으로 경제주체들이 항상 가치극대화를 추구하며, 서로 비슷한 세계관을 가지고 있고, 조직 관성이나 루틴화된 행동들이 전혀 없다고 가정한다. 경쟁자 프로파일링은 그러한 (합리성에 대한) 가정들을 완화하여 경쟁자들이 진정으로 무엇을 원하는가, 경쟁자들은 가지고 있는 믿음들로 인해서 자신의 목적을 추구함에 있어서 스스로를 어떻게 인지하는가, 그리고 경쟁자들은 과거에 비슷한 상황에서 어떻게 행동했는가를 파악하려고 시도한다. 그렇다면 현실적인 경쟁상황을 분석함에 있어서 어떻게 이 두 가지 상이한 분석방법들을 통합적으로 활용할 수 있을까?

우선 이론적으로 볼 때 경쟁자 프로파일링이 제시하는 목적, 믿음, 루틴에 대한 폭넓은 가정은 게임이론의 공식적 구조에 충분히 통합될 수 있다는 점을 주지할 필요가 있다.[16] 그러한 점에서 이 두 가지 접근방법이 완전히 양립 불가능한 것은 아니다. 이는 가치극대화 이외의 목적들을 고려하는데 있어서 가장 분명히 나타난다. 예컨대, 만일 시리우스가 이익보다는 매출확대를 더 추구한다면 [그림 4.3]에 나타나 있는 이익(보다 정확히는 미래 이익의 현재가치)을 매출로 대처하여 종전과 동일한 방법으로 게임을 분석할 수 있다. 믿음의 차이에 관해서는 존 하사아니(John C. Harsanyi)가 불완전 정보(incomplete information) 게임이론을 개발한 것을 계기로 지난 10년간 게임이론가들에 의해서 많은 연구가 진행되었다. 특히, 아래에서 간략하게 살펴보는 바와 같이 정보의 전달(signaling) 및 방해(jamming)에 대한 많은 문헌들이 존재한다. 끝으로 루틴들은 특정한 상황에서 어떻게 반응하도록 프로그램된 행동들이나 특정한 유형의 참가자들을 설정함으로써 게임이론 모델에 충분히 포함될 수 있다(이는 진화적 게임이론에서 상당히 중요한 연구주제임).[17)]

더 나아가서, 경쟁자 프로파일링은 게임이론과 개념적으로 양립 가능할 뿐만 아니라 보완적인 성격을 가진다고 볼 수 있다. 순전히 통계적 관점에서 볼 때, 하나의 분석방법을 사용하는 것보다는 두 개의 분석방법을 병행하여 사용하는 것이 더 설명력을 높일 수 있다. 또한 조직의 행동에 대한 서로 다른 관점을 수용하는 것은 조직이 합리적이냐 아니면 비합리적이냐에 대한 뿌리깊은 논쟁에 대처하는 현실적인 방법이기도 하다.

이상에서는 게임이론과 경쟁자 프로파일링을 통합할 수 있는 개념적 논리를 설명하였다. 그렇다면 실무적 차원에서 어떻게 통합을 이룰 수 있을까? 항상 가능한 것은 아니지만 드물게 두 접근방법이 제시하는 해답이 일치할 수 있다. 설령 완전한 계량화가 곤란한 경우에도 게임이론과 경쟁자 프로파일링이 같은 해답을 제시한다면 문제는 간단해진다. 좋은 예로서 앞에서 설명한 바와 같이 XM과 시리우스의 최고경영층이 가진 백그라운드에 대한 분석은 게임이론에서 예측한 결과를 더욱 확인시켜 주고 있다. 이러한 경우 두 기법이 제시하는 결과를 통합하는데 큰 어려움이 따르지 않는다.

통합이 훨씬 어려운 경우는 경쟁자 프로파일링의 예측과 게임이론의 예측이 서로 불일치하고 이를 계량적으로 비교하기도 어려울 때이다. 한 가지 방법은 경쟁자가 다른 대안을 선택하지 않고 한 가지 대안을 선택할 때 인지하는 가치들을 계량적으로 추정한 후, 그러한 계량화된 차이들을 "경쟁자가 대안들에 대하여 인지하는 질적인 차이들"과 비교하여 암묵적인 가중치를 부여하는 것이다. 그러한 방법의 논리적 근거는, 어떤 비경제적인 성향을 만족시키는데 소요되는 경제적 비용을 이해하는 것은 그러한 성향을 추구하는 것이 만족스러울지 아니면 불만족스러울지를 판단하는데 도움이 된다는 것이다. 200년 전 벤자민 프랭클린(Benjamin Frankline)이 지적한 바와 같이, 이를 실행하기 위한 유용한 실무적 도구는 찬성과 반대의 대차대조표를 만들어 보는 것이다.

> 어려운 문제가 발생하면 … 나는 종이 한 장을 둘로 나누어 한쪽에는 찬성이라고 적고 다른 한쪽에는 반대라고 적는다. 그리고 삼사일간 숙고 기간에 다른 제목들을 더 정하여 그 밑에 그 방법을 선택해야 할지 아니면 포기해야 할지에 대하여 여러 다른 시간에 생각난 이유들을 설명할 수 있는 갖가지 작은 힌트들을 적어 넣는다. … 비록 그러한 이유들에 부여하는 가중치들을 정확히 수학적으로 계량화할 수는 없지만, 각 대안들과 그 이유들을 개별적으로 검토하고 또한 비교하여 검토함으로써 그 전체를 파악하고 나면, 더 좋은 의사결정을 할 수 있고 경솔한 행동을 피할 수 있게 된다.[18)]

끝으로, 정말로 중요한 통합은 아마도 다른 분석방법들 간에 통합이 아니라 분석과 실행 간의 통합일 것이다. 그에 대해서 추상적인 논의보다 액센츄어에 대한 경쟁자 프로파일링 분석의 결과가 추후에 어떻게 활용되었는지를 설명하는 것이 더 생생하게 요점을 보여준다. 우선 의뢰 회사의 경영진은 하루에 걸쳐 액센츄어의 인도 진출에 도사린 위협에 대해서 장시간 토론을 펼쳤다. 중요한 주제는 액센츄어의 진출이 이루어진 새로운 경영환경에 어떻게 적응할 것인가, 그리고 이 경쟁사의 인도진출을 어떻게 견제할 것인가였다. 그 결과 엑센츄어의 전략이 가진 약점들, 그리고 의뢰 회사와 비교하여 상대적으로 가지고 있는 불리한 점들(예, 인도시장에서 외국인 기업과 신규 진입자로서 가지는 불이익, 인도 사업에 대한 본사 지원의 부족 가능성, 아직도 불확실한 점이 있는 진출 동기, 인도 사업에 대한 제한된 내부적 지원 등)과 유리한 점들을 상세히 조사하게 되었다. 그 후 추가적으로 인도 시장에서 현재의 경쟁포지션을 그대로 유지하는 방안, 그리고 대안적으로 경쟁 및 협력을 통해서 자사의 포지션을 개선하는 방안에 대해서 나름대로의 가중치를 부여하였다. 또한 액센츄어에게 어떻게 대응하든 상관없이 취해야 할 바람직한 조치들을 발견하였다. 예컨대, 원가를 줄이기 위해서 공급 측면을 보다 주의 깊게 관리하고, 가격보다는 비가격적 요소들을 강조하는 마케팅 전략을 편성하며, 사업부들 간에 교차판매를 증진시킬 필요가 있었다. 그러한 방안들을 개발하는데 액센츄어에 대한 상세한 분석은 많은 도움을 주었으며, 특히 의뢰회사가 어려움을 느끼고 있었던 관계마케팅(relationship marketing)에 대한 통찰력을 얻는데 유용하였다. 마지막으로, 의뢰 회사는 경쟁사들에 대한 분석과 지속적인 감시의 중요성을 인식하고 이를 위해 액센츄어와 다른 경쟁사들을 상시적으로 모니터링하기 위한 "경쟁자 감시 시스템(competitor intelligence system)"을 구축했다.

분석 프로세스

앞의 세 절에서 설명한 방법들을 적용하여 다음과 같은 통합적인 분석절차를 도출할 수 있다.

- 의사결정에 따라 나타나는 결과(보상 또는 손실)들을 조사하고, 우리 기업에게 주어지는 결과들에 중요한 영향을 미치는 경쟁자들이 누구인가 파악한다.
- 경쟁자들이 가진 중요한 목적과 믿음들이 무엇인지를 이해하고, 과거의 경험에 비추어 그들이 어떻게 행동을 할(또는 하지 않을) 가능성이 높은지 탐구한다.
- 경쟁자의 예상되는 행동/반응에 대한 분석결과에 비추어 어떻한 상황이 전개될 것인가를 예측하고, 그에 따라서 우리에게 주어진 전략적 대안들 중 최선의 것을 선택한다.

앞절에서는 경쟁자들의 단순한 경제적 동기를 넘어서 그들의 목적, 믿음, 루틴 등과 같은 보다 복잡한 속성들을 고려할 수 있도록 분석의 범위를 넓혔다.

이러한 분석 범위의 확장은 고전적 게임이론이 모든 발생할 수 있는 상황 및 가능한 대안들을 완전한 파악할 수 있다고 가정하는 "닫혀진 세계"를 상정하고 있음을 드러낸다.[19] 하지만 우리는 "열린 세계"에 살고 있기 때문에 모든 상황과 대안들을 완전히 다 빠짐 없이 예측하는 것이 불가능하다. 그러한 현실세계에 대한 인식은 전략적 대안들을 고려하고 이들을 분석하는데 있어서 창의성이 발휘될 수 있는 여지를 만들어 준다. 그러한 관점에서 다음에서 논의하는 첫 번째와 두 번째 원칙은 전체

분석 프로세스를 보다 개방된 사고에 입각하여 수행할 수 있도록 하기 위한 것이다. 그리고 세 번째 원칙의 목적은 분석 범위를 경영자가 관리 가능한 수준으로 조정하고, 여러 가지 열려진 가능성에 대해서 보다 유용한 행동을 취할 수 있는 가능성을 높이기 위한 것이다.

■ 원칙 1: 전략적 대안들에 대한 폭넓은 고려

본 장의 첫 두 절에서는 모든 가능한 전략적 대안들이 사전에 결정되어 있고 그 가운데서 선택이 이루어진다는 가정을 하였다. 즉, 우리는 닫혀진 세계를 가정했다. 하지만 현실적인 열린 세계에서는 아무도 생각하지 못했던 창의적인 새로운 전략적 대안을 개발하는 것이 흔히 큰 이점으로 작용한다. 창의력을 발휘하도록 만드는 완벽한 제도적 장치를 개발하는 것은 불가능하지만, 게임이론적 사고와 경쟁자 프로파일링 방법은 보다 다양한 창의적 대안들을 찾을 수 있도록 도움을 준다. 그럼 게임이론을 시작으로 하여 이 두 가지 분석방법이 어떻게 창의적 대안 개발에 기여할 수 있는가를 차례로 살펴보자.

- **변수**: 게임이론은 매우 다양한 변수들을 고려하도록 분석 범위를 확장하고 있다. [그림 4.7]는 대표적인 50개 변수들을 보여주는 (부분적) 리스트이다. 이러한 리스트는 기업이 자신의 사업에 적합한 보다 다양한 전략적 변수들을 찾을 수 있도록 도와준다.
- **비대칭성**: 게임이론은 경쟁적 상호작용에 있어서 선발주자와 후발주자 간, 기존사업자와 신규진입자 간, 그리고 규모의 차이에 따라서 발생하는 여러 가지 **비대칭성(asymmetry)**을 파

악하는데 유용하다. 따라서 게임이론은 외견상 눈에 잘 안보이는 그런 비대칭성을 활용하거나 감소시키는 전략적 대안들을 찾아 내는데 유용할 수 있다. 예를 들어, 게임이론 분석에 따르면 생산능력이 중요한 산업에서 수요가 감수하는 경우, 소규모 기업들은 생산능력 감축의 부담을 가능한 대기업들에게 떠 맞기는 전략을 사용하는 것이 유리하다. 이는 직관적 생각과는 상반되지만 내쉬균형에 이룰 수 있도록 해 준다.[20)]

- **경쟁적 자세**: 게임이론은 장기적인 몰입, 그리고 변경이 어려워 후속적 게임의 조건을 변화시킬 수 있는 변수들에 초점을 두는 이외에도, 참가자들이 선택할 수 있는 다양한 자세(posture)의 유형을 제시한다. 예를 들어, 상황에 따라서 한 참가자는 라이벌들로부터 양보를 얻기 위해 경쟁의 "우두머리(hot dog)"처럼 행세하거나, 그들의 공격을 무마시키기 위해서 "부유한 후원자(fat cat)"처럼 행동하거나, 아니면 더 강력한 라이벌들의 공격을 확실히 피하기 이해서 "귀여운 강아지(puppy dog)"처럼 행동할 수 있다. 이러한 기본적 자세들에 대한 고려는 새로운 전략적 대안들을 생각해 내는데 유용하며, 나아가서 라이벌의 공격적 전략을 비공격적 전략으로 대응하는 것이 최선이 되는 전략적 대체(strategic substitute) 상황과 공격적 전략에는 공격적 전략으로 맞서는 것이 최선인 전략적 보완(strategic complement) 상황을 구별할 수 있도록 도움을 준다.[21)] 이 점에 있어서 특히 경쟁자 프로파일링은 전략적 대체와 전략적 보완 중 어떤 상황이 발생할 가능성이 높은지를 평가하는데 유용하므로, 순수한 경제적 분석이 가지는 한계를 보완해 준다.
- **정보**: 게임이론은 경쟁자들 간에 "비대칭적 정보(asymmetric

information)"가 존재하기 때문에 허세(bluff)와 시늉(feint), 보다 일반적으로 표현하면 **정보(information)**의 조작(misrepresentation)과 은폐(concealment)가 경쟁적 상호작용에서 상당히 중요한 작용을 한다는 점을 강조한다. 이러한 작전들은 비록 그 자체가 목적이 아니지만 어떤 전략적 목적을 추구하는데 상당히 유용한 수단이 될 수 있다.

경쟁자 프로파일링도 새로운 전략적 대안들을 고안하고 현재의 대안들을 개선시키는 방법을 찾는데 비슷한 도움을 준다. 경쟁자들에 대한 심도 있는 분석은 경쟁자가 지렛대로 잘 활용하고 있지만 우리가 미쳐 인식하지 못했던 중요한 **변수(variables)**들을 드러나게 할 수 있다. 경쟁자 프로파일링은 또한 경쟁기업과 우리 기업간에 존재하는 중요한 비대칭성을 분명히 이해하도록 도와줄 수 있다. 예컨대, 경쟁자가 어디서 취약하거나 민감하며 동시에 어디서 강한지를 잘 이해할 수 있다. 아울러 앞에서 언급한 바와 같이, 이 기법은 아래와 같은 질문들에 대한 답을 제공해 줌으로써 다양한 종류의 경쟁적 자세들을 찾아 내고 평가하는데 도움을 준다.

- 어떠한 행동을 하는 것이 경쟁자로부터 가장 두려운 보복을 초래할까(누르면 큰일날 단추들)?
- 무엇이 가장 협력적인 반응을 일으킬까?
- 우리가 어떠한 행동(또는 투자)을 하는 것이 경쟁자의 입장에서 가장 대응하기 곤란할까(능력 차이를 비롯해서, 경쟁자가 가진 특유한 목적, 믿음, 또는 루틴들이 중요한 원인일 수 있음)?
- 경쟁자는 장래에 어떤 행동 또는 전략적 변화를 추구할 가능성이 높으며 그 영향은 무엇일까? 우리가 그러한 행동

그림 4.7 게임이론 모델의 대표적인 50가지 변수

일반적/경쟁적 포지셔닝
- 수평적 차별화
- 시장점유율/리더십
- 자원과 능력에 대한 투자/철수
- 경쟁자 원가 상승시키기/경쟁자 제품 구매의사 약화시키기
- 신호/신호방해

고객/사업 범위
- 고객층 선택/수평적 차별화
- 다시장 경쟁과 암묵적 담합
- 전략적 대체와 보완
- 수직적 통합과 차단

기업조직과 하부구조
- 조직구조
- 집권화/분권화
- 회계제도
- 인센티브제도
- 내부적 커뮤니케이션 흐름
- 정보공개/기업홍보
- 정부로비

제품 포지셔닝/범위
- 제품속성(품질, 내구성 등)
- 제품라인
- 제품다양성
- 통합적 제품/모듈화 제품
- 보완재 제공

판매/마케팅
- 가격
- 가격차별화/대량구매 할인
- 최혜국조항(most favored nation)
- 브랜드(예, 제품 대 이미지)
- 광고/쿠폰/샘플
- 품질보장/서비스 계약
- 위치
- 판매조직/서비스망
- 유통업자들과의 관계
- 수직적 제한(vertical restraints)
- 입점 보조금(slotting allowance)
- 소매업자와 정보교환

조달/투입요소 시장
- 재무적 레버리지와 부채
- 투입요소 가격/계약조건
- 공급자와의 관계

운영
- 물량 대 가격
- 생산능력 확장
- 학습곡선
- 유연성
- 재고
- 주문처리 지연

기술개발
- 제품혁신
- 프로세스혁신
- 기술개발 경쟁
- 표준/플랫폼 경쟁
- 혁신 대 모방
- 전략적 연관성/비연관성
- 특허
- 라이선스, 계약 등

* 게임이론을 활용한 산업조직론 및 마케팅 분야의 연구에서 널리 사용되는 이들 50개의 변수는 참고를 위해서 예시한 것이지 게임이론에서 고려하는 모든 변수들을 총망라한 것은 아니다. 많은 연구들은 이 같은 변수들의 1차원적 영향에 초점을 두고 분석을 하였으나, 2개 이상의 변수들의 상호작용을 분석함으로써 보다 풍부한 시사점을 제시한 연구들도 있다. 게임이론의 모델 및 변수들에 대한 상세한 설명은 Tirole, Cabral, 그리고 McAfeer가 저술한 교재들을 참고하기 바란다.[22] 게임이론에 대한 연구는 산업조직론에서 주로 이루어졌기 때문에 "기업조직과 하부구조"라는 제목 아래 기술된 기업조직 및 비시장적 요인들에 대한 변수들은 상대적으로 수가 적다고 할 수 있다. 하지만 그에 대한 보다 풍부한 변수들은 경제학의 다른 분야(다른 경제학 분야에서도 게임이론을 적용한 연구들이 이루어짐) 및 다른 학문영역들에서 찾아볼 수 있다.

또는 전략적 변화에 영향을 미칠 수 있고 또한 미쳐야만 할까?

끝으로 경쟁자 프로파일링은 기존에 가지고 있는 정보나 인지모델을 다시 평가해 보도록 자극하기 때문에 새로운 사고를 촉진시킬 수 있다. 또한 보다 객관적 판단을 위해서 주요 경쟁자에 대한 프로파일링 분석을 외부의 제3자에게 의뢰하는 것도 좋은 방법이다.

물론, 게임이론과 경쟁자 프로파일링만이 보다 풍부한 대안들을 찾아 내는 유일한 방법들은 아니다. 전략적 사고를 확장시키기 위해서 아래와 같은 다른 유용한 방법들을 활용할 수 있다.

- **범위의 변경**. 전략적 스캐닝(scanning)의 범위를 확장하고 범위를 변화시켜 보는 것은 직접적 경쟁자가 아닌 다른 참가자들의 관점에서 문제를 바라볼 수 있도록 도움을 준다. 이를 통해서 주변부로부터 오는 약한 신호들을 직접적으로 감지할 수 있고, 여러 사업이나 여러 지역을 통합적으로 생각하여 "이것이 다른 곳에서는 어떻게 작용할까?"라는 폭넓은 관점을 발전시킬 수 있다.
- **관점의 전환**. 전략적 사고를 더욱 확장하는 좋은 방법은 파격적으로 관점을 바꾸어 보는 것이다. 이를 위한 구체적 방법들로는, 만일 처음부터 다시 시작해야 하거나 돈이 목적이 아니라면 주어진 문제를 어떻게 풀 것인지 생각해 보기, 산업이나 경쟁자 행동을 이끄는 암묵적인 규칙들이 무엇인가를 적어 보고 이를 깨도록 시도해 보기, 변화에 대한 수용성을 증가시키기 위해서 당면한 위협들(예컨대, 선의를 위한

위기의식 조장, 최악의 시나리오 제시 등의 방법을 통해서)과 기회들을 강조하기, 문제로부터 대답을 찾는 "inside-outside" 경로와 더불어 대답들로부터 기업들이 해결해야 할 당면 문제들을 거꾸로 추적해 보는 "outside-in"의 경로를 따라가 보기 등이 있다.[23] 또한 자신에게 "왜 안 되겠어(why not)?"라고 자주 질문을 하는 것은 현상태를 "변화시킬 수 있는 자세(can change attitude)"를 고양하는데 도움이 된다.[24]

- **조직적 도구**. 전략적 대안들에 대한 사고를 더욱 확장하는 또 다른 방법은 경영층만이 혁신을 주도한다는 "One Big Brain" 모델을 넘어서, 모두 구성원이 창의성을 발휘할 수 있도록 기회를 제공하는 것이다. 이를 위한 좋은 방법으로는 브레인스토밍(그러나 효과적인 결과를 얻기 위해서는 어느 정도 체계적 진행이 필요), 개방적 사고방식 조성, 위험 감수, 학습에 대한 몰입, 풍부한 정보공유 촉진, 알려진 편견의 제거(예, 다른 부서에서 개발한 좋은 아이디어나 기술을 거부하게 만드는 "Not Invented Here" 증후군) 등이 있다. 또한 조직을 지속적으로 재활력화하고 새로운 목표에 도전하게 함으로써, 현재에 안주하지 않도록 자극하는 것도 중요하다. 당연히 그러한 방법들을 통해서 개발된 조직 속성들은 새로운 대안들을 개발하고 평가하는데 기여하게 된다.

■ 원칙 2: 통태적 분석을 위한 보조적 기법들

앞절에서는 게임이론과 경쟁자 프로파일링을 이용하여 경쟁적 동태성을 분석하는데 초점을 맞추었다. 그러나 이 두 가지 방법 이외에도 동태적 분석에 유용한 여러 다른 기법들이 존재한다.

이들 기법들을 보완적으로 활용하는 것은 복잡하고 개방된 현실 세계를 보다 정확히 파악하는데 도움을 줄 수 있다. 그에 대한 아이디어를 주기 위해서 여기서는 그 가운데 몇 가지 중요한 기법들을 소개한다(동태성 분석기법들에 대한 더욱 상세한 내용은 참고문헌에 소개된 여러 논문들과 저서들을 참조바람).[25] 아울러 제2장에서 이미 소개한 **산업구조분석(structural analysis)**도 동태성 분석에 유용하다. 특히 [그림 2.8]과 [그림 2.9]에 제시한 내용들은 어떤 산업의 속성들이 장기적인 동태성에 영향을 미치는가를 이해하는데 도움을 준다. 동태적 상황의 분석에 적용될 수 있는 또 하나의 빠뜨릴 수 없는 기법은 **시나리오 분석(scenario analysis)**이다. 이 기법은 한 산업(또는 기업이나 기술)이 장래에 어떻게 변화할지에 대해 복수의 예측이 존재하는 경우, 각 예측에 대해서 그 원인과 전개과정, 그리고 결과 등을 내부적으로 일관성 있는 논리적 추론에 따라서 시나리오를 개발해 보는 것이다.[26]

시뮬레이션(simulation)은 복잡하고 동태적인 문제에 대해 새로운 통찰력을 얻기 위해서 널리 사용되는 기법이다. 예를 들어, 여러 시뮬레이션의 결과는 과점화 정도가 높은 생산설비 위주의 산업에서 수요가 지속적으로 급증하는 경우 기업들이 생산능력에 과잉투자할 가능성이 높다는 것을 제시한다.[27] 이러한 점에서 시뮬레이션 모델을 개발하고 분석해 보는 것은 인지모델이 가진 결함들을 발견하고(위 상황의 경우에는 참가자들 간에 발생하는 피드백에 대한 잘못된 해석), 만일 그러한 결함들이 고쳐지지 않으면 어떤 결과가 초래될지를 예측하는데 유용하다.

전쟁게임(wargame)과 **롤플레잉(roleplaying)**은 경쟁적 동태성을 분석하기 위해 사용되는 또 따른 인정된 기법들이다. 이

기법들은 시뮬레이션에 비해서 덜 엄격하게 구조화되어 있기 때문에, 미리 예측하기 어려운 상황이나 행동들도 포용하여 분석할 수 있다. 이들 접근방법은 통찰력을 얻고자 하는 상황을 얼마나 명확하게 규정하느냐에 따라서 여러 가지 다른 수준에서 적용될 수 있다. 한 가지 예는 "대규모 다중 사용자 온라인 롤플레잉 게임(massively multiplayer online role playing game)"이다. 이러한 게임은 비록 가상공간에서 이루어지지만, 현실세계를 위한 동태적 의사결정 능력 및 리더십 소양을 배양하는데 유용할 수 있다.[28] 또한 롤플레잉 게임 중에서 자원을 축적하는 게임(예, Eve Online)이나 공급망 또는 수요를 조화시키는 게임(예, Star Wars Galaxies)에 대해서는 관심을 가질만하다.

전쟁게임은 특정한 현실상황에 존재하는 복잡성과 다양성이 극단적으로 높을 때 사용될 수 있다. 이 기법이 중요한 국가정책에 적용되었던 생생한 사례를 미국 중앙사령부의 전 사령관으로서 중앙아시아, 동아프리카, 중앙아시아 지역에서의 군사작전을 지휘했던 퇴역 장성 앤서니 지니(Anthony Zinni)는 아래와 같이 설명하고 있다.[29]

> 우리는 이라크 대통령 사담 후세인이 축출된 후 발생할 수 있는 여러 가지 시나리오에 대해서 전쟁게임을 구성해 보기로 했다. "사막횡단(Desert Crossing)"이라는 이름이 부쳐진 이 게임은 개발을 담당했던 외부계약자인 부즈알렌(Booz Allen)에 의해 1999년 워싱턴 지역에서 실행되었다. 그 게임에는 관계된 모든 정부부서의 담당자들이 참가하였다. 시나리오들에서는 인권, 안보, 정치, 경제, 재건 등에 관련된 다양한 이슈들이 심도 있게 검토되었다. 우리는 또한 식량, 식수, 전기, 난민, 시아파와 수니파의 관계, 쿠르드족과 다른 이라크 민족들 간의 관계, 터키

와 쿠르드족 간의 관계, 그리고 집권 세력의 붕괴에 따른 힘의 공백(사담 후세인이 자신을 반대하는 모든 지방 세력들을 성공적으로 제거해 왔기 때문에 심각한 문제일 수 있음) 등도 상세히 분석했다. 이와 더불어 2003년을 기준으로 이라크를 재건하기 위해서 미국이 당면하게 될 문제들이 무엇인지도 면밀히 살펴보았다. 게임이 끝나면서, 나는 얼마나 광범위한 문제들을 다루어야 할지를 상당히 정확하게 이해하게 되었으며, 재건이라는 과제가 얼마나 큰일이 될지도 인식할 수 있었다. 사막횡단 게임은 우리에게 사담 후세인이 추출된 이후의 상황을 파악할 수 있는 무기를 제공해 주었다.

이는 매우 훌륭한 결과였지만, 전쟁게임으로부터 얻은 통찰력이 실제로 적용되었는지는 불명확하다. 그 점에 대해 2000년에 퇴역을 한 지니 장군은 "내가 기억하는 한 그 계획은 유보되었다. 이라크자유작전(Iraq Freedom, 2003년 이라크 침공을 위한 미국의 군사작전명)을 개시하였을 당시, 중앙사령부에서는 누구도 그러한 전쟁게임이 있었다는 사실을 알지 못했다. 더 이상 그에 대한 기억이 중앙사령부 조직에는 남아 있지 않았다"라고 진술하였다. 동태적 분석의 결과가 실제로 조직에서 활용될 수 있도록 촉진시키는 방안에 대해서는 다음 원칙을 소개할 때 다시 논의한다.

한편 기업은 현실세계에서 직접 행동을 취해 보는 **시장테스트(market testing)**를 실시할 수 있다. 이러한 기법은 현실세계를 단순화시켜 분석하는 앞의 기법들과 상반되는 것으로서 현실에 대한 보다 정확한 데이터를 얻을 수 있도록 도와준다. 특히 이 기법은 어떤 사업의 추진에 시차가 존재하거나(예, 여러 다른 지역시장들에 대한 진입) 또는 다른 이유로 사업 추진이 순차적으로 이루어질 때, 경쟁적 동태성에 대한 보다 효과적 학습을 가능케 하여 준다. 예를 들어, 기업은 **순차적 진행(sequenced rollout)**을 위해 몇 개의 시장에 시험적으로 우선 진입하여 사업을 추진해 보고, 이를 통하여 얻은 경험과 지식을 바탕으로 후속적인 시장진입을 위한 더욱 개선된 사업계획을 마련할 수 있다. 반면에 이러한 실행학습적(learning-by-doing) 기법은 사업을 실제로 운영함에 따라서 많은 비용이 발생하며, 경우에 따라서 기업의 계획이 외부에 미리 노출된다는 한계를 가진다.

이 기법을 적용한 사례로서 1980년대에 나비스코(Nabisco)가 거의 독점하고 있던 미국 과자 시장을 프리토레이(Frito-Lay)와 P&G가 도전하면서 촉발되었던 과자전쟁을 살펴보자. 이 두 후발진입자는 자사 제품에 대한 사전적 시장테스트(양사 모두 미국 켄사스시에서 실시)를 통하여, 선두주자인 나비스코를 따라잡을 충분한 준비가 된듯이 보였다. 하지만 후발진입자들이 가진 제한된 생산능력과 한정된 제품라인으로 인해서, 나비스코는 너무 늦지 않은 시간 내에 반격에 나설 수 있었다. 나비스코는 이를 위해 기존의 모든 과자 제품라인들을 재편성하고 신제품들을 출시하였으며, 자사가 가진 우월한 생산규모와 수익성을 바탕으로 광고, 판촉, 기타 판매촉진프로그램들을 공격적으로 확대하였고, 판매점들에게 과자를 신속 배달할 수 있도록 직접적인 유통망을 강화하였다. 그 결과 나비스코는 프리토레이와 P&G의 거센 도전으로부터 자신의 시장을 성공적으로 방어할 수 있었다.

요약하면, 시나리오분석과 시뮬레이션은 현실세계를 상당히 정형화시키고 단순화시키는 기법들인데 비해서, 전쟁게임이나 시장테스트는 현실세계에 대한 복잡하고 다양한 정보를 가능한 그대로 수용하는 기법들이다. 또한 전자의 기법들에 비해 후자의 기법들은 온라인상에서의 경험 또는 실제 사업에서의 체험을 통한 학습을 강조한다. 그렇지만 후자의 기법들이 전자의 기법들보다 언제나 우수하다는 편견을 가져서는 곤란하다. 위의 과자전쟁 사례가 시사하듯이, 가장 현실에 가까운 접근방법을 선택하는 것이 항상 최선의 결과를 가져오지는 않기 때문이다. 어떤 방법을 선택하는 것이 올바른가는 다음에 논의하듯이 산업과 기업의 상황에 따라서 다르다.

■ 원칙 3: 산업과 기업의 상황에 맞는 분석방법의 선택

앞서 소개한 두 원칙들을 통해 새로운 아이디어를 얻을 수 있는 여러 방법들과 동태적 분석을 위한 추가적 기법들을 제시하였다. 하지만 지나치게 많은 분석으로 인해 업무가 마비될 위험을 피하기 위해서, 고려해야 할 가능성들을 적절히 줄이는 것이 필요하다. 따라서 세 번째 원칙은 분석의 방법과 내용이 산업과 기업의 상황과 일치되어야 한다는 것이다. 그러한 일치성에 대한 강조는 과거 20년을 넘게 진행해 온 게임이론 연구의 결론, 즉 상호작용 모델의 결과는 상세한 상황조건들에 의해서 결정되며 또한 상황조건들의 변화에 매우 민감하게 반응한다는 결론과도 잘 부합한다. 일치성은 또한 분석과 행동 간의 괴리를 줄이는 데도 기여한다.

우선 산업상황이 어떻게 원칙 1과 원칙 2에 의해서 제시된 많은 가능성들을 줄이는데 도움을 주는지 살펴보자. 원칙 1과 관련해서 산업의 속성들, 예컨대 산업에서 노동력, 물리적 설비, 마케팅, 또는 연구개발이 중요한 정도는 주어진 문제의 해결을 위해 고려해야 할 중요한 변수들, 비대칭성, 몰입정도, 그리고 심지어 커뮤니케이션 전략들의 범위를 정하는데 도움을 줄 수 있다. 한편, 원칙 2에 관련해서 고려해야 할 산업적 요인은 해당 산업 내의 경쟁자 수(그리고 경쟁자 규모의 분포)이다. 게임이론과 경쟁자 프로파일링은 특히 산업이 집중화되어 있을 때 유용한 분석방법으로서 우수성을 발휘할 수 있다.

다음으로 기업상황에 대한 고려는 원칙 1에서 설명한 여러 가지 전략 대안 개발방법 중 어떤 것들이 해당 기업에 적합한가, 그리고 그 기업이 (현실적으로) 어떤 전략을 추구할 수 있는가에 영향을 미친다. 또한 기업상황은 원칙 2와 앞절에서 제시한 여러 가지 분석기법들의 상대적 유용성에도 영향을 미친다. 예컨대, 경쟁자들 간에 큰 능력 차이가 존재하는 경우 경쟁자의 관점을 따라서 우리 기업과의 상호작용을 분석하는 것은 그다지 유용하지 않을 수 있다. 그러한 경우에는 오히려 순전히 상대적 효율성에 기초한 분석이 더 바람직하다. 또한 보다 일반적으로 기업들은 현실세계를 추상적으로 반영하는 정형화된 수단들보다는(예, 고전적 게임이론과 시뮬레이션), 현실세계에 대한 보다 구체적인 내용을 담을 수 있는 기법 및 온라인 학습/직접적 경험(예, 경쟁자 포로파일링 및 전쟁게임)을 통해 더 많은 지식을 획득한다. 또한 기업이 어떠한 분석기법들을 문화적으로 수용할 수 있는 정도에도 상당한 차이가 있다는 점을 무시하기보다는 정확히 인식하여 이를 유리하게 활용하는 것이 바람직하다.

그러한 가능성이 실무적으로 어떻게 반영되는지를 살펴보기 위해 저자는 2007년 가장 규모가 큰 4대 컨설팅회사 중 세 회사의 상위직 컨설턴트들과 인터뷰를 실시하여, 이들의 고객기업들이 주로 어떤 분석방법을 사용하는가를 조사했다. 그 결과 게임이론은 매우 제한적으로 이용되며, 이 장에서 설명한 다른 동태적 분석기법들은 기업마다 사용 정도가 상당히 다르다는 것을 발견하였다. 게임이론을 이용하는 소수의 사용자들은 대부분 대규모 기업들로서 이들은 다른 세련된 분석기법들도 함께 사용하는 경향이 있었으며, 주로 특정 산업에 집중적으로 분포하였다(예, 제약 및 통신서비스). 이들 기업들은 상대적으로 선진화된 경영시스템을 가지고 있었기 때문에 게임이론이나 본 장에서 설명한 보다 추상적인 다른 분석기법들을 전략적 의사결정에 활용할 수 있었던 것으로 보인다. 만일 어떤 기업이 그러한 조건이 갖추지 못하고 있다면, 게임이론과 같이 복잡한 기법은 구체적인 분석의 수단이기보다는 아이디어와 통찰력을 얻기 위한 보조적 방법으로서 활용하는 것이 바람직할 것이다.

그렇다면 이러한 상황은 얼마나 지속될 것인가? 이 질문의 의도를 보다 명확히 하기 위해 다시 질문을 한다면, 게임이론과 다른 분석기법들이 그렇게 유용하다면 왜 이들을 활용하는 기업들은 그다지 많지 않은가? 그에 대해서는 최소한 3가지 대답이 가능하다.

첫째, 제2장에서 대체재의 위협을 설명하면서 언급했던 S-커브는 새로운 제품의 보급이 매우 느리며 오랜 시간이 걸린다는 것을 제시한다. 그러한 모델은 새로운 아이디어의 확산을 설명하는 데도 적용될 수 있다. 예를 들어, 오늘날 널리 활용되는 훨씬 단순한 분석기법들도(예, 현금할인 분석) 강의실에서 기업으로 이전되는데 수십 년이 걸린 바가 있다.

둘째, 여러 가지 환경변화는 동태적 분석기법들의 확산을 촉진시킬 것으로 보인다. 예컨대, 컴퓨터 기술혁신, 교육 방법 및 수단의 발전, 학계와 컨설팅 업계의 사례 개발 및 경험 축적 등이 좋은 예들이다. 또한 1994년과 2005년 노벨 경제학상이 게임이론가들에게 수여되고 게임이론을 다룬 『A Beautiful Mind』라는 책과 영화가 흥행하면서, 새로운 분석기법들은 사람들에게 더욱 주목을 받게 되었다.

셋째, 동태적 분석기법의 확산을 촉진시키는 보다 근본적인 원인은 경쟁자의 행동과 반응을 잘 이해하고 행동하는 것이 매우 중요하기 때문이다. 본 장에서는 동태적 분석기법이 필요한 이유를 설명하였으며, 제5장에서는 그러한 기법이 동태적 사고의 개발에도 유용함을 설명하고 있다. 동태적 분석기법의 그러한 가치는 그것이 얼마나 널리 업계에 보급되느냐와 무관하게 존재한다. 또한 분석기법의 채택에 있어서 전략적 대체 관계보다는 전략적 보완 관계가 성립할 가능성이 높다. 다른 경쟁자들이 전략개발을 위해 동태적 분석기법을 적극적으로 활용할 때, 우리 기업만 이를 외면하는 것은 향후 많은 피해를 초래할 우려가 있다.

요 약

본 장에서는 소수의 경쟁자들이 존재하는 상황에서 이들의 상호작용이 어떻게 전개될지를 분석하였다. 그러한 분석은 제3장에서 논의한 경쟁우위와 부가가치 개념에 동태적인 차원을 함께 고려할 수 있도록 하여 준다. 이 장에서 다룬 중요한 내용들은 경영자를 위한 몇 가지 권고안으로서 요약될 수 있다.

우선 자사와 경쟁사들 간의 상대적 경쟁포지션, 산업환경의 일반적 매력도, 그리고 산업에서 발생하는 중요한 추세 등을 잘 파악한다. 그러한 이해를 기초로 하여 경쟁자들이 어떠한 행동을 취할 것인가, 그리고 그에 대해서 우리 회사가 어떻게 반응할 것인가를 예측한다. 정확한 예측을 위해서는 경쟁자의 경제적 동기들과 비경제적 성향들을 통합적으로 분석할 필요가 있다. 경제적 동기들의 영향을 이해하는데 있어서는 기업을 순전히 가치극대화만을 추구하는 주체로 보는 게임이론이 도움을 주며, 비경제적 성향들의 영향을 이해하는데 있어서는 경쟁자의 목적, 믿음, 루틴 등을 상세히 분석하는 경쟁자 프로파일링이 유용하다. 따라서 이 두 가지 방법을 병행하여 사용하는 것은 자기중심적 편견을 피할 수 있도록 도와준다. 끝으로 행동이 따르지 않는 분석은 무의미하므로, 어떻게 분석과 행동을 연결시킬 것인가를 숙고할 필요가 있다. 이를 위한 좋은 방법은 주어진 산업과 자기 기업의 상황을 충분히 파악한 후, 그에 적합한 분석기법들을 선정하고 적절히 활용하는 것이다.

본 장은 주로 소수의 식별 가능한 경쟁자들이 존재하는 경쟁적 상황에서의 동태성을 고찰하였다. 다음 장에서는 주제를 바꾸어 기업 경쟁우위의 지속성이라는 관점에서 동태성을 논의한다. 즉 기업이 달성한 우수한 경영성과를 지속가능하지 않도록 위협하는 주요 요인들이 무엇이고, 그에 대한 대책들은 무엇이 있는가를 살펴본다.

주요 용어

경쟁자 프로파일링, 게임이론, 게임트리, 관성, 규칙, 기준관찰기간, 내쉬균형, 대리인문제, 동시적 선택, 동태적 게임, 루틴, 모호성, 목적, 몰입, 믿음, 반복적 제거, 반응함수, 변수, 배태된 믿음, 보상값, 보상행렬, 비대칭성, 비정합게임, 비협력적 게임이론, 산업구조분석, 선도자, 순차적 진행, 시나리오분석, 시뮬레이션, 시장 테스트, 신뢰할 수 있는 사전적 약속(credible precommitment), 앞을 예측하고 체계적인 대안도출, 열등전략, 우월전략, 인지모델, 전략, 전략적 대체, 전략적 보완, 전쟁게임과 롤플레잉, 정보, 제로섬게임, 참가자, 최선의 대안, 편견, 협력적 게임이론

참고문헌

1) Joel E. Urbany, David B. Montgomery, and Marian Moore, "Competitive Reactions and Modes of Competitive Reasoning: Downplaying the Unpredictable?" (Marketing Science Institute Report No, 01-121, 2001).
2) Adam M. Brandenburger and Barry J. Nalebuff는 자신들의 저서인 *Co-opetition* (New York: Doubleday, 1996)에서 경쟁적 그리고 비경쟁적 게임들에 대한 많은 통찰력을 제시했음(하지만 저자들의 초점은 첫 번째 유형의 게임에 있었음). Avinash Dixit and Barry Nalebuff는 게임이론의 보다 흥미롭고 일반적인 응용방법들을 자신들의 저서 *Thinking Strategically: The Competitive Edge in Business, Politics and Everyday Life* (New York: W.W. Norton, 1992)에서 제시했음.
3) Robert J. Aumann and Michael Maschler, "Game Theoretic Analysis of a Bankruptcy Problem from the Talmud,"' *Journal of Economic Theory* 36, no. 2 (1985): 195-213.
4) John Von Neumann and Oskar Morgenstern, *Theory of Games and Economic Behavior* (Princeton, 11. N.J.: Princeton University Press, 1944).
5) John P. Nash, Jr., "Equilibrium Points in N—Person Games," *Proceedings of the National Academy of Sciences of the United States* of America 36 (1950): 48-49, John F. Nash, Jr., "Non-Cooperative Games," *Annals of Mathematics* 54 (1951); 286-95. 이러한 아이디어들은 이미 100년보다도 이전에 Augustin A. Cournot에 의해서 적용되었음. 그는 복점과 제한적인 내쉬균형을 통하여 해답을 찾고자 했음. 이에 대해서는 그의 저서 *Recherches sur les principles mathématiaaes de la théorie des richesses* (Paris: L.Hachette, 1838) 참조. 영문번역본은 *Researches into the Mathematical Principles of the Theory of Wealth*. (New York: Macmillan, 1897. Reprinted New York: Augustus M. Kelley, 1971).
6) Reinhard Selten, "Spieltheoretische Behandlung Eines Oligopolmodells Mit Nachfragetragheit," *Zeitschrift fur die gesamte Staatswissenschaft* 121 (1965): 301-24 and 667-68; John C. Harsanyi, "Games with Incomplete Information Played by 'Bayesian' Players, I-III. Part I. The Basic Model," *Management Science* 14, no. 3 (Nov. 1967): 159-82, "Games with Incomplete Information Played by 'Bayesian'

Players, I-III. Part II. Bayesian Equilibrium Points," *Management Science* 14, no. 5, (Jan. 1968): 320-34; "Games with Incomplete Information Played by 'Bayesian' Players, I-III. Part Ill. The Basic Probability Distribution of the Game," *Management Science* 14, no. 7 (Mar. 1968): 486-502.

7) John C. Harsanyi and Reinhard Selten, *A General Theory of Equilibrium Selection in Games* (Cambridge, MA: MIT Press, 1988).

8) 본 절에서 전략의 개념은 게임이론에 따라서 정의되며, 다음 절에서는 참가자들이 모든 발생 가능한 상황들(실제로 어떤 상황들은 발생할 수도 하지 않을 수도 있음)에서 어떻게 행동할지를 규정하는 방법에 대해서 논의함. 이 두 절에서 사용된 전략의 개념은 본 저서의 다른 부분에서 적용한 전략의 개념과 차이가 있음을 유의하기 바람.

9) 이들 전략을 선택할 수 있다는 것은 제품차별화가 가능한 상황이란 것을 시사함. 기술적으로 말하여, 이는 I가 자신의 생산량을 선택하는 문제이며(Cournot게임), 최적 수준의 생산량은 I의 마케팅과 판매 노력에 이해서 제품이 차별화되었다고 고객이 인지하는 수준에 달려 있음.

10) 이 사례에 대한 자료를 제공해 준 Hugh Courtney에게 감사함.

11) 우리는 시리우스가 진입 시점부터 이미 컨텐트 개발에 대한 투자를 확대할 의도가 있었는지를 모르기 때문에, 이는 가상적 상황을 가정하여 설명한 것임.

12) David Besanko and Ronald R. Braeutigam (2005)은 XM과 시리우스의 경쟁적 동태성을 단순화된 정태적 치킨게임으로 묘사하고, 두 기업 간의 합병을 게임의 가능한 결과로서 제시한 바 있음. David Besanko and Ronald R. Braeutigam, *Microeconomics*, 2nd ed. (New York: John Wiley & Sons, 2005).

13) Philip Selznick, *Leadership in Administration: A Sociological Interpretation* (New York; Harper & Row, 1957).

14) Pankaj Ghemawat, *Cornmitment: The Dynamic of Strategy* (New York: Free Press, 1991), pp. 23-25.

15) 본 절의 내용은 고객의 의뢰에 의해서 Pankaj Ghemawat의 지도하에 Ken A. Mark가 작성한 경쟁분석보고서를 간략화하고 변형시켜 수록한 것임.

16) 게임이론 관점에서 목표란 경쟁자가 최대화하려는 것(예, 목적함수)을 의미하며, 믿음이란 여러 가지 가능한 행동이나 결과들의 각각에 대해서 경쟁자가 부여하는 가중치를 나타내고, 루틴이란 경쟁자가 최적화를 추구하는데 있어서 어떠한 선택들이 이루어질 가능성을 높이거나 낮추는 제약들이나 촉진요인들을 표시함.

17) 루틴에 대한 기념비적 연구로는 Richard Nelson and Sidney Winter, An *Evolutionary Theory of Economic Change* (Cambridge, Mass.: Belknap Press, 1982) 참조.
18) Benjamin Franklin이 1772년 9월 19일 Joseph Priestley에 보낸 편지. The History Carper: www.historycarper.com/resoarces/twohf3/ctletter11.htrn에서 2004년 9월 30일에 조회됨.
19) Leonard J. Savage, *The Foundations of Statistics*, 2d rev. ed. (1954; New York: Dover Publications, is 1972)와 Ken Binmore and Adam M. 'e Brandenburger, "Common Knowledge and Game Theory," in *Essays on the Foundations of Game Theory*, Ken Binmore, ed. (Oxford: Basil Blackwell, 1990). 이 이슈와 관련하여 "작은 세계"와 "넓은 세계"를 비교한 Savage의 원작 저서를 읽어 보고, 또한 "닫혀진 세계"를 가정하는 Savage의 주관적 기대효용이론에 대한 Binmore and Brandenburge의 비판을 살펴보는 것이 흥미로울 것임.
20) Pankaj Ghemawat and Barry J. Nalebuff, "Exit," *RAND Journal of Economics* 16 (1985): 84-94; and Pankaj Ghemawat and Barry J. Nalebuff, "The Devolution of Declining Industries," *Quarterly Journal of Economics* 105 (1990): 165-186.
21) 이들 전략의 효과에 분석은 Jean Tirole, *The Theory of Industrial Organization* (Cambridge, Mass.: MIT Press, 1988), pp. 323-328 참조.
22) Jean Tirole, *The Theory of Industrial Organization* (Cambridge, Mass.: MIT Press, 1988); Luis M. B. Cabral, *Introduction to Industrial Organization* (Cambridge, Mass.: MIT Press, 2000); R. Preston McAfee, *Competitive Solutions: The Strategist's Toolkit* (Princeton: Princeton University Press, 2002).
23) 예컨대, Edward De Bono, *Lateral Thinking for Management: A Handbook of Creativity* (New York: American Management Association, 1971) 참조.
24) Barry J. Nalebuff and Ian Ayres, *Why Not? How to Use Everyday Ingenuity to Solve Problems Big and Small* (Boston: Harvard Business School Press, 2003).
25) 전략적 분석에서 동태성의 중요성에 대해서는 Pankaj Ghemawat and Bruno Cassiman, "Introduction to the Special Issue on Strategic Dynamics," *Management Science* 53 no. 4 (April 2007): 529-537 참조. 『Management Science』가 특별호를 발행할 정도로 전략적 동태성은

연구가 활발히 이루어지고 있는 주제임. 이 특별호에 수록된 논문들은 동태적인 전략분석에 적용될 수 있는 다양한 접근방법과 방법들을 예시하고 있음.

26) 산업의 시나리오에 대해서는 Michael E. Porter, "Industry Scenarios and Competitive Strategy under Uncertainty," Chapter 13 in *Competitive Advantage* (New York: Free Press, 1985) 참조. 시나리오에 입각한 사고방식에 대한 일반적 논의에 대해서는 Peter Schwartz, *The Art of the Long View* (New York: Currency Doubleday 1991), 그리고 전략과 불확실성에 대한 맥킨지 앤드 컴퍼니의 연구에 대해서는 Hugh, *Courtney 20/20 Foresight: Crafting Strategy in an Uncertain World* (Boston: Harvard Business School Press, 2001) 참조. 시나리오 분석에 있어서 실물옵션(real option)과 전략에 대한 연구도 또한 유용함(예, Timothy A. Luehrman, "Strategy as a Portfolio of Real Options," *Harvard Business Review* 76, no. 5 (September 1998): 89-99). 실물옵션 분석은 때때로 너무 모든 것을 실물옵션으로 간주하며 경쟁자들 간의 상호작용을 너무 기계적으로 해석하는 경향이 있음. 그럼에도 불구하고 실물옵션 분석은 본 장에서 논의하는 전략적 상호작용이 발생할 수 있는 상황들과 그 결과를 파악하는데 유용한 시사점을 제공해 줌.

27) 그러한 결과에 대해서는 Paul A. Langley, Mark Paich, and John D. Sterman, "Explaining Capacity Overshoot and Price War: Misperceptions of Feedback in Competitive Growth Markets," unpublished working paper, Sloan School of Management, MIT (1998) 참조. 시뮬레이션과 기업동태성에 대한 보다 일반적인 논의는 John D. Sterman, *Business Dynamics: Systems Thinking and Modeling for a Complex World* (New York: Irwin/McGraw-Hill 2000)와 Michael Schrage, Serious Play: How the World's Best Companies Simulate to Innovate (Boston: Harvard Business School Press, 2000) 참조.

28) Byron Reeves, Thomas W, Malone, and Tony O'Driscoll, "Leadership's Online Labs," *Harvard Business Review* 86, no. 5 (May 2008): 58-66.

29) Tom Clancy이 사령관 Tony Zinni 및 Tony Koltz와 2004년에 출판한 저서 『Battle Ready』에서 인용. 이 저서에 대한 정보는 http://www.americanprogress.org/issues/2004/05/b88973.html에서 획득 가능(2008년 6월 10일 조회).

CHAPTER

5

우수한 성과를 지속시키기 위한 전략

그러나 먼저 된 자로서 나중 되고 나중 된 자로서
먼저 될 자가 많으니라.
– 마가복음 10장 31절

제4장과 마찬가지로 본 장에서도 동태성에 초점을 두지만, 앞에서와 상당히 다른 주제를 논의한다. 이 주제는 제3장의 서두에서 인용한 쥐덫을 남들보다 잘 만드는 경우에 대한 조언과 연관되어 있다. 우리는 그러한 조언을 확장하여 **모방(imitation)**의 위협 속에서 경쟁우위의 **지속가능성(sustainability)**을 고찰한다. 세상에는 쥐덫을 필요로 하는 수많은 창고들이 존재하기 때문에, 쥐덫 발명가의 입장에서 자신이 다른 발명가들과 가지는 상호작용을 제4장에서 설명한 것처럼 상세하게 통태적으로 분석하는 것은 별로 도움이 되지 않을 것이다. 하지만, 과거에 성공적으로 시장에서 판매된 더 좋은 쥐덫들은 결코 그들의 발명가들에게 부를 가져다 주지 못했다. 왜냐하면 그러한 쥐덫들은 쥐들뿐만 아니라 모방자들을 끌어 모았기 때문이다. 그러한 사실은 다수의 경쟁자가 존재하는 상황에서도 경쟁의 동태성을 고려할 필요가 있음을 시사한다.

그러한 분석의 출발점은 모방의 위협이 존재하는가를 인식하는 것이다. 이를 위해 모방을 방지할 수 있는 장벽들이 존재하는지 아니면 그러한 장벽들을 구축할 수 있는지를 살펴보아야 한다. 설령 모방을 완전히 방지할 수 없는 경우에도, 더 좋은 쥐덫을 개발할지 결정하기 전에 모방의 범위와 속도가 어떻게 될지를 충분히 파악할 필요가 있다. 이러한 관점에서 본 장에서는 우월한 성과의 지속가능성을 위협하는 모방 및 다른 기본적 위협들을 고찰하고, 그러한 위협들에 대처할 수 있는 전략적 방안들을 논의한다.

수익성의 통태적 변화에 대한 자료를 살펴보는 것은 지속가능성이 왜 중요한 문제인가를 이해하는데 도움을 준다. 하지만 역사적으로 그러한 통태성에 대한 연구는 상당히 미흡했다. 왜냐하면 [그림 1.7]의 수익성 매트릭스로 요약되는 전통적인 전략 이론에서는 이를 중요한 주제로 간주하지 않았기 때문이다. 그러나 과거 15년간 많은 연구들이 이루어지면서, 우수한 성과의 달성에만 관심을 가지면서 이를 지속시키는 문제를 무시하는 것은 어리석다는 것을 깨닫게 되었다. 여러 연구들은 우수한 성과가 경영자들이 생각하는 것보다 훨씬 빠른 속도로 하락한다는 증거를 발견했던 것이다.

예를 들어, 거의 700개 기업들을 대상으로 10년간의 투자수익률(return on investment, ROI) 변화를 추적한 한 연구의 결과를 살펴보자.[1] 이 기업들을 초기 ROI 값을 기준으로 두 그룹으로 나누었는데, 첫해에 상위 그룹의 평균수익률은 39%이고, 하위 그룹은 3%였다. 그렇다면 이 후 10년간에 거쳐 두 그룹 간에 존재했던 36%의 평균수익률 차이는 어떻게 변화됐을까?

경영자들에게 이러한 질문을 하면 대개 그 차이가 10년 후에는 반이나 1/3로 줄었을 것이라고 대답한다. 하지만 [그림 5.1]이 보여주듯이 그 차이는 실제로 90%를 넘게 줄어들었다. 또한 다수의 기업들을 표본으로 이루어진 또 다른 최근의 연구의 결과에 따르면 단지 2%의 기업만이 10년 후에도 계속해서 우수한 성과를 유지했다.[2] 이러한 발견들은 우수한 성과를 유지하는 것이 결코 쉬운 일이 아니란 것을 분명히 보여준다.

하지만 우수한 성과를 유지하는 것이 어렵다고 해서, 이를 탐구해 볼 가치가 없는 것은 아니다. 그 이유는 크게 4가지이다. 첫째, 비록 10년 후에는 성과가 평균 수준으로 하락하더라도, [그림 5.1]과의 음영부분에 나타난 것과 같이 그 중간기간에 우수한 성과가 얼마나 유지되었는가를 살펴보는 것은 흥미로운 이슈이다. 둘째, 수익률의 수렴이 10년 후에 완전히 이루어진 것은 아니다. 10년 후에도 상위 그룹은 하위 그룹에 비해서 평균 ROI가 3.5% 높았다. 이 정도의 수익률 차이가 만일 장기적으로 지속된다면, 두 그룹에 소속된 기업들 간에는 상당한 가치의 차이가 발생할 것이다. 셋째, 수익률의 수렴이 실제로 무엇 때문에 발생하는지 이해하는 것은 중요한 일이다. 예컨대, 상위 그룹에 속한 어떤 기업이 초기에 39%의 수익률을 기록했다고 해서 그 후에 이루어지는 모든 투자들이 동일하게 높은 수익률을 가져다 주지는 못할 수 있다. 끝으로, [그림 5.1]에 제시된 평균 수익률은 표본기업들 간에 존재하는 엄청나게 큰 수익성의 차이를 숨기고 있다. 실제로 오랜 기간에 거쳐 평균수익률을 훨씬 상회하는 수익성을 기록한 기업들이 상당수 존재한다(예, 월마트). 이들 기업이 어떻게 그러한 성과를 지속적으로 달성하였는

그림 5.1 지속가능성의 한계

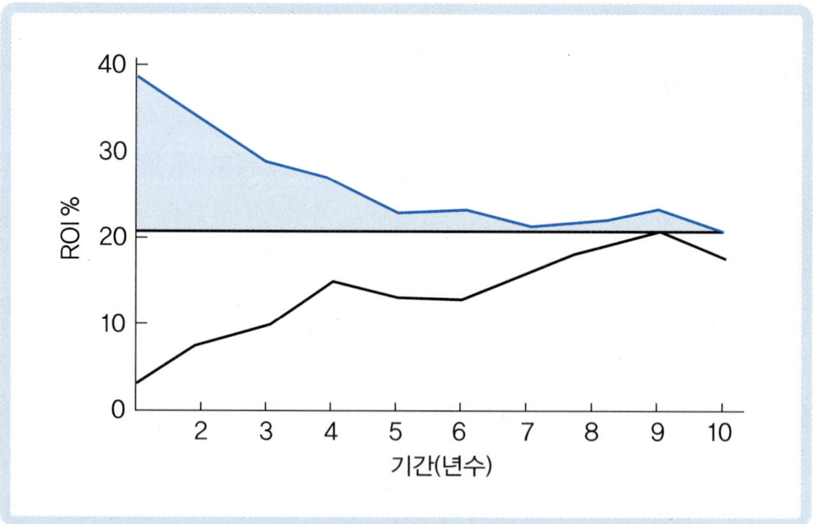

출처 : Pankaj Ghemawat, *Commitment* (New York: Free Press, 1991).

지를 분석하는 것은 모방의 위협에 대항하여 경쟁우위를 유지하는 방안을 모색하는데 유용한 통찰력을 줄 수 있다.

그러한 이슈들을 살펴보기 위해 우선 다음 절에서는 우수한 성과를 위협하는 요인들을 체계적으로 고찰하고, 이들이 앞의 장들에서 제시한 분석모델들 및 이론적 관점들과 어떠한 연관성을 가지는가를 설명한다. 그 뒤를 이은 네 개 절에서는 (1) 위협 요인들의 진화적 동태성과 (2) 그에 대한 전략적 대응방안에 초점을 두고 논의를 진행하다. 마지막 절에서는 월마트 사례를 통해서 앞에서 설명한 이론들이 어떻게 실무에 적응되는가를 예시한다.

지속가능성과 자원

지속가능성을 위협하는 요인들을 파악하기 위해서, 관찰된 기업성과를 제2장과 제3장에서 제시한 바에 따라 '산업수준의 성과 효과'와 '산업 내 성과 차이'라는 두 가지 구성요소로 구분해 보는 것이 유용하다. 최근의 연구에 따르면 우수한 성과는 안정적인 산업적 조건에 의존할 때 더 오랜 기간 지속되는 경향이 있으며, 기업 차원에서 구축된 경쟁우위는 지속가능성이 상대적으로 적다.[3] 성과에 영향을 미치는 정태적 그리고 동태적 산업 요인들에 대해서는 이미 제2장에서 상세히 고찰하였다. 따라서 본 장에서는 수요 포화, 기술 성숙, 그리고 자원 고갈 등과 같은 통태적 산업요인들을 고려할 필요가 있다는 점을 상기시키는 것 이상으로 그 주제를 다시 논의하지는 않을 것이다. 그 대신 본 장에서는 우수한 산업 내 성과를 위협하는 요인들과 그에 대한 대응방안을 모색하는데 초점을 둔다.

경제학의 산업조직론에서 이루어진 연구들은 이러한 점에 있어서 특히 유용하다. 이들 연구들은 일반적으로 산업 내 성과차이를 유지시키기 위해서는 **고착적 자산(sticky resources)**이라고 불리는 "내구성이 있는 특화된 자원(durable, specialized resources)"에 투자할 필요가 있음을 제시한다.[4] 미국 항공산업에서 규제완화 이후 전개된 상황은 이를 잘 예시하여 준다. 규제완화는 1978년에 이루어졌는데, 그 근거는 "신속한 진입과 퇴출"을 통해서 항공사들이 특정한 항공노선에서 지나치게 높은 요금으로 부당한 이익을 얻는 것을 방지한다는 것이었다. 이론적으로 그러한 규제완화는 이미 독점화되어 있는 많은 항공노선들에게 **경합가능성(contestability)**을 부여할 것으로 기대되었다. 경합가능성이란 특정한 시장에서 진입과 퇴출이 쉽게 이루어질 수 있는 조건을 의미한다. 즉, 가격이 원가보다 높으면 새로운 자본들이 신속히 시장에 투자되어 공급을 늘리고, 반대로 가격이 너무 낮아지면 자본들이 쉽게 빠져 나가 공급을 줄일 수 있는 시장인 것이다(규제완화 당시 미국민간항공위원회를 이끌었던 알프레드 칸(Alfred Khan)은 "항공기들은 변동비"일 뿐이라는 표현으로서 그런 관점을 대변했음). 그러나 25년이 넘게 지난 현재 시점에서도 미국 항공산업은 여전히 현저한 산업 내 수익성 차이를 유지하고 있다. 따라서 항공산업의 경합가능성을 높이고자 했던 당시의 정책은 실패하였음이 드러났다. 그렇지만 항공산업에서 왜 항공사들 간의 성과차이가 사라지지 않았는가는 여전히 분석해볼만한 가치가 있다.

그에 대한 해답을 요약하자면, 경합성 이론은 규제가 완화되더라도 항공산업에서 여러 가지 고착적 자원들이 여전히 중요한 역할을 한다는 사실을 간과했던 것이다. 규제완화 이후 미국 항공산업은 두 기간에 거쳐 큰 변화를 겪었다. 1980년대부터 1990년대 초반까지 대형항공사들은 규제자들이 생각했던 것보다 훨씬 성공적으로 그러한 자원들(예, 견고한 허브공항시스템, 전산화된 예약시스템, 고객 고착성을 높이기 위한 우수고객우대프로그램 등)을 활용해서 새로운 항공사의 진입을 억제할 수 있었다. 그러나 항공운임은 지속적으로 하락하여 1970년대 중반보다 절반 수준으로 떨어졌고, 그에 따라서 기존 항공사들이 보유하고 있었던 비효율적인 특화된 자원들, 특히 노조화된 인력은 심각하게 수익성을 위협하는 요인으로 대두되었고, 궁극적으로는 항공사들의 생존을 위협하는 문제로까지 발전하였다. 그 후 기존 항공사들을 위협하는 저가 항공사들이 출현한 것도 고착적 자원의 관점에서 이해될 수 있다. 규제완화 이후 미국 항공산업에서 가장 높은 수익성을 올렸던 사우스웨스트는 자사의 전략에 맞도록 표준화되고 연비를 높인 특화된 항공기들을 보유하였으며, 효율적인 스케줄 관리시스템 및 이를 지원하는 고정자산에 대한 투자(예, 신속히 승객과 화물을 처리할 수 있는 전용터미널 설치)를 통해 자사 항공기들의 1일 평균 운행시간을 경쟁자들보다 하루에 1/3 이상 늘일 수 있었다. 또한 이 항공사가 최근 직원들의 인건비 상승으로 인해서 어려움을 겪고 있다는 사실은 다시 한번 고착적 자산의 전략적 의미를 상기시켜 준다. 전문적인 지식과 경험을 가진 직원들(예, 항공조정사, 관제사 등)은 고착적 자산의 대표적인 예인 것이다.

자원(resources)에 대한 강조는 전략과 산업조직론의 오랜 전통이다.[5] 본 장에서 소개하는 **자원기반관점(resource-based perspective)**은 특히 자원에 초점을 두고 있는데, 이는 자원보다는 기업활동에 초점을 두었던 앞의 장들(특히 제3장)의 내용과 상당한 차이가 있다. 하지만 자원과 활동의 관계를 "스톡(stock)과 플로우(flow)"의 관계로 바라보는 본 장의 관점은 앞의 장들에서도 공유되고 있다. 그렇지만 본 장에서는 자원기반관점에 따라 장기간을 거쳐야만 변화될 수 있는 자원들이 기업의 활동을 제약한다는 점을 강조한다. 즉, 그러한 자원들의 스톡은 기업이 단기간에 수행할 수 있는 활동들을 결정하고, 그러한 활동들은 시간이 경과하면서 다시 자원축적 과정에 영향을 미친다는 것이다. 이러한 관점은 자원을 고정투입요소로 간주하는 경제학의 전통과 일관된다. 그렇다면 왜 제3장에서 소개한 전략 이론들은 자원보다는 활동에 초점을 두었을까? 자원기반관점에서 이 질문에 대한 대답은 다음과 같다. 비록 근본적으로 자원이 기업의 활동을 결정하지만, 보유한 유용한 자원의 가치를 평가하기 위해서는 자원이 산출해 내는 서비스(즉, 업무처리 절차와 같은 구체적 활동)를 관찰하는 방법 이외에는 별다른 대안이 없기 때문이다. 그러나 지속가능성의 결정요소를 분석하는 경우처럼 보다 분명한 동태성 분석의 목적을 추구하는 경우에는 비록 쉽지 않더라도 장기적인 요소들을 직접 살펴보는 것이 불가피하다. 즉, 분석의 초점을 단기적으로 쉽게 변화시킬 수 있는 기업활동들로부터 단기적 시점에서는 고정되어 있다고 간주할 수 있는 보다 근본적인 자원스톡으로 전환할 필요가 있는 것이다.

하지만 자원기반관점의 그러한 통찰력이 전략 연구들을 통해서 결실을 거두는 데는 상당한 시간이 소요되었다. 왜냐하면 초기에 학자들은 거의 모든 것을 자원으로 정의하는 경향이 있었기 때문이다.[6] 따라서 지속가능성에 대한 전통적인 자원기반 연구들은 명확한 개념적 기초가 결여된 경우가 흔하였다.[7] 다행히도 현대적 자원기반 연구들은 우수한 성과를 유지할 수 있는 조건들을 두 가지로 명확히 구분함으로써 그러한 문제를 해결하였는데, 그 첫 번째는 해당 자원이 부가가치를 창출할 수 있기 위한 **희소성 가치(scarcity value)**의 조건이고, 두 번째 조건은 창출된 부가가치가 자원 소유기업에게 귀속되기 위한 **전유성 (appropriability)**의 조건이다.[8] 자원소유 기업이 지속적으로 높은 성과를 유지하기 위해서는 경쟁과 관련되어 있는 첫 번째 조건, 그리고 협상과 관련되어 있는 두 번째 조건을 모두 충족시킬 필요가 있다. 다시 말해, 현시점에서 우수한 성과를 뒷받침하는 고착적 자원은 향후에도 계속해서 희소성을 유지해야 하며, 자원소유 기업은 그로부터 창출된 이익의 전부 또는 적어도 일부를 획득할 수 있어야 한다.

본 장의 나머지 부분에서는 희소성(또는 부가가치)를 위협하는 두 가지 요인과 전유성을 위협하는 두 가지 요인에 초점을 두고 논의를 진행한다. [그림 5.2]에 제시된 **4차원 위협모델(tetra-threat framework)**은 이들 요인이 희소성과 전유성에 미치는 영향을 요약하고 보여주고 있다.

- **모방(imitation)** 우수한 성과의 기반이 되는 자원이 모방되어 희소성이 사라진다면, 이는 부가가치의 지속가능성을 직접적으로 위협하게 된다. 제3장에서 소개한 부가가치의 개념을 통해서 볼 때, 이는 어떤 경제활동에서 특정 참가자가 사라질 때 손실되는 가치가 모방으로 인해서 감소되는 것으로 이해될 수 있다.
- **대체성(substitution)** 우수한 성과의 기반이 되는 자원에 대한 대체재가 존재하는 것은 부가가치의 지속성에 대한 간

그림 5.2 **지속가능성 분석을 위한 4차원 위협모델**

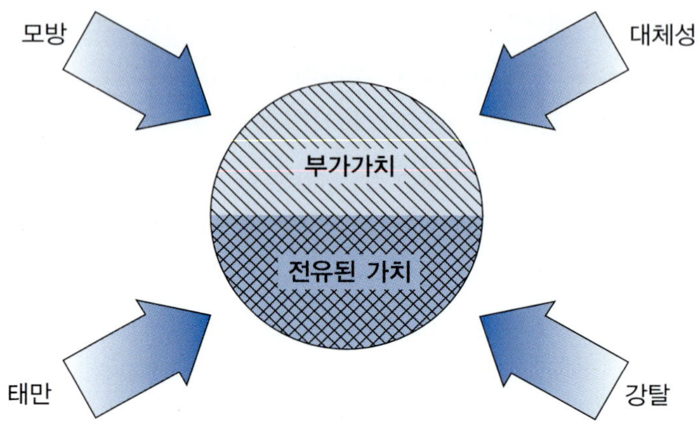

접적인 위협이다. 그러한 위협은 복제보다는 교체를 통해서 발생한다. 일반적으로 대체성으로 인해 발생하는 희소성에 대한 위협은 모방에 따른 위협보다 대처하기가 어렵다.

- **강탈(holdup)** 창출된 부가가치의 전유성(또는 획득)에 대한 하나의 위협은 강탈이다. 이는 흔히 자산의 **상호전문화(cospecialization)**로 인해 발생하는데, 상호전문화란 가치창출을 위해 두 기업이 서로에게만 사용될 수 있는 자산들에 투자하는 것을 의미한다. 예컨대, 한 기업과 보완자가 상호전문화된 자산들에 투자를 한 경우, 그 창출된 가치가 누구의 자산에서 비롯된 것인지 불명확해진다. 따라서 그 기업과 보완자는 서로에게 (자신의 자원으로부터 창출된) 가치를 강탈당할 위협에 노출되게 된다.
- **태만(slack)** 이는 전유성에 대한 내부적 위협으로서, 잠재적

으로 산출 가능한 "경제적 잉여(economic surplus)"를 지속적으로 소멸시키는 경향을 나타낸다. 태만이 발생하는 정도는 과거의 성공 또는 현재의 부가가치 등에 의해서 좌우된다. 지속적으로 최선의 성과를 내지는 못했지만 생존에 큰 어려움이 없었던 기업은 태만의 위협에 노출되기 쉽다.

4차원 위협모델은 외견상 제2장에서 소개한 "5가지 결정요인" 모델과 유사하지만(모방 ↔ 라이벌 간의 경쟁, 대체성, 강탈↔공급자/고객 파워), 이 두 모델 간에서는 분명한 차이가 존재한다. 이 두 모델이 앞에서 살펴본 제약산업에 어떻게 적용되는지 비교해 보자. 이 산업은 제2장에서 이미 "5가지 결정요인" 모델을 적용하여 분석해 본 것처럼, 소수의 대형 라이벌 기업들이 (특히 치료약 부문에서) 높은 시장점유율을 나누어 가지며, 제품차별화 정도가 높고, 수요증가도 빠르다. 이러한 산업적 특성은 그 밖에 요인들과 결합하여 제약회사들이 높은 수익성을 올릴 수 있도록 기여한다. 하지만, 이 산업에서 어떻게 큰 수익이 창출되는가를 보다 정확히 이해하기 위해서는 대형 제약회사들의 매출과 이익에서 높은 비중을 차지하는 블록버스터 의약품들에 초점을 맞출 필요가 있다. 왜 이런 의약품들은 보기보다 쉽게 모방되지 않는가? 이 질문에 대답을 하기 위해서는 특허권 및 모방을 어렵게 하는 기타 장벽들을 고려해야 하며, 또한 그러한 의약품을 공급할 수 있는 기업의 수를 원천적으로 제한하는 중요한 자원들이 무엇인가를 살펴보아야 한다.

또한 "5가지 결정요인" 모델에서 대체재의 위협은 현재의 제품/서비스 자체를 시장에서 직접적으로 대체할 수 있는 새로운 종류의 제품/서비스의 등장에 초점을 두고 있는 반면, 4차원 위협모델에서의 대체성은 경쟁우위를 주는 핵심적 자원을 대체할 수 있는 위협들, 예컨대 제약산업에서 새로운 신약개발 기술의 등장이나 과학기술개방운동(open science movement)까지를 폭넓게 포함한다. 한편, 4차원 위협모델에서 상호전문화 및 그에 따른 강탈의 위협을 고려하는 것은 공급자들이 보유한 일련의 핵심적 자원들(예를 들어, 바이오텍 기업이나 전문기업들의 신약개발 기술, 개인발명가들의 관련 특허, 학계 및 정부연구소들의 원천 기술 등)에 대한 의존성을 보다 분명히 고려할 수 있도록 기여한다. 하지만 "5가지 결정요인" 모델은 이를 명확히 하지 않기 때문에, 흔히 비교적 쉽게 변할 수 있는 변동적 투입요소들의 공급자들과 단기적으로 잘 변하지 않는 (따라서 경쟁우위 구축에 보다 중요한) 고정적 투입요소들의 공급자들을 잘 구분하지 못하며, 때때로 후자를 완전히 무시하기도 한다. 끝으로 "5가지 결정요인"에는 태만에 대응하는 구성요소가 없다.

이상과 같은 중요한 차이점들 이외에도, 두 모델은 지속가능성을 위협하는 행위적 과정들을 얼마나 상세히 고려하는가에도 차이가 있다. "5가지 결정요인" 모델은 통계적 관계와 규칙성(예, 수익성의 주요 결정요인으로서 산업집중도 강조)에 크게 의존하는 반면, 4차원 위협모델은 매우 명확한 행위적 기반을 가진다(예, 희소한 자원에 대한 모방 시도는 적절한 대가를 따를 때만 이루어질 것이라는 가정).[9] 부언하면, 4차원 위협모델은 "5가지 결정요인" 모델이 제시하는 거시적/통계적 접근법과 특정한 상황에서 개별참가자들의 행위를 상세히 분석하는 미시적 접근법(그러한 관점에서의 분석은 제4장 참조)의 중간적 수준에서의 분석을 시도한다. 경영전략에 관련된 복잡한 이슈들을 정확히 이해하기 위해서는 다차원적 분석이 필수적이다. 그런 점에서 본 장은 앞의 장들과 보완적인 성격을 가진다.

모방의 위협

모방이 항상 혁신가에게 나쁜 것은 아니다. 경우에 따라서 모방은 제품에 대한 신뢰를 높여 주기 때문이다(예, 경쟁에서 네트워크 외부성(network externalities)이 존재하거나, 구매자가 대안적 구매처 확보를 중시할 때). 또한 어떤 유형의 마케팅 수단들, 예컨대 고객충성도를 높이기 위한 회원우대 제도나 경쟁자의 가격에 대항하여 할인을 즉시 제공하는 정책 등은 설령 모방이 되더라도 그 수단 자체의 효과성이 그다지 감소하지 않는다.[10)]

하지만 희소한 자원이 모방되는 것은 부가가치를 감소시킨다는 점에서 대개 나쁜 소식이다. 그리고 모방은 전염성을 가진다. 예를 들어, 한 경쟁자가 생산능력 증가를 위한 투자를 시도하면 다른 경쟁자들도 자신의 생산능력 점유율을 유지하기 위해 동시에 생산능력에 투자하는 경우가 흔히 발생한다. 또한 고객층을 넓히기 위한 시도는 경쟁자들로 하여금 자신의 고객층 보호나 확장에 나서도록 자극하는 경향이 있다. 더욱이 마케팅 기법을 통해서가 아니라, 연구개발을 통해 제품차별화를 추구하는 것은 몇 가지 점에서 위험할 수 있다. 여러 연구에 따르면, 경쟁자들은 최신 제품에 대한 상세한 정보를 그 제품이 개발된지 일 년 내에 확보하며, 특허제도는 일반적으로 모방을 방지하는데 그다지 성공적이지 못하다. 더욱이 모방에 소요되는 비용은 혁신에 소요되는 비용보다 평균적으로 1/3 정도 적고, 제품을 시장에 출시하는데 소요되는 시간은 모방이 혁신보다 1/3 정도 빠르다. 그리고 다른 조건이 같다면 제품혁신(product innovation)보다는 프로세스혁신(process innovation)이 훨씬 쉽게 모방되는 경향이 있다.[11)]

요점은 비록 모방을 방해하는 장벽들이 존재할지라도, 모방의 위협에서 완전히 자유로울 수는 없다는 것이다. 예를 들어, 제약산업에서는 10년 넘게 독점적 생산을 보장하는 특허권이 모방제품의 등장을 방지하는데 상당히 효과적이다. 하지만 대형 제약회사들은 여전히 자신들의 운명이 걸려 있는 소수(대개 5개 이하)의 블록버스터 의약품들에 대한 모방가능성을 우려하고 있다(그러한 의존성의 단적인 예로서, 2004년 Merck는 Vioxx라는 의약품의 리콜을 발표했는데, 이 제품은 2003년에 25억 달러의 수익을 올려 준 이 회사의 네 번째로 잘 팔리는 베스트셀러였음. 리콜을 발표한 당일 회사의 주가는 27%가 하락하였으며, 그에 따라 회사의 시장가치는 270억 달러 감소되었음).

어떤 모방의 위협은 대형 제약회사들이 서로의 혁신적인 블록버스터 의약품들을 다소 사양을 변경하여 특허권을 피해 가려고 시도하기 때문에 발생한다. 예컨대, 특허권에 위배되지 않도록 타사제품의 분자구조를 다소 변경하여 자사의 제품으로 특허를 내어 시장에 출시하는 것이다. 하지만 그러한 유형의 모방은 제약산업에서 심각한 문제로까지 발전하지는 않았다. 왜냐하면 제4장의 서두에서 소개한 의약품 가격정책사례가 예시하는 바처럼, 브랜드의약품 제약회사들은 서로 간의 상호의존성을 충분히 인식하고 있고 이로 인해 치열한 가격경쟁이 억제되기 때문이다. 현실적으로 보다 심각한 위협이 되는 것은 일반의약품 생산회사들이다. 이들은 특허권이 만료된 의약품들을 생산하여 30~90% 정도 할인된 가격에 판매하기 때문에 원래 의약품을 생산하던 브랜드 의약품 제약회사들로부터 단기간에 많은 고객들을 빼앗아 올 가능성이 있다.[12] 현재 시점에서 일반의약품 생산회사들과의 경쟁에 대한 우려는 특히 대형 브랜드 의약품 제약회사들 사이에 고조되고 있는데, 그 이유는 이들이 생산하는 많은 의약품들의 특허 만료가 곧 다가오고 향후 상당기간 새로운 블록버스터 제품을 출시하기가 쉽지 않을 전망이기 때문이다.

브랜드 의약품 제약회사들이 모방의 위협을 완화시키기 위해 취한 여러 가지 방법들은 모방에 대한 다양한 장벽들을 잘 예시한다. 이는 흔히 특허 만료 이후까지 지속될 수 있는 "선도자의 우위"를 구축하는 것과 연관되는데, 선도자의 우위는 또한 내재적 요인들(예, 제약기술의 복잡성)에 의해서 영향을 받을 수 있다는 점에서 최소한 부분적으로 내생적(endogenous)인 성격을 가진다. 아래서 설명하는 장벽들을 상호배타적으로 간주해서는 곤란하다. 모방을 효과적으로 방지하기 위해서는 보다 많은 장벽들을 쌓는 것이 바람직하기 때문이다.

■ 사적 정보(private information)

우월한 정보나 지식이 사적으로 유지될 수 있다면 모방은 방지될 수 있다. 이는 모방자가 그러한 정보나 지식을 훔치는데 많은 비용이 소요되는 경우이다. 비록 입을 굳게 다무는 것이 정보를 사적으로 유지하는 대표적 방법이지만, 정보가 유출될 수 있는 여러 다른 채널들(예컨대, 고객, 직원, 공급자, 자회사, 리버스엔지니어링, 그리고 심지어 특허서류)이 존재한다. 따라서, 특정 정보가 사적 영역에 머물기 위해서는 그 정보가 명시적(specifiable, 즉 해당 정보가 언어, 숫자, 공식, 청사진, 설계도 등으로 정확히 표현될 수 있는 속성을 가지고 있음)이기보다는 **암묵적(tacit)**

이어서, 누구도 그 정보를 조직으로부터 유출할 수 없어야 한다. 이는 바로 Wyeth라는 제약회사가 Premarin이란 의약품으로 수익성이 높은 호르몬 치료약 시장을 60년 이상 독점할 수 있었던 이유이다. 이 의약품은 임신한 당나귀의 오줌에서 만들어지는데 특허권은 이미 10년 전에 만료되었다. 비록 지난 20년간 이 의약품을 인공적으로 합성하여 제조하려는 여러 차례의 시도가 있었지만, Premarin에 정확히 어떤 성분이 들어 있는지를 찾아 내지 못했기 때문에 모두 실패했다.[13]

■ 전환비용/우호적 관계(switching costs/relationships)

모방의 위험은 또한 (1) 이행 가능한 구속력 있는 계약의 체결, (2) 보다 일반적으로 전환비용의 생성, 또는 (3) 고객, 공급자, 또는 다른 중요한 유형의 참가자와 유리한 거래를 할 수 있는 긴밀한 관계의 조성을 통해서 완화될 수 있다. 브랜드 제약회사들은 특히 의사들과 가까운 관계를 구축하는 데 뛰어났다.[14] 이들 제약회사들은 수십억 달러에 달하는 값비싼 최신 의약품들을 의사들(그리고 병원들)에게 무료 배포하여 시험을 해 보도록 유인했다. 또한 제약회사들은 의사들에게 선물 대접을 하고, 매우 관대하게 "연구비"를 제공했으며, 적극적인 커뮤니케이션과 상담, 그리고 심지어 출판의 기회까지 부여했다. 이러한 후원적 행동들로 인해 의사들은 해당 제약사에 선의를 가지게 되었고, 그 결과 저렴한 일반 대체의약품이 시판된 후에도 계속 그 회사의 제품을 처방하는 경향을 나타냈다.

■ 크기에 따른 경제효과(size economies)

큰 규모는 크게 세 가지 경로를 통해서 기업에게 우위를 가져다 준다. 첫째는 규모의 경제(economies of scale)로서, 특정한 시점에서 규모가 크기 때문에 누릴 수 있는 우위이다. 둘째는 실행을 통한 **학습(learning)**으로서, 시간의 경과를 따라 큰 기업이 누리는 우위이다. 셋째는 범위의 경제(economies of scope)로서, 서로 관련되어 있는 둘 이상의 사업에서 동시에 규모가 큰 경우에 발생하는 우위이다(이러한 우위에 대해서는 제6장에서 상세히 논의됨).[15] 크기에 따른 경제효과가 존재하면, 기업은 그러한 효과를 남들보다 앞서 활용함으로써 모방을 억제할 수 있다. 억제가 얼마나 효과적인가는 모방을 시도하는 기업이 기존 기업의 규모나 축적된 자원을 따라잡으려고 시도를 할 경우, 결국 그에 따른 과도한 투자(그리고 공급증가)로 인해 손해를 볼 가능성에 달려 있다. 제약회사의 막강한 판매조직은 그 좋은 예이다. 제약산업에 대한 진입 시도는 흔히 너무나 넓은 영역(예를 들어, 전국에 걸쳐 존재하는 수많은 1차 진료담당의사들)에서 기존 제약회사들과 비슷한 수준으로 판매망을 구축해야 한다는 사실로 인해 좌절된다. 규모의 경제효과는 1997년 미국에서 처방약의 TV 광고가 허용된 후에 대형 제약사들이 적극적인 TV 광고에 나섰던 것에서 잘 나타난다. 이들은 다량의 의약품을 판매하기 때문에 막대한 광고비를 이들 제품에 분산시켜 부담할 수 있었던 것이다.

■ 보복 위협(threat of retaliation)

기존 기업은 대대적인 보복의 위협을 가함으로써 모방을 억제할 수 있다. 그러나 보복을 말로만 한다고 해서 통하는 것은 아니다. 신빙성을 얻기 위해서는 보복을 할 수 있는 능력과 보복에 대한 적극적 의지가 뒷받침되어야 한다. 보복할 수 있는 능력은 경쟁우위의 확보, 충분한 여유 자원의 보유(예, 풍부한 유동성, 잉여 생산능력, 제품 업그레이드 제공능력 등), 그리고 경쟁자의 다른 주요 시장에서 직접적인 압력을 행사할 가능성 등을 통해서 신장된다. 보복 의지에 대한 신빙성은 보복이 해당 기업에게 최선의 대안으로 비쳐질 때 가장 높아지지만, 그 외에도 여러 가지 방법을 통해서 신빙성을 향상시킬 수 있다. 예컨대, 타협보다는 보복을 더 매력적으로 만드는 계약 또는 보복을 할 수밖에 없도록 만드는 계약(예, 철수할 수 있는 다리를 불태워 버리기)을 체결할 수 있다. 또한 보복을 위해서는 물불을 가리지 않는다는 명성을 쌓는 것도 한 방법이다. 따라서 브랜드 제약회사들은 흔히 특허권이 만료되는 의약품들의 제조기술을 자기들이 "공인한" 일반의약품 제약회사에게 미리 라이센스하거나 자회사를 통해서 계속 생산하는 전략을 취하였다. 미국 관련법은 특허기간이 만료된 의약품을 첫 번째로 생산하는 일반의약품 제약회사에게 6개월간의 독점생산권을 보장해 주는데, 브랜드 제약회사의 그러한 행동들은 이를 방해함으로써 일반의약품 제약회사들이 그 유예기간에 투자비용을 회수하기 어렵게 만드는데 그 목적이 있다.[16)]

■ 모방 지연(imitation lag)

위의 장벽들이 존재하지 않는 경우에도, 모방에는 일반적으로 시간이 소요된다. 그러한 시간 지연을 최대한 유리하게 활용하기 위해서는, 모방을 위한 여러 가지 활동들을 종료하는데 평균적으로 얼마나 많은 시간이 필요한가를 예측해 보는 것이 중요하다.[17)] 일 년 내에 비교적 쉽게 변화시킬 수 있는 변수들 중에는 가격과 마케팅 활동이 있다. 하지만 자원스톡을 변화시키는

데는 더 많은 시간이 소요되는 경향이 있다. 전형적인 공장을 설립하여 정상화시키는 데는 통상 2년 이상의 기간이 걸린다. 기존 연구들은 또한 연구개발에 대한 투자로부터 수익이 발생하기까지는 평균 4년에서 6년 정도 걸리는 것으로 추정한다. 그리고 인적자원에 관한 정책이나 기업의 사업포트폴리오를 대폭적으로 변경시키는 짧게는 10년, 대개는 그 이상의 기간이 필요하다. 만일 기업이 여러 차원들을 동시에 변화시키려고 시도하고, 특히 그러한 변화가 차례로 진행되어야 한다면 더욱 긴 시간이 소요될 것이다(실패 가능성 또한 증가).

제약산업에서 브랜드 제약회사가 특허 만료된 자사 제품을 대체할 수 있는 일반의약품의 출시를 하루 늦추는 것은 수백만 달러의 손실을 줄이는 것과 같은 효과가 있다. 따라서 브랜드 제약회사들은 대체 대체의약품의 등장을 그냥 어쩔 수 없는 것으로 받아들이기보다는 그 출시 시기를 가능한 늦추게 하는 전략을 추구했다. 브랜드 제약회사들이 이를 위해 이용한 수단은, 분자구조, 용도, 공식 등을 일부 변경하여 특허권의 기간을 연장하는 "에버그린닝(evergreening)," 일반의약품 제조회사를 특허권 침해로 고소(미국법은 그러한 고소가 접수되면 대체 일반의약품의 제조에 대한 승인을 자동적으로 30개월간 연기함), 특허권 제도의 허점을 이용한 특허 기간 연장(예, 어린이들을 대상으로 한 약품 테스트 기간에 대해 최대 6개월 특허 기간 연장 가능, 의약품의 특허 기간 연장을 위한 일반적인 로비, 미국 식품의약품안전청에 신약 승인기간 단축하도록 압력행사) 등 매우 다양했다. 그 결과는? 한 조사결과에 따르면 하나의 브랜드 의약품이 출시된 후 그에 대한 대체의약품이 출현하기까지의 평균 소요기간은 1980년에 8년에서 2000년에 14년으로 늘어난 것으로 추정된다.[18]

업그레이딩(upgrading)

모방에 대한 또 하나의 중요한 장벽은 제품 또는 서비스를 계속 업그레이드하는 것이다. 이는 고객이 기꺼이 지불하고자 하는 가격과 공급자의 기회비용 사이에 보다 넓은 쐐기를 끼워 넣는 것으로써, 흔히 상당히 많은 자원 투자가 요구된다. 제약회사들은 전통적으로 새로운 블록버스터 의약품의 개발에 많은 투자를 해 왔는데, 성공적인 의약품을 하나 출시하는 데는 평균적으로 17억 달러가 소요된다고 추정된다. 또한 제약회사들은 최근 들어 제품개발 능력 및 제조능력을 업그레이드하는 데도 많은 노력을 기울이고 있다(자원과 능력에 대한 추가적인 논의는 [그림 5.3]에 제시되어 있음). 제품과 서비스를 계속 업그레이드하는 것은 모방자의 입장에서 보면 움직이는 목표를 조준하는 것과 같다. 목표가 계속 이동하기 때문에 모방에 필요한 시간은 더욱 늘어나고 과업의 복잡성은 증폭된다. 경우에 따라서는 대폭적인 제품/서비스 업그레이드를 통해 모방시도를 아예 포기시킬 수도 있다. 업그레이드의 필요성을 가늠하는 한 방법은 산업 내에서 품질변화를 고려한 실질가격의 변화를 시간적으로 추적해 보는 것이다. 만일 산업 내 실질가격의 하락이 일정한 임계치를 넘어서면(제프리 윌리엄스(Jeffery Williams)에 따르면 연간 3%), 해당 기업은 "빠른 주기(fast-cycle)"를 가진 사업환경에서 활동하는 것으로 판단되며, 그러한 산업에서는 우위가 오래 지속되지 못하는 경향이 있기 때문에 계속적인 제품/서비스에 대한 업그레이드가 요구된다.[19] 그러한 점에서 모방에 대한 장벽은 운 좋은 기업들에게 축복으로 그냥 주어지는 것이 아니라, 업그레이드를 통해서 "의도적으로" 구축할 수 있는 것으로 볼 수 있다.

■ 복잡성(complexity)

끝으로 기존 연구들은 제품/서비스를 생산하는데 필요한 자원들이 가진 근본적인 **복잡성(complexity)**이 모방에 대한 중요한 장벽임을 제시한다. 그러한 복잡성을 일으키는 대표적 원인으로는 **인과관계 모호성(casual ambiguity)**,[20] **사회적 복잡성(social complexity)**,[21] 그리고 여러 가지 선택들 간에 **동시적 적합성(cross-sectional fit)**을 달성하기 어려움 점 등이 있다.[22] 인과관계의 모호성이란 경쟁우위의 기반이 되는 자원의 어떤 속성이 우수한 성과에 기여하는지를 정확히 파악할 수 없는 상황으로서, 그 좋은 예는 앞에서 제시한 Wyeth사의 Premarin이라는 호르몬치료제이다. 이 조건이 존재하는 경우 모방자는 기존기업의 우수한 제품이나 서비스를 복제하기 위해서 어떠한 자원을 개발할 필요가 있는지 이해할 수 없게 된다. 다음으로 사회적 복잡성은 경쟁우위의 기반이 되는 자원이 복잡한 사회적 관계에 내재되어 있을 때 발생하는데(예, 경쟁력에 도움을 주는 우수한 기업문화), 그러한 사회적 관계는 인의적으로 형성하거나 관리하는 것이 불가능하기 때문에 모방의 위협에서 벗어날 수 있다. 끝으로 성공적 모방을 위해서 많은 선택들이 일관성 있게 이루어져야만 하는 경우, 모방자는 무엇이 적절한 선택들의 조합인지 미리 알 수 없기 때문에 실패할 가능성이 높다.

비록 극복할 수 없는 복잡성은 모방이 실패한 이유를 사후적으로 설명하는데 도움을 주지만, 그러한 조건이 전략개발에 있어서 사전적으로 어떤 의미가 있는지는 명확하지 않다. 예컨대, 여러 요소들을 조합하여 복잡성을 증가시키는 것은 모방자가 중요한 기술이나 제품을 복제하는 것을 어렵게 하겠지만, 혁신가가 일부러 그러한 목적으로 기술이나 자원을 복잡하게 만들면서

그림 5.3 자원투자와 능력개발

전략의 자원기반관점은 기업이 축적해 온 자원이 한 시점에서 이용 가능한 기회들의 범위를 결정한다는 역사적 관점을 취한다. 이는 기업이 과거에 수행한 활동과 현재에 잘할 수 있는 활동 간에 연관성이 있음을 의미한다. 하지만 기업이 과거의 자원을 활용하는 데만 주의를 기울인다고 판단하는 것은 오산이다. 왜냐하면 기업들이 현재 가동중인 자원들의 가치는 기업의 시장가치에 절반 또는 심지어 1/4 밖에 되지 않기 때문이다.[23] 제약산업의 경우 특허권으로 보호되는 블록버스터 의약품들과 같은 과거의 유산을 잘 활용하여, 최대한의 수익을 올리는 것은 매우 중요하다. 그러나 동시에 미래를 위한 투자도 소홀히 하여서는 안 된다. 신약을 개발하고 테스트하고 판매하기 위해서, 그리고 연구개발 능력과 생산능력을 강화하기 위해서 지속적인 투자가 요구된다.

이처럼 전략에 대한 동태적 접근법은 기업이 과거에 수행한 활동을 현재 수행할 수 있는 활동에만 연결시키는 것이 아니라, 오늘날 기업이 수행하는 활동을 미래에 수행할 수 있는 활동에도 연결시킬 필요가 있다. 이를 위해서는 기회의 범위를 업그레이드하거나 변화시키기 위한 **대규모 몰입(lumpy commitment)**과 **능력(capabilities)**에 대한 명시적 고려가 필요하다. 대규모 몰입이라는 개념은 시장 진입(또는 퇴출), 주요 신제품의 출시, 생산능력의 대규모 확장/현대화 등뿐 아니라, 보다 모호한 범주에 속하는 변화들, 예컨대 문화적 혁신 그리고 심지어 전략의 전환 등도 포함하여 사고할 수 있도록 도와준다. 좋은 예로서 1970년대에 미국 맥주시장에서 쿠어스(Coors)가 지역적 사업자에서 전국적 사업자로 전환할 때, 이 회사는 백 년만에 처음으로 새로운 생산시설을 건설했고, 39개의 새로운 주에서 유통업체들과 거래관계를 맺어야 했다. 또한 새로 진출한 주들 중에는 노동조합이 강하고 소수민족이 많은 곳들이 있었기 때문에, 전통적으로 좋지 않았던 노사관계 및 소수민족들과의 관계도 개선하기 위해서 힘써야 했다. 아울러 전국적인 고객층을 확보하기 위해 이미 시장을 선점하고 있던 경쟁자들(특히 앤호이저부시(Anheuser-Busch)와 밀러(Miller)는 이미 전국적 규모의 생산으로 많은 이점을 누리고 있었음)보다 제품당 더 많은 광고비를 지출하였으며, 마케팅 능력을 향상시키고 생산중심이었던 조직문화를 변화시키기 위해서 부단한 노력을 기울였다. 쿠어스의 사례는 대규모 몰입의 핵심적 특징인 불가역성(irreversibility)을 나타내는 다음과 같은 네 가지의 중요한 속성들을 예시한다.

- **매몰비용**: 전국적 사업자가 되기 위해 투자한 비용의 많은 부분은 계획이 실패하더라도 회수가 곤란하다.
- **기회비용**: 쿠어스가 전국적인 사업자가 되기로 결정함에 따라서 지역 사업자로서 가질 수 있는 기회들을 상실하게 되었다. 그러한 결정은 록인(lock-in)이 아니라 록아웃(lock-out)을 초래했던 것이다.
- **시간**: 전국적인 사업자가 되기 위해서 10년 이상의 되돌릴 수 없는 시간이 투자되었다.
- **조직적 몰입**: 새로운 전략을 위해 추진된 조직변화들은 향후에 전략이 잘못되었다는 것이 발견되더라도 되돌리기 어렵다.

대규모 몰입은 "개별적으로 중요한(individually important)" 전략적 행동이기 때문에 본 저서에서 소개하는 모든 분석기법들을 적용하여 고찰해 볼 필요가 있다(예, 산업구조에 미치는 영향 및 산업구조와의 적합성에 대한 평가, 그리고 경쟁포지션, 상호작용, 지속가능성 등에 대한 시사점).[24]

반면에 능력의 개발은 "개별적으로 중요하고 드문(individually important and infrequent)" 선택들이 아니라 "개별적으로 작으면서 자주 발생하는(individually small and frequent)" 선택들을 수반한다. 왜냐하면 기업이 경쟁자들보다 더 효과적으로 특정한 활동들을 수행할 수 있는 능력이나 "기업특유의 기회들(firm-specific opportunities)"을 경쟁자들보다 더 유리하게 활용할 수 있는 능력은 장기간에 거쳐서 서서히 형성되고 재강화되는 경향이 있기 때문이다.[25]

그에 대한 생생한 사례는 일본 자동차업체들의 미국시장 진출이다. 이들이 미국에서 성공한 이유를 제품시장에서의 우월한 포지셔닝이라고 속단해서는 곤란하다. 도요타 캠리, 혼다 어코드와 같은 세단형 승용차들의 가격이나 타겟 고객층은 미국에서 판매되던 다른 경쟁모델들과 별 차이가 없었기 때문이다. 보다 설득력 있는 설명은 1980년대에 이르러 일본 자동차업체들의 제품개발능력이 크게 업그레이드되어 미국 경쟁업체들보다 절반의 시간과 절반의 자원으로 새로운 자동차 모델을 개발할 수 있었다는 것이다. 따라서 일본 자동차업체들은 신모델의 승용차를 보다 신속히 출시할 수 있었다. 또한 일본 자동차업체들, 특히 도요타는 미국 업체들과는 다른 제조설비 및 프로세스들을 채택했기 때문에 보다 좋은 품질의 승용차를 더 낮은 가격에 생산할 수 있었다. 현재까지도 경쟁상대를 찾아보기 어려운 도요타의 생산시스템은 암묵적이며 조직에 체화된 지식, 공장에서 규모의 경제 달성(특히 일본에서), 공급자들과의 긴밀한 협력관계(본 장에서 강탈의 개념과 관련된 사례로서 제시됨), 모방자들이 유사한 생산시스템을 구축하기까지 걸리는 시간 지체, 그리고 지속적인 개선을 위한 부단한 노력 등에 의해서 보호되고 있다.

제품과 프로세스 개발의 효율성, 학습, 스피드, 유연성, 이동성(다른 제품라인 간) 등의 차이에 따라서 여러 유형의 능력들을 찾아 낼 수 있다.[26] 통합(integration), 재구성(reconfiguration), 변환(transformation)에 모두 능숙한 "메타능력(metacapabilities)"이라는 개념도 상당한 관심을 끌고 있지만 이를 실제로 측정하기는 매우 어렵다. 한편, 경쟁자들과 비교를 통하여 능력을 측정하고 평가하는 것은 매우 중요하다. 그렇지 않으면 경영자들의 과신과 정치적 게임으로 인해서 능력을 과장해서 측정하고, 무엇이든지 경영자들이 관심을 가지는 것을 핵심적인 조직능력이라고 간주해 버릴 가능성이 크다.[27]

또 하나의 어려움은 능력의 축적이 점진적으로 이루어지는 특징을 가진다는 것이다. 기업은 능력 개발을 위해 필요한 노력들을 일관성 있게 상당한 기간에 거쳐 경주할 필요가 있는데, 그러한 노력들이 시시각각 이루어지는 개별적인 잘못된 선택들로 인해서, 또는 나의 사소한 행동이 무슨 영향이 있겠느냐는 잘못된 생각들로 인해서 야금야금 침해되는 것을 방지해야만 한다. 다소 역설적이지만 이러한 사실로 인해서 어떠한 능력을 어떻게 개발할 것인가에 대한 결정은 되돌리기 어려운 큰 자원에 대한 투자와 유사한 성격을 가지게 된다. 왜냐하면 특정한 능력의 개발을 위한 전사적인 노력은 대규모 몰입과 같이 록인(개발하고자 하는 능력이 잘 적용될 수 있는 기회들만을 효과적으로 활용하게 되므로), 록아웃(개발하고자 하는 능력이 적용되지 못하는 기회들을 상실하게 되므로), 시간지연, 조직적 몰입 등을 초래하기 때문이다. 따라서 위에서 설명한 몰입과 마찬가지로 특정한 능력은 어떤 상황에서는 우월한 성과가 아니라 열등한 성과를 초래하는 조직적 경직성(rigidities)으로 탈바꿈될 수도 있다(예, 새로운 기술이나 시장환경에서 도태되는 과거에 성공적이던 기업들).[28] 그럼 점에서 능력개발과 몰입은 지속적인 성공을 위한 필요조건일 수는 있지만 충분조건은 아니며, 바로 이 때문에 어떻게 이들이 조직의 성공에 영향을 미치는가는 계속해서 관심의 대상이 된다.

도 새로운 제품이나 서비스를 시장에 남들보다 앞서 출시하기가 용이할까? 만일 그렇지 않다며, 복잡성 증가를 통해서 지속가능성을 추구하는 것은 좋은 아이디어가 아니다. 왜냐하면 그러한 방법은 선도자의 우위를 획득하기 어렵게 만들기 때문이다.

요약하면, 모방은 부가가치의 지속가능성을 직접적으로 위협하는 요인으로서, 위협이 얼마나 심각한가는 모방에 대한 장벽들이 얼마나 높은가에 달려 있다. 그러한 장벽들은 흔히 선도자의 우위에서 비롯된다. 하지만 선도자의 우위가 모방의 위협을 약화시키는데 도움을 줄지라도, 이를 구축하는 데는 많은 비용과 위험이 수반된다. 따라서 선도적 진입과 후발 진입 중 어느 편이 유리한가에 대해서 내릴 수 있는 유일한 타당한 결론은 오래 전 알프레드 슬론(Alfred P. Sloan)이 지적한 바대로 "만일 시장에 늦게 진입한다면 더 좋을 필요가 있다"는 것이다.

대체성의 위협

부가가치는 모방뿐만 아니라 대체성에 의해서도 위협을 받는다. 제2장에서는 주로 제품에 대한 대체성을 설명하였지만, 여기서는 그와 달리 자원에 대한 대체성에 초점을 둔다. 자원 대체성은 부가가치를 감소시키는 경향이 있는데, 그 이유는 부가가치 창출에 필요한 서비스를 제공하는 희소자원들이 같은(또는 유사한) 서비스를 제공하는 다른 종류의 자원으로 교체되기 때문이다(예, 유선전화 서비스를 위해 기존에 구축되었던 유선전화망이 인터넷망으로 대체됨). 모방의 경우는 희소자원을 모방자들이 복제함에 따라서 필요한 서비스를 제공하는 자원들이 증가하는 것이 문제인 반면, 대체성의 경우는 부가가치 창출에 기여하는 우리 기업의 희소자원이 다른 기업이 가진 다른 종류의 희소자원으로 대체되기 때문에 부가가치가 감소되는 것이다. 비록 대체성과 모방이 명확히 구분되지 않는 경우도 때때로 있지만, 반 세기보다도 이전에 경제학자인 조셉 슘페터(Joseph Schumpeter)는 대체성의 위협과 모방의 위협을 "폭격을 맞는 것과 문을 부수고 들어오는 것"으로 비유했다.[29] 이처럼 대체성은 모방보다 극단적인 효과가 있을 수 있다.

대체성은 슘페터의 시대보다 오늘날 더 많은 주의를 끌고 있다. 특히 인기 있는 개념은 기존의 기술들을 진부화시키는 **와해성 기술(disruptive technology)**이다.[30] 대체성은 이와 관련되어 있지만 보다 넓은 개념이다. 기술적 대체성은 이전에 고객을 요구를 만족시키는데 열등했던 기존 기술이 급속히 개선되는 것뿐만 아니라 보다 상위의 기술로부터 위협을 받는 것을 포함한다. 예컨대, 지난 20년간 비디오게임 시장에서는 매번 차세대 기술을 먼저 채용한 게임을 개발한 업체들이 선두주자로 부상하였다. 하지만 기존 게임업체인 닌텐도가 무선 조정장치와 듀얼스크린 시스템을 개발하여 크게 성공을 거둔 것은 대체성의 위협이 항상 산업의 밖에서만 오는 것이 아니란 점을 일깨워 준다. 더욱이 부가가치를 위협하는 대체성은 기술변화에만 국한되지 않는다. "공급측면"에서 대체성을 촉발시키는 원인으로는 투입요소의 가격 또는 가용성 변화, 그리고 (미국 항공산업에서와 같은) 규제완화 등이 있다. 반면 "수요측면"에서는 소비자 기호의 변화, 기존에 충족되지 못했던 소비자 요구, 그리고 소비자 구성의 변화 등이 대체성의 위협을 증대시킬 수 있다.

대체성의 위협을 잘 보여주는 사례로서, 온라인 서적판매의 증가 그리고 특히 아마존(Amazon)의 성장을 전통적인 오프라인 서적판매의 대표주자인 반스앤노블스(Barnes and Nobles)의 관점에서 살펴보자. 아마존의 온라인서점은 반스앤노블스가 그 동안 구축한 두 가지 중요한 자원을 대체해 버렸다. 하나는 약 1,000만 평방제곱피트에 이르는 서적판매를 위한 물리적 공간이다. 그러한 공간을 자본화한다면 아마도 그 가치가 이 회사의 연간매출액을 초과할 것이다. 다른 하나는 15,000명에 이르는 직원들이다. 반스앤노블스가 그러한 상황에서 취한 행동들은 대체성에 대한 여러 가지 가능한 대응방법들, 예컨대 묵인, 방어, 올라타기, 전환, 혁신 등을 잘 보여준다.

■ 무반응(not responding)

대체성에 대처하는 한 방법은 전혀 반응하지 않는 것이다. 이는 반스앤노블스가 취한 행동이 아니었다. 이 회사는 아마존이 영업을 시작하자 1년 내에 독자적인 온라인 서적판매를 시작했다. 그렇지만 무반응은 선호하게 만드는 몇 가지 이유를 생각해 볼 수 있다.

- 온라인 서적판매는 일시적인 유행으로 끝날 가능성이 있다.
- 온라인 서적판매는 극히 일부의 특정한 틈새시장(niche market)에서만 성공할 것이다.
- 온라인 서적판매는 고객에게 좋은 서비스를 제공할 수 없다. 고객은 직접 책을 살펴볼 수 없고, 반스앤노블스가 제공하는 것과 같은 아늑한 분위기를 느낄 수도 없다.
- 온라인 사업에 뛰어들면 이미 압력을 받고 있는 반스앤노블스 서점들의 매출이 감소될 것이다.
- 반스앤노블스는 온라인 서적판매에서 성공하는데 필요한 기술과 노하우를 가지고 있지 못하다.

이러한 이유들은 흔히 기업이 대체성의 위협에 충분히 대응할 필요가 없다는 근거로서 사용된다.[31] 그렇지만 진짜로 기업이 대응하지 않는 이유는 너무 오만하거나, 근시안적이거나, 관료적이거나, 태만해서일 수 있다. 그런 점에서 대체성의 위협에 너무 적은 주의를 기울이는 것은 너무 많은 주의를 기울이는 것보다 더 위험할 수 있다는 것이 일반적인 상식이다.

■ 이주/수확(migration/harvesting)

이주와 수확은 흔히 함께 활용되는 방법들로서 묵인의 소극적인 형태이다. 이주란 자원을 재배치하여 대체성의 위협에 대한 취약성을 줄이거나 전반적으로 더 매력적인 용도에 사용할 수 있도록 하는 것이다. 수확은 현재 보유한 자원을 더 증대시키거나 유지하기보다는, 그로부터 최대의 이익을 뽑아 내도록 시도하는 것이다. 한 연구에 따르면 현재의 기술을 대처하는 와해성 기술이 등장할 경우 기존 기업들이 보이는 가장 일반적인 반응은 수확이며, 이는 기술대체 과정의 초기에 의도적이기보다는 우발적으로 채택되는 경향이 있다.[32] 하지만 수확이 더 타당한 대안으로 보이는 데도 선택되지 않은 경우를 쉽게 찾아볼 수 있다. 예를 들어, 반스앤노블스가 지속적으로 저수익성을 기록하고 있는 전통적인 오프라인 서점들에 계속해서 투자를 하는 것이 과연 바람직했었는가에 대해서는 의문이 제기될 수 있다.

■ 방어(defending)

기존 기업은 대체성의 위협으로부터 현재의 시장을 방어하기 위해 그에 필요한 비용을 기꺼이 지불하거나 현재의 비용을 낮추고자 할 수 있다. 그러한 대응에 수반되는 한 가지 분명한 위험은 특히 기술적 변화와 관련하여, 위협을 가하는 신기술이나 자원이 근본적으로 기존 기업이 보유한 기술이나 자원보다 훨씬 빠르게 향상될 우려가 있다는 것이다.[33] 또한 제3장으로부터 얻을 수 있는 중요한 시사점은, 비록 우리 사업의 근본을 튼튼히 하는 것이 방어의 중요한 방법이지만 또한 경쟁자의 근본을 침해하는 것도 다른 좋은 방법이 될 수 있다는 것이다. 따라서 반스앤노블스는 여러 경쟁자들, 그리고 특히 아마존을 궁지에 몰아넣기 위한 여러 가지 조치를 취하였다. 그 중 대표적인 것은 미국 서적 도매시장의 50% 이상을 점유하고 있는 Ingram사를 인수하기로 1998년에 선언한 것이었다. 당시 아마존을 비롯한 대부분의 서적 소매상들은 이 회사로부터 공급을 받고 있었다. 그러나 이 인수 계획은 성사되지 못했다. 왜냐하면 출판사와 서적소매상들은 미국 공정거래위원회에 곧바로 이의를 제기하였고 그에 따라서 조사가 시작되었기 때문이다.

■ 올라타기(straddling)

올라타기란 대체성의 위협에 대응하기 위해서 현재의 진영과 부상하고 있는 새로운 진영에 양다리를 걸치는 것이다. 올라타기는 전환기적 방어수단일 수도 있고 장기적 전략일 수도 있다. 한편 올라타기는 현재의 진영과 새로운 진영 간에 비슷한 균형을 취하는가 아니면 불균형을 취하는가에 따라서 구분될 수 있다(예, 대체성의 위협을 가하는 진영에 적은 투자를 하고 동태를 살필 수 있음). 올라타기 전략에 내재된 가장 큰 위험은 아마도 기존의 경쟁방식이 더 이상 유효하지 않음에도 불구하고 그에 너무 집착하여 중대한 결단을 내리지 못하는 것일 것이다. 올라타기는 반스앤노블스가 1996년부터 2000년 기간에 취한 전략으로 볼 수 있다. 이 회사는 (단지 안전을 위해서 투자해 보는 것이 아니라) 온라인 서적판매에서도 선두가 될 의도를 가지고 Bandn.com이라는 자회사를 설립하여 회사 외부에 있는 인재와 자원들을 끌어모았다. 동시에 이 온라인 벤처기업은 기존의 서적판매사업과는 조직상 그리고 운영상 분리된 별도의 사업단위로 유지되었다.

■ 전환(switching)

전환은 대체제로 완전히 이전해 간다는 것을 의미하기 때문에 올라타기보다 훨씬 급진적 대응방식이다. 이 방법은 위협에 신속히 대응한다는 매력을 가지고 있으며, 와해성 기술에 관한 문헌들에서도 열렬한 지지를 받고 있다. 하지만 전환을 시도한다는 것은, 특히 급변하는 환경 속에 처한 경우, 경마경기 도중에 말을 바꾸어 타는 것과 마찬가지다. 어쩔 수 없는 경우도 있겠지만, 그러한 시도는 흔히 미끌어져 떨어지기 쉽다. 또한 기업은 전환을 추진하기 이전에 어떻게 전환 이후에 부가가치를 창출할 수 있는가에 대해서 명확한 대답을 가지고 있어야만 한다. 반스앤노블스는 광범위한 서적 판매유통 시장에서 온라인 서점이 계속해서 틈새시장으로 남을 것이라고 믿었다. 따라서 이 회사가 온라인 서점판매 사업으로 전환을 시도하지 않은 것은 어쩌면 당연한 일이었다.

■ 재조합(recombination)

전환은 어떻게 경쟁할 것인가에 대해 이미 "기존에" 나와 있는 모델을 채택하는 것이다. 그러나 많은 경우 현재의 방법과 새로운 방법을 적절히 결합하는 것이 완전히 새로운 방법으로 전환하는 것보다 좋은 결과를 가져올 수 있다. 여러 가지 가능성들을 재조합하거나 혼합해 보는 것은 대체성의 위협에 대응하기 위해서 고려할 수 있는 방안들을 획기적으로 확장시켜 준다. 반스앤노블스는 초기 기간에 그러한 가능성에 보다 많은 주의를 기울일 필요가 있었다. 이 회사가 가진 탁월한 전국적인 서점유통망을 온라인 서적판매 사업과 결합시키기 위해서, 예컨대 서점들을 통해서 온라인 판매를 위한 주문을 받고 배달을 하며, 또한 반품을 받아 주는 방법을 채택할 수 있었다. 2000년대 후반 마침내 이 회사는 그러한 방향의 정책을 시행하기 시작했다. 각 서점마다 인터넷서비스창구를 개설하여 Bandn.com을 통해서 판매한 제품을 서점에 직접 반품할 수 있도록 허용했던 것이다. 하지만 그러한 정책변화는 이미 늦은 것이었다. 왜냐하면 아마존은 이미 온라인 서적 유통에서 선두의 자리를 확보하고 있었기 때문이다.

■ 뛰어넘기(leapfrogging)

뛰어넘기는 혁신을 통하여 대체성의 위협에 가장 급진적으로 대응하는 방법이다. 기업은 성능향상을 통해서 또는 그보다도 더 높은 성과를 가져다 줄 수 있는 가치혁신을 통해서 대체성의 위협 자체를 아예 와해시켜 버리려고 시도할 수 있다.[34] 아마존의 사업모델을 모방하기 위해서 설립한 Bandn.com이 성공할 가능성이 희박함을 깨닫고, 반스앤노블스는 1999/2000년에 뛰어넘기 전략을 위한 두 가지 대형 프로젝트에 5억 달러를 투자했다. 하나는 전자책(e-book) 프로젝트로서 이를 위해 값비싼 소프트웨어를 개발할 필요가 있었지만 성공한다면 기존의 물리적 서적 유통망을 대체할 가능성이 있었다. 다른 하나는 주문형 인쇄 프로젝트로서 기존 출판사들의 인쇄기능을 일부 흡수하는 것이 목적이었지만 이 또한 값비싼 프린터 장비의 개발을 요구하였다. 하지만 다급한 상황에서 추진된 이 두 프로젝트가 별다른 성과를 거두지 못한 것은 그다지 놀라운 일이 아니었다.

요약하면, 대체성의 위협에 대한 완벽한 대응방법은 없다. 그럼에도 불구하고 대체성의 위협이 어떠한 형태로 얼마나 심각하게 존재하는가를 정확히 파악하고, 그에 대처할 수 있는 다양한 방법들을 잘 인식하는 것이 큰 도움이 된다. 그러한 접근방법을 통하여 기업은 대체성의 위협에 맞서 싸우거나 아니면 빨리 전환을 해야만 한다는 이분적 사고방식에서 벗어날 수 있다.

강탈의 위협

기업이 자신의 부가가치를 모방이나 대체성의 위협으로부터 지켜 내더라도 그 부가가치를 자기가 전유(획득)할 수 있다는 보장은 없다. 가치의 전유성을 위협하는 두 가지 근본적 요인은 강탈(holdup)과 태만(slack)이다. 이 절에서 논의하는 바와 같이 강탈은 창출된 가치를 구매자, 공급자, 보완자 등과 같은 제3자에게 빼앗기는 것을 의미하며, 다음 절에서 설명하듯이 태만이란 가치가 낭비되어 사라지는 것을 의미한다.

강탈의 간단한 예로서 민간기업이 소유하고 있는 앰배서도(ambassador) 다리를 살펴보자. 미국 디트로이트와 캐나다 윈저를 연결하는 이 다리는 두 나라 교역의 거의 30%를 처리한다. 경쟁할 수 있는 가장 가까운 다리는 80마일이나 떨어져 있고 경제중심부에서 벗어나 있기 때문에, 앰배서도 다리는 통과하는 차량에 상당히 높은 통행료를 부과할 수 있다. 예를 들어

2003년 조사에 따르면 가스수송차의 통행료가 다른 다리들의 거의 2배에 달하였다.[35] 그 이후 유가가 크게 상승하면서 앰배서도 다리의 지리적 이점은 더욱 강화되었다.

앰배서도 다리의 희소성은 근처에 두 번째 다리를 건설하려는 계획에 의해서 위협받고 있다. 2001년 9월 테러 이후 미국정부는 미국-캐나다 국경 간 무역에 대한 감시를 강화하였고, 그 영향으로 앰배서도 다리로 교역이 몰리면서 교통지체가 심각하게 발생하였다. 새로운 다리의 건설은 이를 해소하기 위한 방안으로 추진되고 있는 것이다. 아직 그러한 계획이 확정된 상태는 아니지만, 앰배서도 다리의 소유자는 위협을 약화시키기 위해서 통행료 납부창구 증설, 다리와 고속도로 간 연결 개선, 그리고 현재의 다리에 6번째 차선 증설 추진 등과 같은 여러 가지 노력을 기울여 왔다. 향후 40년간 이 지역의 교통량이 거의 증가하지 않을 것이라고 예측되기 때문에, 앰배서도 다리의 소유자는 그러한 대책의 필요성을 더욱 절실히 느꼈다.[36]

앰버서도 다리가 어떻게 강탈을 통하여 국경 간 교역으로부터 발생하는 가치의 일부를 전유하는지는 쉽게 이해될 수 있다. 왜냐하면 파이의 크기가 비교적 고정되어 있고, 그 파이를 어떻게 나눌까를 결정하는 힘의 균형에서 앰버서도는 일방적으로 유리한 입장에 있기 때문이다. 하지만 강탈은 각 참가자들의 행동이 파이의 사이즈에 영향을 미치며 동시에 파이를 어떻게 나눌 것인가를 결정할 때 더욱 복잡한 형태로 나타난다. 이는 흔히 참가자들 간에 상호의존성이 존재하고, 그러한 상호의존성이 자산의 상호전문화(cospecialization)에 근거하고 있는 경우이다(예, 기차와 철도).[37] 한편, 쌍방독점(bilateral monopoly, 시장에서의 공급자와 수요자가 각기 1인인 경우)은 두 참가자가 거래를 통해서 창출하는 총가치가 각 참가자의 부가가치와 동일해지는 극단적 예로 볼 수 있다(제2장에서 소개된 부가가치의 개념 참조).

그러한 복잡한 경우로서 완성차업체와 부품업체 간의 관계를 살펴보자. 오늘날 자동차 시장의 기술적 추세를 고려해 볼 때, 우수한 자동차를 제작하기 위해서는 양자가 모두 상당한 유형적, 무형적 투자를 할 필요가 있다. 만일 그렇지 않으면 제조원가 상승, 품질 및 혁신성의 저하에 따른 차별화 실패, 신모델 개발기간의 지연, 그리고 심지어 리콜의 위험까지 발생하게 된다. 요구되는 투자는 흔히 관계특유적(relation-specific, 특정 당사자들 간에 거래관계에서만 가치가 있다는 의미)이며, 일단 투자가 되면 경제적 손실 없이 되돌리거나 다른 용도로 전용하기 곤란하다. 그런데 한 부품업체가 완성차업체의 특정한 요구에 맞추기 위해서 부품디자인, 장치설비, 공정 등을 변경하는 경우 그 부품업체는 완성차업체에 의한 강탈의 위험에 노출되며, 이는 완성차업체도 마찬가지이다(예컨대, 완성차업체와 부품업체는 상대방이 자신에게 의존하고 있는 것을 이용하여 서로에게 불리한 계약조건을 강요할 수 있음). 만일 강탈에 대한 두려움으로 인해서 완성차업체와 부품업체가 서로에게 이익이 되는 투자를 줄이거나 왜곡시키기로(예컨대, 상대방에게 예속되지 않도록 특정부품의 생산에 특화되지 않은 기계장치에 투자. 하지만 그러한 일반적 기계장치는 특화된 기계장치에 비해서 생산성이 떨어짐) 결정한다면, 결국 전체적 파이의 크기는 줄어들 것이다.

과거 100년간 자동차 업계는 그러한 강탈의 위험에 대처하기 위한 다양한 제도적 방법들을 탐구하여 왔다. 따라서 아래에서는 자동차 업계의 역사적인 사례를 통하여 이들 방법들을 소개한다.

■ 계약(contracting)

20세기 초반 완성차업체들은 기존에 자전거 및 운반기구들을 생산하는 업체들로부터 부품을 조달하였다.[38] 그 후 이들 업체의 매출에서 자동차부품이 차지하는 비중이 커지고 완성차업체가 이들과 생산활동을 긴밀히 조정할 필요성이 증가하면서, 양측은 필요할 때마다 부품을 주문을 하는 시장거래 방식을 계약에 기초한 장기적 거래관계로 전환시켰다. 완성차업체와 부품업체들이 서로의 기술적 요구를 충족시키기 위한 전문화를 추진하면서 시장에 기초한 정상거래(arm' s length transaction, 자유경쟁 시장에서 당사자들이 서로 독립된 주체로서 냉정하게 자신의 이익을 위하여 행하는 거래)는 제6장에서 설명하는 소위 시장실패(market failure)를 겪게 되기 때문에, 이를 극복하기 위한 대안적인 거래방식(governance mechanisms)이 필요해진다. 계약은 이를 위한 한 가지 해결책이지만 불완전한 방법이다. 왜냐하면 강탈의 위협을 완전히 제거할 수 있는 완벽하고도 포괄적이며 집행가능한 계약을 체결한다는 것은 대부분의 경우에 많은 비용을 발생시키기 때문이다. 예컨대, 계약서를 빠짐없이 검토하여 완벽하게 작성하기 위해서는 많은 변호사 비용이 들어간다. 설령 그렇게 계약서를 작성하더라도 미래 상황을 완벽히 예측하지 못하기 때문에 허점이 존재할 가능성이 있으며, 계약내용이 복잡하다면 상대방이 이를 준수하는지를 감시하는 데도 어려움이 따른다. 이러한 이유들로 인해서 특히 복잡한 거래의 경우 완벽한 계약을 체결하는 것은 불가능하다(제6장의 개선가능테스트 중 거래비용에 관한 내용 참조).[39]

■ 통합(integrating)

강탈의 위협에 대한 두 번째 반응으로서 통합은 미국 자동차 산업이 급속히 성장하여 과점화되면서 나타나기 시작했다. 1909년부터 1914년 기간에 미국 내 총자동차 생산대수는 4배 이상 증가하였고, 그 가운데 포드는 저렴한 모델 T 자동차 판매를 25배 이상 증가시키면서 시장에서 선두자리를 차지했다. 그 기간에 포드는 부품업체들과의 관계를 재조정하였다. 1909년 포드의 공정은 기본적으로 다지브라더스(Dodger Brothers)가 공급한 샤시에 차체, 바퀴, 그리고 (다른 곳에서 조달한) 타이어를 설치하는 것이었다. 하지만 1914년에 이르러 다지브라더스는 포드에 대한 샤시 공급을 통해 벌어들인 이익을 기초로 자동차 조립부문으로 사업을 확장했고, 포드도 부품 및 일부 자재를 자체생산하기 위해서 "후방으로 수직적 통합(backward vertical integration)"을 추진했다. 포드가 그러한 통합을 추구한 이유는 소수 부품업체들에 대한 의존성을 줄이고, 동시에 폭넓은 원가우위 전략을 추구하기 위해서였다. 수직적 통합을 통해서 포드가 기대했던 구체적 이점으로는 (1) 부품업체들이 주저하는 대규모투자를 직접 시행할 수 있고, (2) 부품 개발/제조 과정과 자동차 개발/조립 과정 간에 효율적인 활동조정이 가능하며, (3) 포드가 조립라인 혁신을 통해서 개발한 스피드 조립기술의 잠재력을 최대한 활용하고, (4) 작업라인이 예기치 못한 문제로 중단되는 것을 방지하는 것(부품이 늦게 배달되어 조립라인이 30분 이상 정지되는 사태가 자주 있었기 때문에 이는 사소한 문제가 아니었음) 등을 들 수 있다.

전문화, 규모의 경제, 그리고 프로세스 혁신 등이 결합되면서 수직적 통합은 1909년부터 1924년 기간에 모델 T의 실질 제조원가를 종전보다 1/4 수준으로 낮출 수 있도록 기여했다([그림 1.3] 참조). 하지만 동시에 자산집중도(asset intensity, 총자산을 총매출로 나눈 비율)는 3배나 높아졌고, 운영레버리지(operating leverage, 영업비용 중 고정영업비용이 차지하는 비중)가 증가하였으며, 특히 모델 T의 초기 개방형 디자인이 보다 무거운 폐쇄형 차체 디자인으로 1920년대에 대체되면서 유연성이 크게 감소되었다. 이러한 문제들은 포드가 1927년부터 1928년 기간에 모델 T에서 모델 A로 차종을 변경하는 과정에서 오랜 기간 누려왔던 선두자리를 GM에게 빼앗기는 중요한 원인이 되었다.[40] 수직적 통합을 추진한 다른 완성차업체들도 과잉생산능력을 가진 부품업체들이나 우수한 제품혁신 능력을 가진 부품업체들로부터 외주를 늘리라는 압력을 받았다. 더욱이 수직적 통합은 기존에 외부 기업이 생산하던 부품을 내부 부서에서 생산하기 때문에 생산성 향상이나 혁신에 대한 동기가 약화되는 문제가 발생하였다(예, 내부 이전가격을 시장가격과 동떨어지게 원가에 기초하여 설정할 때 원가절감의 동기가 약화됨). 끝으로, 부품업체들로부터의 강탈 위협을 감소시키기 위해서 추진된 수직적 통합은 자동차 산업의 막강한 노동단체인 미국 자동차노조(the United Automobile Workers)로부터의 강탈 위협을 증대시키는 결과를 초래했다.

■ 협상력의 강화 및 활용(increasing and using bargaining power)

제2차 세계대전 이후 포드에서 비통합화(disintegration)가 어느 정도 추진되었지만, 여전히 완성차업체들은 높은 통합 수준을 유지했다. GM, 포드, 그리고 그 정도는 덜 했지만 크라이슬러는 모든 주요 부품들의 일정 비율을 직접 생산하면서(엔진, 변속기, 차축 등과 같은 핵심적 부품들은 100% 자체 생산), 나머지는 자신들이 쉽게 상대할 수 있는 부품업체들로부터 아웃소싱하였다.[41] 완성차업체들은 부품업체들의 협상력을 낮추기 위해서 개별적으로 분리하여 상대하였으며, 자체적인 다수의 연구인력을 보유하고 부품업체가 새로운 혁신적 부품제조 기술을 개발하면 이를 자사에게 이전시키도록 강요했다. 또한 시스템화된 자동차 부품들을 부분으로 분리하고 이들에 대한 상세한 기술명세서를 작성함으로써 쉽게 기술의 내용을 파악할 수 있도록 하였다. 그 결과 부품업체들의 부가가치는 더욱 축소되었다. 계약은 주로 가격에 초점을 맞추어 1년 이내의 단기로 체결되었고, 연장되지 않는 경우가 흔했다. 흔히 Big 3라고 불리는 이들 대형 완성차 업체들이 납품가격을 낮추기 위해서 사용한 그 밖에 방법들로는 조사팀을 부품업체에 파견하여 부품원가 감사, 규모가 작고 간접비가 크지 않은 부품업체에게 더 낮은 가격으로 오퍼를 내게 한 후 이를 다른 부품업체들과의 납품가격 협상에 활용, 여러 부품을 납품하는 업체들에게 특정 부품에 대한 가격을 낮추지 않으면 다른 부품들의 구매를 중단하겠다고 위협, 경쟁이 있을 것이라는 소문내기 등이 있다.

이러한 관행들은 "5가지 결정요인" 모델이 제시하는 것처럼 대부분 공급자의 협상력을 낮추기 위한 것이었다(그런 점에서 이 모델은 강탈의 위협을 설명하는데 상당히 유용함). 하지만 유의할 점은 협상력에 기초한 그러한 강경한 접근법이 자칫 지나치게 공급자들을 궁지에 몰아넣을 수 있다는 것이다. 만일 그렇게 된다면 유리한 협상에 따른 이익보다 전체 파이의 크기 축소에 따른 손실이 더 커질 수 있다. 이 절의 나머지 부분에서 논의하는 것처럼 상대적인 협상력을 극대화하는 것이 항상 강탈의 문제를 해결하는 최선의 방안은 아닌 것이다.

■ 상호의존성 개발(building mutual dependence)

1970년대와 1980년대에 일본 완성차업체들이 미국 시장에 대규모로 진입하면서, Big 3는 여태까지의 강경한 접근법에 대해서 다시 생각해 보아야만 했다. 왜냐하면 부품업체들과의 호의적인 관계가 일본 완성차업체들의 성공에 큰 기여를 했다는 것이 분명했기 때문이다.[42] 미국 경쟁자들에 비해서 수직적 통합의 정도가 낮음에도 불구하고, 일본 완성차업체들은 훨씬 적은 수의 부품업체들과 장기적인 거래관계를 유지하면서 이들과 정보를 교환하였으며, 혁신과 생산에 있어서 서로를 파트너로 간주하였다. 특히, 많은 부품들이 "블랙박스(blackbox)" 디자인을 통해서 개발되었는데, 이는 완성차업체가 부품의 일반적인 사양만을 정해 주고, 부품업체가 그에 따라서 구체적인 상세한 사양과 설계도를 완성하는 것이었다. 그러한 독특한 부품개발 방식으로 인해서 완성차업체가 부품업체들을 교체하는 일은 드물었다. 부품업체는 그에 대한 보답으로 완성차업체를 위한 특화된 생산설비에 투자를 시행하였다. 그로 인해 일본에서 전형적인 공급자 파트너는 매출액의 60%를 한 개의 완성차업체에게 의존하였던데 비해 미국에서는 그 비율이 34%였다.[43] 다시 말해서 일본 완성차업체와 부품업체는 서로에 대한 충분한 믿음을 가지고 있었기 때문에, 양자 간의 거래관계가 지속될 때만 그 가치를 회수할 수 있는 특화된 자산에 투자할 수 있었던 것이다. 그 같은 **조직 간 관계(interorganizational relationship)**가 자생적으로 유지되기 위해서는 개별 파트너들이 협력에서 창출되는 이익으로부터 충분히 많은 몫을 가져갈 수 있어야 한다. 왜냐하면 그러한 경우 협력으로부터 얻는 많은 이익이 사라질 것에 대한 두려움으로 인해서 **기회주의(opportunism)**가 억제될 수 있기 때문이다.[44] 이러한 접근방법은 앞에서 설명한 다른 방법들과 상당히 차이가 난다. 앞의 방법들은 의존성을 최소화하는데 주로 초점을 두고 있다.

1990년대에 들어와 Big 3도 공급자들과 보다 협력적인 관계를 추구하였다. GM과 포드는 자사의 거대한 부품생산 사업부문을 분리하여 각각 델파이(Delphi)와 비스테온(Visteon)을 설립하였다. 그 동안 부품업체들은 자신들이 이룩한 혁신에 대한 기술적 정보가 이들 완성차업체의 내부 부품제조 부문으로 이전되어 결국 자신들의 가치를 강탈하는데 사용될 것이라고 두려워했다. GM과 포드의 조치는 그러한 우려를 해소시켜 주었다. 한편 가장 수직적 통합 정도가 낮았던 크라이슬러는 한층 더 긴밀한 협력관계를 구축하고자 시도하였다. 이 회사는 효율적인 협력제도들을 도입하였고, 부품업체들도 공정한 이윤을 확보할 필요가 있음을 인정하였으며, 부품업체들로부터 피드백을 받고 또한 이들과 투자재원을 공유하는 프로그램을 운영하였으며, 보다 장기적인 계약을 체결하였고, 우수한 부품업체들과 보다 긴밀한 파트너 관계를 구축하고자 노력하였다. GM과 포드는 그렇게까지 높은 수준의 협력관계를 추구하지 않았으며, 2000년대 초 자동차 산업에 불황이 닥치면서 이들 3사 모두는 다시 주로 가격에 초점을 맞추는 정책으로 되돌아갔다.[45] 그 이후로 미국 자동차 부품산업은 많은 도산(델파이를 포함), 철수, 구조조정을 겪었고, 그에 대한 타개책으로 보다 성공적인 다른 (외국계) 자동차 회사들에 대한 부품판매를 늘리고자 노력하고 있다.

■ 신뢰 구축(developing trust)

협력적 관계의 안정성은 또한 신뢰에 의해서 강화된다. 예를 들어, 일본에서는 기회주의가 법적 제도보다는 사회적 제도(예, 규범 등)에 의해서 억제되는 경향이 있다. 그러한 일본의 경영환경은 완성차업체가 부품업체들과 협력적 관계를 보다 용이하게 구축하도록 도와줄 수 있다. 하지만, 일본의 자동차 산업이 진정으로 신뢰에 기초하고 있는가에 대해서 아직까지도 학자들 간에 논쟁이 진행중이다. 신뢰란 어떤 의미에서 자기이익을 추구하기 위한 계산을 넘어서야 하는데, 최근 들어 니산, 그리고 심지어 도요타까지도 일본적인 구매자-공급자 관계에서 벗어나려는 행동을 보이고 있기 때문이다.[46]

끝으로 기업이 활동하는 보다 넓은 사회적 환경에서 생겨나는 다른 유형의 강탈이 존재함을 주목할 필요가 있다. 그러한 강탈은 자원의 의존성 또는 상호전문화에 기초한 협상을 반영한다기보다는 일방적 **수용(expropriation)**의 성격을 가진다. 특히 기업이 취해야 할 적정한 수준의 이윤과 시장지배력에 대한 사회적 규범이 존재하는 경우, 부가가치의 전유성을 위협하는 법적 그리고 사회적 제약들이 생겨날 수 있다. 법적 제약은 공정성이나 윤리성에 대한 사회적 인식보다 기업활동을 더 직접적으로 속박할 수 있기 때문에 앞의 장들에서 논의한 여러 내용들(예, 진입장벽 구축, 공급자 협상력을 낮추기 위한 전략 등)과 관련하여 보다 사려 깊게 살펴볼 필요가 있다. 또한 어떤 산업들에서는 정부의 개입에 특별히 주의하여야 한다. 그러한 산업들은 이미 정부가 상당히 높은 수준으로 간여하고 있거나(정부조달, 재정지원, 규제, 정부소유 등을 통해서), 규모, 투자, 고용, 투표, 또는 일반적인 정치적 목적(예, 공중방송 미디어에 대한 소유권)으로 인하여 중요하게 간주되거나, 대중들을 위한 필수품(예, 식료품) 또는 정부의 지원을 받는 물품(예, 의약품)을 공급하고 있는 특징들을 가진다. 물론 그런 환경에서 기업들은 흔히 규제가 형성되는 과정에 직접적으로 영향을 미치려고 시도한다. 비록 비시장적인 강탈의 위협이 발생하는 원인들은 이 절에서 초점을 두고 있는 시장적 강탈 위협의 발생 원인들과 차이가 있지만, 넓게 보면 앞에서 설명한 여러 가지 방안들을 활용하여 비시장적 강탈의 위협을 경감시킬 수 있다(예외적으로 수직적 통합은 명백히 적용되기 곤란함).

요약하면 강탈은 부가가치의 전유성을 위협하는 중요한 요인으로써, 그러한 위협이 발생하는 근거는 자원 의존성 또는 상호 전문화이다. 강탈의 위협에 어떻게 대처할 것인가는 경쟁과 협력 중 어디에 더 초점을 두느냐에 따라서 달라진다. 전통적으로 전략가들은 경쟁에 초점을 두어 상대방으로부터 가능한 많은 파이를 빼앗아 오는 방안을 모색하였다. 하지만 보다 균형 있는 전략개발을 위해서 협력을 통해서 파이를 키우는 방안들에도 많은 주의를 기울일 필요가 있다. 제2장에서 언급한 바와 같이 전략가는 경쟁과 협력 양측면을 모두 고려하여 타기업과의 관계를 관리할 필요가 있는 것이다.

태만의 위협

태만(slack)이란 부가가치의 전유성에 대한 내부적 위협으로써, 시간적으로 실제로 전유(획득)된 가치와 앞에서 설명한 여러 가지 위협들(그리고 그에 대한 전략적 반응들)을 고려하여 잠재적으로 전유 가능한 가치 간의 차이로 정의될 수 있다. 동태적인 차원에서 태만은 기업이 지속적으로 전유 가능한 부가가치를 낭비하거나 심지어 시간이 지나면서 부가가치를 감소시키는 경향을 의미한다. 그러한 점에서 태만에 반대되는 개념은 **조직효과성 (organizational effectiveness)**이라고 할 수 있다.

태만을 정의하기는 쉽지만 그 정도를 측정하는 것은 쉬운 일이 아니다. 지속가능성에 대한 (앞에서 설명한) 여러 다른 위협들에 대해 잘못된 대책을 태만과 구별하는 것은 비록 바람직할지라도 매우 어렵다. 태만으로 인해 획득 가능한 가치가 감소한 명확한 예로는 공급자와의 거래에서 계약조건을 소홀히 검토하여 정상 가격보다 더 높은 가격으로 부품을 납품받는 경우이다. 하지만, 기술보호를 소홀히 한 결과 핵심기술이 외부로 유출되어 우리 기업이 창출할 수 있는 부가가치가 감소되었다면, 이는 모방에 따른 문제로도 볼 수 있다. 그렇지만 이러한 문제는 보다 근본적으로 관리자들이 기술보호를 태만히 해서 촉발되었기 때문에 논의의 편의를 위하여 본 절에서는 그러한 경우도 크게 보아 태만의 위협에 관련된 이슈로 간주한다. 다시 말하여 모방, 대체성, 강탈의 위협에 대한 최선의 대책이 이루어지지 못하여 발생한 부가가치의 감소는 태만의 위협으로 인해 발생한다고 가정한다. 물론 특정 기업이 이들 다른 종류의 위협들에 대하여 최선의 대응을 하였는지를 판단하는 것은 주관적이므로 논란의 여지가 있다. 하지만, 이러한 가정은 태만에 대한 일반적인 상식과 일치하므로, 본 절의 내용을 실무에 적용하는데 도움을 줄 것이다.

그 외에도 태만의 정도를 측정 곤란하게 만드는 여러 요인들이 존재한다. 어떤 "태만"은 고객을 끌어모으기 위해서 필요할 수 있다(예, 법률상담 창구). 또한 새로운 전략과 혁신적 프로젝트들을 실험하기 위해서 어느 정도 태만을 허용하는 것이 불가피할 수 있다. 자원이 제약되어 있다면 그러한 새로운 시도는 추진되기 어렵기 때문이다. 태만은 어떤 경우에는 직원들에 대한 비금전적 보상의 성격을 가질 수도 있다. 그 밖에도 태만이 정당화될 수 있는 여러 상황들이 존재한다. 비록 이들의 경우처럼 합리적인 목적으로 자원을 비생산적인 용도에 배분되는 경우와 태만으로 인해서 자원을 낭비하는 것을 구분하기 곤란한 상황도 있지만, 실제 경영에서는 태만으로 인해 불필요하게 가치를 감소시키는 경우가 많다는 점을 주목할 필요가 있다.

그러한 복잡한 문제들에도 불구하고 학자들은 태만의 정도를 측정하고자 시도하였다. 통계적 분석은 아주 정확하지는 않지만 미국 제조업이 여러 가지 비효율성으로 인해서 전체 수입의 대략 10% 내지 40%를 낭비하여 사라지게 하고 있다고 추정했다.[47] 또한 [그림 5.3]에서 언급한 바와 같이 직접적 경쟁자들 간에도 상당한 조직능력의 차이가 존재한다는 사실은 어떤 기업들에서 태만의 정도가 높다는 것을 시사한다. 대부분 기업들이 어느 정도 태만의 문제를 가지고 있다는 점은 잘 알려져 있지만, 우리가 특히 그에 관심을 가지는 이유는 기업의 지속적 성공과 깊은 연관성이 있기 때문이다. 기업이 과거 또는 현재에 성공을 거둔 바가 없다면, 효율성을 해치는 제도나 관행을 용납할 여유가 없을 것이다(그러나 풍부한 자금을 성공적으로 조달한 벤처기업들은 예외가 될 수 있음). 기업이 성공하여 전유가능한 부가가치를 확보하게 되면 비효율성이 생겨나기 시작하고, 또한 (경영자들의 오만과 다른 조직적 문제들로 인해서) 의사결정의 질이 떨어지게 된다. 좀더 쉽게 표현하자면, 너무 기름진 음식을 많이 먹어서 기업이 동맥경화증을 겪게 되는 것이다. 따라서 오늘날 가장 심각한 태만의 문제를 겪고 있는 기업이 바로 지난 수십 년간 세계 최대의 기업으로서 자리를 지켰던 GM이라는 사실은 놀라운 일이 아니다.

GM이 최근에 기록한 경영성과는 최악이다. 이 회사의 제조 부문은 지난 몇 년간 손실을 기록했으며, 2007년 말 현재 시장 가치는 140억 달러로서 1980년대 말 130억 달러에 비해 근소하게 증가했지만, 이를 실질 가치가 환산하면 50% 하락한 셈이다. 2008년 말에는 기업가치가 20억 달러로 추락하여 도산이 임박했음을 예고하였다.

그러나 1980년부터 2007년 기간에 GM의 전략적 투자(순자본지출+연구개발투자)는 단순 합산으로는 3,460억 달러에 이르렀고, 이를 매년 10%의 연리로 해서 2007년 말 현재가치로 계산하면 1조 1,720억 달러에 달했다([그림 5.4] 참조)! 설령 그러한 전략적 투자가 없었다면 기업가치가 0로 떨어졌고 주주들에게 지급한 350억 달러의 배당금도 없었을 것이라고 가정하더라도, GM이 동기간에 파괴한 가치는 수천억 달러에 이른다.[48] 다시 말해서 1980년부터 2007년까지 이루어진 GM의 전략적 투자에 대한 "효익 대비 원가비율(benefit-to-cost ratio)"은 1보다도 훨씬 적었던 것이다. 그에 관련하여 전 GM 이사였던 로스 페로(H. Ross Periot)는 GM이 1980년대 중반에 공장자동화를 위해서 투자했던 800억 달러 자금의 반만 가지고도 당시에 충분히 도요타와 혼다를 둘 다 매수할 수 있었다고 회고했다.

GM의 저조한 성과는 부분적으로 산업적 영향 때문이었다. 자동차조립 산업의 평균수익률은 1930년대에 20% 수준이었지만, 1960년대에 10% 정도로 낮아졌고 2000년대에 들어서는 0% 내지

그림 5.4 GM의 시장가치와 전략적 투자 누적액

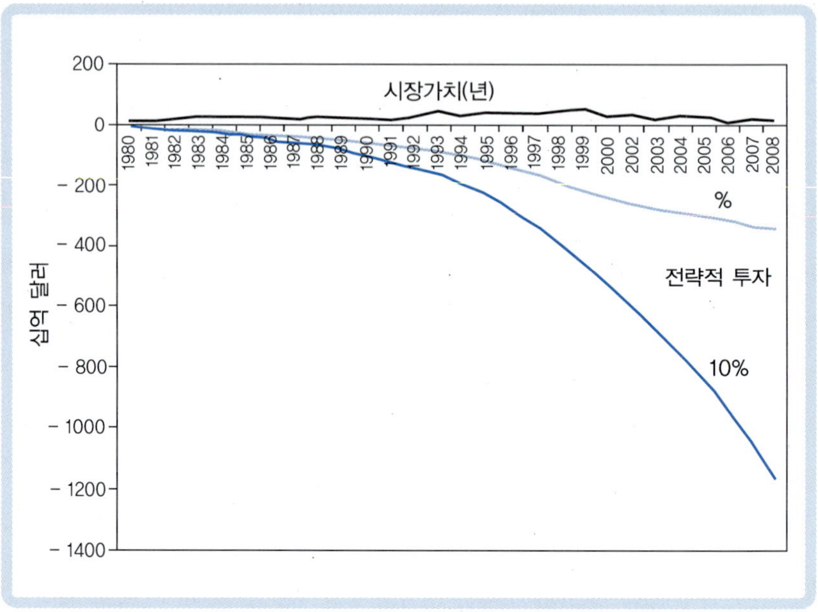

마이너스로 추락했다. 그러나 산업적 요인이 모든 수익률을 결정하는 것은 아니다. 일본의 3대 자동차 메이커들, 그 중에서도 특히 도요타는 지난 20년간 우수한 재무적 성과를 올렸다. 또한 미국의 Big 3 중 GM보다 규모가 작은 두 회사는 상대적 기준으로 볼 때 GM만큼 많은 가치를 파괴하지 않았다. 따라서, GM의 특유한 요인들이 가치파괴에 중요한 작용을 했다는 것은 의심할 여지가 없다.

그에 대해서 많은 설명들이 있지만, 그 중에서 몇 가지만 인용하면 다음과 같다. GM은 경트럭 시장의 급성장에 적절히 대응하는데 실패했으며, 많은 자동차들의 디자인을 상자같은 모양으로 계속해서 유지했다. 공장 자동화프로그램은 매우 많은 비용이 들어갔던데 비해서 비효율적이란 것이 판명되었다. 또한 시장점유율이 언젠가는 회복될 것이라는 희망을 가지고 계속해서 과대한 생산능력을 유지하였다. 부품업체들과의 관계에 있어서도 크라이슬러나 포드에 비해서 나쁜 평가점수를 받았다. 미국 자동차노조와의 관계도 논쟁의 여지는 있지만 악화되었고, 특히 후방통합을 추구하는 정책으로 인해서 노조의 파업위협에 더욱 노출되었다. 하지만 인건비 대 전체 매출액비율은 1980년대 중반 1/3 수준에서 2003년 1/9 수준으로 하락하였다. 따라서 강경한 노조가 낮은 성과의 주요 원인이라는 회사의 주장에는 의문이 제기될 수 있다.

저조한 성과의 "진짜" 원인이 무엇이던 GM이 잉여현금흐름(free cash flow)을 사용할 수 있도록 이전에 많은 자원을 축적하지 않았다면, 그처럼 막대한 규모의 가치를 파괴하는 것은 불가능했을 것이다. 이 회사가 1980년대 초반에 평가된 기업가치의 몇 배나 되는 가치를 지속해서 파괴시켰다는 것은 향후에도 계속해서 잉여현금흐름이 발생할 것이라고 기대했다는 것을 보여준다. 그리고 일본 자동차 회사들이 미국 시장에 진입한지 사반세기가 지났음에도 GM이 여전히 태만의 문제에서 헤어나지 못하는 것은 태만이 흔히 강력한 "관성적 힘(inertial forces)"에 의해서 유지된다는 것을 잘 예시하여 준다. 조직이론은 기업이 가진 관성의 정도를 측정할 수 있는 지표로서 규모, 연령, 복잡성, 관료화, 고착화된 조직문화, 편협성, 소통부재, 리더십 불변화 등과 같은 조직특성들을 제시한다([그림 4.5] 참조). 아울러 조직이론은 기업이 비경제적 목적을 추구하도록 허용하는 지배구조를 가지는 것도 관성 정도를 측정할 수 있는 좋은 지표라고 간주한다. 예상할 수 있는 것처럼 GM은 이들 대부분 지표에서 높은 점수를 받았다. 조직이론은 또한 지속적인 태만의 위협에 대처할 수 있는 여러 처방들을 다음과 같이 제시하고 있다.[49)]

■ 정보 수집(generating information)

태만의 정도를 측정하기가 어렵다고 해서 그에 대한 정보 수집의 필요성이 줄어드는 것이 아니라 오히려 증가한다. 직접적인 경쟁자들 또는 특정 활동을 가장 우수하게 수행하는 기업들을 **벤치마킹(benchmarking)**하는 것은 좋은 방법이다. 또한 개선의 가능성을 찾아 내기 위해 시뮬레이션, 실험, 변화의 효과에 대한 직접적 조사 등도 이용될 수 있다. 하지만 정보를 아무리 많이 수집하더라도 개선의 가능성을 모든 찾아 내는 데는 한계가 있다. 왜냐하면 올리버 윌리엄슨(Oliver Williamson)이 지적한 바와 같이 어떤 정보들은 특정한 거래관계에 직접 간여하는 당사자들만이 이해할 수 있는 **과밀한 정보(impacted information)**의 성격을 가지기 때문이다.[50)]

■ 행동 감시(monitoring behavior)

태만에 대한 두 번째 대처 방안은 행동을 감시하기 위한 자원지출을 늘이는 것이다. 이는 흔히 정보 수집을 늘이는 방안과 보완적으로 활용된다. 여기서의 목적은 부적절한 행동을 색출해 내거나, 그러한 행동이 억제되도록 발각되어 처벌될 가능성을 높이는 것이다(반대로 바람직한 행동들은 보상을 통해서 더욱 촉진시킴). 가장 일반적인 예는 직원들의 출퇴근 시간을 철저히 체크하고, 지각/조퇴 횟수에 따라서 급여를 깎는 것이다. 하지만, 직원들이 업무 수행과 관련하여 상당히 넓은 재량권을 가지거나, 소비하는 자원의 효과를 정확하게 측정하기 어려운 경우에는 감시의 효과가 크게 떨어진다. 예컨대, 개울 옆에서 눈을 지긋이 감고 있는 소프트웨어 개발자는 태만을 즐기고 있는 것인가, 아니면 혁신적 소프트웨어 개발을 위한 새로운 아이디어를 구상하고 있는 것인가?

■ 성과에 대한 인센티브(offering performance incentives)

행동을 일일이 감시하는 것이 현실적으로 곤란하거나 너무 많은 비용이 수반되어 비경제적인 경우에는 우수한 성과에 대한 보상을 통해서 간접적으로 바람직한 행동을 촉진시킬 수 있다. 그러한 접근법은 개인(또는 그룹)의 행동이 실제로 관찰할 수 있는 성과와 긴밀히 직접적으로 연결되어 있는 경우에 가장 효과적이다(예, 자동차 판매 대수에 비례해서 보상을 받는 자동차 판매원). 하지만 작업이 여러 구성원들의 협력을 통해서 이루어지기 때문에 개별구성원이 성과에 기여한 정도를 정확히 측정하기 곤란하거나(예, 공동연구개발), 개인적인 노력 이외에 통제할 수 없는 다른 요인에 의해서 성과가 많은 영향을 받는 경우(예, 타부서의 불량 부품의 공급으로 인한 생산성 하락)에는 그러한 조건이 성립하지 않게 된다. 아울러 재무적 인센티브를 너무 강조하다 보면, 조직 규범이 파괴될 수 있고(특히, 공평성), 보다 많은 인센티브를 받기 위해 규칙을 자기에게 유리하도록 적용하려는 경향이 나타나며, 직원들이 서류를 조작하여 성과를 높게 보고하는 문제가 생길 수 있다.

■ 규범을 통한 관리(shaping norms)

태만에 대처하는 네 번째 방법은 규범, 가치, 사명감 등과 같은 감정적인 측면에 호소하는 것이다. 이러한 접근법은 사람이 단지 당근과 채찍에 의해서만 행동하는 주체가 아니라는 가정에 입각하고 있다. 물론 **규범적 설득(moral suasion)**이 모든 문제를 해결할 수 있는 것은 아니다. 경제적 보상과 "내재적" 보상 중 어느 쪽이 더 중요한가에 대한 경제학자들과 사회학자들 간의 열띤 논쟁을 고려해 볼 때, 안전한 선택은 어느 한쪽에만 치우치지 말고 양쪽의 방법을 균형 있게 활용하여 태만의 위협에 대처하는 것일 것이다.

■ 행동을 규제하는 자원(boding resources)

행동을 규제하는 자원을 활용하는 것은 태만을 억제하기 위한 하향식 방법이다. 이는 마이클 젠센(Michael C. Jensen)의 "잉여현금흐름에 따른 대리인비용 이론(the theory of agency costs of free cash flow)"에 기초하고 있다.[51] 이 이론에 따르면 주주들은 경영자를 완벽하게 감시할 수 없기 때문에 경영자는 자신이 임의대로 통제할 수 있는 자원을 축적할 동기를 가지며, 그러한 동기는 특히 잉여현금흐름이 큰 경우에 강하게 나타난다. 따라서 잉여현금흐름이 크다면 주주가치를 파괴하는 투자가 이루어질 가능성이 높다. 그에 대한 한 가지 분명한 해결책은 잉여현금흐름을 낮추기 위해 부채를 늘이는 것이다(부채에 대한 고정적 이자를 부담하므로 잉여현금흐름이 감소됨). 하지만 그러한 방안은 동시에 기업이 과도한 부채를 안게 될 위험을 수반한다(즉, 지나친 이자지급으로 현금흐름이 마이너스가 될 수 있음).

■ 지배구조 변경(changing governance)

태만을 감소시키기 위한 여러 가지 다른 하향식 방법들이 존재한다. 우선, 이사회를 회사업무에 정통한 소수의 인원으로 구성하고 강력한 권한을 부여함으로써 사장 및 다른 내부 인사들이 이사회를 마음대로 전횡하지 못하도록 방지할 수 있다. 또한 이사회 구성원 및 상위 경영자들이 회사 주식을 상당량 소유토록 함으로써 회사의 이해와 개인적 이해가 일치되도록 유도할 수 있다(이를 위해서는 경영자가 소유한 회사 주식의 가치가 개인재산에서 상당히 많은 부분을 차지해야 함). 그 밖에도 대주주들이 보다 적극적으로 회사 경영을 감시하도록 권장하고, 그 같은 감시를 어렵게 하는 사업부 간 또는 계열사 간의 상호보조(cross-subsidies)를 제거하기 위한 노력이 필요하다.[52]

■ 변화를 통한 조직관리(mobilizing for change)

상위 경영층이 변화를 추구함으로써 태만에 관련된 문제들을 해결하려고 시도하는 것은 바람직하지만 항상 기대하는 결과를 가져오지는 못한다. 변화에 대한 시도는 항상 현재의 상태를 고수하려는 조직적 관성으로 인해서 많은 구성원들로부터 저항을 받기 때문이다. 변화관리에 대한 연구들은 그러한 관성의 장벽을 뛰어넘을 수 있는 몇 가지 유용한 방법들을 다음과 같이 제시한다. 우선 현재의 상태가 불만족스럽다는 사실을 구성원들이 심각하게 느끼도록 표출시킬 필요가 있으며, 변화를 통해서 성취할 수 있는 강력한 비전을 설정하고 이를 구성원들과 효과적 커뮤니케이션을 통해서 공유하며, 조직구조뿐만 아니라 사람과 업무처리 과정들을 변화시키기 위한 노력을 기울여야 한다.[53]

요약하면 태만은 부가가치의 전유성에 대한 외부적이 아닌 내부적 위협이다. 그렇다고 태만이 다른 전유성에 대한 위협들보다 쉽게 해소될 수 있는 것은 아니다. 일반적으로 태만의 위협은 상당한 경제적 성공을 거두었거나 현재 거두고 있는 기업들에서 매우 심각하게 나타난다. 태만에 대처하기 어려운 이유는 그 원인과 정도에 대한 정확한 정보수집이 어렵고, 조직적인 보호로 인해서 경영자들에게 시장에서와 같은 "고강도의 인센티브(high-powered incentives, 독립된 사업자처럼 사업 성공과 실패의 결과가 개인에게 직접 귀속되는 인센티브의 형태)"를 제공하기 곤란하기 때문이다. 그 결과 성공적인 기업들이 가치를 지속해서 창출하고 획득하기보다는 점차 가치를 낭비하여 사라지게 하는 문제가 나타난다.

통합적 사례: 월마트

[그림 5.5]는 유지가능성에 대한 4가지 위협과 그에 대한 대응방안들을 요약하고 있다. 여태까지 우리는 이들 위협을 각각 개별적으로 논의하였다. 하지만 현실세계에서 기업은 여러 가지 위협에 동시에 노출되기 때문에 보다 통합적인 시각에서 당면한 위협들을 분석할 필요가 있다. 본 절에서는 이를 예시하는 통합적 사례로서 월마트(Wal-Mart)를 살펴본다. 이 사례는 비록 우수한 성과를 유지하는 것이 매우 어려운 상황에서도, 유지가능성에 대한 위협들을 정확히 파악하고 대처하는 것이 얼마나 중요한가를 잘 보여준다. 2007년도에 월마트는 3,450억 달러의 매출과 113억 달러의 순이익을 기록하였고, 그 해 말의 기업가치는 1,900억 달러에 이르렀다. 이러한 경영성과로 인해 월마트는 세계 최대의 기업이 되었다. 이 회사는 또한 최대 민간 고용주로서 190만 명의 직원을 거느리고 있다.

제3장의 전략이론에 비추어 볼 때, 월마트는 낮은 운영비와

그림 5.5 지속가능성에 대한 위협들과 대응방안들

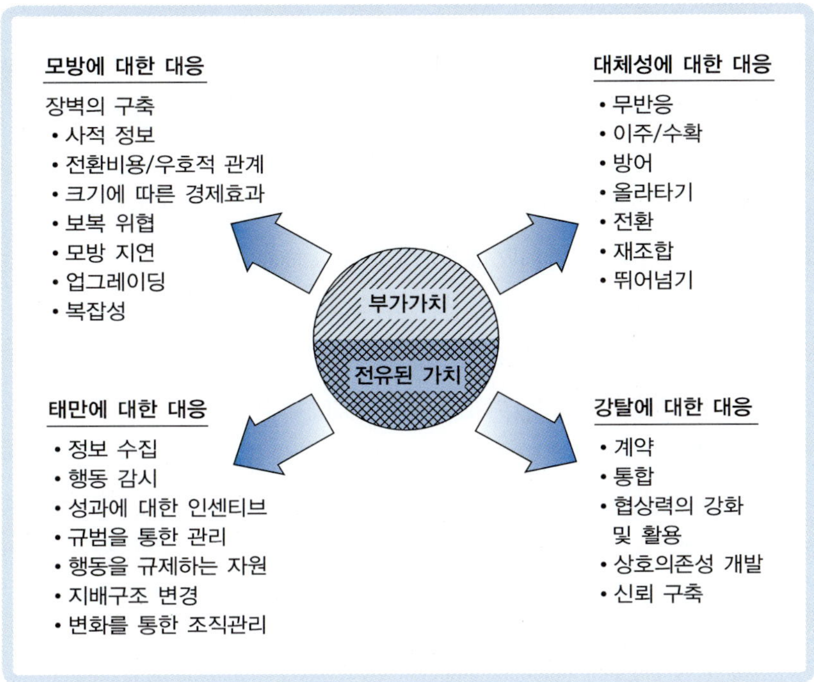

높은 자산회전율/효율성(예, 단위당 낮은 고정비)에 기초하여 경쟁자들보다 우수한 성과를 거두고 있다. 낮은 원가(그리고 이에 관련된 대량구매, 저가격 판매, 면적당 판매실적과 같은 계량적 성과 측정, 근검절약 등의 정책들)에 대한 강조는 월마트의 전통적인 경영방침이다. 이러한 정책들은 1962년 월마트가 설립되기 이전부터 형성되었다. 즉 월마트의 창립자인 샘 월튼(Sam Walton)은 1940년대와 1950년대에 Ben Frankline이라는 상점들을 프렌차이즈하여 운영하면서 이러한 정책들을 이미 추구하였다. 그런 점에서 월마트의 영업방식은 처음부터 저원가라는 전략적 목적에 맞게 디자인되었다고 볼 수 있다. 이를 위해 샘 월튼이 개발한 개념과 방식들이 많이 이전되었지만, 동시에 월마트 고유의 건설적인 조직문화가 새롭게 형성되었다. 월마트의 진취적이고 분석적인 문화는 지속적인 개선방법을 발견하고 이를 많은 점포들에게 확산시키는 데 중요한 역할을 한다.

월마트가 적극적인 가격할인을 추구하는 것에서 알 수 있듯이, 이 산업에서 가치창출의 가장 중요한 수단은 저원가/저가격 정책이다. 하지만 놀라운 점은 누구나 아는 그러한 전략을 추구하면서도 월마트는 지속적으로 우월한 성과를 누려왔다는 것이다. 이 회사는 1970년대부터 몇 해를 제외한 대부분의 기간에 20%가 넘는 자본수익률을 기록하였고, 매출은 1,000배 이상 늘어났다. 그렇다면 어떻게 월마트의 성공적 전략은 모방, 대체성, 강탈, 태만과 같은 유지가능성에 대한 위협들의 희생양이 되지 않았을까?

우선 모방의 위협부터 살펴보면, 월마트는 여러 가지 장벽들에 의해서 보호를 받았으며, 이들 장벽 중 일부는 의도적으로 구축한 것이었다.

- **규모의 경제:** 월마트는 국지적인 규모의 경제를 활용하기 위해 점포를 설치할 때 도시의 규모가 한 개의 대형할인점만을 수용 가능하여 그 이상의 점포를 수용할 수 없는 장소를 선정하였다. 이 회사는 또한 지역적인 규모의 경제를 실현하기 위해서 허브앤스포크(hub-and-spoke) 유통시스템을 구축했고, 나아가 공급자 및 중간 거래상들과 거래에서는 국가 전체적인 규모의 경제를 추구했다.
- **학습/사적 정보:** 월마트는 소매유통에 관련된 세세한 사항

들을 깊이 있게 분석하였다. 예컨대, 어떻게 공간을 아껴서 가장 많은 화물을 트럭에 실을 것인가? 어떻게 박스들을 빠르게 개봉할 것인가? 파트타임 직원들은 어떻게 효율적으로 관리할 수 있는가? 고객들의 주의를 끌기 위해서 전시 공간을 어떻게 잘 배치할 것인가? 이 회사는 또한 영업방식을 개선하기 위한 아이디어를 다양한 곳에서 빌려 왔으며, 세계에서 두 번째로 큰 고객 데이터베이스를 구축하였다.

- **전환비용/관계:** 월마트는 종종 어떤 제품들에 있어서 가장 낮은 가격으로 판매하는 할인점이 아님에도 불구하고 그렇게 인식된다. 이 회사는 또한 공급자들이 자사를 위해 특수한 투자를 하도록 설득하는 우수한 능력을 가지고 있다. 좋은 예로서 월마트는 제품 재고 및 판매상황에 대한 정보를 실시간으로 제공하는 Retail Link라는 정보시스템을 구축하면서, 그 투자비용을 납품업체들에게 분담하도록 요구했다. 공급자들의 그러한 투자는 월마트와 공급자들 간의 록인(lock-in) 관계를 더욱 강화시키는 효과가 있었다.
- **보복의 위협:** 월마트는 같은 지역에 있는 경쟁사가 자사보다 낮은 가격으로 제품을 판매하는 경우, 점포 매니저에게 판매가격을 최대 5%까지 가격을 낮추어 대응할 수 있는 권한을 부여하고 있다. 이 회사는 이미 매우 공격적이라는 명성을 가지고 있기 때문에, 그러한 정책은 지역 시장의 경쟁사들이나 잠재적 진입자들에게 매우 두렵게 느껴질 것이다.
- **모방지연/업그레이드/복잡성:** 월마트는 자사의 능력을 계속해서 업그레이드함으로써 경쟁에서 지속적인 우위를 유지할 수 있었다. 특히 이 회사는 정보기술과 유통망에 많은 투자를 하고 있으며, Retail Link와 같은 독자적인 정보시스템

도 구축하고 있다. 월마트의 건설적인 조직문화와 복잡한 운영시스템을 모방하는 것은 설령 불가능하지 않을지라도 오랜 시간이 소요될 것이다.

월마트가 당면하는 가장 큰 대체성의 위협은 아마도 할인유통점 판매방식이 새로운 유통방식에 의해서 대체되는 것이다. 유통방식의 변화에 따라 발생하는 위험은 "유통의 바퀴(the wheel of retailing)" 이론에 의해서 강조되었다. 이 이론은 기존의 유통업체들이 새로운 유통방식에 적응하는데 많은 어려움을 겪게 된다는 점을 설명하고 있다. 하지만 월마트는 전통적인 할인판매점을 대체할 가능성이 있는 여러 가지 새로운 판매방식을 탐구하는데 매우 적극적이다. 이 회사는 회원제로 운영되는 창고형 유통점 사업에 적극적으로 진출했으며, 식료품과 비식료품을 함께 판매하는 Supercenter라는 새로운 형태의 영업점들을 설립하여 큰 성공을 거두었고, 현재는 Neighborhood Market이라는 좀더 규모가 작은 유통점들을 시험해 보고 있다. 월마트가 이처럼 다양한 유통방식에 신속히 적응하는 것은 어떻게 보면 놀라운 일이 아니다. 왜냐하면 샘 월튼이 애초에 월마트를 설립한 것도 새로운 유통방식을 시험하기 위한 것이었기 때문이다. 월마트는 또한 장래에 큰 변화를 가져올 가능성이 있는 새로운 기술들을 도입해 보는데 있어서도 선도적이다. 좋은 예는 무선 태그인 RFID를 도입하여 납품업체로부터 창고로 그리고 매장으로 물품이 이동할 때까지 자동적으로 이를 추적할 수 있는 시스템을 도입하였다.

강탈의 위협에 대해서는 공급자와 직원을 구분하는 것이 유용하다. 월마트는 그 동안 놀라운 고속성장은 해 왔기 때문에 전자에 대해서 막강한 협상력을 가질 수 있었으며, 이는 대형 공급자들에 대해서도 마찬가지였다. 예컨대, 2007년 P&G의 전체 매출에서 월마트를 통한 판매가 차지하는 비율은 15%이었던 데 비해 P&G 제품의 판매는 월마트 전체 매출의 3.3%에 지나지 않았다.[54] 그러한 협상력을 활용하여 월마트는 공급자들에게 납품가격을 낮추고, 전시광고물, 판촉 등에 소요되는 비용을 분담하도록 요구했으며, 나아가 공급자의 제품/서비스에 대한 학습을 통해서 자체브랜드(private label) 제품을 개발하였다. 하지만 동시에 이 회사는 공급자들에게 제품 재고 및 판매에 대한 실시간 정보를 제공하고, 판매/유통 관련 노하우를 공유하며, 또한 물량과 공급기간을 보장해 줌으로써, 이들이 충분한 수익을 올릴 수 있도록 허용하는 것으로 보인다. 그러한 지원 덕분에 월마트는 40억 달러가 넘는 Retail Link의 개발비용의 일부를 공급업체들이 분담하도록 설득할 수 있었다. 그리고 월마트에 납품하는 회사들은 다른 대형할인점에 납품하는 회사들보다 경영성과가 우수한 것으로 나타났다.[55]

직원들에 의한 강탈은 복잡한 이슈이다. 월마트는 지금까지 비노조화 정책을 완강하게 고수하여 성공적으로 지켜왔다. 회사의 입장에서 임금을 억제하는 것은 매우 중요하다. 왜냐하면 모든 직원의 시간당 임금을 1달러 인상하면 회사 전체 이익의 1/4이 사라질 것이기 때문이다. 하지만 그로 인해 직원들의 사기 저하, 높은 이직률, 대외적인 회사 이미지 실추 등과 같은 많은 부작용들이 생겨났다. 특히 대외적 이미지와 관련해서 언론들은 기아선상에서 허덕이거나 의료보험 혜택을 받지 못하는 월마트 직원들을 보도했다. 전 CEO 데이빗 글래스(David Glass)의 표현을 빌리자면, 대중들은 이제 월마트가 더 이상 보호를 필요로

하는 약자가 아니라 남을 지배하려고 우쭐대는 강자가 되었다고 인식하는 것이다. 따라서 대중들은 월마트가 직원들에게 인색하다는 점에 대해서 불쾌감을 느끼고 있다. 월마트는 최근 들어 그러한 부정적 인식을 불식시키고자 노력을 기울여 왔고 어느 정도 성공을 거두었다. 그럼에도 불구하고 월마트가 구두쇠이고 힘을 행사한다는 대중적 인식은 계속해서 우려되는 사항이다. 이는 장래에 비시장적 강탈을 초래할 불씨가 될 가능성이 있기 때문이다.

끝으로 월마트는 지금까지 태만의 위협에 크게 노출되지 않았던 것으로 보인다. 그 이유는 여러 가지이다. 우선 경영자들이 가치최대화가 아닌 비경제적 목적을 추구할 여지는 회사를 실질적으로 소유하고 있는 창업자 가족에 의해 억제되었다. 월튼 가족은 회사 주식의 40% 이상을 보유하고 있으며, 가족의 이해를 대변하여 샘 월튼의 장남인 롭 월튼(Rob Walton)이 월마트 이사회의 대표직을 맡고 있다. 직원들은 인센티브 제도를 통해서 열심히 일하도록 독려되는데, 특히 점포 매니저들 및 상위 매니저들에게는 성과에 따라서 크게 차등적인 인센티브가 제공된다. 아울러 저원가 전략을 위한 철저한 성과 감시, 그리고 근검과 성과향상을 강조하는 조직문화를 통한 "사회적 통제(social control)"도 직원들의 태만을 억제하는데 유효하다. 그럼에도 불구하고, 다음과 같은 몇 가지 원인으로 인해 장래에 태만이 중요한 문제로 대두될 우려가 있다. 첫째, 직원 수가 거의 200만 명에 달하기 때문에 효율적인 커뮤니케이션을 통해서 회사의 건설적 문화를 전파시키는 것이 점차 어려워지고 있다. 둘째, 점포가 대형화되고 24시간 운영되면서 점포 매니저와 직원들 간의 유대관계가 약화되고 있다. 셋째, 회사가 계속 성장함에 따라서 관리자들이 담당해야 할 업무량이 증가하고, 조직의 관료화 현상도 늘고 있다(최고경영층이 중앙집권적 경영을 추구하기 때문에 이는 더 심각한 문제임).

끝으로, 월마트는 그러한 조직적 문제들 이외에 외형적 성장이 지체되는 문제에 당면해 있다([그림 5.6] 참조). 월마트가 속해 있는 대형할인유통점 시장의 연평균성장률은 2-3%에 불과함에도 불구하고 월마트가 그 동안 고속성장을 구가할 수 있었던 것은 시장 내의 상대적 점유율이 계속 상승하였고 시장 밖의 성장기회를 Supercenter와 같은 새로운 영업방식을 통해서 잘

그림 5.6 월마트의 매출액 증가율: 1971-2007

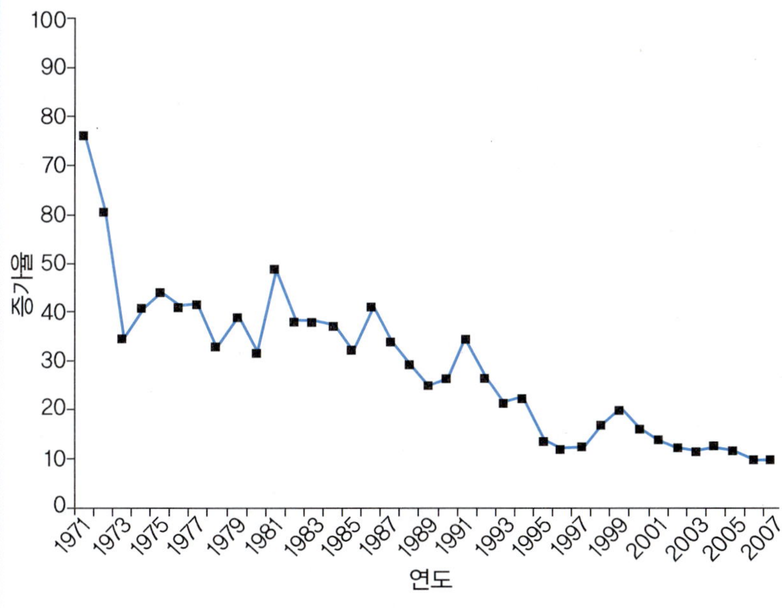

발굴했기 때문이다. 하지만 그러한 기존 방식들로는 더 이상 높은 성장률을 유지하기가 어려워지고 있기 때문에 월마트는 다른 사업분야나 지역에 대한 진출을 통해서 새로운 성장의 동력을 개발해야 할 입장에 놓여 있다. 그러한 수평적 확장과 지역적 확장전략에 대해서는 제6장과 제7장에서 순서대로 논의한다.

요 약

제4장과 마찬가지로 본 장의 중요한 주제는 동태성이지만, 앞의 논의와는 달리 경쟁자들이 다수이고 식별 가능하지 않은 상황에 초점을 둔다. 그러한 상황에서 우수한 성과의 유지가능성은 4가지 진화적 동태성에 의해서 위협을 받는다. 두 가지 동태성인 모방과 대체성은 기업이 창출하는 부가가치의 지속가능성을 위협하며, 다른 두 가지 동태성인 강탈과 태만은 부가가치를 창출한 기업이 이를 전유(획득)할 능력을 위협한다. 이러한 위협들을 개별적으로 잘 이해하고 통합적으로 분석함으로써, 경영자는 자신의 기업과 관련된 사업조망이 어떻게 진화될 것인지, 그리고 그러한 위협들에 어떻게 대처하고 나아가 이들을 기회로 바꿀 수 있을지에 대해서 유용한 통찰력을 얻을 수 있다.

주요 용어

4차원 위협모델, 강탈, 경합가능성, 고착적 자산, 규범적 설득, 과밀한 정보, 능력, 대체성, 동시적 적합성(cross-sectional fit), 모방, 몰입, 벤치마킹, 보복, 복잡성, 사회적 복잡성, 상호전문화, 수용(expropriation), 인과관계 모호성, 와해성 기술, 잉여현금흐름, 전유성, 조직 간 관계, 조직효과성, 지속가능성, 태만, 학습, 희소성 가치

참고문헌

1) 이 자료는 본래 Pankaj Ghemawat, *Commitment: The Dynamic of Strategy* (New York: Free Press, 1991)에 수록된 것임.
2) Robert R. Wiggins and Timothy W. Ruefli, "Sustained Competitive Advantage: Temporal Dynamics and the Incidence and Persistence of Superior Economic Performance," *Organization Science* 13, no. 1 (January—February 2002): 82-105.
3) Anita M. McGahan and Michael E. Porter, "The Emergence and Sustainability of Abnormal Profits," *Strategic Organization* 1, no. 1 (February 2003): 79-108.
4) Ghemawat, Commitment, chap. 2.
5) 그에 대한 기본적 아이디어는 Kenneth R. Andrews, *The Concept of Corporate Strategy* (Homewood, Ill.: Richard D. Irwin, 1971)에서 찾아볼 수 있음. 자원에 대한 관심은 그 후 Birger Wernerfelt의 논문 "A Resource-Based View of the Firm," *Strategic Management Journal* 5, no. 2 (April—June 1984): 171-180이 출판되면서 다시 높아지게 되었음.
6) 예를 들어, Wernerfelt의 논문 "Resource-Based View"에서는 자원을 "어떤 것이든 기업의 강점이나 약점으로 생각할 수 있는 것"이라고 매우 폭넓게 정의했음(p. 172).
7) 예컨대, 가장 인기가 있는 자원기반이론의 하나인 Jay Barney의 VRIO 모델에서 V는 가치, R은 희소성, I는 모방불가능성, 그리고 O는 조직을 의미함. 비록 이러한 모델은 I와 복잡성(본 장의 모방의 위협에 대한 절에서 논의됨)을 흥미로운 관점에서 살펴볼 수 있도록 기여하지만, V, R, 그리고 I는 (특히 동태적 분석의 경우) 상당히 중첩되는 개념들이라고 할 수 있음. Jay B. Barney, *Gaining and Sustaining Competitive Advantage*, 2nd ed. (Upper Saddle River, N.J.: Prentice Hall, 2002), chap. 5, pp. 149-192 참고.
8) Steven A. Lippman and Richard P. Rumelt, "A Bargaining Perspective on Resource Advantage," *Strategic Management Journal* 24, no. 11 (November 2003): 1069-1086.
9) 제4장과의 보다 명확한 연결을 위해 부언하며, 이는 "전략에 대하여 게임이론이 제시하는 균형"을 "관찰된 결과들에 의해서 정의되고 '똑똑한 라이벌'이라는 행위적 가정에 의해서 지지되는 균형"으로 대체한 것과 마찬가지이다. 후자의 가정은 내쉬균형보다 합리성에 대한 조건을 완화하고 있다. 이 점에 대해서는 John Sutton, "One Smart Agent," *Rand*

Journal of Economics 28, no. 4 (Winter 1997): 605-628 참조.

10) Adam M. Brandenburger and Barry Nalebuff, *Co-Opetition* (New York: Doubleday 1996), chaps. 5 and 6.

11) 모방에 대한 보다 상세한 논의는 Pankaj Ghemawat, "Sustainable Advantage," *Harvard Business Review* 64, no. 5 (September-October 1986): 53-58 참조. 이 논문은 또한 모방에 대한 여러 다른 연구들을 소개하고 있음.

12) Stephen P. Bradley, John R. Wells, and James Weber, "The Pharmaceutical Industry in 2003," (Harvard Business School Publishing Case no. 704-470, Boston, 2004).

13) Leila Abboud, "Raging Hormones: How Drug Giant Keeps a Monopoly on 60-Year-old Pill," *Wall Street Journal*, September 9, 2004, p. A1.

14) 본 절의 상세한 내용은 Marcia Angell, *The Truth About the Drug Companies: How They Deceive Us and What to Do About It* (New York: Random House, 2004)에 근거함.

15) 이에 관련하여 "네트워크 외부성(network externalities)"이란 개념도 중요함. 이는 어떤 네트워크의 사이즈가 증가할수록 그 네트워크의 매력도가 증가하여 고객, 공급자, 또는 보완자들을 합류하도록 유도하는 현상임.

16) 대형 일반의약품 제약회사들에 대해 가해지는 그러한 방해행동의 예에 대해서는 Teva of Israel in Leila Abboud, "Clone Wars: An Israeli Giant in Generic Drugs Faces New Rivals," *Wall Street Journal*, October 28, 2004, p. A1 참조.

17) 이 내용에 보다 상세한 논의는 Ghemawat, Commitment, chap. 5와 Richard Hall, "The Strategic Analysis of Intangible Resources," *Strategic Management Journal* 13, no. 2 (February 1992): 135-144 참조.

18) Public Citizen, "Rx R&D Myths: The Case against The Drug Industry's R&D 'Scare Card'" (2001). 이 보고서는 Angell, *Truth About the Drug Companies*, p. 269, fn. 7에서 인용되었으며, www.citizen.org/documents/ACFDC.PDF에서 열람 가능(2004년 2월에 조회).

19) Jeffrey R. Williams, "How Sustainable Is Your Competitive Advantage?" *California Management Review* 34, no. 3 (Spring 1992): 29-51.

20) Steven A. Lippman and Richard P. Rumelt, "Uncertain Imitability:

An Analysis of Interfirm Differences in Efficiency under Competition," *Bell Journal of Economics* 13, no. 2 (Autumn 1982): 418-438.

21) Jay Barney, "Firm Resources and Sustained Competitive Advantage," *Journal of Management* 17, no. 1 (March 1991): 99-120.

22) Michael E. Porter, "What Is Strategy?" *Harvard Business Review* 74, no. 6 (November-December 1996): 61-78.

23) W. Carl Kester, "Today's Options for Tomorrow's Growth," *Harvard Business Review* (March-April 1984): 153-160.

24) 몰입에 대한 의사결정은 또한 불확실성에 어떻게 대처할 것인가의 문제와 관련되는데, 이는 근본적으로 유연성의 개념을 통해서 분석에서 고려될 수 있음. 그에 대한 상세한 논의는 Ghemawat, *Commitment: The Dynamic of Strategy* (New York: Free Press, 1991) 참조(특히 제6장).

25) 능력에 대한 이러한 이론과 다른 이슈에 대한 구체적 논의에 대해서는 David J. Teece and Gary P. Pisano, "The Dynamic Capabilities of Firms: An Introduction," *Industrial and Corporate Change* (1994 No. 3), pp. 537-556 참조.

26) 다음 문헌 참조. David M. Upton, "Flexibility as Process Mobility: The Management of Plant Capabilities for Quick Response Manufacturing," *Journal of Operations Management* 12, nos. 3-4 (June 1995): 205-224; Rebecca Henderson and Iain Cockburn, "Scale, Scope, and Spillovers: The Determinants of Research Productivity in Drug Discovery," *Rand Journal of Economics* 27, no. 1 (Spring 1996): 32-59, Kim B. Clark and Takahiro Fujimoto, *Product Development Performance: Strategy, Organization, and Management in the World Auto Industry* (Boston: Harvard Business School Press, 1991), 그리고 Gary P. Pisano, *The Development Factory: Unlocking the Potential of Process Innovation* (Boston: Harvard Business School Press, 1997).

27) 능력에 대한 감사(audit)을 어떻게 실시할 수 있는가에 대해서는 Dave Ulrich and Norm Smallwood, "Capitalizing on Capabilities," *Harvard Business Review* 82, no. 6 (June 2004): 119-126 참조.

28) Dorothy Leonard—Barton, "Core Capabilities and Core Rigidities: A Paradox in Managing New Product Development," *Strategic Management Journal* (1992): 111-125 참조.

29) Joseph A. Schumpeter, *Capitalism, Socialism, and Democracy* (New

York: Harper, 1942), p. 84. 또한 Ingemar Dierickx and Karel Cool, "Asset Stock Accumulation and Sustainability of Competitive Advantage," *Management Science* 35, no. 12 (December 1989): 1504-1511 참조.

30) Clayton M. Christensen, *Innovation and the General Manager* (Boston: Irwin/McGraw—Hill, 1999), idem, *The Innovator's Dilemma: When New Technologies Cause Great Firms to Fail, The Management of Innovation and Change Series* (Boston: Harvard Business School Press, 1997).

31) Christensen, *Innovators Dilemma*.

32) Ibid.

33) Richard N. Foster, *Innovation; The Attacker's Advantage* (New York: Summit Books, 1986).

34) W. Chan Kim and Renee Mauborgne, "Value Innovation; The Strategic Logic of High Growth," *Harvard Business Review* 75, no. 1 (lanuary-February 1997): 102, reprinted in June 2004 issue.

35) 앰버서도 다리에 대한 이러한 설명은 John Lippert and Erik Schatzker' s "Matty' s Bridge," *Bloomberg*, March 2003에 근거하고 있음.

36) "Michigan Gives Thumbs Up to Twin Ambassador Span," Today' sTrucking. Com at http://www.todaystrucking.com/news.cfm?intDoclD:17626(2007년 3월 16일); "Ambassador Bridge Representatives Lash Out," at http://liberalmedianot.blogspot.com/2008/06/ambassador-bridge-representatives-lash.html (2008년 6월 13일),; "Ambassador Bridge To Expand/' Detroit News, at http;//www.clickondetroit.com/news/16631725 /detail.html(2008년 6월 17일).

37) 강탈(holdup)에 대한 선구자적 연구는 Oliver E. Williamson, *Markets and Hierarchies, Analysis and Antitrust Implications: A Study in the Economics of Internal Organization* (New York: Free Press, 1975) 참조.

38) 이에 대한 역사적 고찰은 Susan Helper, "Strategy and Irreversibility in Supplier Relations: The Case of the U.S. Automobile Industry," *Business History Review* 65, no. 4 (1991): 781-824 참조.

39) 그 중요한 이유로는 제한된 합리성(bounded rationality), 미래에 대한 불확실성, 그리고 비대칭적 정보(asymmetric information) 등이 있다. Williamson의 *Markets and Hierarchies*와 제6장의 논의 참조.

40) William J. Abernathy and Kenneth Wayne, "Limits of the Learning Curve," *Harvard Business Review* 52, no. 5 (September-October 1974): 109-119.

41) Michael E. Porter, "Note on Supplying the Automobile Industry (Condensed)" (Harvard Business School Publishing case no. 386-176, Boston, 1986).

42) Jeffrey H. Dyer, "Does Governance Matter? Keiretsu Alliances and Asset Specificity as Sources of Japanese Competitive Advantage," *Organization Science* 7, no. 6 (November-December 1996): 649-666.

43) Ibid.

44) 이런 형태의 기업 간 관계가 어떻게 지속가능한 경쟁우위를 창출할 수 있는가에 대한 일반적 논의는 Jeffrey H. Dyer and Harbir Singh, "The Relational View: Cooperative Strategy and Sources of Interorganizational Competitive Advantage," *Academy of Management Review* 23, no. 4 (October 1998): 660-679 참조.

45) Michelene Maynard, "Auto Parts du Jour; Suppliers Are Forced to Learn Flexibility," *New York Times*, August 31, 2001; Andreas Maurer, Frank Dietz, and Nikolaus S. Lang, "Beyond Cost Reduction: Reinventing the Automotive OEM-Supplier Interface" (Boston Consulting Group, 2004): 18.

46) 예컨대, Pankaj Ghemawat and Rajiv Shukla, "The Coevolution of Auto Supply Chains: The U.S. and Japan" (Harvard Business School Publishing case no. 700-062, Boston, 2000) 참조.

47) 예컨대 Richard E. Caves and David R. Barton, *Efficiency in U.S. Manufacturing Industries* (Cambridge, Mass.: MIT Press, 1990) 참조.

48) 1980년부터 1990년 기간에 거친 GM에 대한 보다 상세한 분석은 Michael C. Jensen, "The Modern Industrial Revolution, Exit, and the Failure of Internal Control Systems," *Journal of Finance* 48, no. 3 (1993): 831-880 참조.

49) 여기서 제시한 내용에 대한 보다 상세한 논의는 Paul R. Milgrom and John Roberts, *Economics, Organization and Management* (Englewood Cliffs, N.J.: Prentice-Hall, 1992), chap. 6 참조.

50) Williamson, *Markets and Hierarchies*, 14.

51) Michael C. Jensen, "Agency Costs of Free Cash Flow, Corporate Finance, and Takeovers," *American Economic Review* 76, no. 2 (1986): 323-329.

52) Jensen, "Modern Industrial Revolution, Exit, and the Failure of Internal Control Systems."

53) For a managerial discussion, see Jolm P Kotter "Leading Change: Why Transformation Efforts Fail," *Harvard Business Review* 73, no. 2 (March—April 1995): 59-67.

54) P&G가 Gillette를 인수한 것은 상황을 크게 변화시키지 않았음.

55) Marco Iansiti and Roy Levien, *The Keystone Advantage: What the New Dynamics of Business Ecosystems Mean for Strategy, Innovation, and Sustainability*. (Boston: Harvard Business School Press, 2004),

CHAPTER

6

다각화: 사업범위의 선택

그러나 우리는 이제 시스템에 대해서 일반적인, 그리고 조직시스템에 대해서는 특별한 한 가지 질문을 생각해 보아야만 하는데, 이 질문에 대한 대답은 근본적으로 중요한 의미를 가진다. 그 질문은 전체가 부분의 합 이상의 것이 될 수 있는가이다. … 부분에 귀속되지 않는 특별한 무엇인가가 시스템적 속성으로부터 생겨날 수 있는가?

– 체스터 버나드(Chester I. Barnard, 『The Function of the Executive』(1938), p. 79)

우리는 여태까지 특정 산업에서 독자적으로 운영되는 사업을 위한 전략을 주로 논의하였다. 그러나 대기업들은 복수의 산업에서 활동하는 경우가 많다. 예를 들어 P&G는 1837년 비누와 양초를 생산하기 위해서 설립되었지만, 그 후 식물성 튀김기름(1911), 세제(1933), 모발관리제품(1934), 치약(1955), 화장지 및 페이퍼타월(1957), 기저기(1961), 커피(1963), 의약품(1978), 화장품(1989), 애완용 동물사료(1999), 면도기(2005년 질레트의 인수를 통해서) 등의 산업으로 사업영역을 확대하였다. GE의 경우에도 1892년 설립 당시에는 전구와 몇 개의 단순한 전자제품들을 생산하였지만, 현재는 미디어와 엔터테인먼트, 의료, 항공기 엔진, 에너지 설비, 가전용 전자제품, 기업 및 소비자 금융, 보험 등과 같은 다양한 사업을 전개하고 있다. 이 장에서는 기업들이 왜 특정한 사업범위를 이처럼 선택하는가를 논리적으로 살펴본다.

범위는 여러 가지 차원에서 선택될 수 있다. 첫째는 어떤 산업들에서 기업이 경쟁할지를 선택하는 **수평적 범위(horizontal scope)**이고, 둘째는 기업들이 생산에 필요한 원료와 부품들을 직접 생산할지 아니면 외부에서 조달할지를 선택하는 **수직적 범위(vertical scope)**이며, 마지막은 어떤 지역에서 경쟁할지를 선택하는 **지역적 범위(geographical scope)**이다. 본 장에서는 이 가운데 수평적 범위에 대해서 살펴보고(수직적 범위에 대해서는 제5장의 강탈에 대한 설명을 참조), 지역적 범위에 대해서는 글로벌 전략을 다루는 제7장에서 논의한다.

기존 연구들에 따르면 여러 사업을 동일한 소유권에 의해서 운영하는 것이 사업성과에 미치는 영향은 비록 통계적으로 유의하지만 산업 내 개별사업 간의 성과차이(제3장의 주제)나 산업 간 평균성과의 차이(제2장의 주제)보다는 적은 경향이 있다. 그럼에도 불구하고 "개별 사업수준의 전략(business strategy)"과 구별되는 **기업수준의 전략(corporate strategy)**은 몇 가지 이유에서 여전히 중요하다. 첫째, 성과에 대한 추정된 기업수준의 영향은 비록 직접적인 사업수준의 영향보다 적지만 무시할 수 있는 수준은 아니다. 둘째, 그러한 통계적 추정으로부터 어떠한 통찰력을 얻을 수 있는가에 대해서는 아직도 논란의 여지가 있다. 셋째, 기존 연구들은 기업수준의 영향을 제거하기 위해서 흔히 개별 사업들의 지속적 경영성과에 초점을 두는데, 그러한 접근법은 기업이 특정한 산업들에 적절히 진입하거나 철수함으로써 가치를 창출할 수 있다는 사실을 간과하고 있다. 끝으로, 비록 실증연구에서 성과에 대한 기업수준의 영향은 상대적으로 적게 나타났지만, GE, 다나허(Danaher), 디즈니(Disney), 버크셔 해서웨이(Berkshire Hathaway) 등과 같은 다각화된 기업들은 적절한 관리를 통해서 자사 사업부들의 성과를 크게 향상시켜 왔다. 따라서 기업수준의 전략을 잘 활용하는 기업들과 그렇지 못한 기업들 간에는 상당한 성과차이가 존재하는 것으로 보인다.

다음 절에서는 기업수준의 전략이 어떻게 진화해 왔는가를 살펴본다. 그 후 나머지 절들에서는 (수평적) 기업수준 전략을 개발하는데 적용하는 두 가지 테스트인 **개선가능테스트(better-off test)**와 **최선대안테스트(best alternative test)**를 소개한다. 이 장에서의 논의는 제3장과 제5장에서 설명한 개별 사업수준에서의 가치창출과 전유성에 대한 논의를 기업수준으로 확장하고 있다.

기업수준 전략의 역사적 발전

제1장에서는 포트폴리오 모델이 1970년대에 미국 대기업들 간에 기업수준 전략의 수립을 위한 대표적 기법으로서 크게 유행했음을 설명했다. 그 장에서는 동시에 이 분석기법에 대해 많은 의문이 제기되었음을 언급하였다. 왜냐하면 포트폴리오 모델은 과거의 역사적인 성과 자료에 입각한 사업부문 간 자원배분을 처방하며, 투자자금의 내부적 배분(즉, 자기금융(self-financing))에 주로 초점을 두어 외부 자본시장의 발전이 기업수준 전략에 미치는 영향을 간과하였기 때문이다. 1970년대에는 또한 최초로 다각화가 성과에 미치는 영향에 대한 체계적인 실증분석이 이루어졌는데, 그 중요한 결론은 최소한 미국에서 관련다각화(related diversification)를 추구하는 기업들이 비관련다각화(unrelated diversification)를 추구하는 기업들보다 성과가 높다는 것이었다.[1)]

그러한 문제점들에도 불구하고, 포트폴리오 모델은 1980년대에도 계속 널리 사용되었다. 그 시대에 가장 많은 주목을 받았던 기업수준의 전략은 GE의 회장이었던 잭 월치(Jack Welch)가 고집한 "1등, 2등, 아니면 퇴출"이라는 사업부 관리방식이었다. 그러한 전략은 성장률-시장점유율 매트릭스상에서 시장점유율 차원에 초점을 두고 있다. 하지만 전략적 사업부(SBU) 관리에 관련된 기업수준 전략이 정작 크게 발전한 것은 1980년대 미국 자본시장의 혁명적 변화 때문이었다. 그 시기에 주가가 지속적으로 상승했고 정크본드(junk bond)와 같은 혁신적 자금조달 수단들이 등장하였다. 그러한 상황에서 미국 내 여러 산업에서 규제가 완화되었고 외국 기업들과의 경쟁이 심화되면서, 많은 적대적 인수합병과 기업 구조조정이 발생하였다. 그 결과 많은 미국 기업들은 기존의 전략을 재검토할 필요성을 느끼게 되었다. 그에 대한 반응으로 전문적 컨설팅회사들은 "가치중심 경영(value-based management)"이라는 기법을 광고하기 시작했는데, 이 기법은 재무적 성과측정 방식을 크게 활용하고 있었다. 그러한 서비스를 제공했던 대표적인 컨설팅회사인 마라콘(Marakon)은 다음과 같이 설명하고 있다.

> 적어도 1/3, 혹은 더 많은 사업부들이 불황기가 아닌 연도에도 자기 자본비용에 미치지 못하는 수익률을 기록하고 있다. 더욱이 이들 대부분은 … 그처럼 낮은 수익률을 기록하는 사업들에 자본을 지속해서 투자하고 있다!!! 따라서 이들은 주주들로부터 한두 번이 아니라 연속적으로 자본을 몰수하는 것과 마찬가지다. 다시 말해 이들은 자본손실을 발생시키고 있다.[2]

1990년대 말에 이르러 가치중심 경영은 기업들의 중요한 관리방식으로 보급되기에 이르렀다(예, Economic Value Analysis의 약자인 EVA는 기업들에게 표준적인 현대적 관리기법으로 인정받음). 당시 미국 대기업들을 대상으로 실시된 설문조사에 따르면 응답기업들 가운데 43%가 공식적인 가치중심 경영시스템을 도입하였다.[3] 그러한 수치는 20년 전 포트폴리오 모델의 보급률에 대한 설문조사 결과와 비슷한 것이다(이 설문조사를 실시한 연구자는 앞의 설문조사에도 참여했음).[4] 가치중심 경영을 도입한 이유는 1980년대에 마라콘이 지적한 바와 비슷하게 "우리 회사의 어떤 부분에서 가치가 창출되고 파괴되는지를 확실히 알지 못하기 때문"에 또는 "우리 직원들이 자본에도 비용이 있다는 것을 별로 생각하지 않기 때문"이었다.

하지만 1990년대 기업수준 전략의 발전에 가장 큰 전환점이 된 것은 프라할라드(C.K. Prahalad)와 도즈(Doz)가 개발한 핵심역량(core competence)개념의 대유행이었다.[5] 이들은 SBU에 기초한 포트폴리오 모델을 신랄하게 비판하는 논문을 『Harvard Business Review』에 출판하였는데, 그 논문은 이 학술지 역사상 가장 많이 팔린 논문이 되었다. 저자들은 이 논문에서 포트폴리오 모델이 가지는 문제점으로서, (1) 사업부 수준을 넘어서는 핵심제품이나 핵심역량을 책임지고 관리하는 SBU가 없기 때문에 그에 대한 충분한 투자가 이루어지지 못하며, (2) 한 SBU에서 개발한 새로운 핵심역량이 조직적 장벽으로 인해 다른 SBU들과 공유되지 못하고, (3) SBU들이 자기가 담당하는 시장에 필요한 혁신만을 추구하기 때문에 사업부 수준을 넘어서는 전사적 차원의 혁신을 추구하기 어렵다는 점을 지적하였다. 따라서 이들은 그에 대한 대안으로서 핵심역량을 효과적으로 개발할 수 있는 전략적 조직구조(strategic architecture)를 전사적으로 구축할 것을 권유하였으며, 핵심역량이 바로 성장의 근간이 되므로 미래에 성공하고자 하는 기업은 전략의 초점을 SBU가 아닌 핵심역량에 두어야 한다고 단언했다.

기존의 관련다각화 이론에서 볼 때 핵심역량이란 개념은 크게 새로운 것이 아니었지만, 조직을 "연관성(related threads)"에 따라서 재편성해야 한다는 제안은 기업들로부터 놀라운 반향을 불러일으켰다. 베인앤컴퍼니(Bain & Company)가 실시한 국제적 설문조사에 따르면, 2007년 현재 핵심역량은 가장 인기 있는 25가지 경영기법 가운데 5위를 차지했다(1위부터 4위는 전략기획, 고객관계관리, 고객세분화, 그리고 벤치마킹의 순이었음).[6]

하지만 핵심역량 개념이 크게 인기를 끌면서, 포트폴리오 모델의 경우와 비슷하게 비판이 제기되기 시작했다. 전략분야의 저명한 두 학자는 핵심역량을 "누가 채용하던 실패하지 않기 때문에 좋게 받아들일 수밖에 없는 개념"이라고 비판했다. 왜냐하면 "어떤 기업이든 다른 활동들보다 상대적으로 잘하는 한 가지 활동을 찾아 내어 이를 핵심역량이라고 주장할 수 있기 때문이다." 따라서 이들은 핵심역량의 개념이 "우리 기업의 여러 활동들 중에 어떤 활동을 잘하는가에 대한 내부적 평가에 기초해서는 안 된다. 그것은 우리 기업이 경쟁자들보다 무엇을 더 잘하는가에 대한 가혹한 외부적 평가에 근거해야 한다. 그런 점에서 핵심역량보다는 특유한 역량(distinctive competence)이 더 적합한 용어이다"라고 지적했다.[7]

핵심역량에 초점을 둔 실증적 사례들도 의문을 제기한다. 핵심역량 이론에 따르면 관련 사업분야로 다각화를 추구하는 기업들은 비관련 사업분야로 다각화를 추구하는 기업들보다 우수한 성과를 달성해야 한다. 하지만, 미국 밖의 여러 나라에서는 폭넓은 비관련다각화가 여전히 일반적이며, 그에 따른 수익성도 상당히 좋은 편이다. 심지어 미국 내에서도 버크셔 해서웨이와 같이 핵심역량에 주력하라는 처방을 무시하면서도 성공하고 있는 회사들을 찾아볼 수 있다. 또한 어떤 회사들은 자신의 핵심역량과 일치한다고 믿었던 방향으로 사업을 확장하였다가 곤경에 빠진 사례들도 있다. 예를 들어 미국의 유명한 유통업체인 시어즈 로벅(Sears Roebuck, 이하 시어즈)이 추구했던 "양말과 주식" 전략을 살펴보자.[8] 1981년 시어즈는 미국 최대의 부동산 중개업체인 Coldwell Banker와 대형 증권회사인 Dean Witter Reynolds를 인수했다. 시어즈는 이미 보험 및 신용카드 사업에 진출해 있었기 때문에, 이들 기업의 인수는 사업구조가 일반상품 소매유통업 중심에서 금융서비스 분야로 완전히 다각화됨을 의미했다. 그러한 전략을 정당화하기 위해 1980년대 중반 시어즈의 사장은 어떻게 이들 기업의 인수를 통해 회사가 가진 뛰어난 데이터 처리 능력, 수천만 명에 이르는 신용카드 고객층, 그리고 많은 구매자들이 회사에 대해 가지고 있는 신뢰를 유리하게 활용할 수 있는가를 설명했다.[9] 하지만 이 회사는 그러한 강점들을 이용하여 매출을 늘이는데 실패했다. 그 이유는 여러 가지가 있었는데, 그 중 하나는 사업부 책임자들이 고객리스트를 다른 사업부들과 공유하기를 꺼려했기 때문이다. 더욱이 금융사업 진출에 눈이 멀어 시어즈 경영자들은 본래의 주력사업인 소매유통에서 경쟁력이 약화되고 있다는 사실을 미처 깨닫지 못했다. 월마트가 부상하면서 그 산업 내에서 경쟁은 크게 격화되고 있었던 것이다. 결국 1988년경에 이르러 시어즈는 자사에 대한 적대적 인수합병 시도에 시달리게 되었으며, 1992년에는 마침내 금융서비스업에서 손을 떼고 소매유통업에 집중하겠다고 선언하였다. 시어즈의 주주들은 잘못된 관련다각화의 대가를 지불해야만 했다. 1980년 1월 1일 시어즈 주식을 100달러어치 가지고 있었다면, 1994년에 그 주식의 가치는 746달러가 되었다. 하지만 동일 기간에 보다 전문화된 기업들의 주식을 가지고 시어즈의 사업구조를 흉내내어 포트폴리오를 구성해서 투자했다면 그 가치는 1,256달러가 되었다. 이를 분석한 학자들은 "투자자들이 주식을 매입하여 스스로 구성한 포트폴리오가 시어즈의 사업 포트폴리오보다 성과가 좋았다"라고 평가했다.[10]

시어즈 사례는 기업들의 실무적인 다각화 전략을 이해하기 위해서 우리가 만났던 컨설턴트들의 공통적인 우려를 잘 예시하고 있다. 그들 중 한 컨설턴트는 다음과 같이 지적했다.

우리의 경험에 따르면 대부분의 기업들은 사업범위의 선택을 그에 따른 혜택, 비용, 그리고 위험에 따라 판단하지 않는다. 그들은 심지어 그런 계산을 해 보려고조차 시도하지 않는다. 그 대신 기업들은 연관성(relatedness)이라는 종교를 신봉하고 있다. 이 종교에서 그들은 사업들이 어떻게든 관련되어 있음을 발견하면 이는 정의자체에 따라서 당연히 시너지를 창출할 수 있다고 믿는다.

두 가지 테스트

시어즈와 같이 부적절하게 다각화 전략이 추진된 경우도 있지만, 적절히 사업범위를 확장하여 성공을 거둔 회사들도 있다. 1990년대에 사업범위 확장에 가장 성공적이었던 기업의 하나는 월마트이다. 이 회사는 본래 식료품을 제외한 일반상품들을 할인 판매하였지만, Supercenter라는 새로운 개념의 매장을 도입하면서 식품판매를 병행하기 시작했다. Supercenter는 기존 매장들과 달리 동일한 매장에서 식료품과 일반상품을 같이 판매하도록 설계되었다. 하지만 기존 매장들을 그러한 새로운 개념의 매장으로 전환하는 데는 상당한 위험이 따랐다. 식료품 판매는 마진율이 상당히 낮은 편이기 때문에, 새로운 매장들의 영업마진율이 기존 매장들보다 낮을 가능성이 있었던 것이다. 그러나 월마트는 기존 슈퍼마켓들이 노조화로 인해서 높은 인건비를 부담하며, 정보기술, 물류 등에 대해 과소투자하고 있음을 발견하였다. 그러한 사실에 근거하여, 월마트는 기존의 일반상품과 더불어 식료품을 낮은 가격에 판매하면 매출이 크게 확대되어 수익률 저하를 충분히 보상하고도 남을 것이라고 판단하였다. 보다 구체적으로 Supercenter가 기존 할인점보다 거의 두 배 가까운 매출을 올리고 여러 시설의 공유를 통해서 자본비용을 낮출 수 있다고 가정한다면, 이 새로운 개념의 점포에 대한 투자로부터 기대되는 순현재가치(NPV)는 기존 점포에 비해 15~20% 높을 것이 예상되었다. 그러나 이보다 중요한 이점은 기존의 (상대적으로 규모가 적은) 점포가 유지되기 위해서는 그 지역에 적어도 15만 명의 인구가 필요하였는데, Supercenter는 7만 명 정도의 인구 수준에서도 충분히 유지될 수 있다는 사실이었다. 따라서 15만 명의 인구가 사는 지역에 한 개의 기존 점포를 설치하는 것보다 두 개의 Supercenter를 설치함으로써 월마트는 매출을 4배 확대하고 순현재가치를 130~140% 높일 수 있는 것이다! 이는 두 개의 산업에서 동시에 영업을 하는 것이 한 개의 산업에서만 영업을 하는 것보다 경영실적을 높이는데 유리하다는 것을 예시한다. Supercenter들은 전통적인 점포들보다 높은 자산수익률을 기록하면서 월마트의 시장가치를 1,000억 달러 이상 증가시킨 것으로 추산된다.

경영자들은 사업의 범위를 수평적으로 확장을 하는데 어떻게 성공할 수 있는 좋은 기회들(예, 월마트의 식료품 소매유통업 진출)을 실패할 가능성이 큰 나쁜 기회들(예, 시어즈의 금융서비스업 진출)과 구분할 수 있을까? 이 두 사례는 경영자들이 사업범위를 결정하는데 있어서, 기업수준의 전략이 "개별사업들"에 미치는 영향을 주의 깊게 검토할 필요가 있음을 제시한다. 실제 경쟁은 개별사업들이 활동하는 특정한 산업 내에서 이루어진다. 따라서 기업수준의 전략이 성공하느냐 실패하느냐는 개별사업들이 각자의 산업에서 경쟁을 하는데 있어서 그 전략이 얼마나 도움을 줄 수 있는가(아니면 방해를 하는가)에 달려 있다. 그렇다면 특정

사업이 어떤 기업에 소속되는 것이 영업에 도움이 될지 방해가 될지를 어떻게 알 수 있을까? 그에 대한 답을 구하기 위해서 아래와 같은 테스트를 적용할 수 있다.[11]

1. **개선가능테스트(better-off test)**: 각 사업들이 서로 관련 없이 독립적으로 운영되는 경우보다, 사업범위의 확장을 통해 여러 사업들을 조정통합하는 것이 더 많은 가치를 창출하고 획득할 수 있도록 기여하는가? 다시 말하여 기업차원에서 창출되는 부가가치는 무엇인가?
2. **최선대안테스트(best alternative test)**: 사업들이 개선가능테스트를 통과해서 통합조정이 더 많은 가치를 창출할 수 있다고 판단되는 경우, 한 기업이 모든 개별사업들을 직접 소유하여 운영하는 것이 통합조정의 혜택을 누릴 수 있는 최선의 방법인가? 아니면, 합작투자, 전략적 제휴, 라이센스, 정상적 시장거래 등과 같은 대안들이 더 바람직한 방법인가? 개념적으로 이 테스트는 가치창출보다는 가치 전유성에 더 초점을 두고 있다.

개선가능테스트는 특정한 사업들이 함께 운영될 필요가 있는가를, 그리고 최선대안테스트는 최대한으로 가치를 창출하고 획득하기 위해서 그러한 사업들이 공통적인 소유권에 의해서 지배될 필요가 있는가를 파악하기 위한 것이다.

이들 테스트는 기업이 사업범위의 확장을 위해서 신사업을 추가하거나, 사업범위를 축소하기 위해서 기존사업에서 철수하거나, 또는 현재의 사업 포트폴리오를 어떻게 관리할지를 결정할 때 유용하다. 만일 경영자들이 새로운 사업의 추가를 고려한다면 재무적 차원에서 그에 따른 혜택이 비용을 초과하는지를 궁금해 할 것이다(월마트의 Supercenter 사례가 예시하듯 여기서의 혜택은 단지 수익성만을 의미하는 것이 아님). 기업자산에 대한 효율적 시장이 존재한다고 가정할 때, 그에 대답은 두 가지 테스트를 모두 통과해야만 긍정적이다. 비슷하게 사업철수를 고려한다면 경영자들은 그에 따른 재무적 효과를 궁금해할 것이다. 사업철수는 이 두 테스트 중 적어도 하나의 테스트를 통과하지 못했을 경우에만 해당 사업부로 인한 가치하락을 제거함으로써 경영성과 향상에 기여할 것이다.

어떤 전략가들은 개선가능테스트와 최선대안테스트보다 더 엄격한 제3의 조건으로서 "최상의 부모 테스트(best parent test)"를 적용할 것을 주장한다. "가치 창출에 대한 적합한 테스트는 부모와 같은 역할을 하는 소유기업이 없으면 어떤 일이 발생할지를 살펴보는 것이 아니라 최상의 소유기업이 해당 사업부들을 운영한다면 무엇을 달성할 수 있는가를 판단"하는 것이라는 견해이다.[12] 하지만 이는 지나친 기준으로 보인다. 왜냐하면 어떤 기업이 자신의 사업부들을 예컨대 GE처럼 효율적으로 관리할 수 없다고 해서 모든 사업으로부터 철수해야 한다는 것은 사리에 맞지 않기 때문이다(GE가 그런 사업부들을 비싼 가격에 인수할 의사가 있다면 아마도 예외일 수 있음). 그럼에도 불구하고, 이 조건을 완화하여 "좋은 부모 테스트(good parent test)"를 실시한다면 이는 상당히 유용한 기준이 될 수 있다. 사업범위를 확장하는데 있어서 앞서 제시한 두 가지 테스트를 통과했더라도 회사가 정말로 새로이 진출하는 사업에서의 기회들을 잘 감지하고 이를 활용할 수 있는 역량이 있는가를 자문해 보는 것은 매우 가치 있는 일이기 때문이다. "승자의 저주(the winner's curse 경쟁에서는 이겼지만, 그 과정에서 너무 많은 것을 투자해 결과적으로 많은 것을 잃는 현상)"가 빈번히 발생하는 불확실한 현실 세계에서, 그러한 질문을 해 보지 않는 경영자는 성실성의 의무를 위반하는 것이다. 특히 경영자들은 아래에서 설명하는 바와 같이 지나친 사업확장을 추구하는 경향을 보이기 때문에,[13] 이 질문은 그러한 위험을 피하는데 도움을 줄 수 있다.

- 인간은 지나치게 자신의 능력을 과신하는 경향이 있다. 설문조사에 따르면 미국인의 93%가 자신을 평균보다 우수하다고 평가한다.[14] 지나친 자신감은 특히 성공적인 고위경영자들에게서 현저하게 나타나며, 그로 인해 투자의사결정이 영향을 받는다는 증거가 존재한다. 기업의 대표이사들을 대상으로 실시된 설문조사에 따르면, 지나친 자신감을 반영하는 개인적 투자 포트폴리오를 선호하는 대표이사를 가진 기업일수록 잉여현금흐름을 배당이나 부채상환에 사용하기보다는 신규투자에 사용하는 경향이 있다.[15]
- 큰 것이 좋다는 검증되지 않은 믿음, 더 높은 목표(stretch goals) 설정, 기업이 성장함에 따라서 성장률이 낮아지는 경향이 있다는 사실의 무시, 경쟁자들의 사업확장을 모방하고 싶은 욕망, 그리고 보다 근본적으로 시장점유율 자체가 성공의 증거이거나 적합한 경영목표가 아닐 수도 있다는 사실의 간과 등과 같은 여러 요인들은 기업경영자들이 지나친 사업확장을 시도하도록 유인한다.
- 그러한 요인들이 설령 없더라도 제대로 감시되지 않는 최고경영자들은 개인적 욕망에 사로잡혀 스스로의 "제국"을 건설하고 보다 많은 자원을 자신의 통제 하에 두려고 할 수

있다. 더욱이 경영자들은 개인적으로 당면하는 '비체계적 위험(unsystematic risk, 산업 전반이 아니라 특정 기업에 대해서만 발생하는 위험)'을 줄이기 위해서 다각화를 시도할 수 있다. 하지만 그러한 위험의 감소는 주주 가치를 높이는 데는 별로 도움이 되지 않을 수 있다.

- 경영자들은 흔히 인수합병에 관해서 투자은행이나 그에 전문화된 회사들로부터 조언을 받는데, 이들은 인수합병이 성사되어만 수수료를 받기 때문에 인수합병을 부추길 수밖에 없다.

앞의 장들에서 살펴본 이론들에 기초하여(특히 제3장과 제5장), 다음 절부터는 가치사슬을 중심으로 사업단위들의 활동에 대한 분석을 통하여 앞의 두 테스트를 적용하는 방법을 설명한다. 어떤 학자들은 그러한 분석은 사업단위들의 활동이 아니라 사업단위들 간에 공유되는 자원에 초점을 두는 것이 더 유용하다고 제안하였다.[16] 우리는 최선대안테스트를 설명할 때 그러한 관점에 따라 자원이 가지는 중요한 특성들도 살펴볼 것이다. 비록 우리의 궁극적인 관심은 사업단위들이 가진 이질적인 자원축적에 있지만, 앞의 장들과 일관되게 가급적 사업단위들의 활동을 중심으로 혜택과 비용을 분석하는 접근법을 고수하고자 한다.

여기서의 목적은 사업범위의 확장에 따른 이익과 비용을 엄밀하게 분석하고(개선가능테스트) 확장을 위한 대안들을 객관적으로 비교 검토함으로써(최선대안테스트), 개별사업단위의 성과와 기업 전체의 성과를 동시에 높일 수 있는 적절한 기업차원의 전략을 수립할 수 있도록 도움을 주는 것이다. 그런 점에서 아래에서는 획기적인 새로운 기업수준 전략을 소개하기보다는 기존의 전략이론들을 적절히 활용하여 실무적 업무를 개선할 수 있는 방안을 모색하고 있다. 전략이론과 실무경영 간에는 아직까지 많은 괴리가 존재하기 때문에, 그러한 접근법은 기업들에게 유용한 도움을 줄 것으로 기대된다.

개선가능테스트

개선가능테스트를 통과하기 위해서는 수평적 사업확장이 이루어지는 경우 해당 기업의 사업단위들이 서로 관련성 없이 독립적으로 운영되는 때보다 더 많은 가치를 창출하고 획득할 수 있어야 한다. 이를 위해서는 증가된 가치가 조정통합 활동으로 인해 본부에서 발생하는 비용을 충분히 상쇄하고도 남아야만 한다. 그러한 증가된 가치는 어디서 발생하는가? 명백히 사업범위 확장은 사업단위들의 생산이나 판매를 증대시킴으로써 이로부터 추가적인 경제적 이익을 획득할 가능성이 있다. 하지만, 앞에서 언급한 바와 같이 경영자들은 지나친 확장을 추구하는 경향이 있고 많은 핵심적 자원들은 특정 산업에서만 활용될 수 있도록 특화되어 있기 때문에, 우리는 수평적 사업확장의 이익을 순전히 규모적인 측면에서만 고려하는 것에 대해 매우 조심스러울 수밖에 없다.[17] 그러므로 개선가능테스트를 적용하기 위해서 앞의 장들에서 논의한 개념들에 기초로 다른 가능한 이익들을 추가적으로 생각해 볼 필요가 있다. 예컨대, 사업확장은 기업이 활동하는 산업들의 구조를 유리하게 변화시킬 가능성이 있다. 또한 사업확장은 기존의 사업에서 보다 많은 부가가치를 창출하도록 기여할 수도 있다. 즉, 구매자가 기꺼이 지급하고자 하는 가격과 발생 원가 사이에 보다 넓은 쐐기를 끼워 넣을 수 있게 하는 것이다. 끝으로, 사업범위의 확장은 때때로 한 사업에 수반되는 위험을 감소시킴으로써 가치창출에 기여할 수 있다.

■ 산업 매력도

사업범위 확장이 해당 기업이 활동하는 산업들의 구조를 향상시킬 가능성은 두 가지이다. 첫 번째는 비교적 이해하기 쉬운 경우로 사업범위의 확대가 제2장에서 소개한 5가지 결정요인들에게 긍정적인 영향을 미침으로써 산업구조를 유리하게 변화시키는 것이다. 예컨대, 라이벌 간의 경쟁은 여러 시장에서 동시에 경쟁하는 다각화된 기업들 간에는 완화될 가능성이 있다. 한 시장에서의 공격적인 행동이 다른 시장에서 격렬한 보복을 유발시킬 가능성을 우려하여 이들 기업들은 상대방에 대한 공격적 행동을 자제하게 된다. 그러한 "상호자제(mutual forbearance)"는 가격을 상승시킴으로써 모든 시장참가자들이 이익을 보는 결과를 가져온다(단, 소비자는 예외).[18] 이러한 설명과 일치되게, 항공산업의 경우 항공노선이 많이 겹치는 두 항공사 간에 경쟁은 항공노선이 별로 겹치지 않는 두 항공사 간의 경쟁에 비해 덜 치열하다는 것이 발견되었다.[19] 그와 유사한 경쟁패턴은 민간은행 산업에서도 관찰되었다.[20] 사업범위를 넓히는 것은 또한 5가지 결정요인들 중 하나인 신규진입의 위협을 완화시킬 가능성도 있다. 신규진입에 필요한 보완적 생산요소나 서비스를 생산하는 산업에 앞서 진출함으로써 새로운 기업들이 이들을 획득하는 것을 미리 방지하는 것이다. 예컨대, 미국 법무부가 마이크로소프트를 불공정 거래로 제소했던 중요한 논거는 이 회사가 여러 산업들(예, 운영체제, 문서편집기, 스프레드시트, 프레젠테이션 소프트웨어 등)에서의 우월적 지위를 이용하여 Netscape와 같은 신생회사들이 새로 시장에 진입하는 것을 방해했다는 것이었다. 그에 대해 제시된 처방은 마이크로소프트의 운영체제 사업부문을 다른 응용소프트 사업분야들로부터 분리시켜 이 회사의 사업범위를 축소시키는 것이었다.[21)]

두 번째는 좀더 복잡한 경우로서, 사업범위 확장이 해당 기업에게 매력적이지 못한 산업에서 다른 매력적 산업으로 주력사업을 전화시킬 수 있도록 기회를 부여하는 것이다. 노키아는 지속적인 실험을 통해서, 전통적인 산림제품, 고무, 케이블, 전기발전 등의 산업들에서 고성장이 가능한 휴대폰 제조산업으로 주력사업을 변화시킬 수 있었다. 이 회사는 특히 1990년대에 들어와 이를 위한 실험에 더욱 몰두했다. AOL(American Online)은 다각화를 위해 타임워너(Time Warner)와 합병을 하였는데, 이는 AOL이 급속히 여건이 악화되고 있는 온라인서비스 시장으로부터 벗어나 보다 안정적인 케이블 TV, 잡지, 영화 등의 산업으로 진입할 수 있는 계기를 만들어 주었다. 수평적 다각화는 또한 침체된 산업에 창의적 아이디어나 선진적 기술로 활기를 불어넣어 줄 수 있는 신규 진입자들을 등장시키기도 한다. 예를 들어 Coopers Industry는 작업용 수공구와 같이 오래되고 기술수준이 낮은 산업에 세계적인 수준의 생산기술과 전문적 경영을 도입하는 전략을 통해서 수세기 동안 높은 수익성을 달성해 왔다.

하지만 산업매력도 향상을 목적으로 사업범위를 확장하는 데는 상당한 주의가 요구된다. 한 기업이 단지 사업범위의 선택을 통해서 혼자서 산업의 전반적인 구조를 향상시키는 것은 결코 쉬운 일이 아니다(마이크로소프트와 같이 한 산업을 완전히 지배하고 있는 경우는 예외일 수 있음). 비록 사업확장은 새로운 매력적 산업으로 이전할 수 있는 기회를 줄 수 있지만, 그러한 기회는 의사결정자들이 장래에 어떤 산업이 매력적일 것인가에 대해서 다른 기업들보다 더 뛰어난 선견지명을 가졌을 때만 추구하는 것이 현명하다. AOL과 같이 성공적인 사업변신이 가능한가는 현재의 또는 장래의 잠재적 경쟁자들이 얼마나 미래를 볼 수 있는 능력이 부족한가, 또는 이들이 설령 미래를 제대로 내다보더라도 내부적인 제약으로 인해서 그것을 얼마나 제대로 실천에 옮기지 못하는가에 달려 있다.

■ 경쟁우위

사업범위의 확장을 위한 보다 일반적이고 설득력 있는 주장은 산업 내에서 경쟁포지션을 향상시킬 수 있다는 것이다. 제3장에서 설명한 바와 같이 기업이 산업 내에서 가치를 창출할 수 있는 능력은 고객이 기꺼이 지불하고자 하는 가격과 발생원가 간에 얼마나 넓은 쐐기를 끼워 넣을 수 있는가에 달려 있다. 경쟁우위를 가진다는 것은 경쟁자들보다 그 간격을 더 넓힐 수 있는 쐐기를 끼워 넣을 수 있다는 것을 의미한다. 기업수준의 전략은 흔히 개별 사업단위들이 각자의 산업에서 끼워 넣을 수 있는 쐐기에 중요한 영향을 미치게 된다. 사업범위는 여러 가지 방법으로 쐐기의 넓이를 늘리는데 기여할 수 있기 때문이다. 어떤 방법들은 고객의 구매의사를 저해하지 않으면서 원가수준을 낮추는 효과를 나타낸다. 다른 방법들은 고객들이 지불하고자 하는 가격을 추가적인 원가부담 없이 올릴 수 있다. 그리고 또 다른 방법들은 원가와 고객의 구매의사 양쪽에 모두 긍정적 영향을 줌으로써 쐐기의 넓이를 늘리는 것이다. 다음에

그림 6.1 수평적 다각화가 경쟁우위에 미치는 영향

구성요소	가치창출 방법	한계
원가효과	– 사업들 간 공유원가의 경제 • 공유되는 활동 • 공유되는 자원	– 규모/범위의 비경제 – 다음 요인들로 인한 비용 • 갈등/정치 공작 • 타협 • 조정통합 – 동기의 약화/불명확화 – 인지적 혼란 – 명성이 손상될 위험
고객 구매의사/가격에 대한 효과	– 원스톱 쇼핑/한 거래처에서 모든 제품과 서비스 제공 – 상호 광고/상호 판매 – 우산형 브랜드 – 묶음 판매(특히 보완적 제품)	
이중 효과	– 보다 효율적인 내부 자원 시장/이전 메커니즘 – 다른 우수한 스킬과 능력 – 사업부 간의 학습과 혁신 – 규모에 기반한 정치적 영향력	– 시장거래, 기업 간 계약/협력 등과 같은 대안의 존재 – 전형적인 넓이와 깊이 간의 갈등 – 내부적 편향성/폐쇄성 – 독점금지법/정치적 반발

서는 이 같은 세 가지 경우들을 소개하고 아울러 각 경우에 나타나는 한계점과 문제점들을 논의한다([그림 6.1] 참조).

- **원가효과**: 그림에 첫 번째 열에 표시된 "공유원가의 경제(shared cost economies)"는 대부분의 수평적 다각화에서 중요한 이점으로 강조된다(이는 보다 일반적으로 "범위의 경제(economies of scope)"라고 불림). 하지만 그러한 경제적 효과가 있다는 것을 인식하는 것만으로는 충분하지 않다. 그 효과가 얼마나 중요한가를 측정해 보아야만 한다. 이를 위해서는 개별 사업들의 원가구조를 활동별로 분석하고, 전체 원가 중 사

업들 간에 공유될 수 있는 비율이 얼마인지를 파악하며, 규모의 변화에 따라서 공유되는 원가가 얼마나 민감하게 반응하는가를 추정해 볼 필요가 있다. 아래의 사례는 기업이 그러한 원가 추정을 실제로 어떻게 수행하는지 예시하여 준다.

- 스콧 회사(Scotts Company)는 잔디와 정원을 가꾸는데 사용되는 제품들을 생산하여 판매한다.[22] 이 회사는 네 개의 사업부로 구성되어 있는데 이들은 각각 잔디씨앗과 비료, 정원의 화초와 나무를 위한 영양제, 모래, 그리고 살충제를 판매한다. 1999년까지 이 사업부들은 각각 독립적으로 필요한 원자재를 구매하였다. 잔디씨앗과 비료 사업부는 3,000만 달러어치의 살충제 원료를 구매했고, 살충제 부서는 3,200만 달러어치의 원자재를 구매했다. 사업부 책임자들은 그러한 구매 물량들을 통합한다면 원자재 공급자들 대해 보다 높은 협상력을 가질 수 있다고 느꼈다. 이 산업에 대한 전문가들은 구매 물량을 두 배로 늘리면 유리한 협상을 통해 단위당 원자재 원가를 5%정도 줄일 수 있다고 추산하였다. 따라서 연간 절감할 수 있는 원가는 5%×(3,000만 달러+3,200만 달러)=310만 달러에 이른다. 더욱이 이들 네 사업부는 구매를 담당하는 직원들에게 연간 290만 달러 상당의 인건비와 각종 혜택을 제공한다. 만일 구매업무를 통합하면 인원 감소를 통해서 연간 70만 달러의 비용을 절감할 것이 예상된다.
- 스콧은 또한 제품을 공장으로부터 유통점으로 배달하기 위해 연간 1,600만 달러의 비용을 지불하는데, 그 수송비용은 네 개의 사업부에 배분된다. 매번 수송되는 물량이 트럭 1

대분에 미치지 못하기 때문에, 소형 운반용 차량을 이용하여 배달된다. 경영자들은 만일 운송 물량을 통합한다면 전체 물량의 절반을 대형트럭을 통해서 배달할 수 있을 것으로 예상한다. 대형트럭을 통해서 수송하는 경우 단위당 운송비용은 75% 저렴한 것으로 알려졌다. 따라서 연간 절감될 수 있는 수송비는 1,600만 달러×1/2×75%=600만 달러로 추산된다.

- 스콧의 각 사업부는 독자적인 판매조직을 유지하고 있다. 그 규모는 살충제 사업부의 경우 불과 몇 명에 불과했지만, 잔디씨앗과 비료 사업부의 경우에는 79명에 이른다. 각 판매조직은 대략 300만 달러의 고정비용을 매년 발생시키며, 각 판매직원에게 월급, 복지혜택, 보너스 등으로 지급되는 비용은 연평균 54,000달러이다. 하지만 판매조직을 통합하더라도 인원을 감소시키기는 어려울 것으로 예상된다. 왜냐하면 각 사업부의 판매조직들은 서로 다른 고객층을 상대하고 있으며 이미 풀가동중이기 때문이다. 그렇지만 통합은 판매사무소, 판매관리 소프트웨어 등에 대한 중복적 지출을 제거함으로써 고정비를 감소시킬 것으로 추정된다. 그에 따라서 예상되는 연간 비용절감액은 3×300만 달러=900만 달러이다.

규모의 경제와 비슷하게 공유원가의 경제도 사업단위들의 가치사슬 중 어떤 부분에서 발생한다. 그러한 경제적 효과는 여러 사업단위활동들의 효율성 향상을 위해 조정통합하거나, 기존에 최대 가동률 미만으로 활용되던 어떤 규모가 큰 자원을 여러 사업단위들에게 배분하여 가동률을 높일 때 일반적으로 발생한다. 그러한 자원은 생산설비와 같이 유형적 형태를 가질 수도 있고, 브랜드, 명성, 특정한 지식이나 능력 등과 같이 무형적인 형태를 가질 수도 있다.

하지만, 공유원가의 경제로부터 발생하는 비용절감은 "규모 또는 범위의 비경제(diseconomies of scope or size)"에 의해서 상쇄될 수 있음을 유념할 필요가 있다. 그러한 비경제가 어떻게 발생하는지를 이해하기 위해서 탁월한 경영진을 보유하고 있음에도 이를 경험하고 있는 월마트의 사례를 다시 살펴보자. 식료품 소매유통업으로 진출하면서 월마트는 기업규모가 크게 확대되었다. 세계 최대규모의 기업으로서, 이 회사가 현재 당면하고 있는 어려움은 높은 이직률이다. 190만 명에 달하는 인력을 유지하기 위해서, 매년 거의 100만 명을 신규로 채용해야 하는 것이다. 제5장의 끝부분에서 설명했듯이 그러한 높은 이직률은 월마트의 대외적 이미지를 손상시키는 요인이 되고 있다. 또한 기업의 규모가 커지면서 조직의 관료화도 중요한 문제로 부상하고 있다.

공유원가의 경제로부터 발생하는 비용절감은 "갈등, 타협, 그리고 조정통합에 따른 추가적 비용"에 의해서도 상쇄될 수 있다. 그 같은 비용이 발생하는 이유는 자원, 목표, 조직구조 등에서 사업단위들 간에 존재하는 이질성(heterogeneity) 때문이다 (일반적으로 사업단위들 간의 이질성은 사업단위 내부의 이질성보다 큼).[23] 때때로 그러한 비용이 너무 크기 때문에 잠재적인 비용절감의 기회가 있음에도 이를 추구하지 않을 수 있다. 예를 들어, Royal Bank of Scotland는 Coutts라는 은행을 인수하였는데, 이 인수된 은행과 그 자회사 Queens of England는 매우 부유한 700,000명의 개인들에게 특화된 서비스를 제공하고 있었다.

Royal Bank of Scotland는 비록 통합을 중요시하는 정책을 가지고 있었지만, Coutts를 조직적으로 통합하지 않고 독립경영을 하도록 허용하였다. 그 이유는 무리한 통합을 하면 그러한 로얄 고객층에게 맞는 서비스를 제공할 수 있는 이 은행의 능력이 약화될 것을 우려했기 때문이다.

월마트 또한 식료품 사업부와 비식료품 사업부 간에 갈등, 타협, 그리고 조정통합에 따른 비용을 경험하였지만, 여러 가지 실험 끝에 이를 간신히 극복할 수 있었다. 이 회사는 우선 두 사업부 간의 관계가 최적화될 수 있는 Supercenter를 디자인하기 위해 많은 노력을 기울였다(14가지 다른 형태의 디자인이 실험되었다고 함). 더욱이 Supercenter를 이익센터로 설정하여 자체적인 조직 성장을 이룰 수 있는 여건을 제공하였지만, 동시에 Supercenter들을 기존의 매장들과 같은 사업부로 편성시켰다(그 덕분에 이 사업부는 2006년도 매출액이 2,080억 달러에 이르는 거대 조직이 되었음). 월마트의 전통적인 중앙집권적 관리체제와 더불어, 그러한 방법은 기존 사업조직과 신규 사업조직 간에 효율적인 자원 이전을 촉진시켰으며, 또한 이들 간에 활동, 시스템, 정보 등을 원활히 공유할 수 있도록 기여했다.

하지만 사업부들 간의 갈등과 이질성은 많은 경우에 가치창출에 심각한 방해가 되며, 이 문제는 특히 전통적으로 분권화되어 있던 사업부서들이 보유한 자원을 재배치하거나 그들 간에 활동을 통합조정하려고 시도할 때 심각하게 나타난다. 예를 들어, AOL과 타임워너 간의 합병 이후 독립적이기로 소문이 나 있던 이전의 타임워너 사업부는 AOL 사업부와의 통합을 사실상 거부하였으며, 이는 합병으로 탄생한 회사가 양자 간의 협력을 통해 더 많은 부가가치를 창출하는 것을 어렵게 만들었다.

따라서, 새로운 사업의 추가를 고려중이거나 이미 추가된 사업을 어떻게 통합할지를 결정해야 하는 기업은 잠재적인 공유원가의 경제를 추구하는데 따른 혜택과 비용을 신중히 비교검토해 볼 필요가 있다.

• **고객 구매의사/가격에 대한 효과:** [그림 6.1]의 두 번째 열에 나타나 있는 "고객 구매의사/가격에 대한 효과(willingness to pay/price effects)"는 수평적 다각화의 이점으로써 원가절감만큼 자주 언급되지는 않지만 매우 중요하다. 예를 들어, 스페인계 은행인 Santander은 영국의 Abbey National 은행을 인수하면서 4억 5,000만 유로의 비용절감과 더불어 2억 2,000만 유로의 매출액 증가를 목표로 하였다.[24]

사업범위의 확장이 수입을 증가시킬 수 있는 이유는 크게 두 가지인데, 이는 (1) 제품/서비스를 결합판매하는데 따른 고객의 구매의사 증가와 (2) 고객의 지불의사에 정확히 대응할 수 있는 가격설정 능력의 향상이다. 먼저 고객의 구매의사에 대한 효과를 살펴보면 아래와 같다.

- 고객들은 흔히 여러 가지 관련된 제품을 동시에 구매할 수 있는 "원스톱 쇼핑(one-stop shopping)"을 선호한다. 일반 소비자의 입장에서 좋은 예는 식료품과 비식료품을 동시에 구매할 수 있는 월마트의 Supercenter이다. 기업들도 필요한 제품, 서비스, 기타 지원을 동시에 제공받을 수 있는 거래처를 선호하는데, 특히 구매하는 제품이 가격이 높고 시스템적 성격을 가지고 있는 경우에 더욱 그러하다. 예컨대, 1993년 곤경에 빠진 IBM의 회장으로 선임된 루 거스너

(Lou Gerstner)는 회사를 열두 개의 독립된 회사로 분할하자는 제안을 거부했다. 그는 주장하길, 대형 고객들은 한 거래처로부터 모든 솔루션을 구매할 수 있는 능력을 중시하는데, IBM만이 가진 폭넓은 사업범위는 통합된 패키지를 다른 경쟁자들보다 더 성공적으로 제공할 수 있도록 기여한다고 했다. "하나의 IBM으로 시장을 공략하자"는 거스너 회장의 결정은 흔히 1990년대의 가장 대표적인 절묘한 전략 중에 하나로 간주되는데, IBM의 현재 회장인 샘 팔미사노(Sam Palmisano)도 어떤 의미에서 그러한 전략을 재강조하고 있다.

- 미디어 그룹들이 생겨나는 중요한 이유도 산하의 미디어 회사들이 서로의 서비스를 상호광고함으로써 낮은 비용으로 높은 홍보효과를 올릴 수 있기 때문이다. 생생한 사례로서 러퍼트 머독(Rupert Murdock)은 자신의 소유한 영국 위성방송 SkyTV를 홍보하기 위해서 자신의 소유한 영국 신문인 『The Sun』을 적극적으로 활용하였다. 그러한 홍보는 직접적인 경쟁사인 BSB(British Satellite Broadcasting)를 겨냥하고 있었다. SkyTV와 BSB 간의 전쟁은 결국 두 회사가 합병되고, 합병된 회사를 머독이 실질적으로 소유하게 되면서 결말이 났다. 비슷하게 디즈니도 대대적인 상호홍보를 실시한다. 예를 들어, 디즈니가 새로운 애니메이션 영화를 제작하면, 그 영화의 주인공들은 디즈니가 소유한 놀이공원, 상점, 브로드웨이 극장, 그리고 ABC TV 네트워크에 등장한다. 일례로, 디즈니가 제작하여 흥행에 성공시킨 영화 "라이온킹"의 경우, 영화상영으로부터 벌어들인 수입이 10억 달러였지만 그 외의 관련된 사업으로부터의 수입도 10

억 달러에 이르렀다.

- 여러 사업에서 공동으로 활용할 수 있는 "우산형 브랜드(umbrella brand)"의 개발은 고객의 구매의사를 높이는데 기여할 수 있다. 예를 들어, Virgin은 자사의 우산형 브랜드를 이용하여 항공운송, 레코드 판매, 이동통신, 철도, 금융, 건강 및 쇼핑 등의 사업분야로 진출했다.

사업범위의 확장은 기업이 가격을 설정하는 방법에도 영향을 줄 수 있다. 예를 들어, 마이크로소프트는 여러 가지 관련된 프로그램들을 묶어서 판매함으로써 막대한 이익을 보고 있다(예, 윈도우 운영체제, 오피스 응용소프트웨어, 인터넷 익스플로러 등). 이 회사의 넓은 사업영역은 앞에서 언급한 것처럼 진입장벽을 높이는 효과도 있지만, 이는 또한 여러 가지 보완적인 소프트웨어들의 가격을 잘 조정함으로써 전체적인 매출이 극대화되도록 가격정책을 운영하는 것을 가능하게 해 준다. 따라서 마이크로소프트는 각 소프트웨어를 독립적으로 판매하는 비슷한 시장지배력을 가진 사업자들의 수입을 합한 것보다 더 높은 수입을 올릴 수 있다.

하지만 이러한 방법들을 통해서 가치창출을 증가시키는 데는 다음과 같은 한계가 존재한다.

- 앞에서 설명한 갈등, 타협, 그리고 조정통합의 문제는 고객의 구매의사를 향상시키는데 있어서도 지장을 줄 수 있다. 이 경우 그 부정적 효과는 추가적 비용이 아니라 고객 구매의사의 저하로 나타난다. 예를 들어, 한 기업이 생산하는 제품들이 보완적이라고 해서 무리하게 묶어서 판매하려다

보면, 고객에게 매력적인 제품/서비스 패키지(예, 월마트의 Supercenter)를 제공하기보다는 그다지 매력적이지 못한 어정쩡한 패키지를 제공할 우려가 있다. 보완적 제품을 묶어서 판매하는 전략은 또한 보다 좁은 사업범위를 가진 경쟁자들에게 새로운 기회를 제공하기도 한다. 예를 들어, AOL과 타임워너가 합병을 하자, 라이벌 기업인 야후!는 다른 경쟁 케이블 TV 회사들과 제휴를 추진하여 상당한 진전을 이루었다. 또한 펩시가 피자헛, 타코벨, 켄터키프라이드치킨 등과 같은 패스트푸드 체인들을 사들이자, 코카콜라는 웬디스와 버거킹을 설득하여 매장에서 판매하는 음료수를 펩시 제품에서 자사 제품으로 바꾸도록 설득하는데 성공했다.

- 만일 사업단위들이 생산하는 제품이 보완적이 아니라 대체적 성격을 가진다면 사업단위 간 협력을 추구하는 것은 더욱 어려워진다. 왜냐하면, 경영자들은 다른 사업부의 제품이 자기 사업부에서 생산하는 제품의 시장을 잠식할 것을 두려워할 수 있기 때문이다. 예를 들어, 클레이 크리스첸슨(Clay Christensen)은 현재의 기술을 대체하는 와해성 기술(disruptive technology)이 등장할 때 기존 기업들이 그에 잘 적응하지 못하는 중요한 이유는 기존 기술에 대한 투자를 쉽게 포기할 수 없기 때문이라고 지적했다.[25] 또 다른 예로서 기존의 대형 항공사들이 새로 등장하는 저가항공사들과 같이 저렴한 서비스를 쉽게 제공하지 못한 이유는, 그러한 서비스가 기존의 고가항공노선 서비스를 잠식할 것으로 우려하기 때문이다.
- 사업확장은 경우에 따라 고객들(심지어 직원들)에게 "인지적 갈등(cognitive conflict)"을 발생시켜 기존에 기업이 가지고

있던 좋은 외부적(또는 내부적) 이미지를 손상시킬 수 있다. 따라서 디즈니는 미키마우스와 같은 캐릭터들을 사용할 권리를 타기업에게 라이센싱하는데 매우 신중을 기해 왔다. 그러한 조심성은 충분한 가치가 있음이 입증되었다. 1994년 디즈니의 Miramax 자회사는 "신부(Priest)"라는 논란의 대상이 된 영화를 제작하였는데, 그 때문에 천주교 단체들은 이 영화뿐만 아니라 디즈니의 모든 영화들을 관람 거부하려는 움직임을 보였다. 디즈니는 또한 한 사업부의 활동이 다른 사업부의 전망을 어둡게 할 수 있음을 깨달았다. 디즈니는 달라이 라마(Dalai Lama)에 관한 영화 "쿤둔(Kundun)"을 제작하였는데, 이는 1996년 중국 정부의 심한 반발을 불러일으켰다. 중국 정부는 이를 문제삼아 디즈니의 모든 중국 내 사업들을 재검토하겠다고 위협했던 것이다. 그리고 2004년 디즈니는 보수파들의 반발을 우려하여 Miramax에게 논란의 대상이 된 영화 "화씨 9/11(Fahrenheit 9/11)"을 배부하지 못하도록 제동을 걸었다(아이러니하게도 그러한 조치는 진보파들을 자극하여 디즈니 제품에 대한 구매거부 운동을 일으켰음).

- 끝으로 우산형 브랜드는 "명성이 손상될 위험(reputational risk)"을 증가시킬 수도 있다. 액션츄어가 모회사인 앤더슨회계법인과 계속 긴밀한 관계를 유지하면서 통일된 기업브랜드인 앤더슨컨설팅을 사용했다면 어떻게 되었을지를 상상해 보라. 앤더슨회계법인이 엔론에 대한 부정감사로 문을 닫을 때, 아마도 같이 망했거나 사업에 큰 타격을 받았을 것이다.

우리의 경험에 따르면, 사업확장을 추진하는 사려 깊은 경영자들은 고객 구매의사/가격 효과에 대해서는 상당히 회의적인 태도를 취하는 반면, 원가절감 효과에 대한 설득력 있는 주장에 대해서는 상당히 이끌리는 경향을 나타낸다. 한 경영컨설턴트가 우리에게 이야기했듯이 "사업확장 계획이 비용절감에 근거하여 정당화될 수 없다면, 이는 이미 물 건너 간 것이다." 이는 상당히 공감이 가는 내용이다. 왜냐하면 "시너지"를 통해서 새로운 수입을 창출하는 것은 꿈꾸기는 쉬워도 실제로 달성하기는 어렵기 때문이다. 하지만 시너지를 통해서 비용절감을 추구하는데도 같은 문제가 존재한다. 따라서, 어느 한쪽만을 편향되게 추구하기보다는 신중하고 객관적인 분석을 통해서 고객의 구매의사와 원가에 사업확장이 미치는 영향을 올바르게 평가할 필요가 있다.

• **이중 효과**: 때때로 새로운 기회가 비용효과와 고객 구매의사 효과 중 어느 쪽을 통해서 발생하는지 구분하기 어려운 경우가 있다. 이는 사업확장이 양쪽에 다 영향을 미치는 "이중 효과(dual effects)"를 가지기 때문이다. 그러한 예로서 앞에서 소개한 스콧 회사를 다시 살펴보자.[26] 잔디와 정원을 가꾸기 위한 제품을 판매하는 이 회사는 1999년에 새로운 판매방식을 도입했다. 즉, Home Depot와 같이 집을 수리하고 개선하는 제품들을 종합적으로 판매하는 유통점에 전문적인 상담직원을 고정적으로 배치한 것이다. 상담직원은 현장에서 고객의 요구에 맞는 스콧의 제품을 즉시 찾아 주는 서비스를 제공했기 때문에, 고객 주문이 증가하여 매출이 20%나 신장되는 성과를 거두었다. 하지만 제품당 마진율을 계산해 보면 스콧의 네 사업부 중 잔디 씨앗과 비료 사업부만이 독자적으로 그런 상담직원을 배치하는

비용을 감당할 수 있음을 알 수 있다. 다른 세 사업부는 설령 매출이 20% 증가하더라도 독자적인 상담직원을 배치할 수 있을 만큼 판매 물량이 크지 못하였다. 하지만 이들 사업부는 스콧에 소속되어 있기 때문에 좁은 제품라인을 생산하는 경쟁자들에 대해서 중요한 우위를 향유할 수 있게 된 것이다. 그러한 이점은 20%의 매출이 증가되었다는 점에서 고객 구매의사에 대한 효과로도 볼 수 있고, 상담직원 배치비용을 여러 사업부에서 분담한다는 점에서 공유원가의 경제로도 볼 수 있다.

사업범위가 경쟁우위에 미치는 영향을 분석하는데 있어서 그러한 분리 불가능성이 크게 문제가 되지는 않는다. 경쟁우위란 어느 한쪽에 의해서만 결정되는 것이 아니라 양자의 차이에 의해서 결정되는 것이다. 그런 점에서 [그림 6.1]의 세 번째 열에 나타난 것처럼 원가와 고객 구매의사 간에 간격을 보다 넓힐 수 있는 여러 가지 방법을 이해하는 것은 유용하다. 기업이 그림에 제시된 방법들을 통해서 원가를 낮출지, 고객 구매의사를 높일지, 아니면 양쪽을 다 추구할지는 상황에 따라서 결정된다. "보다 효율적인 내부자원시장," "이전 메커니즘," "스킬과 능력" 등은 최선대인테스트와 직접 관련되기 때문에 다음 절에서 보다 상세히 논의한다. "사업부 간의 학습과 혁신"은 원가구조와 고객 구매의사를 모두 향상시킬 가능성이 크다. 예를 들어, 3M은 수십 년 동안 소수의 핵심적 기술들을 수만 개의 제품라인들 간에 공유토록 함으로써 경쟁우위를 구축해 왔다. 그런 기술 중에 하나는 코팅에 대한 깊은 지식이다. 그에 관련된 40여 종의 상세한 기술들은 Post-it 메모 스티커로부터 의학용품에 이르기까지 광범위하게 적용되어, 회사 전체 수입의 대략 2/3를 올리는데 기여한다. 하지만 사업부들 간의 학습과 혁신을 지나치게 강조하다 보면 자칫 내부지향적 편향성을 증가시켜 외부의 기술을 경시하거나 현재의 사업포트폴리오를 벗어나서 사고하는 것을 어렵게 만들 우려도 있다. 끝으로, "규모에 기반한 정치적 영향"은 정치적인 차원에서 발생하는 규모의 경제 효과라고 볼 수 있다. 하지만, 그러한 목적으로 시도되는 수평적 통합은 흔히 독점금지법에 의해 규제의 대상이 된다(예, 마이크로소프트가 여러 소프트웨어를 묶어서 판매하는 전략은 미국과 유럽에서 규제를 받음). 또한 앞에서 살펴본 월마트의 사례에서처럼, 규모가 커진다는 것은 정치적인 경계심을 불러일으키기도 한다.

위험에 대한 고려

사업범위를 확장하는 이유를 물었을 때, 다수 경영자들은 위험을 감소시키기 위한 것이라고 대답한다. 실제로 다각화는 기업 수익성의 변동성을 감소시키는 효과가 있다. 왜냐하면 여러 다른 사업부문에서 발생하는 충격, 시장주기, 추세 등이 서로 상쇄되기 때문이다. Cendant의 경영자들은 그러한 이유로, 이 회사가 부동산 임대, 렌터카, 호텔, 택시 서비스, 이사 서비스, 여행을 위한 예약 서비스, 그리고 금융서비스 등과 같이 다양한 사업에 진출했다고 설명한다. 그러한 전략은 한 논평가가 지적했듯이, "다양한 사업을 거느림으로써 외부의 충격에 견딜 수 있는 충분한 규모와 다양성을 가진 기업을 건설하기 위한 것이다."[27] 예컨대, 경기침체로 여행관련서비스의 실적이 부진하면, 나쁜 경기 때문에 이자율도 낮아질 것이고 그에 따라서 부동산 가격이 올라갈 것이라는 논리이다.

하지만 현대적 재무관리이론은 그러한 주장이 잘 발달된 자본시장에 상장된 기업들에게는 적용될 수 없다고 맹렬히 비판한다. 투자자들은 큰 비용을 들이지 않고도 기대하는 수익성과 위험에 따라서 다각화된 주식 포트폴리오를 스스로 구축할 수 있기 때문이다. 기업이 자의적 판단에 따라서 그러한 목적으로 다각화를 추구할 필요가 없는 것이다. 더욱이 기업이 굉장히 유망한 투자기회를 발견하였지만 자금이 부족하다면, 이를 자본시장에서 조달할 수 있다.

그렇지만 위험을 감소시키기 위한 다각화는 다른 상황에서는 훨씬 설득력을 가진다. 즉, 효율적인 외부 자본시장이 존재하지 않는 경우, 기업이 성과를 안정시키고 내부 자본시장을 구축하기 위해서 다각화를 추구하는 것은 정당화될 수 있다. 많은 신흥국가에서 기업집단들이 경제적으로 중요한 위치를 차지하는 것도 그러한 관점에서 이해된다.[28] 비슷하게, 개인소유 또는 가족소유기업들은 소유자들이 자본시장의 이용을 꺼려하는(또는 제약받는) 경향이 있기 때문에, 위험 감소를 위한 방편으로 다각화를 흔히 추진한다. 그러나 효율적 자본시장에 대한 접근이 심각하게 제한되는 예외적 상황이 아니라며, 기업은 왜 특정한 사업범위를 선택하는가를 정당화할 수 있어야 하며, 그러한 선택이 여태까지 설명한 개선가능테스트를 통과할 수 있는지를 확인해야만 한다.

최선대안테스트

최선대안테스트는 한 기업의 사업단위들이 과연 공통된 소유권에 의해서 지배를 받는 것이 비록 그에 따른 직접적, 간접적 비용을 다 지불하고도 더 가치창출에 유용한가를 분석한다. 따라서 이 테스트는 기업에 의해서 소유된 사업단위들의 성과를 이들 사업단위들이 독립적으로 운영될 때 달성할 수 있는 (잠재적인) 성과와 비교한다. 그런 점에서 이 분석은 **기업수준의 부가가치(corporate added value)**에 초점을 둔다. 최선대안테스트는 여러 사업단위들 간에 활동을 조정통합하는데 있어서 공통된 소유권만이 최선이 아닐 수 있다는 관점을 취한다. 개별사업단위들의 독립성을 유지하면서도, 그러한 목적은 전략적 제휴나 장기적 계약 등을 통해서도 달성가능하다는 것이다. 따라서 최선대안테스트는 "여러 사업단위들을 한 기업이 직접 소유하여 운영하는 것보다, 이들 사업단위들 간의 활동을 다른 방법으로 조정통합함으로써 더 많은 부가가치를 창출할 수 있는가?"라는 질문을 던진다. 개념적으로 이 테스트는 가치창출뿐만 아니라 가치 전유성에도 관심을 가지고 있음에 유념할 필요가 있다. 예를 들어, 합작투자의 대안으로서 전략적 제휴를 고려하는 경우, 경영자들은 이 두 가지 협력형태가 각각 창출할 수 있는 가치의 크기를 비교해 봐야 하며, 동시에 어떤 협력형태에서 창출된 가치를 파트너에게 강탈당할 가능성이 적은가도 분석해 봐야 한다.

최선대안테스트를 앞서 설명한 사례들에 적용해 보면 다음과 같은 질문들을 할 수 있다. 월마트는 현지에 있는 슈퍼마켓 체인과 제휴를 하여 식료품을 판매하는 점포를 Supercenter에 위치시킴으로써 더 많은 혜택을 볼 수 있지 않았을까? 정원 관리 제품을 생산하는 소규모의 독립된 기업들이 공동으로 상담직원을 유통매장에 배치시킬 수는 없을까? 기업 소유와 다른 대안적 방안들을 신중히 비교 검토하는 것은 특정한 사업단위들이 반드시 소유될 필요가 있는가를 판단하는데 유용한 통찰력을 제공한다. 그러한 비교는 또한 다음에 논의되는 것처럼 어떻게 사업단위들을 관리해야 할지를 이해하는 데도 도움을 준다.

■ 거래비용과 소유권

수평적 확장에 대한 많은 실례들이 존재하는 것은 소유권이 다른 대안적 방법들보다 더 유리하다고 경영자가 판단하는 경우가 많다는 것을 의미한다. 하지만, 대안적인 방법이 선호되는 경우도 드물지 않다. 예를 들어, 기업은 유휴생산 능력을 수평적 사업확장에 활용하지 않고 다른 기업에게 임차해 주기도 하고, 다른 기업과 공동 마케팅 계약을 체결하기도 하며, 또한 지적재산을 내부적으로 사용하기보다는 다른 기업에게 라이센싱하기도 한다. 예를 들어, 디즈니는 직접 패스트푸드 레스토랑을 운영하기보다는 만화캐릭터들을 맥도날드에 라이센싱해 주고 있다(디즈니는 1980년대에 Mickey' s Kitchens라는 상호로 패스트푸드 레스토랑 산업에 진출을 시도했으나 결국 포기했음). 인터넷 포털 회사인 야후!는 초고속인터넷 서비스를 제공하기 위해서 SBC(현재는 AT&T) 및 British Telecom과 제휴를 했지만, 자체적인 인터넷망을 보유하는 전략을 추진하지는 않았다(또한 그러한 망을 보유한 기업에게 소유되는 것도 거부했음). Dell은 프린터 산업에 진출하면서 Lexmark가 제작한 프린터를 재판매하기로 결정했다. 반면 HP는 프린터를 자체생산하고 있다.

"거래비용(transaction costs)"이라는 개념은 어떤 거래들이 기업 간이 아닌 기업 내에서 발생하는 경향이 있는지를 이해하는 데 도움을 준다.[29] 두 사업단위가 가지는 경제적 관계는 그들이 한 기업에 같이 소속되어 있던, 독립된 기업들로서 전략적 제휴를 맺고 있던, 혹은 특별한 관계가 없이 정상적인 시장거래를 하고 있던 간에 상관없이 특정한 거래를 수행하기 위한 것이라고 볼 수 있다. 그러한 거래를 조직하고 수행하는 데는 여러 가지 비용들이 발생하는데, 거래 파트너를 찾는 비용, 거래의 조건을 협상하는 비용, 양자가 기대하는 바대로 거래가 수행되도록 보장하는 비용 등이 좋은 예이다. 그러한 비용은 어떠한 "거버넌스(governance, 거래를 조직하고 운영하는 방식을 포괄적으로 의미, 흔히 지배구조라고 번역됨)" 형태를 선택하느냐에 따라서 달라지게 된다. 거래 파트너들은 일반적으로 가장 적은 비용으로 거래가 효과적으로 성사될 수 있는 거버넌스 형태를 선택하는 경향을 나타낸다.

많은 거래들은 단순하기 때문에 그러한 비용을 거버넌스 형태에 따라서 비교하는 것이 어렵지 않다. 예를 들어, 거래 파트너를 찾는 비용은 분명히 내부적인 거래를 하는 경우가 낮을 것이다. 디즈니의 영화 사업부에서 새로운 만화캐릭터를 개발한 후에 이를 놀이공원을 통해서 홍보하고 싶을 때, 마땅한 파트너(즉, 놀이공원)를 찾기 위해 비용을 들일 필요가 없다. 디즈니의 놀이공원 사업부를 이용하면 되기 때문이다.

그러나 다른 종류의 거래들은 보다 미묘하다. 기업의 범위에 대한 기존 연구들은 왜 여러 가지 다른 형태의 거버넌스가 선택되는가를 설명할 수 있는 중요한 비용요인을 찾아 내었다. 그것은 바로 거래 상대방의 "기회주의적 행동(opportunistic behavior)"을 방지하는데 소요되는 비용이다. 한 당사자가 다른 당사자와 거래관계를 맺으면, 상대방이 그러한 관계를 부당하게 이용하여 이익을 취할 가능성을 경계하는 것은 너무나 당연하다(이는 제5장에서 설명한 강탈의 위협과 기본적으로 같은 성격의 문제이지만, 본 장에서는 수직적 통합이 아닌 수평적 통합에 초점을 두고 있음). 예컨대, 디즈니가 만화캐릭터 사용권을 식스플래그스(Six

Flags)가 소유한 놀이공원에 라이센싱한다면, 식스플래그스가 캐릭터들을 허락받지 않은 용도에 사용할 가능성을 걱정할 필요가 있다.

기회주의적 행동을 방지하는 일반적인 방법은 상세한 계약서를 작성해서 거래 당사자들이 각각 어떤 상황에서 어떤 행동을 할지를 사전에 명확히 정하는 것이다. 그러한 계약이 잘 준수된다면, 기업들은 정상적 구매(arm's length purchase), 라이센싱, 제휴, 합작투자 등과 같은 거래형태가 "비용 대비 효율적(cost-effective)" 차원에서 유리하다고 판단할 것이다. 만일 그렇지 않다면, 기업들은 사업범위 확장 및 내부적 거래를 선호하게 된다. 학자들은 효율적 계약의 체결을 어렵게 만드는 몇 가지 중요한 원인들을 발견하였다.[30]

- **계약의 복잡성과 불완전성(contractual complexity and incompleteness)**: 불확실성이 높은 상황에서 장기적 거래관계를 완전히 보장할 수 있는 계약을 체결하는 것은 어려운 일이다. 디즈니와 식스플래그스 간의 잠재적 거래를 다시 생각해 보자. 만일 영화와 그 영화에 등장하는 캐릭터들이 인기가 별로 없으면 어떻게 할 것인가? 영화가 기대보다 큰 흥행을 거두어 캐릭터들의 인기가 높다면 그에 따른 이익을 어떻게 나누어 가질 것인가? 놀이공원에서 캐릭터들의 이미지를 망칠 수 있는 사고가 발생한다면 누가 책임을 지며, 또 누가 이를 해결하기 위한 대외적 홍보를 담당할 것인가? 디즈니캐릭터가 표시된 놀이기구 근처에 별로 건전하지 않은 시설을 설치하는 것을 허용해야 하는가? 놀이기구를 운영하는 직원들이 불친절하거나 사람들이 너무

줄을 길게 서야 한다면, 디즈니가 이를 해결하기 위해서 취할 수 있는 수단이 있는가? 그러한 복잡한 거래를 위한 계약서는 흔히 수백 페이지를 넘어가며, 그럼에도 불구하고 여전히 고려하지 못하는 여러 미래 상황들이 존재할 수 있다. 모든 발생 가능한 상황을 다 포함하는 계약서를 작성하는 것은 비용이 너무나 높기 때문에 현실적으로 불가능하다. 따라서 디즈니와 식스플래그스는 서로를 기회주의적으로 이용할 기회를 가지게 된다.

- **불명확한 재산권(unclear property rights)**: 계약의 중요한 역할은 누가 어떤 상황에서 어떤 재산에 대한 권리를 가지는가를 정하는 것이다. 계약의 대상이 되는 자산이 기계, 자동차, 빌딩, 토지 등과 같이 유형적인 형태를 가지는 경우 이는 그다지 어려운 문제가 아니다. 그러나 지식, 아이디어, 스킬, 브랜드, 혁신 등과 같은 무형적 자산에 대해서는 재산권을 명확히 규정하기가 훨씬 어렵다. 그 결과 계약을 통해서 무형자산을 거래하는 데는 많은 어려움이 따르며, 그러한 자산을 거래하는 시장은 실패하는 경향을 나타낸다(이를 경제학에서 흔히 "지식시장의 실패"라고 일컬음). 그러므로 무형자산은 흔히 기업 내의 사업부들 간에 공유되고, 유형자산은 다른 거버넌스 형태를 통해서 독립된 기업들 간에 공유되는 경향이 나타난다.
- **계약 및 재산권의 집행 곤란(poor enforcement of contracts and property rights)**: 아무리 계약을 명확히 잘 체결해도 계약준수가 보장되지 않는다면 기회주의의 위험에서 자유로울 수 없다. 대부분의 선진국에서는 법원과 정부가 체결된 계약이 준수되고 이행될 수 있도록 보호하는 역할을 수행

한다. 개인들이 가진 재산권은 또한 법원과 정부에 의해서 효과적으로 보장된다. 하지만 많은 신흥국가들에서는 계약 준수 및 재산권 보호가 제대로 이루어지지 않는다. 그러한 상황에서 기업 간 거래를 하는 것은 위험하다. 구매자는 대금을 지불한 제품이 배달되지 않을까 걱정하며, 판매자는 배달한 제품에 대한 대금을 받지 못할까 걱정하게 된다. 만일 그러한 우려가 매우 일반적인 상황이라면, 기업들이 사업범위를 크게 확대하여 거래를 내부화(internalization)하는 것이 유리할 수 있다. 많은 신흥국가들의 경제에서 다각화 정도가 매우 높은 기업집단들이 주도적 위치를 차지하는 것은 바로 이 때문이다(또 다른 이유는 위험 감소). 좋은 예는 인도의 "비즈니스하우스(business houses)", 라틴아메리카의 "그루포스(grupos)", 그리고 한국의 "재벌"이다.[31)]

- **관계특유적 또는 상호전문화된 자원(relationship-specific or cospecialized resources)**: 여태까지 설명한 "계약의 위험(contractual hazard)"은 거래에 앞서 당사자들이 그들의 거래관계에서만 가치를 가지는 관계특유적 자산에 투자를 할 경우에 더욱 증폭된다. 그러한 관계특유적 또는 상호전문화된 자원에 대해서는 제5장에서 강탈의 위협을 설명할 때 상세히 논의하였다. 하지만, 이를 다시 디즈니와 식스플래그스 간의 잠재적 거래를 통해 살펴보자. 거래가 성사되기 위해서 식스플래그스는 디즈니 캐릭터들을 활용하는 특수한 탑승놀이시설을 건설해야 한다고 가정하자. 그러한 관계특유적 투자를 하는 데는 위험이 따른다. 예를 들어 식스플래그스가 탑승놀이시설을 짓도록 유도하기 위해 디즈니는 캐릭터 사용료를 낮게 설정하기로 약속할 수 있다. 하지만,

일단 다른 용도로 바꾸기 어려운 탑승놀이시설이 완성된 후, 디즈니가 약속을 번복하여 더 높은 사용료를 부과하겠다고 요구하면 어떻게 될까(이번 계약에서 사용료 인상이 곤란하면 추후 계약을 갱신할 때 요구할 수 있음)? 식스플래그스가 그러한 가능성을 미리 간파한다면, 피해를 줄이기 위해서 투자비용을 낮추어서 최상의 수준보다 덜 매력적이고 내구성이 약한 탑승놀이시설을 건설할 수도 있다. 이러한 위험들 때문에, 관계특유적 자원에 대한 투자는 기업 간의 경계를 통해서보다는 기업 경계 내부에서 이루어지는 경향을 나타낸다(제5장에서는 이러한 통합 이외에도 강탈의 위협에 대처할 수 있는 여러 가지 방법들을 소개하고 있음). 따라서 거래관계를 가지는 두 사업단위가 공유하는 자산이 매우 관계특유적이라면, 이 사업단위들은 한 기업에 의해서 소유될 공산이 크다.

이상과 같은 조건들로 인해서 기업 간의 거래에 높은 비용이 발생하여 경제적 활동이 저하되는 현상을 경제학적 용어로 "시장실패(market failure)"라고 한다. 시장실패가 없다면, 거래는 기업 간 경계를 통해서도 잘 이루어질 수 있다. 디즈니가 만화캐릭터 사용권을 맥도날드에 라이센싱한 거래를 예로 들어 보자. 맥도날드가 디즈니 만화캐릭터들을 임차한 목적은 어린이용 Happy Meal 판매에 활용하기 위해서이다. 맥도날드는 이를 위해 소규모의 투자를 단기적으로 실시한다. 즉, 디즈니 캐릭터들을 이용해서 만든 장난감들을 구입하고, 캐릭터들이 인쇄된 포장용지를 제작하며, 다소의 광고를 한다. 특화된 탑승놀이시설을 제작하는데 소요되는 수백만 달러의 매몰성 투자와 비교해 볼 때(예를 들어, 디즈니의 캘리포니아 어드벤처 놀이공원에 새로 개장된 탑승놀이시설은 건설비가 7,500만 달러에 이른다고 보도됨), 그 정도 수준의 투자는 맥도날드를 별다른 위험에 노출시키지 않을 것이다.

보다 일반적으로, 모든 조건과 상황들을 고려해 볼 때 대안적 거래형태들에 수반되는 비용이 매우 높아(즉 시장실패가 발생하여) 기업소유가 보다 매력적으로 보일지라도, 기업이 소유한 사업부들 간의 "내부적" 거래에는 또한 나름대로의 비용이 발생한다는 사실을 유의해야 한다. 기업 내에서도 경영자들은 거래를 할 상대 부서를 찾아야 하며, 이전가격과 같은 거래조건을 협상해야 하고, 또한 거래가 이루어지는 경우 관련된 활동들을 조정통합해야 한다. 그들은 흔히 타부서가 자신의 부서를 부당하게 이용할 가능성을 경계해야 하는 것이다.

그렇지만 내부적 거래는 시장거래에 비해서 기회주의적 행동에 노출될 가능성이 상대적으로 낮다. 우선 경영자들의 보수가 자기 사업부의 성과와 완전히 직접적으로 비례해서 지불되지 않기 때문에(물론 일부는 사업부 성과에 대한 인센티브 형태로 지급될 수 있음), 타사업부와의 거래에서 부당한 방법으로 이익을 강탈하려는 동기가 약화된다(반면, 시장거래에서는 거래로부터의 이익이 당사자의 보상과 직결되므로 기회주의적 행동을 할 동기가 큼). 또한 경영자들의 행동은 상위경영층에 의해서 통제와 감시를 받기 때문에, 사업부 간에 갈등이 발생하더라도 상위경영층의 직접적 개입을 통해서 보다 신속하고 유연하게 대처할 수 있다(반면 기업간 거래에서 갈등이 발생하면 계약조건을 재조정하기 위해서 더 복잡하고 시간이 많이 소요되는 협상과정을 거쳐야 하며, 타협이 안 되는 경우 소송 등으로 이어지게 되어 많은 비용이 발생).

한편 내부적 거래는 높은 기회비용을 발생시킬 수 있다. 왜냐하면 제3자와 보다 매력적인 거래를 할 수 있는 기회들을 포기해야 하기 때문이다. 예를 들어, AOL이 타임워너와 합병을 했기 때문에 AOL의 경쟁자인 야후!는 인터넷 컨텐트를 확보하는 데 훨씬 유리한 입장에 서게 되었다. 합병 이후 AOL은 컨텐트를 타임워너 사업부에서 주로 조달받아야 하지만, 야후!는 자유롭게 최상의 컨텐트를 제공하는 사업자들을 찾아서 계약을 체결할 수 있다. 또한 독립성은 외부 고객을 확보하는 데도 유리하게 작용할 수 있다. 여러 해 동안 앤더슨 컨설팅(현재는 액센츄어)은 경쟁자인 IBM보다 시스템 통합시장에서 성공적으로 고객들을 확보할 수 있었다. 고객들은 앤더슨 컨설팅이 독립적인 업체로 객관적인 입장에서 서비스를 제공할 수 있는 반면, IBM은 자사의 다른 사업부들이 생산하는 하드웨어와 소프트웨어를 무리하게 강요할 것이라고 믿었던 것이다. 아울러, 내부적 거래는 사업부들의 혁신 및 생산성 향상 노력을 약화시키는 문제를 발생시킬 수 있다. 내부적 거래는 치열한 시장경쟁에 노출되지 않기 때문에 사업부들이 현재의 상황에 안주하여 신제품 개발이나 서비스 개선을 소홀히 할 우려가 있는 것이다(이는 제5장에서 설명한 태만의 위협과 같은 문제로서, 그에 대처하는 방안은 그 장의 관련된 설명 참조).

요약하면, 최선대안테스트는 기업 간 거래 또는 기업 내 거래를 조직하는 여러 가지 거버넌스 형태들 중 어떤 것이 원가와 고객 구매의사 간에 가장 넓은 쐐기를 끼워 넣을 수 있는가를 비교 분석하는 것이다. 사업 확장이 정당화되기 위해서는 추가될 사업을 해당 기업이 직접 소유함으로써 얻을 수 있는 이익이, 해당 사업을 대안적 거래관계(예, 정상적 시장거래, 라이센싱 계약, 제휴, 합작투자 등)를 통해서 기존 사업들과 조정통합하여 얻을 수 있는 이익보다 커야만 한다. 사업확장은 계약의 복잡성과 불완전성이 클 때, 재산권이 그 고유한 특성으로 인해 명확히 정의되지 못할 때, 계약과 재산권을 집행하는 것이 곤란할 때, 그리고 관계특유적 자원에 많은 투자가 이루어질 때 정당화되는 경향이 있다.

사업단위들의 관리 방법

최선대안테스트는 기업이 내부 사업단위들을 어떻게 관리해야 하는가에 대해서도 유용한 시사점을 제공한다. 다각화된 기업은 여러 가지 방식으로 운영될 수 있지만, 그러한 방식들은 [그림 6.2]에 나타난 것처럼 연속성상에서 세 가지 모델로 요약될 수 있다. 이들 각 모델은 최선대안테스트를 통과할 수 있는 서로 다른 방법들을 제시한다.

- **주력사업형 기업(dominant business corporation)**은 소수의 사업단위들로 구성되어 있다. 흔히 한두 개의 핵심사업단위들과 이를 지원하기 위한 소규모의 여러 사업단위들이 존재한다. 그 좋은 예는 앞에서 소개한 월마트이다. 주력사업형 기업은 매우 특화된 자원에 대한 집중적 투자 및 사업단위들 간의 긴밀한 조정통합을 특징으로 한다. 그러한 높은 수준의 투자와 조정활동은 독립된 기업들 간에는 효율적으로 이루어지기 어렵기 때문에, 이 모델은 최선대안테스트를 통과할 수 있으며 또한 소유권에 대한 여러 대안적

그림 6.2 다각화된 기업의 유형 및 관리방법

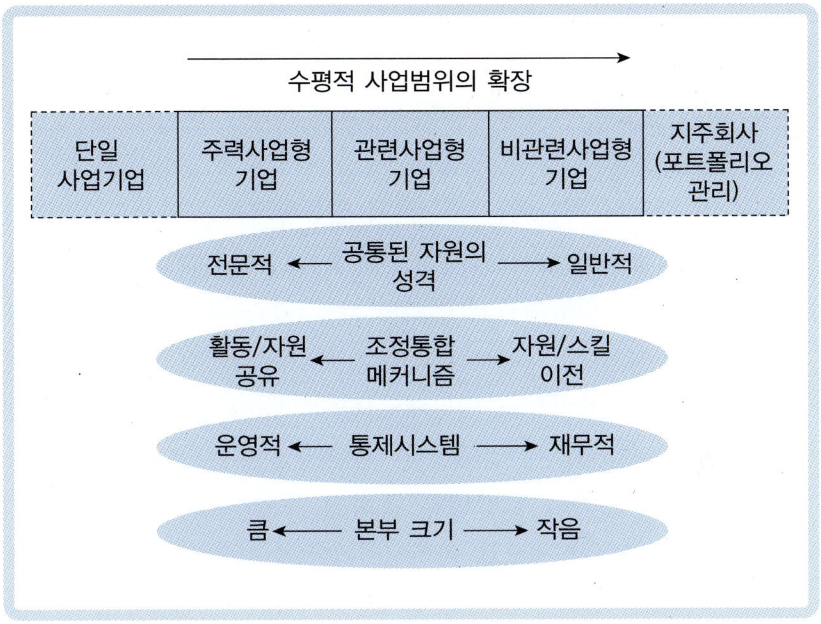

출처 : David J. Collis and Cynthia A. Montgomery, *Corporate Strategy: Resources and the Scope of the Firm* (Chicago: Richard D. Irwin, 1997).

인 거래형태들보다 우위를 가질 수 있다. 예컨대, 월마트는 식료품 사업부의 점포와 비식료품 사업부의 점포를 같은 장소에 위치시키고, 이들에게 물류시스템을 공유하도록 하며, 이 두 사업부 간의 활동을 긴밀히 조정통합한다. 독립된 기업들이 대안적 거래형태(예, 전략적 제휴나 합작투자)를 통해서 월마트의 그러한 사업모델을 모방하는 것은 매우 어려울 것이다. 한편, 주력사업형 기업은 특화된 자원들(예, 전문화된 기술)에 많은 투자를 하고 이들 자원이 효율적으로 활용될 수 있도록 폭넓은 관리활동(예, 전문화된 기술의 상업화를 위한 프로젝트팀 편성 및 운영)을 수행하기 때문에, 이를 뒷받침하기 위해서 본부에 다수의 인원을 배치하는 경향이 있다.

- **관련사업형 기업(related-business corporation)**은 주력사업형 기업보다 많은 사업단위들을 거느리며, 개별사업단위들이 각자의 독자적인 시장에서 활동하도록 운영하지만, 동시에 이들 사업단위들을 연결해 주는 한두 개의 공통적인 능력이나 경영방식을 유지한다. 디즈니는 그러한 사업모델의 좋은 예이다. 이 회사는 여러 사업부들을 거느리고 있지만 이들은 공통적으로 엔터테인트먼트 서비스 및 창의력에 기반한 비즈니스에 집중한다. 관련사업형 기업이 최선대안테스트를 통과하는 방법은 특화된 자산이나 스킬을 새로운 사업부에 일회성으로 이전시키거나(예, 디즈니의 영화 사업부에서 개발한 만화캐릭터들을 놀이공원 사업부에서 활용할 수 있도록 도안 및 관련 노하우 이전), 나아가 사업부들이 자원이나 활동들을 지속적으로 공유토록 하는 것이다. 그에 따른 사업부들 간의 협력은 불가피하게 여러 가지 갈등과 상충관계를 초래하는데, 그러한 문제들은 독립된 기업들이 계약을 통해서 해결하기 어려운 것들이다. 관련사업형 기업은 그에 대처하기 위해서 재무적 통제와 아울러 운영적 통제를 활용한다. 여기서 재무적 통제란 수익성, 매출액, 시장점유율 등과 같이 최종적인 경영성과에 기초하여 실행하는 통제를 의미하며, 운영적 통제란 상위경영층이 사업부 간의 활동조정에 직접 개입하여 상세히 지시하고 감독하는 것을 의미한다. 예컨대, 월트 디즈니는 만화캐릭터, 디즈니 브랜드, 기타 자원들을 사업부들 간에 효율적으로 공유하기 위해서,

기업 차원에서 다양한 조정통합 장치들을 운영하고 있다(예, 시너지 위원회, 전사적 일정관리 시스템 등). 주력사업형 기업이 제한된 사업분야에서 사업단위들 간에 보다 긴밀한 자원공유와 협력을 추구한다면, 관련사업형 기업은 보유한 핵심역량과 자원을 보다 폭넓은 사업분야에서 활용하고자 시도한다고 볼 수 있다.

- **비관련사업형 기업(unrelated-business corporation)**은 서로 연관성이 적은 다수의 사업단위들로 구성되어 있다. 그러한 기업은 상대적으로 특화되지 않은 일반적 자원들(generic resources)을 잘 활용할 수 있는 전략을 통하여 최적대안테스트를 통과한다. 예컨대, 미국의 기업집단들은 최적화된 현금관리, 충분한 유동성 확보, 외부 자본시장보다 효율적인 자원배분 등과 같은 철저한 재무적 통제를 강조한다. 그러한 재무적 통제를 위해 본부는 각 사업부의 최종적인 경영성과(예, 수익성과 매출액 증가율)를 객관적으로 측정하고, 그에 따라 사업부 책임자들에게 적절한 보상(또는 처벌)을 제공하며 사업부 간 자원배분을 재조정한다. 비관련사업형 기업은 이처럼 운영적 통제보다는 재무적 통제에 주로 의존하며 사업부 간에 협력이나 자원이전이 별로 발생하지 않기 때문에 본부는 적은 수의 인력을 가지고도 충분히 사업부들을 관리할 수 있다. 미국에서 이처럼 재무적 통제에 주로 의존하여 운용되는 기업들로는 벤처캐피털과 사모펀드 운영회사가 있다. 그러나 앞에서 언급한 바와 같이 신흥국가에서는 상황이 다를 수 있다. 왜냐하면 신흥국가에서는 일반적으로 자본시장이나 다른 중요한 자원(예, 인력)에 대한 시장이 잘 발달되어 있지 않기 때문이다. 따라서 기업

들이 매우 넓은 영역으로 사업을 확대하고, 이를 위해 규모가 큰 본부 인력을 유지하더라도 최적의 대안테스트를 통과할 수 있을 것이다.

이들 모델은 각각 따로 떨어져 존재하는 것이 아니라, 보다 쉬운 이해를 위해서 다양한 관리방식들을 임의적으로 구분하고 있다. 따라서 실제 경영에서는 한 모델 내에도 여러 가지 변형된 형태들이 나타날 수 있다. 예컨대, 디즈니와 AOL-타임워너는 둘 다 관련사업형 기업이지만, 디즈니는 전통적으로 AOL-타임워너보다 조정통합을 더욱 강조하였으며 사업부들에게 훨씬 더 적은 자율권을 부여해 왔다. 따라서 다각화된 기업이 실제로 사업부들을 관리하는데 있어서 몇 개의 구분된 선택들만이 존재하는 것이 아니라 연속선상에 다양한 선택들이 존재한다고 보는 것이 타당하다. 또한 같은 모델에 속하는 기업들이더라도 사업부들을 잘 관리할 수 있는 능력에는 차이가 날 수 있다. 예를 들어, 비관련사업형 기업 모델에 속하는 기업들 가운데, GE는 오랜 기간 자사의 사업부들을 미국의 어떤 다른 기업집단들보다도 성공적으로 관리해 왔다.

한편, 이들 가운데 어떤 모델이 더욱 우수한 기업 경영성과를 가져다 줄 수 있는가에 대해서 많은 연구가 진행되었다. 미국에서 이루어진 연구들은 대체적으로 "콩글로머릿 디스카운트(conglomerate discount, 비관련사업형 기업들이 다른 기업들보다 평균적으로 성과가 떨어지는 현상)"가 존재한다는 결론을 내리고 있다. 콩글로머릿 디스카운트는 일반적으로 독립적인 기업들이 다각화된 기업들보다 성과가 높다는 것을 의미하므로, 폭넓은 다각화에 따른 디스카운트라고도 부를 수 있다. 어떤 연구들에 따르면, 연관성이 낮은 다양한 사업을 영위하는 기업들은 평균적으로 10~30%의 다각화 디스카운트를 발생시키는 경향이 있다(또한 연관성이 낮은 사업구조를 가질수록 더 높은 다각화 디스카운트가 발생하였음).[32] 하지만 그러한 연구들은 이윤극대화를 추구하는 기업이 단지 수익성 자체만을 최대화하는 것이 아니라 전체적인 경제적 이익(즉, 수익성×규모)을 최대화하고자 시도한다는 사실을 간과하고 있다. 더욱이 창출되는 가치의 전체 크기보다 수익성이 더 중요한 지표라고 간주하더라도, 최근에 발표된 일부 연구들은 미국 데이터가 과연 진정으로 다각화가 그러한 디스카운트의 원인이란 것을 제시하는가에 대해서 의문을 제기하고 있다.[33] 콩글로머릿 디스카운트는 또한 어느 지역에서나 발생하는 보편적인 현상이 아니다. 예를 들어, 여러 신흥국가들에서는 고도로 다각화된 기업집단에 속한 계열사들이 독립된 기업 또는 다각화 정도가 상대적으로 낮은 기업들보다 우수한 경영성과를 보인다.[34] 따라서 어떠한 다각화 모델이 최선인가를 애써 고민하기보다는 앞에서 설명한 모델들이 가진 장점과 단점(아울러 각 모델이 가진 내부적 일관성)을 잘 이해함으로써 현재 자기 기업의 사업포트폴리오에 적합한 모델을 찾아 내고, 이를 어떻게 성공적으로 실행할 것인가에 노력을 기울이는 것이 더 현명할 것이다.

사례: AOL-타임워너의 합병에 대한 메릴린치의 분석

기업들은 수평적 사업확장을 추진하는 근거로서 흔히 사업단위들 간의 "시너지"를 제시한다. 타기업의 인수를 위해서는 일반적으로 높은 프리미엄을 지급해야 하며 내부적인 투자를 통한 신사업 개발에는 많은 비용이 소요되기 때문에 사업범위의 확장을 추진하는 기업은 그에 따른 혜택을 엄밀히 평가해 볼 필요가 있다. 불행히도 시너지효과에 대한 많은 주장들은 개선가능테스트와 최선대안테스트와 같이 엄격한 기준을 적용해 보면 논리적인 오류가 있음이 드러난다.

이들 테스트의 논리를 다시 한번 예시하기 위해 2000년에 이루어진 AOL-타임워너 합병에 대한 한 분석결과를 살펴보기로 한다. [그림 6.3]은 메릴린치의 저명한 인터넷기업 전문가인 Henry Blodgett의 팀이 작성한 "You've Got Upside!"라는 분석보고서의 내용을 요약한 것이다(이 보고서는 두 기업과 업무관계가 없는 외부적 팀에 의해서 작성되었으며, 인터넷 열풍이 정점에 이를 무렵에 완성되었음). 메릴린치 보고서는 주장하길, AOL이 가진 인터넷 컨텐트 및 포털 서비스와 타임워너가 가진 전통적인 미디어 및 케이블 자산들과 결합되면 법인세 이자 감가상각비 차감 전 영업이익(earnings before interest, taxes, depreciation and amortization, EBITDA)이 10억 달러까지 증가할 수 있다고 하였다. [그림 6.4]는 보고서에서 인용된 문구들로서, 어떠한 가정에서 [그림 6.3]의 수치들이 도출되었는지를 설명하여 준다. 이들 인용구는 기업수준의 전략을 논의할 때 흔히 범하는 몇 가지 논리적 오류들을 잘 보여주고 있다.

- **동일한 소유권에 의한 운영 없이도 계약을 통해서도 얻을 수 있는 상호적 이익을 합병의 혜택으로 내세우고 있다.** 예를 들어, AOL이 타임워너의 기존 채널들을 통해서 온라인 서비스를 광고할 수 있기 때문에, 10억 달러의 판매/마케팅

그림 6.3 AOL과 타임워너의 합병으로부터 기대되는 시너지

(단위: 백만 달러)

수입 증가 요인	수입	EBITDA
온라인 자산의 효과적 판매	$200.0	$160.0
– 6억 달러 가치의 타임워너 온라인 자산(CNN, CNNfn, Time, People, InStyle, Entertainment Weekly)으로부터 2억 달러 수입증가		
– 타임워너를 통한 AOL의 ICQ 보급확대(광고수입)	120.0	120.0
초고속 인터넷 통신망 보급 확대	120.0	72.0
– AOL가입자 중 100만 명 이상이 타임워너의 500K 초고속 인터넷망으로 업그레드를 하면서 가입자당 $20/월사용료 추가 징수		
가입자 증가	25.0	12.5
– 상호홍보에 따른 AOL과 매거진에 대한 신규 가입자 증가		
AOL의 새로운 프리미엄 서비스	60.0	30.0
– AOL 가입자 중 200만 명이 2001년 말까지 $10의 추가요금 지불(AOL TV, 실시간 주가정보 등 제공)		
음악	25.0	6.3
– 신세대 음악기기들을 통한 다운로드		
– AOL를 통한 타임워너 음악 판매 증가	10.0	2.5
총수입 증가	**$560.0**	**$403.3**
원가절감: 운영비의 감소	**수입**	**EBITDA**
– AOL 판매와 마케팅(AOL 소프트웨어 보급)	$200.0	$200.0
– 타임워너 판매와 마케팅(영화와 음악)	100.0	100.0
– 타임워너의 온라인 판촉에 대한 비용감소 (Entertaindom)	125.0	125.0
– 간접비(재무, 법무, 인적자원)	50.0	50.0
– 고객지원비용 감소(매출원가 중)	50.0	50.0
– AOL의 컨텐트 구입비 감소(향후 4년간 6억 달러)	25.0	25.0
– 가입자 관리 및 재계약 처리 비용 감소	25.0	25.0
– AOL–타임워너 간 통신/기술 비용 감소	25.0	25.0
총원가 절감	**$600.0**	**$600.0**

출처 : Stephen P. Bradley and Erin E. Sullivan, "AOL Time Warner, Inc." Harvard Business School Case no. 702-421, Boston, MA2002, P. 23.

예산에서 2억 달러를 절감할 수 있다는 주장을 살펴보자. [그림 6.4]의 1번에 나와 있는 것처럼 동보고서는 "AOL 프로그램 설치 디스크는 타임워너의 잡지에 끼워서 배포될 수 있으며, 이미 타임워너의 스튜디오 매장들에 전시되고 있다"라고 설명하고 있다. 만일 그것이 정말로 AOL의 입장에서 원가 대비 효율적인 마케팅 방법이라면, 타임워너와 굳이 합병을 하지 않더라도 계약을 통해서 같은 목적을 달성할 수 있다. AOL의 설치 디스크들이 타임워너 매장에 이미 전시되고 있다는 점은 이를 확인시켜 준다. 그러한 문제점은 AOL이 타임워너로부터 컨텐트를 확보할 수 있다는 주장(3번), 타임워너가 AOL를 통해서 보유한 온라인 자산들을 보다 효과적으로 판매할 수 있다는 주장(4번), 그리고 AOL 프로그래머들을 활용하여 타임워너 매거진 구독자들을 위한 온라인 계약갱신프로그램을 개발할 수 있다는 주장(5번)에서 공통적으로 나타난다. 최선대안테스트는 사업범위 확장의 타당성을 평가하는데 있어서, 다른 대안적 거래형태를 통해서 획득할 수 없는 혜택만을 동일한 소유권에 의한 운영의 타당한 근거로서 간주할 것을 명확히 하고 있다.

- **이미 최대로 사용되고 있는 자원들을 새로운 사업들이 별다른 추가적 투자 없이도 활용할 수 있다고 가정하였다.** 앞서 설명한 공유원가의 경제는 다용도로 사용될 수 있지만 최대 능력 미만으로 활용되는 어떤 자원이 존재한다는 것을 전제한다. 그러나 그러한 자원이 이미 너무 바쁘게 사용되고 있다면, 두 사업단위가 그 자원을 공유하더라도 혜택을 볼 기회를 찾기 어려울 것이다. 예를 들어, 이른 아침에 별로 업무가 없는 AOL의 서비스 직원들을 살펴보자(2번).

그림 6.4 AOL과 타임워너의 합병에 따른 시너지의 추정 근거

1. **AOL의 판매와 마케팅(AOL 소프트웨어의 보급)**
   운영비용 2억 달러 절감(EBITDA 2억 달러 증가)
   "AOL은 다양한 상호 광고 및 타임워너의 광고매체 공동 활용을 통해서, 현재의 10억 달러 규모의 광고비 중 최소한 2억 달러를 절감할 것으로 추정된다. 예들 들어, AOL 설치 프로그램은 타임워너의 음악 CD 및 영화 DVD에 포함될 것으로 예상된다. 또한 AOL 프로그램 설치 디스크는 타임워너의 잡지에 끼워서 배포될 수 있으며, 이미 타임워너의 스튜디오 매장들에 전시되고 있다"

2. **고객지원비용의 감소**
   운영비용 5,000만 달러 절감(EBITDA 5,000만 달러 증가)
   "두 기업이 합병을 하면 고객지원 부문에서 비용이 절감될 것이다. AOL의 6,000여 서비스 직원들이 가장 바쁜 시간은 서비스 종료 3시간 내지 4시간 전부터 끝날 때까지이며, 다른 시간에는 한가한 편이다. AOL는 올해만해도 전체 수입의 약 5%에 해당하는 4억 달러를 고객지원에 지출했다. … 타임워너가 고객지원에 얼마의 비용을 지출하는지는 모르지만, 합병한 기업은 최소한 이 부문에서 5,000만 달러를 절감할 것으로 예상된다."

3. **AOL의 컨텐트 구매비용 절감**
   운영비용의 2,500만 달러 절감(EBITDA 2,500만 달러 증가)
   "AOL은 또한 컨텐트 확보에 관련된 비용을 2,500만 달러 정도 절감할 것으로 예상된다(AOL은 향후 4년간 제3자가 소유한 컨텐트 사용료로 약 6억 달러를 지출할 예정). 합병을 통하여 AOL은 타임워너가 이미 개발한 다양한 컨텐트들을 사용할 수 있음은 물론이고, 타임워너가 보유한 작가들과 창의적 자원을 활용하여 필요한 컨텐트를 즉시 개발할 수 있을 것이다."

4. **온라인 자산의 효과적 판매를 통한 매출 신장(타임워너)**
   2억 달러 수입 증가(EBITDA 1억 6,000만 달러 증가)
   "AOL 경영진들은 타임워너가 보유한 온라인 자산의 잠재적 가치가 6억 달러에 이름에도 불구하고 그 중 1억 달러 밖에 수입으로 실현하지 못하고 있음을 지적한다. … 타임워너의 온라인 사이트들은 현재보다 훨씬 더 많은 수입을 올릴 필요가 있다. … 이들 웹사이트들의 성과가 저조한 원인의 하나는 타임워너의 주력사업들인 케이블 TV, 매거진 등에 밀려

서 충분한 판매노력이 이루어지지 못하기 때문이다. On-line 전문회사로서 AOL은 타임워너의 온라인 자산들을 보다 효과적으로 판매할 수 있을 것이기 때문에, 수입을 창출하지 못하는 나머지 5억 달러의 온라인 자산으로부터 2억 달러의 추가수입을 실현할 수 있을 것이다."

5. 가입자 증가
2,500만 달러의 새로운 수입(EBITDA 1,250만 달러 증가) + 2,500만 달러의 운영비 감소(EBITDA 2,500만 달러 증가)
"합병 후 회사는 AOL 가입자수, 그리고 매거진과 케이블TV 구독자 수를 증대시키기 위한 대대적인 상호광고 캠페인을 전개할 예정이다. 예를 들어, 타임워너는 매거진 구독자들을 모집할 때 2년간의 AOL 서비스를 할인된 가격으로 함께 구입하도록 권유할 수 있으며, AOL은 스포츠 채널을 통해서 타임워너가 발행하는 『Sports Illustrated』라는 잡지를 판촉할 것이다. 두 번째로 합병된 회사는 타임워너 케이블 TV의 가입 및 계약갱신 업무를 온라인에서 처리함으로써 비용을 절감하고 업무처리의 신속성을 높일 것이다. … 마지막으로 합병된 회사는 타임워너 매거진을 온라인화하여 매주 인쇄된 잡지와 함께 서비스하는 큰 계획을 추진할 것이다. 그렇게 된다면 매주 잡지를 구매하는 독자들의 상당수가 잡지와 온라인 서비스를 함께 구독하는 장기가입자로 전환될 것이다. … 그에 따른 가입자 증가로 인해서 AOL-타임워너는 2,500만 달러의 신규 수입을 올릴 것으로 추정된다. … 합병된 회사는 또한 가입자 관리와 계약갱신 업무처리의 효율화로 인해서 2,500만 달러의 비용을 절감할 것이다."

이들은 아침에 시간이 남기 때문에 타임워너 서비스 직원들의 업무를 분담할 기회가 있는 것처럼 보인다. 그러나 타임워너 직원들의 사정은 어떠한가? 그들은 케이블 TV가 잘 나오지 않는 고객들로부터의 수리요청을 접수해서 처리하는 업무를 수행한다. 그런데 불행히도 그들의 업무가 폭주하는 시간은 AOL 서비스 직원들이 가장 바쁜 저녁 시간대이다! 또한 타임워너의 일부 직원들은 고객의 집을 직접 방문하여 케이블을 수리하는데, 이는 AOL 직원들이 대신할 수 없는 업무이다.

AOL이 "타임워너가 보유한 작가들과 창의적 자원을 활용하여 필요한 컨텐트를 즉시 개발할 수 있을 것이다"는 주장에도 같은 문제가 있을 수 있다(3번). 이를 근거로 개선가능테스트를 통과하기 위해서는 합병 이전에 충분히 활용되지 못하는 작가들과 창의적 자원들이 충분히 존재해야만 한다. 만일 그렇지 않다면, AOL 컨텐트 제작을 위해 이들 자원들을 다른 용도로부터 끌어와서 이용해야 하므로, "추가적 비용 없이" 컨텐트를 제작할 수 있다고 가정하기가 곤란하다. 또한 AOL 판매직원들이 타임워너의 상품들을 온라인으로 더 잘 광고할 수 있다는 주장이 타당성을 갖기 위해서는(4번), 이들 직원들이 AOL 서비스를 온라인으로 광고하는데 이미 모든 시간을 다 소비하지 않고 있어야만 할 것이다. 이러한 문제들은 다음의 오류와도 밀접히 관련되어 있다.

- **소유권의 기회비용이 간과되었다.** 예를 들어, AOL이 타임워너가 발행하는 『Sports Illustrated』라는 잡지를 자신의 스포츠 채널을 통해서 광고한다면(5번), 이 잡지의 경쟁잡지들을 동채널로 광고하여 수입을 올릴 수 있는 기회를 놓치게 된다. 메릴린치의 애널리스트들은 전자의 혜택은 고려하였지만, 후자의 기회비용은 무시했다.
- **사업단위들 간의 활동을 조정통합하는데 발생하는 비용을 무시하여 협력이 공짜로 이루어진다고 가정했다.** 메릴린치 보고서에서 기대하는 매우 높은 수준의 상호광고 및 자원공유가 이루어지기 위해서는 상당히 많은 조정통합 비용이

소요될 것이다. 그러한 비용은 협력으로부터 기대되는 혜택을 초과하는가? 만일 그렇다면, 이 합병 건은 개선가능테스트를 통과하는데 실패하게 된다. 아울러, 그러한 협력은 합병보다는 독립된 기업들간의 계약을 통해서 더 잘 추진될 수 있는가? 만일 그렇다면 이 합병 건은 최선대안테스트를 통과하는데 실패하게 된다.

이상과 같은 오류들을 방지하기 위한 최선의 대책은 사업확장에 따른 혜택과 비용을 여러 가지 대안적 거래형태들과 비교하여 신중하고도 냉철하게 분석하는 것이다. 만일 그러한 객관적 분석을 실시했다면, 나중에 현실로 나타난 것처럼 AOL과 타임워너 간의 합병이 그다지 큰 시너지를 발생시키지 못하며 합병 이후 양자 간의 협력관계가 순탄치 못할 것임을 사전에 예견할 수 있었을 것이다.

요 약

기업이 영위할 사업의 범위를 선택하는 것은 매우 중요하면서도 어려운 과제이다. 경영전략 이론은 그러한 기업수준의 전략이 사업수준의 전략들과 불가분의 관계가 있음을 제시한다. 즉, 특정한 사업범위를 선택하는 것이 바람직한가 아닌가는 그러한 선택으로 인해서 개별사업들이 각자의 산업에서 더 성공적으로 경쟁을 할 수 있는가의 여부에 달려 있다.

사업확장이 개별사업들의 성공에 기여하기 위해서는 다음의 두 가지 테스트를 모두 통과해야 한다. 첫째, 특정 사업단위들을 동일한 소유권에 의해서 운영하는 것이 사업단위들의 성과를 개선하는데 도움을 주어야 한다(개선가능테스트). 보다 구체적으로 사업확장은 소속 사업단위들이 부가가치(총가치에서 소요되는 비용을 제외하여 계산)를 창출할 수 있는 능력을 향상시켜야 한다. 부가가치의 증가는 판매량 증가, 산업구조 개선, 고객이 지불하고자 하는 가격과 원가 간의 차이확대, 또는 때때로 위험 감소 등을 통해서 나타난다.

둘째, 동일한 소유권에 의해서 관련된 사업단위들을 운영하는 것이 다른 대안적인 거래방식들(예, 정상적 시장거래, 라이센싱, 전략적 제휴, 합작투자 등)을 통해서 이들 사업단위들의 활동을 조정통합하는 것보다 부가가치창출에 더 유리해야 한다(최선대안테스트). 소유권에 의한 운영이 다른 대안들보다 선호되는 일반적인 상황으로는 계약에 수반된 위험이 높거나 관계특유적 자원에 대한 투자가 이루어지는 경우를 들 수 있다. 한편, 본 장에서는 최선대안테스트를 통과할 수 있는 여러 가지 다각화 기업 모델들을 소개하였다.

본 장에서 소개한 사례들은 기업수준의 전략이 가치를 창출하거나 파괴하는데 중요한 영향을 미친다는 것을 보여준다. 사업범위의 적절한 선택을 통해서 보다 많은 가치를 창출하고 획득하기 위해서는, 특정 사업단위들을 서로 연관성이 없는 독립기업으로 유지하거나 이들의 활동을 직접적 소유가 아닌 다른 대안적 방법을 통해서 조정통합하기 보다는, 우리 기업이 이들 사업단위들을 직접 소유경영함으로써 왜, 얼마나, 그리고 어떻게 이들의 경영성과를 더 잘 개선시킬 수 있는가를 냉철하게 자문해 보아야 한다.

주요 용어

개선가능테스트, 거버넌스, 거래비용, 기업수준의 부가가치, 기업수준의 전략, 기회주의적 행동, 내부화, 시너지, 시장실패, 좋은 부모 테스트, 최선대안테스트, 콩글로머릿 디스카운트

참고문헌

1) 예건대 Leonard Wrigley "Divisional Autonomy and Diversification" (D.B.A. thesis, Harvard Business School, 1970)과 Richard P. Rumelt, *Strategy, Structure, and Economic Performance* (Cambridge, Mass.: Harvard University Press, 1974) 참조.
2) Marakon Associates, *Commentary* 11 (June 1983).
3) Philippe C. Haspeslagh, Tomo Noda, and Fares Boulos, "Managing for Value: It's Not Just About the Numbers," *Harvard Business Review* 79, no. 7 (July-August 2001): 64-73.
4) Philippe C. Haspeslagh, "Portfolio Planning: Uses and Limits," *Harvard Business Review* 60, no. 1 (January-February 1982): 58-73.
5) C. K. Prahalad and Gary Hamel, "The Core Competence of the Corporation," *Harvard Business Review* 68, no. 3 (May-June 1990): 79-91,
6) Daryl Rigby, "Management Tools 2007: An Executive's Guide," Bain and Company. http://www.bain.com/management_tools/home.asp에서 조회 가능.
7) David J. Collis and Cynthia A. Montgomery, "Competing on Resources: Strategy in the 1990s," *Harvard Business Review* 73, no. 4 (July-August 1995): 118-128.
8) Pankaj Ghemawat, "Sears, Roebuck and Co.: The Merchandise Group" (Harvard Business School case no. 794-039, 1993).
9) Sears, Roebuck의 대표이사며 재무담당이사인 Richard M. Jones가 1985년 11월 11일 하버드경영대학 최고경영자 과정에서 강연한 내용의 비디오테이프.
10) Stuart L. Gillan, John W. Kensinger, and John D. Martin, "Value Creation and Corporate Diversification: The Case of Sears, Roebuck & Co.," *Journal of Financial Economics* 55, no. 1 (January 2000): 103-137.
11) 이와 유사한 테스트들을 제시한 연구들로는 Michael E. Porter, "From Competitive Advantage to Corporate Strategy," *Harvard Business Review* 65, no. 3 (May-June 1987): 43-59; Michael Goold, Andrew Campbell, and Marcus Alexander, *Corporate-Level Strategy: Creating Value in the Multibusiness Company* (New York: John Wiley, 1994), 그리고 David J. Teece, "Economies of Scope and the Scope of the

Enterprise," *Journal of Economic Behavior & Organization* 1 (1980): 223-247 참조.

12) Goold, Campbell, and Alexander, *Corporate-Level Strategy*, p. 14.

13) 이러한 이슈에 대한 보다 상세한 논의는 Pankaj Ghemawat, "The Growth Boosters," *Harvard Business Review* (July-August 2004): 35 참조.

14) Ola Svenson, "Are We All Less Risky and More Skillful Than Our Fellow Drivers?" *Acta Psychologica* 47, no. 2 (February 1981): 143-148.

15) Ulrike Malmendier and Geoffrey Tate, "CEO Overconfidence and Corporate Investment," (NBER working paper no. w10807, 2004) (www.nber.org/papers/w10807에서 조회 가능). 이에 관련된 이론적 연구로는 Simon Gervais, J. B. Heaton III, and Terrance Odean, "Overconfidence, Investment Policy, and Executive Stock Options" (Rodney L. White Center for Financial Research working paper no. 15 · O2, 2003) 참조(http://ssrn.com/abstract:361200에서 조회 가능).

16) David J. Collis and Cynthia A. Montgomery, *Corporate Strategy: Resources and the Scope of the Firm* (Chicago: Richard D. Irwin, 1997).

17) 이와 더불어, 이 저서의 여러 곳에서 언급한 바와 같이 성과는 단지 수익성이나 마진이 아니라 전체적인 경제적 이익으로 측정되어야 함을 다시 재강조함.

18) B. Douglas Bernheirn and Michael D. Whinston, "Multimarket Contact and Collusive Behavior," *Rand Journal of Economics* 21, no. 1 (Spring 1990): 1-26.

19. Joel A. C. Baum and Helaine J. Korn, "Competitive Dynamics of lnterfirm Rivalry," *Academy of Management Journal* 39, no. 2 (April 1996): 255-291.

20) Arnold A. Heggestad and Stephen A. Rhoades, "Multi-Market Interdependence and Local Market Competition in Banking," *Review of Economies and Statistics* 60, no. 4 (1978): 523-532.

21) Robert M. Grant, *Contemporary Strategy Analysis: Concepts, Techniques, Applications*, 4th ed. (Malden, Mass.: Blackwell, 2002), p. 457.

22) Brian S. Silverman and Michael E. Porter, "Scotts Company: North American Corporate Strategy" (Harvard Business School

case no. 701-002, Boston, 2000).

23) 이러한 용어는 Michael E. Porter에 의해서 최초로 제시되었음. Porter, "From Competitive Advantage to Corporate Strategy" 참조.

24) Pankaj Ghemawat, Eduardo Ballarin and Jose Manuel Campa, "Santander's Acquisition of Abbey: Banking Across Borders," (Harvard Business School Publishing case no. 707-485, Boston, 2006).

25) Clayton M. Christensen, *The Innovators Dilemma: When New Technologies Cause Great Firms to Fail, The Management of Innovation and Change Series* (Boston: Harvard Business School Press, 1997).

26) Silverman and Porter, "Scotts Company"

27) Ryan Chittum, "Cendant Hopes Simpler Model Will Lift Stock," *Wall Street Journal*, May 20, 2004, p. C1.

28) Tarun Khanna and Krishna Palepu, "Why Focused Strategies May Be Wrong for Emerging Markets," *Harvard Business Review* 75, no. 4 (July-August 1997): 41-51.

29) 거래비용이론은 Ronald H. Coase와 Oliver E. Williamson에 의해서 선구적으로 개발되었음. Ronald H. Coase, "The Nature of the Firm," *Economica* 4, no. 16 (November 1937): 386-405; Oliver E. Williamson, *The Economic Institutions of Capitalism: Firms, Markets, Relational Contracting* (New York: Free Press, 1985); Oliver E. Williamson, *Markets and Hierarchies, Analysis and Antitrust Implications: A Study in the Economics of Internal Organization* (New York: Free Press, 1975) 참조.

30) 이러한 상황들은 부분적으로 Bharat Anand, Tarun Khanna, and Jan W. Rivkin, "Market Failures" (Harvard Business School case no. 700-127, Boston, 2000)에서 인용했음.

31) Khanna and Palepu, "Why Focused Strategies May Be Wrong …," op cit.

32) Larry H. P Lang and Rene M. Stulz, "Tobin's Q, Corporate Diversification, and Firm Performance," *Journal of Political Economy* 102, no. 6 (December 1994): 1248-1280, 그리고 Philip G. Berger and Eli Ofek, "Diversification's Effect on Firm Value," *Journal of Financial Economics* 37, no. 1 (January 1995): 39-65.

33) Jose Manuel Campa and Simi Kedia, "Explaining the Diversification Discount," *Journal of Finance* 57, no. 4 (2002): 1731-1762와 Belen

Villalonga, "Does Diversification Cause the 'Diversification Discount'?" *Financial Management* 33, no. 2 (Summer 2004): 5-27 (이 논문은 이전 문헌들에서 나타난 자기선택편의(self-selection bias)의 문제를 교정한 분석을 하고 있음) 참조.

34) 인도에 대해서는 Tarun Khanna and Krishna Palepu, "Is Group Affiliation Profitable in Emerging Markets? An Analysis of Diversified Indian Business Groups," *Journal of Finance* 55, no. 2 (2000): 867-891, 그리고 또한 Pankaj Ghemawat and Tarun Khanna, "The Nature of Diversified Business Groups: A Research Design and Two Case Studies," *Journal of Industrial Economics* 46, no. 1 (1998): 35-61 참조. Tarun Khanna and Jan W. Rivkin, "Estimating the Performance Effects of Business Groups in Emerging Markets," *Strategic Management Journal* 22, no. 1 (January 2001): 45-74는 다양한 신흥시장에서 기업집단이 성과에 미치는 영향을 분석하고 있음. 미국 내 다른 선진국들에 대한 연구로는 Eric R. Gedajlovic and Daniel M. Shapiro, "Management and Ownership Effects: Evidence from Five Countries," *Strategic Management Journal* 19, no. 6 (1998): 533-554와 Karl Lins and Henri Servaes, "International Evidence on the Value of Corporate Diversification," *Journal of Finance* 54, no. 6 (1999): 2215-2239 참조.

CHAPTER

7

글로벌 전략

한 나라는 다른 나라와 다르다. 토양이 다르기 때문에 돌, 포도주, 빵, 고기, 그 밖에 그 지역에서 자라고 번성하는 모든 것들이 다르다.

– 파라켈수스(Paracelsus)

개별 사업수준에서의 전략에 초점을 두었던 앞의 장들과 달리, 제6장에서는 다양한 사업분야에서 활동하는 다각화된 기업들을 위한 전략을 살펴보았다. 그 뒤를 이어 본 장에서는 해외로 **지역적 범위(geographical scope)**의 확장을 추구하는 기업들을 위한 전략을 고찰한다.[1]

지역적 확장이 중요한 이유는 국경을 넘어선 기업들의 활동이 증가하고 있기 때문이다. 뒤에서 설명하는 바와 같이, 그러한 변화는 국민총생산(GDP) 대비 무역 및 해외직접투자(foreign direct investment) 비율 등과 같은 거시적 국제화 지표들의 증가 추세에서 잘 드러난다. 미시적 국제화 지표들은 보다 직접적인 증거를 제시한다. 예를 들어, 미국기업들의 전체 이익 중 해외에서 발생한 이익의 비율은 1950년에 5%였지만 2007년에는 거의 30%로 증가했다.[2] 대부분의 다른 (더 규모가 작은) 선진국들에서 그러한 지표는 훨씬 높게 나타난다. 또한 그러한 지표는 대기업들의 경우에 더 높은 경향이 있다. 규모가 작은 기업들도 예전보다 국제화를 더 활발히 추진하고 있으며, 국내 시장에서만 활동하는 기업들도 점차 거세지는 국제경쟁에 노출되고 있다. 해외로 사업을 확장하지 않는 기업들의 마진율은 수출기업들보다 낮고 **다국적기업들(multinational companies, MNCs)**보다는 더욱 낮을 것이다(다국적기업은 해외직접투자를 시행한 기업을 의미함).[3]

본 장의 첫 번째 절에서는 글로벌 전략의 현황에 대한 고찰을 통해서 기업들이 국제화의 필요성을 지나치게 과신하는 경향이 있음을 지적한다. 다음 두 절은 그러한 과신이 나라 간에 존재하는 "문화적, 행정적, 지역적, 그리고 경제적" 거리들, 즉 국가들 간의 차이를 너무 경시하기 때문에 발생한다는 점을 설명한다. 그러한 차이는 아직도 제품, 자본, 인력 등이 국경을 넘어서 이동하는데 많은 영향을 미치기 때문이다. 그 뒤를 따르는 두 절에서는 국제적 사업확장에 대하여 어떻게 앞장에서 설명한 개선가능테스트와 최선대안테스트를 적용할 수 있는가를 논의한다. 마지막 절에서는 국가 간 차이에 대처할 수 있는 글로벌 전략의 유형들을 제시하고, 이들이 가지는 특징들을 고찰한다.

글로벌 전략의 현황

글로벌 전략의 현황을 이해하기 위해서, 이를 기업수준의 전략과 비교해 보는 것이 유용하다.[4] 제6장에서 경영자들이 **규모에 대한 과신(sizeism)**을 가지거나 지나친 수평적(또는 수직적) 사업확장을 추구하는 경향이 있음을 설명했다. 그러한 경향은 기업들이 글로벌 전략을 추진할 때도 나타난다. 이는 기업들이 국제화를 추구하는 동기를 살펴보면 알 수 있다. 폴 버딘(Paul Verdin)과 닉 밴 헥(Nick Van Heck)은 [그림 7.1]에 나타난 바와 같이 국제화를 추진하는 기업들이 일반적으로 내세우는 슬로건들을 잘 정리해서 보여주었다.[5] 이 표의 내용을 잘 살펴보면 산업적 특성, 경쟁포지션, 또는 미래의 불확실성 때문에 국제화를 무리해서라도 추진해야 한다는 사고가 잘 드러난다.

보다 체계적으로 실시된 설문조사도 비슷한 경향을 보여준다. 저자의 요청으로 『Harvard Business Review』가 실시한 온라인 설문조사에서 "글로벌화는 사실상 끊임없는 성장의 기회를 제공한다"는 문장에 응답자의 78%가 동의했다.[6] 그 밖에도 "진정한

그림 7.1 국제화를 추진하는 기업들의 슬로건들

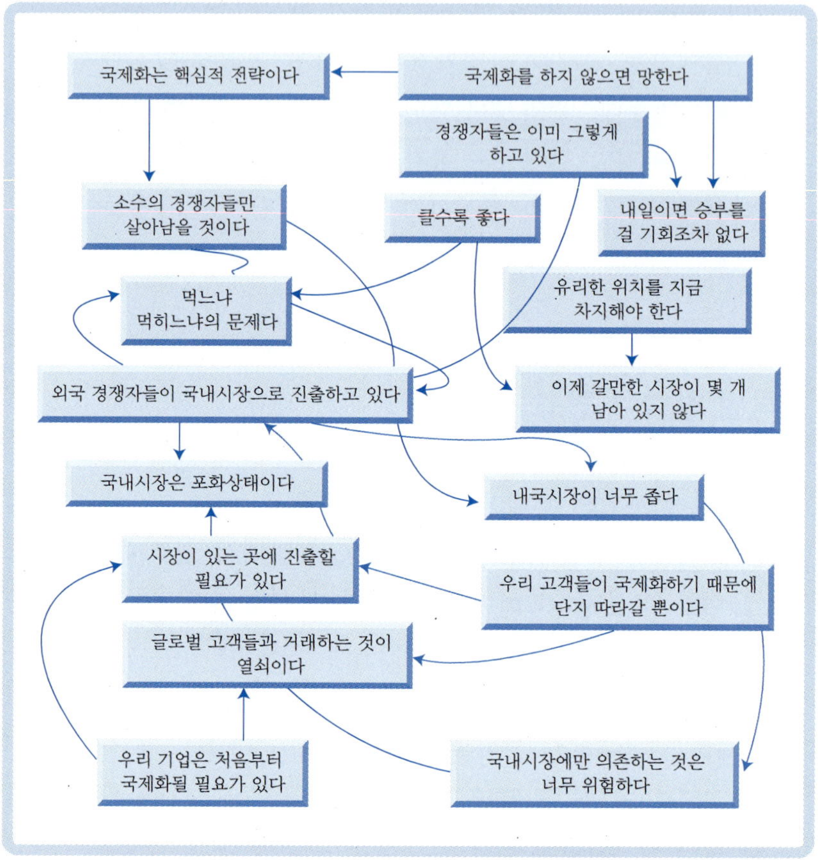

출처 : Paul Verdin and Nick Van Heck, *From Local Champions to Global Masters: A Strategic Perspective on Managing Internationalization*, P. 222. © 2001 Palgrave. Reprinted by permission.

글로벌 기업은 어느 지역에나 진출을 추구해야 한다"는 문장에는 64%가 동의했으며, "글로벌화는 산업을 더욱 독점화시킨다"는 문장에는 58%가 동의했다.

그러한 결과는 기업들이 현실과 상당히 동떨어진 인식을 가지고 있음을 시사한다. 다음 두 절에서 설명하는 바와 같이 나라 간에는 아직도 상당한 차이가 존재하기 때문에 어떤 시장에나 진출한다는 것은 현실적이지 않다. 그리고 설령 그런 생각이 타당하더라도 사업범위를 전세계로 확장하는 것은 매우 장기적인 투자와 함께 많은 노력을 요구하기 때문에 오직 소수의 다국적기업들만이 이를 성공적으로 추진할 수 있다. 예를 들어, 2004년에 해외에서 사업을 벌이고 있는 미국기업들은 전체 미국기업들의 1% 미만이었다. 이들 중 가장 다수의 기업은 단지 한 개의 해외시장에 진출했고, 중앙값(median)에 해당되는 기업은 두 개의 해외시장에 진출했으며, 95%의 기업은 24개 미만의 국가에 진출했다.[7] 이러한 통계치들은 1990년대 중반부터 거의 변화가 없었다!

글로벌화가 산업의 독점화시킨다는 믿음은 글로벌화를 반대하는 사람들뿐만 아니라 경영자들 사이에도 상당히 넓게 존재하지만, 이를 뒷받침하는 실증적 증거는 별로 없다. 18개의 대표적인 글로벌 산업에서 상위 5개 기업의 시장점유율은 1980년대와 1990년대에 증가 추세를 보이지 않았다. 비록 어떤 산업들에서 다소 증가가 있었지만 이는 다른 산업에서의 감소로 충분히 상쇄되었다.[8] 그리고 동기간에 산업집중도가 증가한 산업들(예, 자동차와 석유)은 그 이전에 수십 년간 집중도가 감소되었던 산업들이었다.

이처럼 국제화의 필요성에 대한 근거 없는 과신에 비추어볼 때, 기업들의 해외사업 성과가 불균등하며 또한 흔히 저조하다는 것은 놀랍지 않다. 이러한 문제의 심각성은 저자의 요청으로 컨설팅 회사인 마라콘 어소시에이트(Marakon Associates, 현재는 Trinsum)가 분석한 자료에 잘 나타난다. 마라콘은 분석의 결과를 다음과 같이 요약했다.

> 우리가 분석한 대기업들 중 절반이 해외시장에서 상당한 적자를 기록하고 있었다(16개 기업 중 8개). … 우리의 고객기업들과 인터뷰를 한 결과 특정한 해외시장을 기업이 특별히 집중적으로 공략하지 않는 한, 지역별 경영성과는 상당히 안정적으로 변화되지 않는다는 것을 알 수 있었다.

[그림 7.2]에 나타난 기업은 그러한 문제를 전형적으로 보여준다. 2005년 이 회사매출의 1/5에서 가치파괴가 발생하고 있었다. 요점은 "어느 연도까지 매출의 몇 퍼센트를 해외에서 올릴

그림 7.2 일용소비재 회사의 국가별 경제적 이익

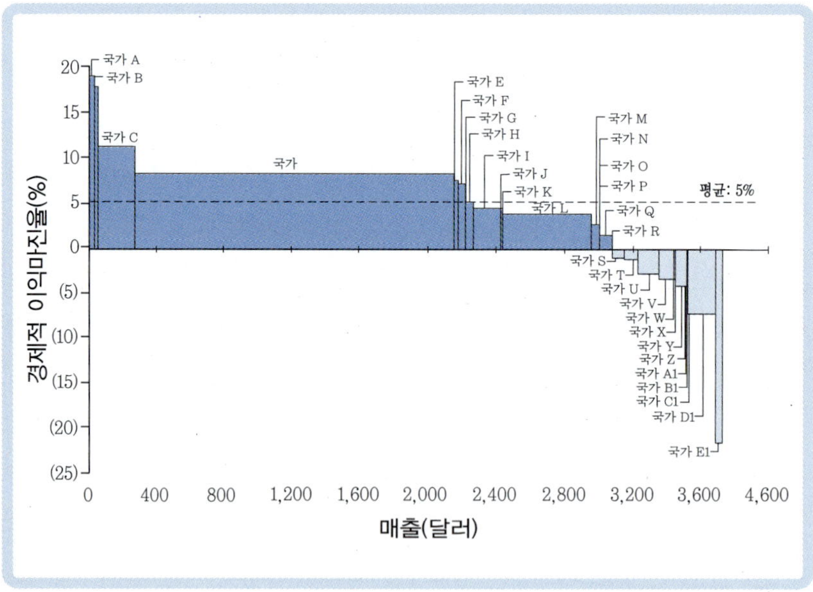

출처 : Compustat. Value Line, Marakon Associates Analysis.

것이다"와 같이 단순히 해외매출에만 초점을 맞추는 것은 현명하지 못하다는 것이다. 마찬가지로 『Harvard Business Review』의 설문조사에서 88%의 응답자가 "해외 진출은 선택할 수 있는 대안이 아니라 불가피한 과제이다"라는 문장에 동의한 것처럼, 무조건 해외에 진출한 후 언젠가는 이익이 날 것이라고 기대하는 것도 또한 현명하지 못하다. 즉 국제화를 무리하게 추진하기보다는 본 저서에서 전반적으로 강조하고 있는 것처럼 가치중심적 관점(value-focused perspective)에서 글로벌화의 여부 및 방법을 분석할 필요가 있다. 다음 절에서는 어떻게 그러한 관점을 국제경영에 적용시킬 것인가를 살펴본다.

세미글로벌화: 진정한 해외시장의 현실

왜 글로벌화에 대한 과신이 팽배할까? 제6장에서 수평적 사업확장을 논의할 때 설명한 원인들이 여기서도 작용한다. 그렇지만 지역적 확장의 경우에는 또 다른 중요한 원인이 있다. 그것은 국가 간의 경계가 사라졌거나 곧 사라질 것이라는 믿음이다. [그림 7.3]에 인용된 문구들은 국경 없는 세계에 대한 믿음이 전혀 새로운 것이 아니며, 그러한 믿음은 흔히 신기술이 사회변화에 미칠 수 있는 심대한 영향에 기반하고 있음을 알 수 있다(물론 어떤 특정한 기술이 그러한 영향을 미치는가에 대한 사고는 시대마다 달랐음). 그러한 믿음이 국제화에 대한 과신을 초래하는 이유는 브루스 코것(Bruce Kogut)이 언급했듯이, "국가 간에 근본적인 차이가 없다면 … 세계는 단지 하나의 더 큰 시장이 되어 버리므로 모든 국가경제들이 영향을 받게 될 것"이기 때문이

그림 7.3 글로벌화에 대한 믿음

철도, 증기선, 전화기 등의 보급과 사용은 국경을 무너뜨리면서 지역적으로 떨어져 있는 사람들을 상업적으로 그리고 정치적으로 더욱 가깝게 하고 있다. 그러한 변화는 세상을 하나로 만들며, 자본은 물과 같이 어떤 곳으로든 흘러들어간다.

– 데이빗 리빙스턴(David Livingstone),
1950년대(『Nayan Chanda Book』에서 인용)

비행기와 무선은 국경이 없다. 이들은 지도상에 있는 경계선에 주의하거나 주저함이 없이 넘나든다. 이들은 다른 어떤 시스템도 할 수 없었던 방법으로 세계를 하나로 묶는다.

– 헨리 포드(Henry Ford), 『My Philosophy of Industry
(런던, Harrap, 1929)』 p. 44.

세계는 평평하다. … 국제화된 웹은 공평한 경쟁의 장을 창조하고 있다. 그러한 장에서는 지역이나 거리, 그리고 가까운 장래에는 언어에도 상관없이 실시간으로 협력적인 연구와 작업을 다양한 형태로 수행할 수 있다.

– 토마스 프리드만(Thomas Friedman), 『The World Is Flat』

다.[9)]

다른 말로 해서, 정말로 세계가 하나의 경제가 된다면 글로벌 전략은 단지 보다 큰 시장을 위한 국내 전략의 성격을 가질 것이다. 하지만 세계는 결코 하나의 거대한 국가경제처럼 통합될 수가 없기 때문에, 글로벌 전략은 여전히 어려우면서도 흥미로운 주제가 된다. 글로벌화 추세에도 불구하고 대부분 유형의 경제적 교류는 국내 시장에 집중되어 있어 높은 **자국편향성(home bias)**를 보여준다. 국경은 여전히 중요한 장애요인으로 남아 있는 것이다. 아래의 자료들을 살펴보자.[10)]

- **제품. 무역**은 전세계 GDP의 약 27%를 차지한다. 그러나 이중 계산된 수치를 제외하면 그 비율은 20% 수준으로 떨어진다.[11] 그리고 대부분 무역은 지역 내(예, 아시아권)에서 많이 발생하기 때문에, 지역 간의 무역만을 산정하면 비율이 10% 수준으로 낮아진다.
- **자본. 해외직접투자**는 현재 평균적으로 전세계 고정자본형성(fixed capital formation)의 10% 가량을 차지한다. 하지만, 해외직접투자의 대다수는 인수합병을 통해서 이루어지기 때문에 실제로 고정자본형성에 기여하는 비율은 그보다 훨씬 낮다. 해외직접투자의 절반 이상은 또한 같은 지역 내에서 발생한다.
- **인력.** 1세대 이민자, 유학생, 그리고 해외여행자들은 그에 대응하는 전체 인구(내국인+외국인 거주자)의 10% 미만이다. 국제적인 인력의 이동도 지역에 편중되는 경향을 보인다.
- **정보.** 제3국에서 아웃소싱 가능한 IT 서비스 중 10~14%만이 실제로 아웃소싱되고 있다. 그런데 그러한 아웃소싱이 가능한 서비스의 시장규모는 전체 IT 서비스 시장에서 극히 작은 부분에 불과하다. 아마도 인터넷을 통해서 전송되는 정보의 20% 미만이 국경을 넘어서 전송될 것이다(그 비율은 더욱 감소 추세임). 전화와 같은 다른 미디어의 경우 그러한 비율은 더욱 낮다.

국제적 인적·물적 교류를 나타내는 이런 지표들의 수치가 상당히 낮다는 것은 완전한 통합이 아직 요원하다는 것을 시사한다. 국경은 일부 사람들이 주장하는 것처럼 소멸되고 있는 것이 아니라 아직도 건재하게 남아 있는 것으로 보인다. 하나만

더 예를 들어, 현시점에서 모든 국경이 사라진다면 국가들의 상대적 경제규모를 고려할 때 무역 대 GDP 비율은 약 90%가 될 것으로 예측된다.[12] 하지만 실제 무역 대 GDP 비율은 이중 계산을 제거하건 안 하건, 그러한 예측치에 훨씬 미치지 못하고 있다.

한편, 어떤 사람들은 국경이 현재는 중요하지만 곧 큰 의미가 없어질 것이라고 주장한다. 하지만 이 또한 현실과 동떨어진 생각이다. 무역 대 GDP 비율은 1979년에 처음으로 20% 수준에 도달하였고 25년이 지난 후에야 27% 수준이 되었다. 그러한 추세가 미래에도 계속된다고 가정하면, 무역 대 GDP 비율(이중계산을 제거하지 않은 무역액 기준)은 2030년이 되어야 35%에 도달할 것이다. 이는 분명히 상당히 큰 증가폭이지만, 90%에는 훨씬 못 미치는 수치이다. 그리고 현재의 국제적 불황을 고려해 볼 때, 과거의 추세가 미래에도 계속될 것이라고 가정하는 것은 너무 낙관적일 수 있다. 무역 대 GDP 비율은 실제로 2009년도에 하락하였기 때문이다.

다른 글로벌화 지표들도 수치가 감소하였거나 감소하는 추세이다. 이민자 비율 그리고 GDP 대비 총자본유출입액(total capital flow)은 제1차 세계대전 때보다 낮아졌으며, 국내/지역 내 인터넷 통신량 대비 지역 간 통신량도 감소하고 있다.

경영자들과 언론인들은 국제적 통합 수준을 현실보다 지나치게 높게 생각하고 있는 것으로 보인다. [그림 7.4]는 『Harvard Business Review』의 온라인 설문조사에서 응답한 평균값들을 위에서 인용한 지표들과 비교한 것이다. 무역에 관한 항목을 제외한 나머지 모든 항목에서 응답자들은 현실보다 3배 또는 그보다 더 높은 추정치를 제시했다.

그림 7.4 국제화 지표와 직관적 추정치의 비교

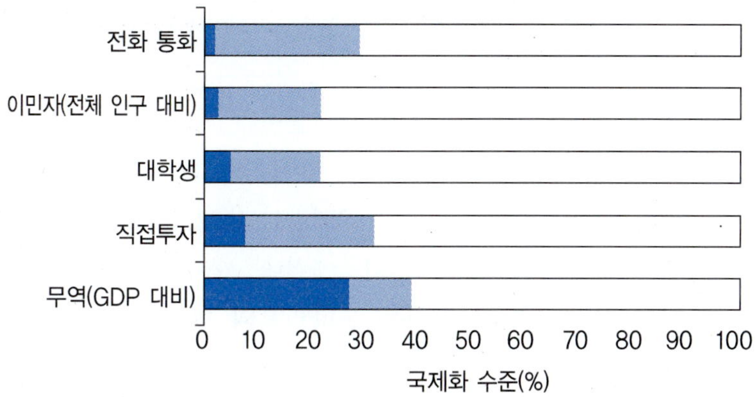

결론적으로, 현실 세계는 완전히 분할되지도 않고 반대로 완전히 통합되지도 않는 **세미글로벌화(semiglobalization)**가 진행 중이다. 이는 완전한 현지화(완전히 분할된 세계경제에 대응하는 전략)나 완전한 표준화(완전히 통합된 세계경제에 대응하는 전략)가 해답이 아니라는 것을 의미이다. 우리가 정말로 필요한 것은 국가 간의 차이를 정확히 파악하고 이를 유리하게 활용할 수 있는 전략이다. 그러한 전략을 개발하기 위해서는 국제적 경제교류를 저하시키는 국가들 간의 차이가 무엇인지 정확히 이해할 필요가 있다.

국가 간 차이 및 CAGE거리모델

국가 간 경제교류에 대한 연구에서 가장 자주 분석의 대상이 된 두 국가들은 미국과 캐나다이다. 미국과 캐나다는 세계에서 가장 상호교역량이 많은 무역파트너들이다. 그럼에도 국경은 이 두 국가들 간의 무역에 장애를 주고 있을까? 학자들은 캐나다 내 지역 간 교역량을 미국과의 교역량과 비교함으로써 자국편향성의 정도를 계수로 측정하였다. 예컨대, 캐나다 온타리오와 브리티시 컬럼비아 간의 거리는 온타리오와 미국 오레곤주 간의 거리와 거의 비슷하며, 브리티시 컬럼비아의 경제규모는 미국 오레곤주의 경제규모와 대체로 유사하다. 따라서 학자들은 온타리오와 브리티시 컬럼비아 간에 발생하는 교역량과 온타리오와 오레곤 간에 발생하는 교역량의 비율(자국편향성 계수)을 계산하였다. 만일 국경이 없다면 그 비율은 0이 되어야 할 것이다.[13)]

북미자유무역협정(North America Free Trade Agreement, NAFTA)이 체결되기 이전인 1988년에 이 계수는 20이 넘었다! 그 후 NAFTA의 영향으로 이 계수는 1990년대 중반에 10에 근접하였고, 최근에는 더욱 낮아졌을 것이다. 하지만 여전히 이 계수는 5를 넘지 못하고 있는 것이 분명하다. 더욱이 이 계수는 상품 교역만을 대상으로 계산되었다. 서비스의 경우 그 계수는 몇 배가 더 클 것이다.[14)]

이처럼 자국편향성 계수가 높다는 것은 특히 미국과 캐나다가 무작위로 선정한 세계 어떤 두 나라와 비교해 보아도 서로 간에 유사성이 한층 높다는 점에서 놀라운 일이다. "문화"적으로 미국과 캐나다는 같은 언어(영어), 종교(개신교), 인종(백인), 그리고 전통적 사회지배층(앵글로색슨계 미국 개신교도)을 공유한다. 두 나라가 중시하는 문화적 가치도 비슷하다. 68개의 국가/지역의 문화적 특성을 조사한 연구에서 미국은 오스트레일리아의 뒤를 이어 캐나다와 두 번째로 문화가 비슷한 나라였고, 캐나다는 오스트레일리아 및 영국의 뒤를 이어 세 번째로 미국과 문화가 비슷한 나라였다.[15] "행정"적으로 캐나다와 미국은 NAFTA 협정을 체결하고 있을 뿐 아니라, 과거에 영국으로부터 같이 식민지 지배를 받았다. 그 결과 두 나라는 문화적 차원과 더불어 법적 제도 등에서도 많은 유사성을 가진다. "지역"적으로 두 나라는 인접해 있을 뿐만 아니라 세계에서 가장 긴 국경을 맞대고 있다. 더욱이 두 나라가 모두 넓은 영토를 가지고 있음에도 불구하고, 캐나다인의 90%는 미국 국경으로부터 250km 이내의 지역에 거주한다. "경제"적으로 두 나라의 일인당 국민소득은 무작위로 선정한 어떤 두 나라와 비교해 보아도 상당히 비슷한 수준이다.

중력모형(gravity model)에 입각한 연구들은 왜 미국과 캐나다 간의 무역이 세계에서 두 나라 간에 이루어지는 무역 중 가장 규모가 큰가 뿐만 아니라, 보다 일반적으로 왜 두 나라 간에 발생하는 모든 무역 중 1/2 내지 2/3가 지역 내에서 이루어지는가를 설명하여 준다. 중력모형이란 두 나라의 경제력과 거리가 얼마나 양국 간의 무역을 유발(또는 억제)시키는가를 측정하는 모형으로서, 일반적으로 양국의 경제규모를 각각 측정한 두 지수를 곱한 값을 양국 간의 거리를 측정하는 어떤 복합지수(예컨대, 위에서 설명한 미국과 캐나다의 유사성을 설명하는 변수들)로서 나누어서 계산한다. 이 모형은 "경제학에서 가장 분명하고 신뢰할 수 있는 결과를 제공"하는 이론들 중에 하나라는 평가를 받고 있다.[16] 중력모형은 기업들의 해외직접투자나 해외진출을 설명하는 데도 유용하다. 예컨대, 단지 하나의 해외시장에 진출한 미국기업들의 60%는 캐나다에 진출을 하였다(영국에 진출한 기업은 10%).[17] 중력모형은 그 밖에도 국가 간 지분투자, 전자상거래, 특허인용, 이민, 국제항공 통행량, 전화 통화량, 그리고 심지어 전쟁 가능성까지 예측하는데 광범위하게 활용된다.

[그림 7.5]는 중력모형에 입각하여 두 국가 간에 문화적, 행정적, 지역적, 경제적 차이들이 양국 간 무역에 미치는 영향을 추정한 것이다.[18] 이 표의 부호(+ 또는 –)들은 직관적인 생각과 대체로 일치하지만, 그 변화의 정도는 매우 놀라울 정도로 크다

그림 7.5 양국 간 무역에 대한 중력모형의 예측치

거래/유사성 차원	결정요인	무역액의 변화
문화	동일한 언어	+42%
행정	같은 지역적 경제블록	+47%
	과거 같은 국가의 식민지	+188%
	동일한 화폐	+114%
	부패 정도의 차이	−11%
지역	물리적 거리: 1% 증가	−1.1%
	물리적 크기: 1% 증가	−0.2%
	내륙국가	−48%
	인접된 국경	+125%
경제	경제 규모: GDP(1% 증가)	+0.8%
	소득: 일인당 GDP (1% 증가)	+0.7%

출처 : Pankaj Ghemawat and Rajiv Mallick, "The Industry-Level Structure of International Trade Networks: A Gravity-Based Approach," Harvard Business School working paper, February 2003.

(만일 국경이 없는 세상을 가정한다면 교역량 변화율은 0이거나 훨씬 적어야 할 것임). 예를 들어, 과거에 같은 국가로부터 식민지 통치를 받은 두 나라 간에는 그렇지 않은 두 나라 간의 무역보다 거의 두 배가 되는 무역이 발생하는 것으로 추정된다. 식민지로부터 해방된지 수십 년 또는 경우에 따라서 수백 년 후에도 그처럼 큰 영향이 지속된다는 것은 앞의 절에서 결론으로 제시한 바와 같이 완전한 글로벌화가 아직도 요원하다는 것을 확인시켜 준다. 아울러 이 도표를 통해서 20세기에 들어와서도 지리적 거리 등과 같은 여러 조건들은 여전히 국제적 무역에 대한 중요한 장애요인으로 남아 있음을 확인할 수 있다(어떤 조건들은 장애요인으로서 오히려 영향력이 증대하고 있음).[19] 다시 말해, 국가 간에 존재하는 차이점들과 유사성들은 아직도 국제적 경제교류에 심대한 영향을 미치고 있는 것이다.

캐나다–미국 간 무역 사례와 [그림 7.5]에 나타난 변수들을 고려하여 국가 간의 차이를 보다 폭넓게 나타내는 일반적인 모델을 제시할 수 있다. 지금부터 이 모델을 **CAGE거리모델(CAGE distance framework)**이라고 명명하는데, 그 이유는 [그림 7.5]와 [그림 7.6]에 요약된 바와 같이 이 모델이 국가간의 "문화적, 행정적/정치적/제도적/, 지리적, 경제적 거리(cultural, administrative/political/institutional, geographic, economic distance)"를 반영하고 있기 때문이다.

- **문화적 거리.** "문화"란 국가의 법령이나 공공적 강제력에 의해서가 아니라 사람들 간의 상호작용에 의해서 유지되는 사회적 속성들을 의미한다. 문화적 차이란 종교적 믿음, 민족/인종, 언어, 사회적 가치와 규범 등의 차이를 아우르는

그림 7.6 CAGE거리모델: 국가수준 분석

	문화적 거리	행정적 거리	지리적 거리	경제적 거리
양자적(또는 다자적) 속성	– 다른 언어 – 다른 민족/민족적 또는 사회적 연결 네트워크 결여 – 다른 종교 – 다른 국가적 업무가치 시스템 – 다른 가치, 규범 기질 등	– 식민지적 연관성 결여 – 공유되는 지역적 경제블록의 결여 – 공통된 화폐 결여 – 다른 법적 제도 – 정치적 적대성	– 물리적 거리 – 섬나라 – 기후 차이 (그리고 병리학적 차이) – 다른 시간대	– 소비자 소득 차이 – 다음과 같은 요소들의 가용성 차이 • 인적자원 • 재무자원 • 자연적 자원 • 중간재 • 인프라 • 공급망/유통망 • 보완재 • 조직능력
단독적 속성	– 전통 존중 – 고립성 – 영적주의 – 신비주의	– 비시장성/폐쇄적 경제(자국편향성 대 외국편향성) – 국제기구들에 비가입 – 취약한 법적 제도/ 부패 – 정부에 대한 견제와 균형 기능 부재 – 사회적 갈등 – 정치적/몰수 위험	– 바다와 접하지 않는 내륙국 – 국토 면적 – 지역적 변방성	– 경제규모 – 일인당 소득 – 낮은 화폐 사용률 – 제한적인 자원, 생산요소, 인프라, 보완재 능력 등

출처 : Pankaj Ghemawat "Distance Still Matters: The Hard Reality of Global Expansion," *Harvard Business Review* 79, no. 8 (2001): 137-47. © 2001 by the president and fellows of Harvard College. Reprinted by permission of Harvard Business School.

개념이다.

- **행정적(또는 정치적) 거리.** 국가 간의 역사적, 정치적 연관성(같은 나라의 지배를 받은 식민지 경험, 자유무역협정, 유사한 법적 제도 등)은 국제적 무역에 많은 영향을 미친다. 물론 어떤 국가들은 일방적으로 다른 국가들과의 관계를 단절하는 조치를 취하기도 한다.
- **지역적 거리.** 이 차원은 물리적 거리만을 포함하는 것이 아니다. 그 밖에 고려할 수 있는 요인들은 두 국가 간 국경을 맞대고 있는 정도, 각국의 면적, 내륙 지방에서 국경까지의 거리, 해양에 대한 접근성, 지형, 그리고 심지어 시간대까지를 포함한다.
- **경제적 거리.** 소비자들의 부와 소득 그리고 인건비 등은 두 나라 간의 경제적 거리를 결정하는 보다 명확한 요인들이다. 다른 요인들로는 자원, 투입요소, 인프라와 보완재, 그리고 조직능력 등의 이용가능성(또는 결여 정도)의 차이를 들 수 있다.

CAGE거리모델이 가진 큰 장점은 개별국가가 가지는 자제적 특성뿐만 아니라, 두 국가 간에 나타나는 특성들(또는 여러 국가들 간에 나타나는 특성들)도 명시적으로 고려한다는 것이다. 반면에 국가 간의 차이를 분석하기 위해서 사용되는 대부분의 다른 모델들은 개별국가들의 자체적인 특성만을 조사하여, 그 결과를 가지고 이용자가 스스로 알아서 국가 간의 차이를 추정하도록 요구하고 있다.[20] 두 나라 간에 나타나는 차이를 보다 직접적으로 조사할 필요가 있는 이유는 이들 국가가 특정한 차원에서 어떻게 서로 연관되어 있는가를 보다 명확히 이해하기 위해서이다. 국가들은 서로 동떨어져 존재하는 주체가 아니라 네트워크를 구성하는 연결점(node)들로서 파악될 필요가 있다.[21] [그림 7.5]에 제시된 분석결과는 두 국가 간에 나타나는 구체적인 차이들이 얼마나 무역에 중요한 영향을 미치는가를 잘 예시하고 있다.

물론, 한 국가가 가지는 자체적인 특성들도 중력모형이 강조하는 양국 간의 차이와 밀접한 관계를 가진다. 한 국가가 자체적으로 얼마나 고립 또는 통합을 추구하는가는 그 국가가 다른 나라들과 가지는 경제적 교류를 감소시키거나 증가시킬 수 있기 때문이다. 예컨대, 정말로 고립되어 있는 국가(독특한 자국만의 문화, 폐쇄적 정치제도, 외떨어진 지역에 위치, 또는 극히 높거나 낮은 소득 등의 특징을 가짐)는 다른 대부분의 국가들과 많은 차원에서 상당한 거리를 나타낼 것이다. 하지만 그러한 국가의 자국편향성, 즉 어떤 국가들과 더 먼 거리를 가지고 어떤 국가들과 더 가까운 거리를 가지는가를 정확히 파악하기 위해서는 그 국가와 특정 개별국가들 간에 존재하는 구체적인 차이점들을 직접 살펴볼 필요가 있다.

또한 어떠한 국가 간의 차이가 중요한가는 산업마다 다를 수 있다. 예컨대 지역적 거리는 수송비와 통신비에 영향을 미치므로, 무겁거나 부피가 큰 제품을 생산 · 판매하는 기업들에게 중요할 수 있다. 반면 문화적 거리는 미디어 회사들에게는 분명히 중요한 고려사항이지만 시멘트나 철강 회사들에게는 덜 중요할 것이다. [그림 7.7]은 그러한 관점에서 어떤 유형의 국가 간 거리가 어떤 산업들에게 중요한가를 요약해서 정리하고 있다.

거의 모든 산업들이 어떻게든 국가 간 거리에 의해서 영향을 받고 국가 간 거리는 국제적 사업확장을 어렵게 만들기 때문에,

그림7.7 CAGE거리모델: 산업수준 분석

	문화적 민감성	행정적 민감성	지역적 민감성	경제적 민감성
산업 특성	– 많은 언어적 컨텐트 (TV 프로그램) – 현지의 전통/정체성 (자아 표현적 제품) – 기호/선호도의 현격한 차이 (수평적 차별화) • 독특한 기호(생선소시지, 속옷) • 다른 디자인(자동차) • 다른 표준(전자 제품) • 다른 크기/포장(가공식품) • 다른 목표 세그먼트(미국과 일본에서 다른 고객층이 구매하는 대형 휴대용 CD/카세트 라디오) – 고착된 기호/선호도 – 자국생산품에 대한 편향성 (토산품 선호) – 강력한 원산지 효과 또는 수직적 차별화(사치품들)	– 정부 간섭 • 정부물품조달/자금지원 (대중교통 관련 제품) • 규제(건강보험) • 정부소유(통신) – 전략적 산업정책 • 규모(자동차) • 선거/이익단체(농업, 섬유) • 여론(미디어) • 국가안보(통신) • 국가 자존심이 걸린 산업 (우주항공) – 자연적 유산의 영향 (천연자원) – 대량소비/필수품(음식, 연료/에너지) – 자산특유성과 강탈 가능성 (인프라) – 외국인 투자에 대한 규제 또는 우대 조치	– 낮은 가치 대 무게 비율 (시멘트) – 수송에 관련된 위험/어려움 – 쉽게 상하는 제품(과일) – 네트워크 연결성의 중요성 (금융서비스) – 현지사업에 대한 철저한 감독의 중요성(식당) – 외국인투자자에 대한 여러 가지 성과달성 요구(현지인 고용, 수출 등 많은 산업이 해당) **참고:** 이러한 조건들은 수출보다 해외직접투자를 선호하게 만듦	– 고객이 기꺼이 지불하려는 가격 차이 – 소득과 관련된 수요 차이 (자동차) – 다양성, 민첩성, 현지반응 등에 대한 요구(예, 가전제품) – 노동집약도 및 절대적 원가/효율성에 영향을 미치는 기타 요인(섬유) – 잠재적인 국제적 규모/범위의 경제(제약) – 경기주기의 차이(시멘트) – 인프라/능력에 대한 요구 (첨단제품 제조) – 공급망/유통망 차이(보험) – 보완재 차이(미국과 유럽의 다른 휘발유 값)

기업은 국제적 사업확장을 필수적인 것으로 무조건 받아들이기보다는 객관적 분석을 통해서 의사결정을 해야 하는 과제로서 간주해야 한다. 특히 최근에 경제불황으로 금융회사들이 지역적 사업범위를 축소하고 있는 추세는 그러한 필요성을 잘 예시하여 준다. 기업들은 국제적 사업확장에 대한 올바른 의사결정을 위해서 제6장에서 제시한 두 가지 테스트, 즉 개선가능테스트와 최선대안테스트를 적용할 수 있다. 다음 두 절에서 이 두 가지 테스트를 국제적 사업확장에 적용하는 방법에 대해서 상세히 논의한다.

개선가능테스트

국제적 사업확장에 개선가능테스트를 적용하기 위해서는 "여러 지역의 활동들을 통합시키고 조정하는 것이 각 지역에서 독립적으로 사업을 수행하는 것보다 더 많은 가치를 창출할 수 있는가?"라는 질문을 해 보아야 한다. 분명히 지역적으로 사업범위를 확장하는 것은 사업의 전체규모를 증가시키기 때문에 그에 따라 경제적 이익(또는 손실)이 발생할 수 있다. 하지만 국가간에는 아직도 많은 차이가 존재하고 제6장에서 설명한 것처럼 경영자들은 지나친 사업확장을 추구하는 경향이 있기 때문에, 지역적 사업확장을 순전히 양적인 측면에서 고려하는 것은 재고할 필요가 있다.[22] 개선가능테스트를 위해서는 앞의 장에서와 같이 국제적 사업확장을 통해서 얻을 수 있는 혜택들이 무엇인가를 조사해야 한다. 국제적 확장은 때때로 해당 기업이 활동하는 산업의 구조를 개선할 수 있다. 또한 지역적 확장을 통해서 기업은 흔히 원가와 고객이 지불하고자 하는 가격 사이에 보다 넓은 쐐기를 끼워 넣을 수 있게 된다. 그리고 경우에 따라서 국제적 확장은 위험을 감소시켜 가치를 창출하기도 한다.

다음에서는 개선가능테스트가 어떻게 적용되는지를 두 가지의 국제적 인수합병사례를 통해서 설명한다. 하나는 멕시코 기업인 세멕스(Cemex)가 추진한 일련의 국제적 인수들로서 이를 통해서 이 회사는 세계에서 3번째로 큰 시멘트 제조업체로 부상하였으며, 동시에 다른 어떤 국제적 시멘트 회사들보다도 높은 수익성을 달성할 수 있었다. 다른 하나는 자동차회사인 다임러 벤츠(Daimler-Benz)와 크라이슬러(Chrysler) 간의 역사적인 합병으로서 최근에 이 두 기업은 다시 분리되었다.[23] 인수합병이 가치를 창출하기 위해서는 개선가능테스트를 통과하는 것이 필수적이다. 이 테스트를 통과하지 못하는 경우, 인수기업이 가치를 창출할 수 있는 유일한 방법은 실제가치보다 저평가된 기업을 매수하는 것뿐이다.

■ 산업 매력도

산업 매력도는 글로벌 전략을 분석할 때 흔히 무시되지만, 세멕스가 역사적으로 높은 수익성을 달성할 수 있었던 중요한 원인이다. 그러한 사실은 이 회사가 해외시장을 선택하는데 있어서, 높은 시멘트 가격을 설정할 수 있는가 그리고 생산능력을 선점할 수 있는가를 신중하게 고려했다는 점에 잘 반영되어 있다. 그러나 세멕스가 단지 산업구조의 매력성만을 기준으로 해외시장을 고른 것은 아니었다. 인수대상 기업을 선정함에 있어서 이 회사는 현지시장에서 라이벌기업들 간의 경쟁을 완화시키고 수입대체를 통해서 산업구조를 재편성할 가능성이 있는가를 염두에 두었다.

세멕스는 진출국가에서 라이벌기업들 간의 경쟁을 완화시키기 위해서, 현지시장에서 가장 선도적인 기업을 인수목표로 선정하고 25% 이상의 지분을 보유하는 정책을 추구했다. 이는 세멕스가 현지에서 시멘트 가격을 설정할 수 있는 충분한 영향력을 확보하기 위해서였다. 또한 해외인수가 분명히 세멕스와 다른 주요 경쟁자들 간에 상호자제(mutual forbearance)를 촉진시켰다는 증거가 존재한다. 특정 해외시장이 침체하더라도 홀심(Holcim)이나 라파즈(Lafarge)와 같은 국제적 경쟁자들이 그 시장에서 적극적인 가격경쟁을 일으킬 가능성이 적었다. 왜냐하면 그 시장에서 공격적인 행동을 취하면 다른 시장에서 세멕스의 치열한 보복을 예상할 수 있었기 때문이다. 따라서 세멕스를 포함한 주요 글로벌 시멘트회사들은 서로에 대한 공격적 행동을 자제하게 되는 것이다. 실제로 이는 세멕스가 초기에 글로벌화를 추구하게 되었던 중요한 동기였다. 보다 구체적으로 홀심이 세멕스의 본국 시장인 멕시코에 투자를 하자, 세멕스는 그에 대응하기 위해서 홀심이 이미 많은 투자를 하고 있었던 스페인 시장에 적극적인 투자를 단행했다. 세멕스 사장인 로렌조 잠브라노(Lorenzo Zambrano)가 언급한 바와 같이, 만일 멕시코에서 가격전쟁이 발발하면 스페인에서도 가격전쟁이 발발할 가능성이 커진 것이다. 그 결과 두 시장에서는 이후 어떠한 가격전쟁도 발발하지 않았다. 하지만 우월적 시장 지위를 구축하고 다른 국제적 경쟁자들과 담합을 통해 경쟁완화를 추구하는 것은 자칫 반독점규제의 대상이 되어 많은 처벌을 받을 수 있다는 사실에 유의할 필요가 있다.

한편, 라이벌기업 간 경쟁이 약화되더라도 그로 인해 국내 판매가격이 올랐을 때 수입품이 솟아져 들어오면 수익성 개선을 기대할 수 없다. 하지만 세멕스는 군사 전략가들이 소위 "요충지의 점령(strategic narrows)"이라고 부르는 전략을 통해서 주요 시장에서 수입품의 증가를 통제했다. 예컨대, 이 회사는 세계 60개 항만에 터미널을 가지고 있기 때문에, 멕시코와 같은 중요한 시장에 저가 수입제품들이 들어오는 것을 차단할 수 있었다. 그러한 통제는 또한 세멕스가 자사 시멘트 이외에 타사 시멘트들까지도 취급하는 세계 최대의 시멘트 무역회사로서 위치를 점하고 있었기 때문에 더욱 효과적으로 시행될 수 있었다. 시멘트 시장은 원래 수익성이 그다지 좋은 편이 아니다. 그러나 타사 제품까지 판매함으로써 자사의 주요 시장에 저가 수입품들이 흘러들어오는 것을 통제할 수 있었을 뿐만 아니라, 해외에 생산시설을 구축하기 이전에 각국의 현지시장에 대한 좋은 경험을 축적할 수 있었다.

산업구조를 개선하는 것은 다임러 벤츠-크라이슬러의 합병에서도 중요한 목적 중에 하나였지만 그다지 진전을 이루지 못했다. 합병으로 인해서 상위 5대 자동차 회사들의 시장점유율은 52%에서 54%로 증가했지만, 그 정도 증가로써 산업구조를 개선하기는 역부족이었다. 자동차 산업에서는 1920년대 포드가 시장점유율을 50%까지 차지한 이후 집중도가 지속적으로 하락하면서 특정기업이 시장을 지배하기 어려운 산업구조가 형성되었다. 자동차 산업이 당면한 진짜 문제는 막대한 규모의 경제로 인해 유효한 경쟁자들의 수가 점차 줄어들고 있는 것이 아니라, 경쟁자들이 너무 다극화되면서 만성적인 과잉 생산능력이 증가하고 있다는 것이었다. 그러한 문제들은 세계적 경제불황이 닥치면서 더욱 심각해졌다.

이 두 사례를 통해서 국제적 사업확장과 산업 매력도의 관계에 대한 다음과 같은 일반적 가이드라인을 도출할 수 있다.

- **산업 수익성에 대한 국제적 차이 파악.** 산업 수익성의 국제적 차이를 보여주는 간단한 방법은 국가 간에 평균수익성의 차이가 매우 크다는 것을 제시하는 것이다. 1993년부터 2003년 기간에 42개국에서 활동하는 4000개 이상의 기업을 조사한 한 연구에 따르면, 이들 기업의 세전 평균 자산수익률이 5%이었지만 상위 25% 기업들의 평균수익률은 12%이었고 하위 25% 기업들의 평균수익률 −2%였다.[24)]
- **소속된 산업의 구조적 동태성 이해.** 산업 수익성을 결정하는 요인들은 시간에 따라서 변화하며, 어떤 요인들은 장기적으로 더욱 서서히 변화한다. 따라서 장래에 어떤 요인들이 투자회수에 영향을 미칠지를 이해할 필요가 있다. 시멘트 산업은 지난 수십 년간 집중도가 상당히 증가한 반면, 자동차 산업은 많은 사람들이 생각하는 바와 달리 집중도가 하락하는 추세를 보였다.
- **해외시장 진출이 라이벌 간의 경쟁에 미치는 영향분석.** 산업수준의 분석은 필요하지만 그것만으로 충분한 것은 아니다. 라이벌기업들과 같은 해외시장들에서 활동하는 것이 시멘트나 전구와 같은 산업에서는 가격을 올리는 효과가 있었지만, 타이어와 같은 산업에서는 "서로의 영토를 침범"함으로 인해서 오히려 가격전쟁을 유발시켰다. 해외로의 사업확장이 라이벌기업들과의 경쟁을 증가시킬지 또는 감소시킬지를 예측하기 위해서 경쟁자들과 믿음과 인식을 포함한 상세한 경쟁자 분석이 필요하다(제4장 참조).

■ 원가 효과

국제적 사업확장의 근거로서 규모확장과 더불어 원가경쟁력 향상이 많이 거론되지만, 이를 단순히 가정하기보다는 실제로 그러한 효과가 있는지 분석해 볼 필요가 있다. 시멘트는 차별화가 어려운 원재료이기 때문에, 출판된 많은 문헌들은 세멕스의 성공 이유가 글로벌 사업자로서 다른 경쟁자들보다 원가를 낮출 수 있었기 때문이라고 주장한다. 하지만 세멕스와 다른 글로벌 경쟁자들 간의 원가차이는 매우 근소한 것으로 밝혀졌다.

글로벌화가 실제로 더 큰 영향을 미친 것은 이 회사의 자본비용이었다. 이 회사의 자본비용은 1992년에 13%에서 2002년에 8%로 감소했다. 그 이유의 하나는 뒤에서 설명하듯이 여러 다른 해외시장들에서 활동하게 되어 위험이 감소되었기 때문이었다. 아울러 제품시장의 글로벌화는 글로벌화된 자본조달을 가능토록 했다. 세멕스가 멕시코에서만 사업을 할 때는 자본조달도 국내의 금융기관들에게 대부분 의존해야 했다. 하지만 스페인에서 두 개의 대형회사들을 인수하면서, 이자에 대해서 세금 공제를 허용하는 이 나라의 세법을 활용할 수 있었다. 또한 스페인은 선진국으로 간주되었기 때문에, "멕시코 위험"이 없는 현지 자산을 담보로 제공하여 더욱 유리한 조건으로 차입을 할 수 있었다(자본시장도 세미글로벌화가 진행중이므로 완전한 통합을 기대하기 어려움). 세멕스의 주요 라이벌기업들은 모두 유럽에 본부를 가지고 있다. 따라서 그러한 변화들을 통해 세멕스가 이들에 대한 새로운 경쟁우위를 구축할 수는 없었지만, 과거에 가졌단 중요한 경쟁열위를 극복할 수 있었던 것은 확실하다.

다임러 벤츠-크라이슬러 합병에서도 원가절감은 중요한 과제였다. 두 회사가 합병하면 세계 5위의 자동차 업체가 되기 때문에 상당한 규모의 경제를 달성할 수 있다고 믿었던 것이다. 그러나 초기에 설정된 비용절감 목표액은 14억 달러에 지나지 않았다. 이는 두 회사 매출액 합계의 1%에 불과한 것이었으며, 비용절감 노력도 대부분 구매, 재무, 통제, IT, 물류 등과 같은 지원적 활동에 집중되었다. 다임러 벤츠와 크라이슬러는 서로 중복되는 자동차 제품군들이 거의 없었기 때문에 자동차 조립과 같은 핵심활동들에서 비용을 절감할 여지가 별로 없었다. 한편, 동전의 다른 면으로서 합병은 새로운 비용을 발생시켰다. 우선 독일 관리자들의 급여를 미국 관리자들과 동등한 수준으로 인상함에 따라서 매년 4억 달러 이상의 추가적 비용이 매년 발생했다. 또한 크라이슬러 주주들에게 합병 프리미엄으로 지불된 금액은 거의 100억 달러에 이르렀다.

위의 두 사례는 해외사업 확장을 위한 원가분석에 대해서 다음과 같은 교훈을 주고 있다.

- **규모/범위의 경제에 대한 정확한 이해.** 국제적 사업확장은 당연히 규모/범위의 경제를 수반한다고 흔히 가정한다. 하지만 그러한 경제적 효과는 국가 수준, 공장 수준, 고객층 수준 등과 같이 다양한 차원에서 나타날 수 있다. 예컨대, 시멘트 산업에서는 범세계적 규모보다 국가 또는 지역적 수준에서의 규모가 더 중요하다. 그리고 세계 최대의 자동차메이커인 GM이 과거 수십 년간 저조한 경영성과를 기록했다는 것은 자동차 산업에서 국제적 규모와 수익성 간에 인과관계가 별로 없다는 것을 시사한다.
- **규모/범위뿐만 아니라 비용발생요인들을 파악.** 앞에서는 주로 규모/범위의 확장에 따른 비용절감 효과에 초점을 두었

지만, 제3장에서 언급한 바와 같이 비용을 발생시키는 여러 가지 다른 요인들이 존재한다. 국제적 사업확장에서는 특히 지역적 거리, 제도적 요인(예, 노조화), 정부 규제 등과 같은 요인들이 추가적 비용을 발생시킬 가능성이 높다.

- **비용감소와 더불어 비용증가 가능성을 고려.** 앞의 절에서 설명한 바와 같이 국가 간에는 아직도 많은 차이가 존재한다. 기업은 그러한 차이를 활용하여 비용을 감소시킬 수도 있지만(뒤에서 설명되는 차익거래 전략 참조), 어떤 비용은 그로 인해 오히려 증가할 수도 있음을 유의해야 한다(예, 다임러 벤츠와 크리아슬러의 합병으로 인한 인건비 증가).

차별화 효과

국제적 사업확장에 따른 차별화 효과도 분석의 대상이 되기보다는 당연히 존재한다고 가정되는 경향이 있다. 좋은 예로써 세멕스가 판매하는 시멘트의 평균가격은 경쟁사들의 가격보다 상당히 높은데, 그에 대해 분석가들은 이 회사가 어떻게 고객들의 구매의사를 높였는가에 대한 여러 가지 창의적인 설명들을 제시했다. 예컨대, 세멕스는 회색이 아닌 흰색의 시멘트와 같은 여러 가지 혁신적인 제품들을 개발했다. 또한 시멘트 포장지에 현지에서 통용되는 로컬브랜드와 함께 "CEMEX"라는 글로벌 브랜드를 표시함으로써 소규모로 구매하는 일반 소비자들에게 제품을 차별화할 수 있었다. 그리고 대량구매 고객들에게는 도미노피자(Domino's Pizza)의 영업방식을 본딴 정시배달 보장서비스를 제공하였는데, 고객들은 이 서비스를 통해서 기다리느라 낭비되는 시간을 줄일 수 있었기 때문에 기꺼이 높은 가격을 지불한다는 것이다.

하지만 상식적으로 생각해 볼 때, 그러한 이유들은 왜 세멕스 시멘트의 평균가격이 홀심 시멘트의 평균가격보다 20%가 더 높은가를 부분적으로 밖에 설명하지 못한다. 시멘트는 제조업 중에서 매출액 대비 광고비/연구개발비 비율이 가장 낮은 산업에 속한다. 따라서 제품차별화의 여지가 별로 없다. 개별 해외시장에서 로컬브랜드를 유지하는 정책은 글로벌브랜드의 효과를 오히려 제한하는 요인으로 작용할 수 있다. 그리고 정시배달 보장 서비스는 최근까지 멕시코에서 판매되는 일부 품목에 한정되어 제공되었다. 따라서 세멕스가 높은 가격을 설정할 수 있는 가장 큰 이유는 앞에서 설명한 바와 같이 매력적인 산업구조 때문일 가능성이 높다.

자동차는 국제적 사업확장을 통해서 차별화가 더 가능한 산업이지만, 다임러 벤츠와 크라이슬러의 합병이 예시하듯이 이를 당연히 실현 가능한 것으로 간주할 수는 없다. 한 보도기사에서 언급했듯이 두 회사는 벤츠의 고급스러운 이미지가 크라이슬러 자동차들의 브랜드에 이전되어 합병된 회사가 생산하는 중저가 자동차가 "품격 있는 대중용(mass with class)" 승용차로서 고객들에게 인식되기를 바랬다. 하지만 이미지 이전효과는 반대로 나타났다. 대중용 승용차라는 크라이슬러의 이미지가 벤츠의 고급스러운 브랜드 이미지를 오히려 손상시키는 현상이 발생한 것이다. 이 때문에 합병된 회사는 "브랜드 바이블"이라는 지침서를 발표하여 구 벤츠의 사업라인과 구 크라이슬러의 사업라인을 완전히 분리해서 운영하는 정책을 채택했다(유럽 딜러망도 완전히 분리운영하기로 결정).

국제화가 차별화에 미칠 수 있는 영향을 분석하는데 있어서 여태까지의 논의는 다음과 같은 시사점을 준다.

- **광고비/매출액 또는 연구개발비/매출액 비율을 통해서 차별화 가능성 파악.** 매출액 대비 광고비와 연구개발비는 국제화 가능성을 파악할 수 있는 매우 유용한 지표이다. 제품광고나 신제품 개발에 많이 투자를 하는 기업은 해외시장에서도 성공적으로 제품차별화를 달성할 가능성이 크다. 이들 지표를 기업수준에서 뿐만 아니라 산업수준에서 계산해 보는 것도 유용하다.
- **국제적 사업확장이 고객의 구매의사에 미치는 영향 검토.** 해외로 사업을 확대하는 것이 고객 구매의사를 촉진시키는데 유리하게 작용하는 경우들이 있다. 예를 들어, 해외여행을 자주 하는 사람들이나 글로벌 커뮤니티에 소속되고 싶은 사람들은 글로벌 브랜드 제품을 선호할 것이다. 하지만 어떤 소비재 제품들이 해외에서 각광받는 이유는 국가특유의 우위 때문이란 점도 유의할 필요가 있다(예, 프랑스 와인).
- **국가 간의 차이(CAGE거리모델 참조)가 고객 구매의사에 미치는 영향 분석.** 국가 간의 차이는 때때로 원산지 효과에 기초한 우위를 강화시키기도 하지만, 그보다는 외국산 제품에 대한 구매의사를 저하시키는 요인으로 작용하는 경우가 더 흔하다. 아주 근소한 차이점으로 인해 한 나라에서 잘 팔리던 제품이 다른 나라에서 잘 안 팔리거나 아예 판매할 수 없는 경우도 있다.

■ 이중 효과

제6장에서 설명한 것처럼 때때로 사업범위의 확장이 원가에 미치는 영향과 차별화에 미치는 영향을 구별하기 곤란한 경우가 있다. 하지만 다시 한번 사업범위와 경쟁우위의 연관성을 분석

하는데 있어서 그러한 분리불가능성이 크게 문제되지 않는다는 점을 강조한다. 경쟁우위란 원가와 가격 중 어느 한쪽에 의해서만 결정되는 것이 아니라 양자의 차이에 의해서 결정되는 것이기 때문이다.

국제경영에서 많은 주목을 받고 있는 (잠재적인) 이중효과의 하나는 "글로벌 학습과 혁신"이 미치는 영향이다. 국가 간의 차이는 국내에서의 차이보다 매우 현저하기 때문에, 국내 사업환경에서는 접근할 수 없는 국가 간의 차이를 어떻게 활용하는가는 매우 흥미로운 국제경영의 과제이다. 세멕스는 멕시코 밖의 해외시장으로 진출하면서 전세계의 각 지역에 존재하는 "베스트 프랙티스(best practice)"들을 배우게 되었다([그림 7.8] 참조). 그러한 학습은 우연히 이루어진 경우도 있지만, 우수한 경영기법들과 기술들을 획득하기 위해서 부단한 노력을 기울인 것이 더 주효했다. 특히 "세멕스 방식(the Cemex way)"이라고 불리는 이 회사 고유의 조직관리 방법은 글로벌 학습을 촉진시키는데 중요한 역할을 했다.[25] 세멕스 방식이란 학습을 통한 조직 잠재력의 실현을 목적으로, 공통된 언어의 사용(스페인어가 아닌 영어), 경영자들의 국제적 순환배치, 국제적 컨설턴트들의 활용, 기술에 대한 지속적 투자(IT기술 포함) 등을 실행하는 전사적인 정책이다.

다임러 벤츠와 크라이슬러 간의 합병 또한 글로벌 학습의 기회를 제공하였지만, 경영자들은 그에 별로 관심이 없었던 것으로 보인다. 합병된 회사가 통합을 제한적으로 추진했던 점에 비추어 이는 그다지 놀랍지 않다. 하나의 상징적인 예로써, 대표이사인 위르겐 슈렘프(Juergen Schrempp)는 합병이 공식적으로 종결된지 7개월이 지나서야 크라이슬러의 본부가 위치한 미시건

그림 7.8 세멕스의 글로벌 학습과 혁신

출처 : CEMEX Annual Report 2002. Reprinted by permission.

주를 방문했다. 그 이유 중 하나는 합병 후 발생한 예상치 못한 심각한 문제들이 경영진의 제한된 시간과 노력을 거의 다 빼앗아 버렸기 때문이다. 즉, 다임러 벤츠는 크라이슬러가 예상했던 것보다 훨씬 나쁜 상태에 있다는 것을 발견했다. 이 사업부의 낡은 설비와 과잉생산능력은 2001년에만 47억 달러의 적자를 발생시켰던 것이다. 따라서 경영진은 크라이슬러의 경영을 정상화하고 동시에 벤츠 사업부의 이익을 향상시키기 위해서 모든 노력을 투입해야만 했다. 그 영향으로 2004년에는 고급승용차 브랜드 1위 자리를 BMW에게 빼앗기는 수모를 겪기까지 했다.

이상의 논의를 통해서 글로벌 학습과 이중 효과에 대해서 다음과 같은 시사점을 제시할 수 있다.

- **지역특유의 지식과 이전가능한 지식의 구분.** 세멕스가 성공적으로 지식을 이전시킬 수 있었던 이유는 산업적인 특성 때문이었다. 시멘트는 기본적으로 동질적 제품이기 때문에 한 지역에서 획득한 지식을 (별다른 변환 없이) 다른 지역으로 용이하게 이전시킬 수 있다. 어떤 산업들에서는 국가 간 차이가 지식이전에 큰 지장을 초래한다. 그런 산업에서 효과적인 지식이전을 이루기 위해서는 지식의 탈맥락화(decontextualization)와 재맥락화(recontextualizatoin)에 명시적인 주의를 기울여야만 한다.
- **지식 획득과 이전을 위한 다양한 대안 고려.** 다국적기업의 지식이전 정책은 주로 공식적인 내부적 이전방법들(예, 교육과 훈련)에만 초점을 두는 경향이 있다.[26] 하지만 그 외에도 개인 간의 접촉, 고객/공급자/컨설턴트들과의 협력, 개방형 혁신(open innovation), 모방, 제3자 보유지식의 임차 등과 같이 지식 획득과 이전에 활용할 수 있는 다양한 대안들이 존재한다. 또한 내부적 지식이전이 얼마나 성공적인가는 그 과정을 어떻게 운영하는가에 달려 있다.
- **다른 자원과 능력들도 공유 시도.** 지식이전은 흔히 기술적 차원에서만 추구되는 경향이 있다. 이는 기술이 다른 자원이나 능력에 비해 비교적 이전시키기 용이한 특성을 가지기 때문이다. 하지만, 다른 유형의 정보도 국경을 넘어 이전시키는 것이 유용할 수 있다(예, 프랜차이즈와 같은 사업모델, 혁신적 경영기법 등). 보다 일반적으로 폭넓은 활용이 가능한 모든 자원과 능력들은 국제적 이전의 대상으로서 고려해 볼 가치가 있다.

■ 위험에 대한 고려

국내 사업과 달리 해외 사업에는 여러 가지 추가적인 위험과 불확실성(예, 환율 변동)이 발생한다. 여러 지역에서 사업을 수행하는 것은 개별 지역에 연관된 위험들을 서로 상쇄시켜 전체적인 위험을 감소시킬 수 있지만, 그러한 효과가 언제나 나타난다고 속단할 수 없기 때문에 여전히 위험에 대한 많은 주의가 요구된다.

세멕스의 경우, 시멘트에 대한 수요는 주로 건설업에서 발생하는데 이 산업의 경기순환은 그 기복이 매우 큰 편이다. 이 회사가 여러 국가에 진출한 것은 개별 국가의 건설경기 순환 주기가 미치는 영향을 상쇄시켜 수익성을 안정화시키는데 기여했다. 세멕스의 분기별 현금흐름마진(cash flow margin)의 표준편차는 1978년부터 1992년까지 평균적으로 22%였으나(스페인에서 최초로 현지기업을 인수하기 이전까지 기간), 1992년부터 1997년까지의 기간에는 표준편차가 12%로 감소하여 자본비용을 낮추는데 기여했다. 국제화는 또한 1990년대 중반 소위 "테킬러 쇼크(Tequila shock)"라고 불리는 멕시코의 외환위기를 피해 갈 수 있도록 도와주었다. 만일 국내 시장에 머물렀다면 세멕스는 해외 경쟁기업에게 인수되는 처지에 있었을 수도 있다. 그리고 세멕스는 글로벌 기업이 되었기 때문에 다른 글로벌 경쟁자들과 마찬가지로, 1990년대 말 아시아에서 외환위기가 터졌을 때 곤경에 처한 현지 경쟁기업들의 생산시설을 헐값에 사들일 수 있었다. 한편, 이 회사를 소유한 잠브라노(Zambrano) 가족은 자본시장이 제대로 발달되지 못한 멕시코에 거주하기 때문에 개인적인 주식거래를 통해서 효율적인 국제적 주식 포트폴리오를 구성하기가 어렵다. 그런 점에서 세멕스가 국제적으로 사업을 확장하는 것은 이들이 회사에 대해 소유한 부의 지역적 위험을 감소시켜 주는 효과를 가진다.

다임러 벤츠와 크라이슬러의 합병도 위험 및 자본비용 감소를 하나의 목적으로 삼았던 것으로 보인다. 합병된 기업은 보다 국제적으로 분산된 주주들을 가지기 때문에 자본비용을 낮출 수 있을 것이라는 논리이다. 하지만 결과는 정반대였다. 합병으로 인해 미국의 주주들보다 유럽의 주주들이 상대적으로 증가하는 바람에 이 회사의 주식은 S&P500에서 제외되었다. 그로 인해 주가의 변동성이 증가될 것이라는 예측이 제기되었기 때문에 자본비용이 오히려 상승할 가능성이 있었다. 또한 합병으로 탄생한 기업의 시장가치가 급락하면서 오랜 기간 호의적이었던 다임러 벤츠와 도이치은행 간의 관계도 악화되어 자금조달을 압박하는 요인으로 작용할 우려가 있었다. 보다 근본적으로 재무관리 이론이 제시하는 것처럼, 이미 효율적인 자본시장에 충분히 접근할 수 있는 상장기업들 간의 합병이 위험을 낮추는 요인으로 작용할 가능성은 적었다.

국제적 사업확장에 관련된 위험감소 효과를 분석하는데 있어서 몇 가지 (추가적인) 교훈을 제시하면 다음과 같다.

- **위험의 정도와 원인 파악.** 사업 특성(예, 높은 자본집중도, 수요의 변동성 등)에 관련된 위험이 무엇이고 어느 정도인가를 정확히 파악할 필요가 있다. 국제적 경제침체로 인해 최근 들어 경기순환 주기에 관련된 위험에 대한 많은 논의가 이루어지고 있지만, 다른 종류의 위험들(예, 온실가스 배출에 대한 규제 가능성)도 존재한다는 점을 염두에 둘 필요가 있다. 어떠한 위험이 중요한가는 전략에 따라서도 다를 수 있다.

글로벌 공급자망을 통해서 제품을 생산하는 기업은 국내에서 주로 제품을 생산하는 기업과 당면하는 위험이 다를 것이다.

- **국제적 확장이 얼마나 위험을 증가시킬지 또는 감소시킬지 분석.** 국제화는 세맥스의 현금흐름을 안정시키는 효과를 보여주었지만, 글로벌 경제위기가 정점에 다달았던 2000년대 후반에는 전혀 다른 양상이 나타났다. 그 시기에 이 회사는 많은 자금을 투자하여 Rinker라는 회사를 인수했는데, 그 여파로 재무상태가 악화되어 상당한 자산을 매각해야만 할 상황에 몰리게 된 것이다. 그 같은 사례는 기업이 어떠한 전략을 선택하느냐에 따라서 국제화의 위험이 감소될 수도 있고 증가될 수도 있음을 보여준다. 따라서 위험을 감소시키거나 증가시킬 수 있는 보다 구체적 상황에 대한 분석이 요구된다.
- **위험 감수에 수반되는 혜택이 무엇인가 확인.** 재무적 옵션의 가치가 (가격) 변동성이 높을수록 올라가는 것처럼, 기업도 위험을 감수하는 경우 그에 따른 분명한 혜택이 있어야만 한다. 세멕스는 스페인의 생산능력을 100만 톤 감산하는 대신, 동남아시아에서의 생산능력을 400만 톤 확충했다. 이 회사가 상대적으로 위험이 높은 지역에서 생산능력을 늘리기로 결정한 이유는 높은 성장잠재력을 가지고 있다고 판단했기 때문이다. 이처럼 많은 다국적기업들은 위험이 높은 신흥시장에 대한 투자를 일종의 옵션으로 간주하고 있다.
- **위험을 관리하거나 옵션을 활용하기 위한 다양한 대안들의 고려.** 기업은 해외시장에 진출하기 위해서 완전소유 자회사 신설, 현지기업 인수, 합작투자, 수출 등 여러 가지 대안을

선택할 수 있다. 각 대안은 고유한 잠재적 위험과 수익창출 가능성을 가지기 때문에, 이를 충분히 고려한 선택 및 관리 방식이 요구된다.

위의 마지막 항목에 대해서는 좀더 상세한 설명이 필요하다. 하지만 다음 절에서 논의하는 최선대안테스트는 바로 그러한 대안적 진입모드들을 분석하는 것이기 때문에, 여기서는 일관성을 유지하기 위해서 그에 대한 일반적인 교훈을 제시하는 것으로 끝을 맺고자 한다.

최선대안테스트

국제적 확장에 대한 개선가능테스트가 "여러 나라에 있는 사업이나 활동들을 단일한 소유권에 의해서 운영하는 것이 이들을 독립적인 실체로 운영하는 것보다 더 많은 가치를 창출하고 획득할 수 있는가?"라는 질문에 대한 대답을 구하는 것이라면, 최선대안테스트는 "여러 나라에 있는 사업이나 활동들을 조정통합하는데 있어서 단일 소유권보다 더 우월한 대안은 없는가?"라는 질문에 대한 답을 찾는 것이다. 다시 말해서 후자의 질문은 여러 국가에 위치한 활동들을 국경을 넘어서 조정통합하는데 있어서, 기업이나 다른 대안적 조직방법들이 가격에 기초한 시장거래에 비해서 어떤 우위를 가지는가를 묻고 있다.

이 질문은 앞절의 끝부분에서 언급했던 이슈, 즉 어떻게 해외시장에 진출할 것인가라는 문제와 직접 관련되어 있다. 기업이 선택할 수 있는 대안은 [그림 7.9]에 제시된 바와 같이 정상적인 시장거래부터 직접소유까지 다양하다. 이러한 대안들은 해외진출이 아닌 다른 유사한 의사결정에서도 고려대상이 된다. 제2장에서 설명했던 드비어스(De Beers)의 최근 전략변화를 다시 살펴보자. 이 회사는 과거 100년간 전세계에서 생산되는 다이아몬드 원석들을 구매하고 초과 공급분을 재고로 보관하면서까지 다이아몬드 산업을 수호하는 역할을 담당했다. 하지만 그 후 다이아몬드 가격을 지탱하기 위한 정책들을 포기하고, 자사 브랜드 제품을 홍보하고 판매하는데 주력하는 전략을 선택했다.

드비어스의 새로운 전략이 수요측면에 초점을 두고 있다는 점은 명백하지만, 공급측면에서도 상당한 변화가 있었는데 이는 [그림 7.9]에 나타난 대안들의 관점에서 설명될 수 있다. 전통적으로 드비어스는 다이아몬드 원석을 확보하기 위해 이 그림에 나타난 모든 대안들을 활용했지만, 전략이 바뀌면서 타인이 생산한 원석을 구매하는 앞의 두 가지 방식을 포기하고(회색으로 표시되지 않은 앞의 두 칸), 그 대신 원석에 대한 소유 및 통제를 보다 강화할 수 있는 뒤의 두 가지 방식을 주로 활용하였다(회색으로 표시된 뒤의 두 칸). 즉 이 회사는 합작투자를 통한 원석의 채굴과 개발에 주력했으며, 전통적으로 내부 개발에 지나치게

그림 7.9 소유권과 대안들: 드비어스 사례

시장거래 ←	계약적 대안들	→	소유권
시장거래를 통한 구매(서아프리카, 앤트워프)	장기적 계약을 통한 원석 구매(앙고라, 러시아)	합작투자 (보츠와나)	광산 직접소유 (남아프리카 공화국)

치중하였던 문제점을 개선하기 위해 타인 소유의 광산이나 채광권의 인수도 적극적으로 추진했다. 동시에 드비어스 자체의 소유구조에도 큰 변화가 있었다. 이 회사의 지배주주였던 오펜하이머(Oppenheimer) 가족은 컨소시엄을 형성해서 회사의 상장 주식들을 모두 인수하였고, 그 결과 이 회사는 비상장회사로 전환되었다. 그러한 일련의 변화가 추진된 이유는 전체적으로 볼 때 새로운 전략에 의해서 창출된 가치를 드비어스(또는 오펜하이머 가족?)가 전유(획득)할 수 있는 능력을 높이기 위한 것으로 보인다.

보다 일반적으로 [그림 7.9]에 나타난 여러 대안들 중, 다국적 기업에 대한 연구들은 특히 해외시장 진출방식으로서 완전소유 자회사와 합작투자 간의 선택을 강조한다. 소유권을 옹호하는 사람들은 완전소유 자회사가 합작투자보다 재무적 안정성을 가져다 주며 지적재산의 통제와 보호에 유리하다고 강조한다. 이들은 또한 1990년대 중반부터 국제적 인수합병의 건수와 거래금액이 현저히 증가한 반면, 국제적 합작투자의 건수는 전성기에 비해서 매우 낮은 비율임을 지적한다.[27]

반면에 합작투자를 옹호하는 사람들은 현지기업과의 합작투자가 시장에서 구매하기 곤란한 현지지식을 획득 가능토록 하며, 또한 외국인이 접근하기 어려운 현지의 고객 및 공급자, 그리고 나아가 현지 정부에게 다가갈 수 있게 한다는 이점을 제시한다. 이러한 이점들은 합작투자가 특히 국제적 경험이 부족한 기업이 본국과 상당히 다른 새로운 해외시장에 진입할 때 유용한 방안임을 시사한다(다음 절에서 소개하는 전략적 용어로 표현하자면 합작투자는 적응화를 촉진시키는 해외시장 진입방식임).

합작투자를 옹호하는 사람들은 또한 합작투자기업이 해체되더라도 그것이 반드시 실패를 의미하지 않을 수 있으며, 합작투자는 해외시장 진출에 수반되는 여러 가지 위험들을 감소시키는데 유리하다고 주장한다. 이들은 그 근거로서 비록 새로운 국제적 합작투자의 건수는 감소하였지만 지분투자를 수반하지 않는 국제적 협력관계(예, 전략적 제휴)는 오히려 증가추세에 있음을 제시한다. 합작투자 옹호자들은 또한 해외인수의 상당수가 보다 많은 자산을 통제하여 자신만의 제국을 건설하려는 경영자들의 욕망 때문에 발생하는 것이지 진짜로 주주가치를 높이기 위한 것이 아니라고 주장한다. 아울러, 최근 들어 많은 국가들이 경제를 대외적으로 개방했지만, 여전히 여러 국가들은 특정한 산업에 대한 외국인 진입을 제한하고 있다. 예컨대 미국의 항공산업, 중국의 금융산업, 그리고 인도의 유통산업에 진입하기 위해서는 현지기업과 합작투자를 하거나 최소한 일정비율의 지분을 현지기업이 소유하도록 허용해야만 한다. 외국인 투자에 대한 규제는 최근 글로벌 경제불황의 영향으로 향후에 더욱 확대될 우려가 있다. 경제불황으로 인해 경제에 대한 정부개입이 정부물품 구매, 직접적 규제, 심지어 기업들의 국유화 등을 통해 더욱 강화되고 있기 때문에, 정부가 자국 기업들을 우대하는 정책들을 추진할 가능성이 커지고 있는 것이다.

그러한 논쟁에도 불구하고 상식적으로 볼 때, 완전소유와 합작투자 가운데 어느 편이 더 유리한가는 주어진 상황에 따라서 달라질 것으로 보인다. 따라서 양자 간의 선택에 대한 일반적인 원칙을 도출하기보다는 앞절에서 논의한 가치창출의 가능성과 제5장에서 논의한 부가가치의 지속가능성이란 관점에서 기업이 처한 구체적 상황들을 분석하는 것이 최적의 대안 선택을 위한 더 유용한 접근방법이라고 할 수 있다.

최적의 진입방법을 선택하기 위한 그 밖의 몇 가지 일반적 교훈을 제시하면 다음과 같다.

- **가능한 대안들을 폭넓게 파악하고 분석.** 비록 완전소유와 합작투자 간의 선택은 중요한 문제이지만, 드비어스의 사례는 기업이 선택할 수 있는 대안들이 훨씬 다양하다는 것을 시사한다. 예컨대, 기업은 도표에 있는 네 가지 대안 이외에도 합작투자와 비슷하지만 지분투자를 하지 않는 전략적 제휴, 또는 장기적인 계약을 통한 라이센스나 프랜차이즈 등을 고려할 수 있다.
- **대안들을 찾아 내기 위한 폭넓은 방법 활용.** 시장거래로부터 완전소유까지 여러 해외시장 진출방법들을 연속선상에 표시한 [그림 7.9]은 대안들을 찾기 위한 한 가지 방법이다. 그 밖에도 기업은 제5장에서 소개한 여러 가지 방법들, 예컨대, 경쟁에 영향을 미치는 주요 변수들과 타이밍에 대한 사고 확대, 비대치성과 정보 불완전성에 대한 명시적 고려, 전략적 스캐닝의 범위 확대 및 변화, 관점의 급진적 변화 시도, 조직적 창의성 개발 등을 통해서 보다 다양한 대안들을 찾아 낼 수 있다.
- **국가 간 차이에 초점을 둠으로써 글로벌 전략의 대안들을 찾아 내기.** 글로벌 전략이 국내 전략과 다른 근본적 이유는 국가 간의 차이에 초점을 둔다는 점이다. 따라서 보다 다양한 글로벌 전략의 대안들을 찾아 내는 한 가지 유용한 방법은 국가 간의 차이에 어떻게 대처할지를 숙고해 보는 것이다. 이러한 접근법에 대해서는 다음 절에서 보다 상세히 논의한다.

국가 간 차이에 대처하기 위한 AAA 전략들

글로벌 전략에 대한 논의의 시발점은 페이어웨더(Fayerweather, 1969)가 통일성을 추구하는 기업 내부의 압력과 국가 간의 차이에서 발생하는 다양성 간에 충돌이 있음을 인식한 것이었다.[28] 프라할라드와 도즈(Prahalad and Doz, 1987)는 그러한 관점을 더욱 발전시켜 "글로벌 통합"과 "현지대응" 간의 상충성을 국제경영의 가장 핵심적 문제라고 제시했다.

우리는 이 두 용어를 바꾸어 각각 **집적화(aggregation)**과 **적응화(adaptation)**이라고 부르기로 한다. 집적화란 국가 간의 차이를 극복하고 국제적인 규모/범위의 경제를 달성하기 위한 전략적 활동들을 의미하며(예, 지역적 생산거점 구축), 적응화란 국가 간의 차이에 적극적으로 순응하여 경쟁우위를 구축하거나 경쟁열위를 극복하는 전략적 활동들을 의미한다(예, 현지 소비자들의 특유한 기호에 맞는 제품 개발).

다국적기업에 대한 경제학 이론은 또한 **수평적 다국적기업(horizontal MNCs)**과 **수직적 다국적기업(vertical MNCs)**을 구분하고 있는데, 그러한 이론을 응용하여 위 모델에 새로운 차원을 추가할 수 있다. 수평적 다국적기업은 국가 간의 유사성(보다 구체적으로, 소비자 수요의 유사성)을 활용하여 비슷한 제품을 해외 각국에 판매하는 전략을 추구한다(예, 코카콜라). 반면에 수직적 다국적기업은 국가 간의 차이(예, 가격 및 공급량의 차이)를 활용하여 생산에 필요한 원재료나 부품을 해외지역에서 확보하는 전략을 추구한다(예, 해외 유전을 개발하는 석유회사들).[29]

수직적 다국적기업이 추구하는 전략은 국가 간의 차이를 활용하는 또 다른 방식을 보여준다. 따라서 우리는 [그림 7.10]과

그림 7.10 A. 수평적 차원 : 적응화 대 집적화, B. 수직적 및 수평적 차원 : AAA 트라이앵글

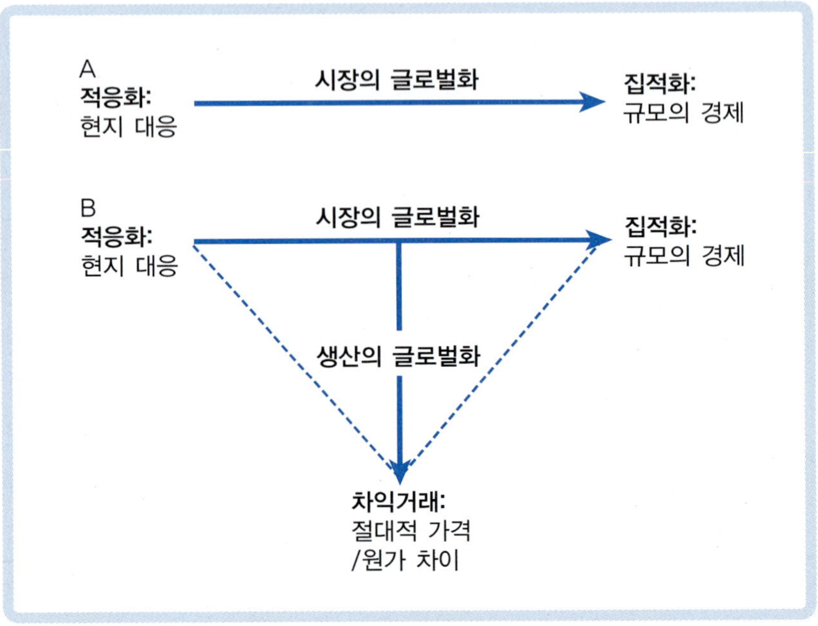

같이 **차익거래(arbitrage)**라는 새로운 차원을 기존의 모델에 추가할 수 있다. 다국적기업들의 관심은 최근 20년간 시장의 글로벌화에서 생산의 글로벌화로 점차 바뀌고 있다. 시장의 글로벌화는 집적화나 적응화와 같은 수평적 차원에서 이해될 수 있지만, 생산의 글로벌화를 설명하기 위해서는 차익거래와 같은 수직적 차원을 새롭게 고려할 필요가 있는 것이다.

집적화, 적응화, 그리고 차익거래를 추구하는 전략들을 통칭하여 **AAA전략들(AAA strategies)**이라고 부르기로 한다(이 세 가지 차원의 영문명칭은 모두 A로 시작됨). 기업이 국제경영에서 만족스러운 성과를 얻기 위해서는 이 세 가지 차원들에 대해 최

소한 어느 정도의 관심을 기울여야 한다. 예컨대, 드비어스는 1990년대 후반 전략을 변경하기 이미 이전부터 이 세 가지 AAA 전략들을 모두 활용하였다([그림 7.11] 참조). 또한 이 회사의 새로운 전략은 집적화의 초점을 산업전체에서 자체적 다이어몬드 생산으로 변화시켰는데, 이는 자사 제품에 대한 마케팅 활동강화 및 이미 전세계적 잘 구축된 유통망과 결합되어 고객들의 구매의사를 크게 향상시킬 것으로 기대되었다(또한 드비어스는 새로운 전략을 통해 다이아몬드 원석 채굴, 가공, 판매에 이르는 모든 단계들을 직접 통제하게 되었기 때문에, 분쟁다이아몬드(conflict diamond)가 시장

그림 7.11 드비어스의 전통적인 AAA전략들

차이에 순응하기 위한 적응화	차이를 극복하기 위한 집적화	차이의 활용을 위한 차익거래
• **소유권:** 지배구조가 취약한 국가에서 직접 광산 소유 • **다양성 추구** – 공급자와의 계약조건 – 원석의 유연한 출고시기 – 광고 및 마케팅 (그러나 원산지효과가 약화됨) • **혁신** – 시장개척과 주도 – 혁신적 제품 • **사고방식:** 코즈머폴리턴 – 글로벌 관점을 취하는 역사 – 중앙판매조직(CSO)이 영국에 소재	• **인프라/활동** 높은 수준의 규모의 경제 추구(예, 분류, 보관 등) • **수요 창출** – 광고 – 초과공급분의 저장을 통해 제품의 품위(가격) 유지 • **혁신** – 다양한 분류체계 개발(하지만 수요창출과 마찬가지로 혜택을 혼자 향유하기 곤란) • **레버리지** – 독점적 공급자로서 특히 하부유통업자들에 대한 협상력 확보	• **구매가격/구매량:** 미국, 서유럽, 일본이 가장 높음 • **원재료 가격:** 아프리카, 러시아, 호주, 캐나나 등에서 90% 이상의 원석 조달 • **인건비:** 원석가공은 주로 인도에서 수행 • **금융비용:** 자금부족 국가들에게 CSO 공급 조건으로 매력적 조건 제시 • **세금:** 어떤 거래들에서 조세제도의 차이 활용 • **정보:** 드비어스와 CSO는 지역 간 차이에 대한 우월한 정보 보유

에 유통되는 것을 보다 효과적으로 봉쇄할 수 있었음). 다음에서는 [그림 7.10]과 [그림 7.11]에 제시된 AAA전략들에 대해서 보다 구체적으로 살펴보기로 한다.

■ 적응화: 국가 간 차이에 순응

적응화는 국가 간 차이에 대응하는 가장 분명한 전략일 것이다. 현지 소비자들이 다른 기호를 가지고 있다면, 그에 맞는 제품이나 서비스를 제공하면 된다(더 나아가 현지 시장에 맞는 제품/서비스 개발 정책, 포지셔닝, 제품규격 등을 선택할 수 있음). 하지만 개별국가들이 가진 특유한 사업환경에 일일이 적응하는 데는 비용이 소요되며, 극단적인 경우 진출국가들의 사업환경이 너무나 달라 한 회사가 여러 국가에서 사업을 직접 소유하여 운영하는 것이 전혀 가치를 창출할 수 없을 수도 있다. 이는 개선가능테스트를 통과할 수 없음을 의미한다.

따라서 현명한 기업은 얼마나 적응화할 것인가에 대해서 적절한 의사결정을 할 뿐 아니라, 적응화에 따른 비용을 감소시킬 수 있는 한 개 또는 몇 개의 보완적인 전략들을 기민하게 병행하여 활용한다.

- **집중화.** 제한적이면서도 적절한 범위의 제품, 지역, 수직적 확장, 세그먼트 등에 집중함으로써 너무 많은 다양성에 대응할 필요성을 감소시킨다.[30]
- **외부화.** 다양성에 대응해야 하는 부담을 합작투자, 전략적 제휴, 프랜차이즈, 소비자교육, 네트워킹 등을 통해서 외부화(externalization)시킨다.
- **디자인.** 유연성 있는 디자인을 통해 다양성에 대응하기 위

한 비용을 감소시킨다. 여러 제품에 공통적으로 사용될 수 있는 플랫폼(platform), 모듈러디자인(modular design) 등을 개발하여, 현지화할 부품들을 최소화하는 것이 좋은 접근법이다.

- **혁신.** 혁신을 통해 다양성에 대응할 수 있는 보다 효과적인 방법을 모색한다. 이를 위해 지역 간에 아이디어의 이전/공유, 적극적 현지화, 본국 사업모델의 변경, 나아가 현지 경영환경을 유리하게 변화시키는 것 등을 고려할 필요가 있다.

■ 집적화: 국가 간 차이의 극복

직접화란 개별국가들의 특유한 상황에 적응하기보다는 활동들을 지역별 또는 전세계적으로 통합조정함으로써 규모/범위의 경제를 실현하고자 하는 전략이다. 비록 국가들은 다르지만 모두 같은 수준으로 다른 것은 아니기 때문에 집적화를 추진할 수 있는 여지가 존재한다.

지역을 중심으로 집적화를 추구하는 **지역적 전략(regional strategy)**은 특히 주목할 가치가 있다. 본 장의 서두에서 언급한 바와 같이 전세계 무역 및 해외직접투자의 절반 이상은 지역 내에서 발생한다. 이는 그다지 놀라운 현상이 아니다. 왜냐하면 같은 지역에 소속된 국가들은 물리적 거리가 가까울 뿐 아니라, 문화적, 행정적, 그리고 경제적 차원에서도 대개 많은 공통점이 있기 때문이다(앞서 소개한 CAGE거리모델 참조). 그러한 지역적 근접성 및 유사성을 활용하기 위해 기업은 지역적 집중화(regional focus), 지역적 포트폴리오, 지역적 허브, 지역적 임무부여(regional mandate), 지역적 네트워크 등과 같은 다양한 형태의 지역적 전략을 추진할 수 있다.

물론 기업은 GAGE거리모델의 비지역적 차원들을 따라서도 집접화를 추구할 수 있다. 예컨대, 인도의 가장 큰 IT 서비스회사인 타타컨설턴시서비스(Tata Consultancy Services)는 언어를 따라 집적화를 추구한다. 이 회사는 스페인어를 사용하는 시장들을 공략하기 위해서 우루과이에, 독일어 사용자들을 위해서 헝가리에, 그리고 불어 사용자들을 위해서 모로코에 각각 서비스센터를 설치했다. 또한 레이시온(Raytheon)이란 회사는 영연방국가들의 행정적 유사성을 활용하기 위해서 "영연방 마케팅그룹"이라는 부서를 창설했다. 그리고 세멕스는 지역적 집적화로 전략을 변경하기 이전인 1990년대까지 주로 신흥시장들로 사업을 확장하였다(CAGE거리모델 중 경제적 차원). 끝으로, 기업은 특정한 지역이나 국가에 국한되지 않고 범세계적 차원에서의 집적화를 추진할 수 있다. 그러한 집적화는 글로벌 제품 수준(표준화된 제품을 생산하여 국제적으로 판매하는 기업들이 선호함), 기능 수준(예, 글로벌 연구센터), 또는 고객 수준(예, 각국에 존재하는 공통적인 기호를 가진 고객층 공략) 등에서 이루어질 수 있다.

■ 차익거래: 국가 간 차이 활용

차익거래란 공급망을 구성하는 특정 단계들을 여러 국가에 배치함으로써 국가 간의 차이 또는 지역 간의 차이를 최대한 활용하는 것이다. 차익거래의 목적은 표준화를 통한 규모의 경제를 달성하는 것이 아니라, 국가 간에 존재하는 "절대적인" 원가나 가격의 차이에 기반하여 경제적 이익을 실현하는 것이다.

차익거래는 국제경영에서 가장 오래된 전략이다. 예를 들어 유럽과 아시아를 연결했던 "향신료의 길(the Spice Road)"이 중

세시대에 형성된 이유는 향신료를 유럽으로 가져가면 아시아에서의 가격보다 수백 배로 판매할 수 있었기 때문이다. 그러한 차익거래는 현재에도 여전히 활용된다. 예를 들어 월마트는 가격이 낮은 중국제품들을 조달하여 미국 시장에서 판매함으로써 높은 마진율을 확보할 수 있다. 하지만 차익거래의 오랜 역사와 전통에도 불구하고, 많은 경영자들은 차익거래에 기반한 경쟁우위의 지속가능성에 대해서 의문을 제기한다. 왜냐하면 세계경제의 글로벌화에 따라서 경쟁자들도 쉽게 저렴한 인건비나 생산비를 제공하는 국가/지역에 접근할 수 있는 여건이 조성되고 있기 때문이다(예, 대부분의 글로벌 IT 업체들은 이미 저렴한 프로그램 엔지니어들을 활용하기 위해 인도에 진출하였음).

그러한 비판은 금융시장에서의 차익거래 기회가 매우 적고 나타난 기회도 금방 사라진다는 사실에 기초한다. 하지만 이는 다음과 같은 중요한 사실들을 간과하고 있다. 첫째, 실물시장(특히 글로벌 실물시장)에서의 차익거래 기회들은 금융시장에서의 기회들보다 오랜 기간 지속되는 경우가 많다(예, 국가 간 인건비 차이). 둘째, 저렴한 생산요소는 이론적으로 누구나 접근 가능할 수 있지만, 이를 효과적으로 활용할 수 있는 기업특유의 능력에는 차이가 있을 수 있다. 예를 들어, 어떤 기업이든 브라질에서 엔지니어들을 채용할 수 있지만, 엠브라에르(Embraer)라는 기업만이 혼란스럽고 복잡한 브라질에서 세계적 수준의 항공기 제작시설을 운영할 수 있는 능력을 보유하고 있다. 끝으로, 비록 차익거래에 기반한 경쟁우위가 영원히 지속될 수 없더라도 여전히 이를 추구할 가치가 있다. 그렇지 않으면 이미 차익거래를 활용하고 있는 경쟁자들에 대해서 경쟁열위를 가지게 될 것이기 때문이다.

위에서 인용한 사례들은 모두 인건비 차이를 이용한 차익거래를 추진하였다. 하지만 CAGE거리모델은 세미글로벌화된 세계경제에서 보다 다양한 차익거래의 기회들이 존재함을 일깨워준다. 예컨대, 프랑스제 고급브랜드 제품을 판매하는 회사나 미국의 패스트푸드 체인점은 원산지 효과(country-of-origin)를 활용한 차익거래를 추진할 수 있다. 또한 윤리적 관점에서 보다 논란이 될 수 있는 예로서 조세피난지(tax haven)를 통한 절세, 그리고 건강, 안전, 환경에 대한 규제가 약한 지역으로 공장 이전 등을 들 수 있다. 이 전략의 가장 오래된 형태인 지역적 차익거래 역시 여전히 많이 이용된다. 좋은 예로는 과일과 화초들의 국제무역을 들 수 있다. 또한 IT 산업에서는 새로운 형태의 지역적 차익거래가 생겨났는데, 그것은 바로 시차를 이용해서 국제적 팀이 24시간 작업을 하는 것이다(예, 미국 프로그래머가 낮에 작성한 프로그램을 밤사이에 인도 프로그래머가 디버깅). 마지막으로, 인건비 차이는 경제적 차익거래의 가장 분명한 기반이지만, 그 밖에도 자본비용, 원재료비, 지식의 이용가능성 등의 차이를 활용하는 경제적 차익거래들도 발생할 수 있다.

■ AAA전략들의 통합

국제적 경쟁을 위해서는 일반적으로 AAA전략들, 즉 적응화, 집적화, 차익거래를 모두 어느 정도 활용할 필요가 있지만, 이들 전략들을 과연 얼마나 동시에 추구할 수 있는가에 대해서는 의문이 제기될 수 있다. 왜냐하면 이들 각각의 전략을 효과적으로 실행하기 위한 조건들은 서로 간에 상당한 차이가 있기 때문이다([그림 7.12] 참조). 예컨대 기업이 기존에 적응화와 집적화 전략을 추구해 오다가 어느 날 갑자기 차익거래라는 새로운 제3

그림 7.12 **적응화, 집적화, 차익거래의 비교**

AAA전략	적응화	집적화	차익거래
경쟁우위: 글로벌화하는 근본적 이유는?	국가 시장에 초점을 둠으로써 현지에 맡는 경쟁력 확보	국제적 표준화를 통해서 규모와 범위의 경제 실현	국제적 전문화를 통해서 가격/원가의 절대적 차이 활용
배치: 해외 어디에 입지할 것인가?	문화적-행정적-지역적-경제적 차이의 영향을 최소화하기 위해서 본국과 비슷한 사업환경을 가진 국가들에 집중 투자		보다 다양한 나라에 위치함으로써 (선택한) 차이를 최대한 활용
조정통합: 해외사업을 어떻게 조직할 것인가?	국가별: 현지화를 통해 국가 내의 소비자들의 기호/선호도에 맞는 제품/서비스 제공	사업별: 국경을 넘어서는 규모의 경제 달성을 위해 사업부 중심의 수평적 통합 조정	기능별: 국가 간 차이를 활용하기 위해 조직적 경계를 넘어선 기능별 수직적 통합조정
유의할 점: 전략적 유의점은?	지나친 다양성 또는 복잡성	지나친 표준화	가격/원가 차이의 축소
대외이미지: 어떤 대외적 이슈들에 주의하는가?	현지인들에게 친숙한 이미지 구축을 위해 신중함과 진실성을 보여줄 필요가 있음	지역적 특수성을 무시하고 패권주의를 추구한다는 대중의 우려와 반발	공급자, 유통업체, 중간상에 대한 약탈과 부당한 교체/정치적 반발 가능성

의 전략을 간단히 덧붙일 수 있는 문제가 아닌 것이다. AAA전략들 간에는 상충관계(trade-off)가 존재한다.[31] 이들 전략은 근본적으로 서로 다른 원천으로부터 가치를 창출하려고 시도하기 때문에 그에 필요한 조직구조가 다르다. 만일 어떤 기업이 적응화를 추구한다면, 각 (주요) 국가에 자회사를 설치하고 이들 자회사에게 많은 권한을 부여하는 국가중심조직(country-centered organization)이 적합하다. 그리고 만일 집적화를 강조한다면,

글로벌 제품사업부, 지역사업본부, 글로벌영업본부 등을 편성하여 관련된 활동들을 이들 사업단위에서 범세계적으로 또는 범지역적으로 관리하는 것이 바람직하다(예, 특정 제품의 국내외 생산판매 활동을 담당 제품사업부에서 모두 관할하도록 함). 그리고 차익거래를 효과적으로 추진하기 위해서는, 조직을 제품 생산(또는 주문 처리)에 필요한 주요 기능들(예, 구매, 판매, 연구개발, 서비스 등)을 따라서 편성하는 수직적 조직, 즉 기능별조직(functional organization)이 바람직하다(예, 기업의 모든 구매업무를 한 부서에서 담당하면, 국가 간 가격차이를 최대한 활용해서 원가를 절감할 수 있음). 그런데 한 기업이 이처럼 다른 성격을 가진 조직구조들을 동시에 실현하는 것은 매우 어려우며, 설령 두 가지 이상의 조직구조가 혼합된 조직을 개발하더라도(예, 매트릭스 조직) 조직복잡성의 증가로 인해 많은 조직관리 비용이 발생할 것이다.

어떠한 AAA전략이 적합한가는 산업의 영향을 받는다. 광고비집중도(즉, 광고비/매출액)가 높은 산업들은 대개 적응화 전략(때로는 집적화 전략)이 적합하며, 연구개발비집중도(즉, 연구개발비/매출액)가 높은 산업들은 집적화 전략이 타당하고, 인건비집중도(인건비/매출액)가 높은 산업들은 차익거래 전략이 바람직하다. 그렇지만 산업이 모든 것을 결정하는 것은 아니다. 기업은 자유롭게 자신의 전략을 선택할 자유를 가지기 때문이다. 기업이 어떠한 AAA전략에 더 우선순위를 둘지를 결정하기 위해서는 산업적 요인들과 더불어 기업적 요인들을 고려해 보아야 한다.

저자의 경험에 따르면, 글로벌 전략에 내재된 그러한 근본적인 상충성에도 불구하고 야심에 찬 많은 경영자들은 세 가지 전략을 모두 추구하는 경향을 보인다. 그러한 문제에 대처하기 위하여 다음과 같은 4가지 방안을 제시한다. 첫째, 대부분 기업들은 AAA전략들의 각 차원에서 볼 때 아직도 많은 개선의 여지를 가지고 있다. 특히 기업이 현재 국제화에 있어서 얼마나 진보를 하고 있는가를 보다 정확히 측정하기 위해 AAA전략들의 세 가지 차원들을 모두 커버하는 스코어카드나 체크리스트를 개발하여 사용하는 것이 유용하다. 그러한 방법은 국제화 정도를 해외매출 비중과 같이 단순한 지표로 측정하는 것보다 훨씬 정확하고도 가치 있는 정보를 경영자들에게 제공해 줄 것이다(한 예로서 [그림 7.13] 참조).

둘째, 세 가지 차원에 모두 관심을 기울일 필요가 있다고 해서, 이들 차원이 모두 똑같이 중요한 것은 아니다 [그림 7.12]에 제시된 조직적 제약들 및 기타 여건들로 인해 기업은 흔히 어

그림 7.13 글로벌화 스코어카드의 단순한 예

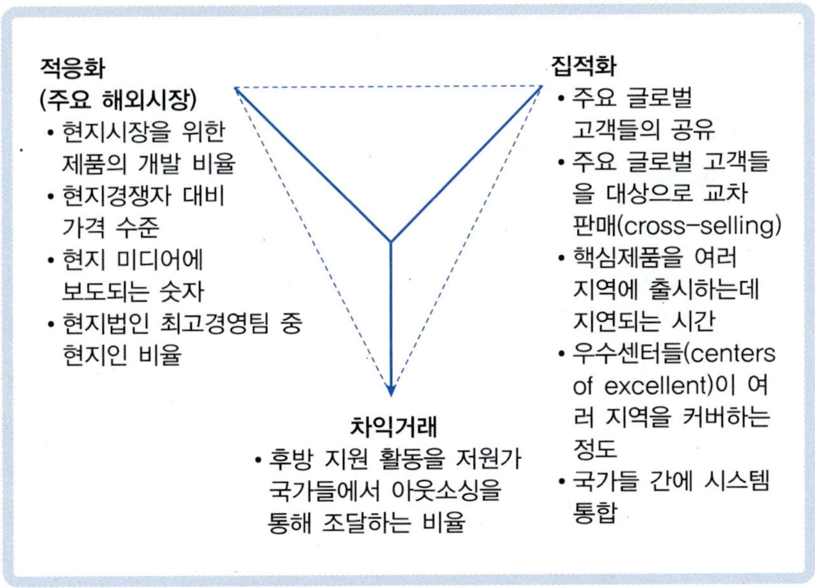

떠한 차원에 더 비중을 둘지를 선택해야만 한다. 어떠한 차원이 더 중요한가를 이해하는 유용한 방법은 경영자들에게 우리기업이 국제적 경쟁력 확보를 위해서 (AAA전략들 중) 어떤 A전략을 강조하고 있는가를 물어 보는 것이다. 놀랍게도 같은 회사의 최고경영층 멤버들 간에도 그에 대한 대답이 일치하지 않는 경우가 많다!

셋째, 조직이 복잡해지는 것을 개의치 않는 기업이라면, AAA전략들 중 하나의 전략(A전략)만을 선택하지 않고, 두 가지 A전략(AA전략)을 동시에 추구할 수 있다. 하지만 세 가지 전략(AAA전략) 모두에서 경쟁자들을 앞서겠다는 것은 과욕이다. 이보다는 차라리 경마에서 1등, 2등, 3등으로 들어 오는 말들을 모두 알아맞히는 3단식연승(trifecta)에 도박을 거는 편이 더 높은 배당금을 받을 수 있을 것이다.

넷째, 특정한 A전략(또는 AA전략)을 고수하는 것이 너무 제한적이라고 느낀다면, 각 A전략들이 매우 다양한 방법으로 추진될 수 있음을 기억하라. 예컨대, 가전제품 산업에는 매우 다양한 소비자들의 요구가 존재하기 때문에 기업들은 일반적으로 적응화 전략을 추구한다. 하지만, 이를 구체적으로 실행하는 방법에는 상당한 차이가 있다. 예컨대, 스웨덴 가전회사인 일렉트로룩스(Electrolux)는 전통적으로 경쟁자들보다 다양한 제품을 생산하는 정책을 추구한다. 반면 세계 10대 가전회사 중 가장 수익성이 높은 아르첼릭(Arcelik)은 여전히 본국 시장인 터키에 치중하면서 유럽으로 사업영역을 넓히고 있다. 그리고 GE 가전사업부는 전략적 제휴와 같은 외부화를 통해서 다양성에 대응하고 있으며, 월풀(Whirlpool)은 혁신을 통한 경쟁력 향상에 주력하고 있다.

마지막으로, 본 장에서 제시한 글로벌 전략의 개념은 내부적으로 많은 차이가 존재하는 한 국가 내에서의 전략을 분석하는 데도 유용하다.[32] 그러한 차이는 예를 들어 브라질, 러시아, 인도, 중국을 지칭하는 BRICs 국가들에서 분명히 나타난다. 이들 국가들은 공통적으로 광활한 영토를 가지고 있지만 사회적 인프라가 열악하며 내부 지역 간에 상당한 CAGE거리들이 존재한다. 지역 간 차이는 또한 선진국에서도 나타난다. 1960년대 미국 제조업에 대한 한 연구에 따르면, 제조업의 총부가가치 중 24%가 지역적 수준에서 경쟁이 발생하는 산업에서 창출되었다.[33] 비록 그러한 지역적 분열은 그 이후로 감소했겠지만 여전히 상당히 남아 있을 것으로 추측되며, 특히 서비스 산업에서는 그 정도가 더욱 심할 것으로 예상된다.

요 약

글로벌 전략은 최근 들어 매우 중요한 주제가 되었다. 많은 기업들이 글로벌화를 추구하고 있으며, 세계의 주요 경영대학들도 글로벌화를 비전/미션 선언문에 중요한 항목으로 포함시키고 있다. 그럼에도 불구하고 글로벌 전략의 현황을 살펴보면, 글로벌화의 필요성 및 규모에 대한 경영자들의 과신(sizeism)으로 인해 무리한 해외사업 확장을 추구하는 경향이 나타난다.

그러한 과신은 세계경제가 하나로 통합되고 있다는 강력한 믿음에 기초하고 있는데, 만일 실제로 세계가 하나의 거대한 경제로 통합된다면 글로벌 전략은 국내사업을 위한 전략과 별다른 차이를 가지지 못할 것이다. 하지만, 국제무역, 해외직접투자, 국제적 인력 및 정보의 이동 등에 대한 실제자료를 분석해 보면, 아직도 국가 간에는 현저한 차이가 존재하며 그러한 차이는 쉽게 사라지지 않을 것임을 알 수 있다.

그런 점에서 현실 세계는 완전히 분할되지도 않고 반대로 완전히 통합되지도 않는 세미글로벌화(semiglobalization)가 진행중이다. 따라서 기업들이 정말로 필요한 것은 국가 간의 차이를 보다 정확히 파악하고 이를 유리하게 활용할 수 있는 글로벌 전략이다. 본 장에서는 그러한 글로벌 전략의 개발을 위한 3단계의 절차를 다음과 같이 제시한다.[34)]

- **국가 간 거리 분석: CAGE거리모델**. 문화적, 행정적, 지역적, 그리고 경제적 국가 간 거리 중 어떤 것이 가장 사업에서 문제가 되는가를 파악한다. 이를 위해 먼저 산업수준의 특성들을 고찰하고, 다음으로 필요에 따라서 기업의 국제적 경험이나 전략 등과 같은 기업수준의 요인들을 고려한다. 국가 간 차이에 초점을 두는 그러한 분석(비교대상 국가의 하나는 대개 본국임)은 개별국가 자체의 특성에만 초점을 맞추는 통상적인 국가분석 방법을 유용하게 보완할 수 있다.
- **전략적 대안 개발: AAA전략들**. 적어도 두 가지 이상 바람직한 전략을 선택하여, 이들 전략이 사업 전체에 적용가능한지를 검토하고, 가능하면 구체적인 실행방안들을 상세히 작성해 본다. 유용한 전략대안을 개발하기 위한 가이드라인은 제4장에 제시되어 있다. AAA전략들은 국가 간 차이에 대처하기 위한 여러 가지 다른 접근법들(그리고 이들의 다양한 하부전략들)을 파악하고, 이들 간의 상충관계를 이해하는데 도움을 준다.
- **전략적 대안의 평가: 개선가능테스트와 최선대안테스트**. 제6장에서 기업수준의 전략들을 평가하기 위해서 제시한 두 가지 테스트는 글로벌 전략의 대안들을 평가하는데 있어서도 적용될 수 있다. 비록 이들 테스트를 국제적 사업확장에 적용하는 원리는 같지만, 실체 테스트에 있어서는 국제적 사업환경이 가진 특수성들을 충분히 고려할 필요가 있다.

주요 용어

거리, 규모에 대한 과신(sizeism), 다국적기업, 무역, 세미글로벌화, 수직적 다국적기업, 수평적 다국적기업, 아웃소싱, 자국편향성, 적응화, 중력모형, 지역적 범위, 지역적 전략, 집적화, 차익거래, 해외직접투자, AAA전략들, BRIC(브라질, 러시아, 인도, 중국), CAGE거리모델

참고문헌

1) 이 장에서 소개하고 있는 내용들은 Pankaj Ghernawat, *Redefning Global Strategy* (Boston: Harvard Business School Press, 2007)에서 보다 상세히 논의되고 있음.

2) 기업들의 전체 이익 중 해외에서 발생한 이익의 비율은 www.bea.gov에 게시된 NIPA 테이블들을 참조하여 계산하였음. 그에 대한 보다 업데이트된 분석은 Floyd Norris, "Bulging Profits in U.S. Often Originate Overseas," *New York Times*, August 4, 2007 참조.

3) 수출기업과 비수출기업을 비교하는 많은 연구들이 이루어졌음. 미국기업을 대상으로 한 연구로는 Andrew B. Bernard and J. Bradford Jensen, "Exporting and Productivity in the USA," *Oxford Review of Economic* Policy 20, no. 3 (2004): 343-357 참조. 해외직접투자를 수출과 함께 고려한 연구로는 David Greenaway and Richard Kneller, "Firm Heterogeneity, Exporting and Foreign Direct Investment: A Survey," research paper no. 2005/32, Leverhulme Centre, University of Nottingham가 있음. 물론 수출과 생산성 간에 상관관계가 높다는 것이 인과관계를 설명하지는 못함. 국제화가 기업 생산성을 높이는가? 아니면 생산성이 높은 기업들이 국제화를 더 추구하는가? 그러나 지금까지의 연구들을 전반적으로 고찰해 보면, 국제화가 단지 생산성을 반영하는 것이 아니라 기업들로 하여금 생산성을 높이도록 유도하는 계기로도 작용한다는 시사점을 얻을 수 있음. 하지만 Alla Lileeva and Daniel Trefler는 최근에 자신들의 논문 "Improved Access to Foreign Markets Raises Plant-Level Productivity … for Some Plants" (unpublished working paper, July 2007)에서 그와 정반대되는 현상을 보고하였음. 즉, 미국시장에 대한 접근성이 개선되면서 가장 혜택을 본

캐나다 기업들은 생산성이 낮은 기업들이었다는 것임. 국제화가 새로운 역량을 개발하는 기반을 제공하는지 아니면 이미 확보한 역량을 활용할 수 있는 여건을 제공하는가에 대해서는 앞으로 더 많은 학문적인 규명이 요구되지만, 그러한 이슈로 인해 기업들이 해외의 기회들을 활용하는데 지장을 받지는 않을 것임.

4) 본 절은 10년 이상 글로벌 전략을 연구한 저자의 경험에 근거하여 작성하였음.

5) Paul Verdin and Nick Van Heck, *From Local Champions to Global Masters* (London: Palgrave, 2001).

6) 이 설문조사는 저자가 디자인하고 『Harvard Business Review』가 실시했음. 그에 대해서 『Harvard Business Review』에 감사드림. 저자는 또한 동일한 설문조사를 여러 그룹의 사람들에게 실시하였는데, 그 결과는 여기서 보고한 내용과 대체로 동일함.

7) 저자의 요청에 의해서 미국 경제통계국의 자료를 기초로 2007년 가을에 이들 통계치를 계산해 준 Raymond J. Mataloni에게 감사함.

8) Pankaj Ghemawat and Fariborz Ghadar, "Global Integration ≠ Global Concentration," *Industrial and Corporate Change* (August 2006): 597-603.

9) Bruce Kogut, "A Note on Global Strategies," *Strategic Management Journal* 10, no. 389 (1989): 383-389.

10) 국경 없는 세계에 대한 믿음이 근거가 없다는 주장을 지지하는 증거에 대한 보다 상세한 고찰은 Pankaj Ghemawat, *Redefining Global Strategy* (Boston: Harvard Business School Press, 2007) Chapter 1 참조. 또한 그에 대한 보다 학문적인 연구들로는 Pankaj Ghemawat, "Semiglobalization and International Business Strategy," *Journal of International Business Studies* 34, no. 2 (March 2003): 138-152와 Edward E. Leamer, "A Plat World, a Level Playing Field, a Small World After All, or None of the Above? A Review of Thomas L. Friedman's The World is Flat," *Journal of Economic Literature* 45 (March 2007): 83-126 참조.

11) 작은 수출국가인 싱가포르의 경우 무역 대 GDP 비율이 200%가 넘음. 이는 이중계산의 문제가 심각하다는 것을 잘 예시하고 있음.

12) 이 수치는 1에서 '각국의 GDP를 기준으로 계산한 허핀달집중도지수(Herfindahl concentration index)'를 빼어 계산됨. 그러한 지수는 전세계 GDP 합계에서 개별국가가 차지하는 비율의 제곱들을 합산한 것임. 만일 모든 국가들이 같은 규모의 GDP를 가지고 있다면 이 지수는 1/n이 될 것임.

13) 국가 간 차이와 CAGE거리모델에 대한 보다 상세한 논의는 Pankaj Ghemawat, *Redefining Global Strategy* (Harvard Business School Press, 2007) 참조.

14) John P. Helliwell, "Border Effects: Assessing Their Implications for Canadian Policy in a North-American Context," draft, September 2002.

15) 이는 Geert Hofstede의 문화적 차이에 대한 모델에 근거하여 측정하였음. 이 모델은 문화적 특성을 권력거리(power distance), 개인주의(individuality), 남성성(masculinity), 그리고 불확실성 회피(uncertainty avoidance)라는 4가지 차원으로 파악함. 가능한 모든 두 국가의 조합에 대해서 각 차원마다 국가 간 점수의 차이를 구하고 이를 제곱한 후 4개의 차원을 합산하여 두 국가 간 유사성/이질성 지표를 계산하였음. 그에 필요한 국가별 점수는 http://www.geert-hofstede.com에서 획득함(2008년 7월 25일 조회).

16) Edward E. Leamer and James Levinsohn, "International Trade Theory: The Evidence," in Gene M. Grossman and Kenneth Rogoff, eds., *Handbook of International Economics*, (Amsterdam: Elsevier Science, 1995), pp. 1339-1394.

17) Susan E. Feinberg, "The Expansion and Location Patterns of U.S. Multinationals," unpublished working paper, Rutgers University, New Brunswick, NJ, 2005.

18) 이 추정치들은 모두 '국제무역 참여에 대해서 관찰되지 않는 임계치(unobserved thresholds for participation in trade)'에 대한 수정을 통하여 계산했으며 1% 수준에서 유의함. 그러나 몇 개의 추정치는 다른 연구들에서 보고한 것보다 유의수준이 낮은데, 그 이유는 명백히 그러한 관찰되지 않는 임계치에 대한 수정이 이루어졌기 때문임.

19) Jean-Francois Brun, Céline Carrere, Patrick Guillaumont, and Jaime de Melo, "Has Distance Died? Evidence from a Panel Gravity Model," CEPR discussion paper no. 3500, August 2002와 Anne-Célia Disdier and Keith Head, "The Puzzling Persistence of the Distance Effect on Bilateral Trade," *Review of Economics and Statistics* 90, no. 1 (February 2008): 37-48.

20) 이러한 문제는 World Economic Porum의 글로벌경쟁력지수(Global Competitiveness Index)나 국제투명성기구(Transparency International)의 부패인식지수(Corruption Perceptions Index) 등과 같은 일반적인 국가별 순위지수에만 국한되는 것이 아니라, Michael E. Porter의 다이아몬드 모델과 같이 특정한 산업의 거점으로서 개별 국가들의 경쟁

력에 대해 순위를 매기는 경우에도 나타남.

21) 사회과학에서 지표성(indexicality)에 대한 보다 깊이 있는 논의는 Andrew Abbott, *Chaos of Disciplines*, (Chicago: University of Chicago Press, 2001) 참조.

22) 이와 더불어, 이 저서의 여러 곳에서 언급한 바와 같이 성과는 단지 수익성이나 마진이 아니라 전체적인 경제적 이익으로 측정되어야 함을 다시 재강조함.

23) 세멕스에 대한 보다 상세한 설명은 Pankaj Ghemawat, *Redefining Global Strategy* (Harvard Business School Press, 2007) chap. 3, 그리고 Pankaj Ghemawat and Catherine Thomas, "Strategic Interaction across Countries and Multinational Agglomeration: An Application to the Cement Industry," *Management Science* Vol. 54, no. 12, December 2008, pp. 1980-1996 참조.

24) Rogerio Victer and Anita McGahan, "The Effect of Industry and Location on Firm Profitability in the Global Market: Empirical Evidence that Firm Performance Depends on the Interaction between Industry Affiliation and Country Identity," unpublished working paper, Boston University School of Management, February 2006.

25) 예컨대, Steven Prokopy "An interview with Francisco Garza, CEMEX's President-North American Region & Trading," Cement Americas, July 1, 2001 참조. 이 기사는 http://cementamericascom/mag/cement_cemex_interview_francisco/에서 열람 가능 (2005년 9월 2일에 조회).

26) 그러한 편향성을 잘 보여주는 연구의 예로는 Timothy G. Bunnell and Neil M. Coe, "Spaces and Scales of Innovation," *Progress in Human Geography* 25, no. 4 (2001) pp. 569-589를 들 수 있음.

27) Securities Data Company.

28) John Fayerweather, *International Business Management: A Conceptual Framework* (New York: McGraw-Hill, 1969).

29) 이 주제에 대한 훌륭한 교재로는 Richard E. Caves, *Multinational Enterprise and Economic Analysis* (Cambridge: Cambridge University Press, 2007) 참조.

30) 집중화는 이미 Porter가 제시한 본원적 전략의 하나로서 잘 알려져 있지만, 국제경영의 관점에서 이러한 내용은 새롭게 제시되는 것임.

31) 앞서 언급한 바와 같이 적응화와 집적화 간의 상충관계는 "통합(integration) 대 현지대응(responsiveness)"에 관한 문헌에 잘 설명되

고 있으며, 이들이 차익거래와 가지는 추가적 상충성은 '수평적 다국적기업(horizontal MNCs)'과 '수직적 다국적기업(vertical MNCs)'을 구별하는 경제학 이론에 의해서 잘 제시됨.

32) Pankaj Ghemawat, "From Global to Local Strategy: Insights from Semiglobalization," unpublished working paper, IESE Business School (Spring 2008).

33) D. Schwartzman and J. Bodoff, "Concentration in Regional and Local Industries," *Southern Economic Journal* 37, no. 3 (1971): 343-348.

34) 글로벌 전략의 개발 절차에 대한 보다 상세한 설명은 Pankaj Ghemawat, *Redefining Global Strategy* (Boston: Harvard Business School Press, 2007), chap. 8 참조.

찾아보기(한글)

ㄱ

ㄴ

ㄷ

ㄹ

ㅁ

ㅂ

ㅅ

ㅇ

ㅈ

찾아보기(영문)

R

S

역자 약력

최 순 규

연세대학교 경영대학 교수

서울대학교 경영학 학사, 석사
미국 일리노이주립대학교 경영학박사
미국 Fletcher School(Tufts University) 교환교수

정보통신정책연구원 책임연구원
한국경영학회 편집위원
한국국제경영학회 이사, 편집위원
한국국제경영관리학회 이사
한국중소기업학회 이사
Journal of Korea Trade, 편집위원

저서와 역서로는 『경영학 뉴패러다임: 국제경영』(2002), 『글로벌 시대의 기업경영 전략』(2008), 『한국기업의 글로벌 경영』 (2008), 『국제경영: 글로벌시장에서의 경쟁전략』(역서, 2009) 등이 있고, Academy of Management Review, Journal of International Business Studies, Long Range Planning, Journal of Knowledge Management, 경영학연구, 국제경영연구, 벤처경영연구, 무역학회지 등에 다수의 논문 게재

신경영환경과 전략경영 – 실천적 경영전략 이론과 개념 –

2011년 4월 15일 제1판 1쇄 인쇄
2011년 4월 30일 제1판 1쇄 발행

역 자 최 순 규
발행인 황 의 민

발 행 처 **도서출판 석 정**
서울특별시 마포구 동교동 203–3
TEL.332-6293 FAX.334-5367
등록 1980. 1. 24 3-78호

ISBN 978-89-88806-57-9

정가 25,000원